近代日本におけるチベット像の形成と展開

高本康子

芙蓉書房出版

まえがき

本書は、明治期から第二次世界大戦終戦までの、日本におけるチベット観の形成と変遷を明らかにすることを目的としたものである。近年の国際情勢下においては、日本とアジア各地域との交流は、その重要性をいよいよ増している。日本人がアジア各地域との交流の中で、アジアをどう捉えてきたかについては、すでに学的成果の蓄積が厚いが、チベットに関しては、ほとんどないのが現状である。

従来、日本人のチベットとの関わりについては、研究史を除くと、日本人によるチベット「探検」に関連する事柄にのみ注目されがちであった。これに対して、本書は、日本において、広く共有されたチベット観という新たな視点から近代日本人について記述しようとするものである。チベット情報への接触をも「チベット」との関わりの一つの様態と考え、近代日本における海外情報の流通と普及について、また、近代における日本人の異文化に対する認識、異文化の受容について、チベットという点から明らかにすることを目指す。従って日本人の「アジア」の、近代日本における全体像を構築する上でも、本書はひとつの試みであると考える。欧米においては一九九〇年代後半からすでに、欧米人のチベット観に関する著作、論集が次々と発表されているが、本書では、それらとは異なる「アジア」の一面を、現代日本人の視点から提示することができればと考えている。

近代日本におけるチベット像の形成と展開●目次

序章

日本人とチベット

現代日本において「チベット」という言葉から連想されるイメージには、いわば固定的とも言えるチベット・イメージ、ステレオタイプ化した内容があることが指摘されている。例えばチベット学者の山口瑞鳳は、チベットについての概説書である自著『チベット』（上巻・一九八七年、下巻・一九八八年）の冒頭で、「日本のチベット」、「東北のチベット」という言葉を例にあげ、「チベットは寒い山奥、貧困、無知を代弁する固有名詞、もしくはそれを象徴する名称でしかなかった」と述べている（上巻、一頁）。これらのイメージは現代だけに見られるものだろうか。それとも、時代を遡ってその系譜を辿ることができるのであろうか。

そもそも、日本人がチベットという地域の情報に接触した最初の例は、以下に述べるように、八世紀の記録に見られるという。前掲の山口瑞鳳『チベット』には、最も古い記録として、唐の玄宗皇帝の朝賀の席で、遣唐使が当時のチベットの代表と向かい合わせの席についたことを伝えた『続日本紀』七五四（天平勝宝六）年の記事が挙げられている。更に、平安末期に伝えられたとされる地図にチベット文字が書写されていること、江戸時代に北海道探検などで知られた幕臣近藤重蔵（一七七一～一八二九）が、中国語文献を情報源にして「喇嘛《らま》考」と題する簡単な書物を著したことが紹介されている（同、四頁、六頁、六一頁）。その上で同書には、明治期から大正期にかけて、『西蔵旅行記』（一九〇四年）で名高い河口慧海をはじめとする七人の日本人がチベット域内に入り、そのうち六人が首都ラサに到達したことが詳述されている（同、六一～九一頁）。この七人の他にも、東本願寺の東温譲（一八六六～一八九三）のように、チベットを目指したが入蔵、すなわち、チベット域内に足を踏み入れること（以後「入蔵」と表記する）は実現しなかった日本人、または、外務省の委託によって新疆・青海地方を踏査していた波多野養作（一八八二～一九三五）のように、チベット域内ではないが、境界付近まで到達し、そこでチベット人やチベット仏教に接触した日本人は、第二次世界大戦終戦までに一四人にのぼる[*1]。また、それ以外の、中国国内、モンゴル、シベリアなどで「喇嘛教」すなわちチベット仏教にかかわる文物を見聞した例はこれと比較にならないほど多く、例えば一八七八（明治一一）年、ペテルブルグからウラジオストクまで旅をした榎本武揚（一八三六～一九〇八）が、途中シベリアのブリアート人居住地域でチベット仏教寺院を訪ねている（榎本武揚「シベリア日記」『アメリカ彦蔵日記・遣米使日記・航西日記・シベリア日記』、一九六一年、四四四～四四五頁）。

終戦以後、日本人の入蔵の動きはしばらく途絶えるが、チベットにおいて中国共産党の支配が確立されていった一九五〇年代後半以降は、中国政府の許可を得た登山隊や学術調査隊などが、チベットに複数入った。外国人観光客のチベット入域禁止が解かれた一九八六年以降[*2]は、旅行代理店主催のチベット・ツアー参加者、個人旅行者向けのガイドブックを持ったバック・パッカー、在ラサの大学に留学する学生など、様々な日本人がチベットに入り滞在することとなった。

しかしながら、日本人とチベットとの関わりが取り上げられる場合、第二次世界大戦終戦以前の日本人入蔵に関心が持たれる場合が目立つ。例えば、二〇〇三年に出版された、『チベットと日本の百年』と題する書がある。これは、二〇〇一年に開催された、「日本人チベット行百年記念フォーラム」の内容をまとめたものである。このフォーラムは、河口慧海の入蔵一〇〇周年を記念して、ジャーナリスト江本嘉伸を中心に、チベットを専門とする貞兼綾子や三浦順子などの研究者、在日チベット人のケルサン・タウワ等によって開かれたものであった。しかし『チベットと日本の百年』とあるにもかかわらず、同書の内容は、第二次世界大戦終戦までの日本人入蔵と、二〇〇一年当時のチベットの状況に限られている。

『チベットと日本の百年』において第二次世界大戦終戦以後の日本人入蔵に注意が払われていない理由の一つは、中国共産党の支配下に入る以前とそれ以後では、日本人の入蔵をめぐる状況に変化が見られることにあると考えられる。中国共産党支配以前のチベットは、山脈や沙漠に囲まれ、船や自動車などの交通手段が利用できなかったことに加え、「鎖国」ともいうべき状態にあり[*3]、モンゴル人と中国人以外の入国は困難であった。チベットにおいて日本人であることは、命に関わる危険を招来する重要な要因であったのである。しかし中国共産党の支配が確立されて以降は、状況が異なる。最大の変化は、日本人であることが発覚すれば殺害されかねないという、いわば人為的な危険がなくなったことである。近年では、日本から離れた高地であるという地理的障害すら克服されつつある。ラサには飛行機が乗り入れ、日本からも二、三回の乗り換えをするだけでチベットに入ることができる。ラサの病院には観光客のために、高山病に対応する施設が完備され、ホテルの各客室には酸素ボンベが備え付けられるようになった。現在では、中国内地からチベットへの鉄道も敷設され、二〇〇七年には旅客運送も開始された。入蔵にはもはや、特殊な身体的訓練の経験や、決死の覚悟は必要とされなくなったのである。前掲の『チベットと日本の百年』の記述は、上述したように、現在の日本においてはチベットに誰もが行くことのできる状況が現実となったにもかかわらず、その変化以前の「チベット」に強い関心が持たれていることの一例を示すものであると言えよう*4。

以上の点をふまえ、本書は、明治期から第二次世界大戦終戦までの、日本におけるチベット像の形成と変遷を明らかにすることを目的とする。検討対象を、明治期からとするのは、入蔵した日本人の旅行記が発表され始めるのが明治期であることと、一九〇〇年前後からチベット事情が新聞をはじめとする情報媒体に大量に出現することの二点による。また、中国共産党の支配確立以前と以後において、チベットと日本人入蔵をめぐる状況に変化があることと、現代においても中国共産党の支配確立以前の日本人の入蔵に関心が持たれていることに注目し、一九四五年までをとりあげる。

欧米においてはチベット・イメージ、特に「シャングリ・ラ神話」もしくは「チベット神話」などと呼称されるものについて、その形成と変遷の過程を考察した論考が、一九九〇年代に入って次々と書かれた。英文で出版されたものに限って言えば、ドナルド・S・ロペスがチベット仏教を中心に欧米人のチベット・イメージを取り上げた『シャングリラの囚人—チベット仏教と西洋—』(*Prisoners of Shangri-La: Tibetan Buddhism and the West*, 1998)、ピーター・ビショップが一八世紀後半から現代までの旅行記や仏教関係書、新聞、映画、文学作品等を取り上げ、欧米のチベット・イメージを概観した『シャングリ・ラ神話—チベットと旅行記、聖的空間の創造—』(*The Myth of Shangri-La: Tibet, Travel Writing and the Western Creation of Sacred Landscape*, 1989) がその代表的なものであると言えよう。その他にも、『チベット文化における聖性と力』(*Sacred Spaces and Powerful Places in Tibetan Culture*, 1999) や、『イメージの中のチベット』(*Imagining Tibet*, 2001) のような、文化人類学者、宗教学者、歴史学者、言語学者らの手になる学際的な論文集が出版されている。更に、現代のアメリカ映画におけるチベット・イメージに特に注目した論考として、二〇〇〇年に出版されたオーヴィル・シェル『仮想の中のチベット』(*Virtual Tibet*)がある。

一方日本においては従来、チベットに関連する研究は、戦前は仏教学や東洋史を中心としたものであり、戦後はそれに文化人類学や言語学などが加わる形で進められて現在に至る。これらのうち、チベットと日本人の関係について考察したものには、日本におけるチベット研究史を扱ったもの、日本人入蔵（「入蔵」はチベットに入ることを指す）の詳細を調査したもの、の二種がある。前者としては、佐藤長の「日本におけるチベット史研究の展開」(“The Origins and Development of the Study of Tibetan History in Japan”, 1993)、後者としては、木村肥佐生「成田安輝西蔵探検行経緯」（一九八一〜八三年）、高山龍三『河口慧海―人と旅と業績』（一九九九年）[*5]、奥山直司『評伝河口慧海』、ポール・ハイヤー「日本チベット交流の半世紀」(“A Half-Century of Japanese-Tibetan Contact”, 1972)[*6]が代表的なものである。日本人の入蔵を総括したものとしては、前掲山口瑞鳳『チベット』の中での言及[*7]と、江本嘉伸『西蔵漂泊』（上・一九九三年、下・一九九四年）が、現在のところ最も詳細な記述であると言える。このほかに、外国人の入蔵を広く調査した中で、日本人の行動を扱ったものとして、薬師義美『雲の中のチベット』（一九八九年）、『大ヒマラヤ探検史』（二〇〇六年）がある。

しかし、これらの研究において学的関心が向けられた「日本人」は、チベットを専門とする研究者、もしくはチベットの文物を直接見聞するという体験をした数人の入蔵者のうちの、更に限られた一部に過ぎない。日本人のチベット観についても、その限られた人々が持つものに、随時個別に言及されるにとどまり[*8]、時代の状況との関連や、他の日本人に与えた影響などは、ほとんど取り扱われなかった[*9]。入蔵者や研究者を除く、一般の大多数の日本人が持つチベット観についても、「秘境」イメージや「何々のチベット」という言葉の流布などに言及されることはあっても、その成立理由や過程について考察した研究はほとんど見られない。

筆者は、近代日本における日本人の海外交流の一環として、先行研究の蓄積の薄い一般の日本人とチベットとの関わりに特に注目した。本書は、チベット情報への接触を「チベット」との関わりの一つの様態と捉え、「チベット観」という新たな視点から考察したものである。これは、近代において、日本人が異文化をどのように認識してきたのか、また、海外情報をどのように受容してきたのか、それをチベットとの関連から明らかにするものでもある。

本書の考察にあたっては、近代日本におけるチベットに関する記述を広く検討するとともに、以下の調査を行った。まず、チベットをめぐる日本人の動向について、入蔵者やチベット研究者各人の遺品等新たな資料の掘り起こしと整理を行い、新事実を明らかにした。これらを、欧米におけるチベット研究の動向や欧米人入蔵の経緯と比較検討することで、日本人の研究や行動を位置づけた。更に、従来チベット関連では言及されていない、大陸浪人と呼ばれる人々や、第二次世界大戦期に情報収集活動を行った人々について情報の掘り起こしを行った。

その上で本書においては以下の考察を行う。まず、全体を通じての分析材料として、日本人の多くが目にする情報媒体であることに注目し、新聞・雑誌記事の他に、初等教育の地理教材を取り上げる。特に初等教育（小学校教育）[*10]の教材は、小学校への就学率が、一九〇〇（明治三三）年には八〇％を越え、一九一一（明治四四）年には九八％に達していくこと[*11]を考えると、日本人が多くが目にする情報媒体として、最も重要なものの一つであったと言える。

更に、以下三種の資料を使用し通時的に分析を進める。すなわち、①チベットあるいはチベット仏教について、それを主題もしくは主題に準ずる取り扱いをしている文献、②中国大陸の地理情報に関する文献、③英国のチベット関連文献である。

①の、チベットもしくはチベット仏教について、それを主題もしくは主題に準ずる取り扱いをしている文献には、河口慧海の『西蔵旅行記』をはじめとする旅行記、小栗栖香頂『喇嘛教沿革』（一八七七年）などのチベット仏教の概説書、また新聞におけるチベットに関する記事の他、チベット仏教を大きく取り上げた山中峯太郎の少年小説などが含まれる。

②の、中国大陸の地理情報に関する文献を取り上げるのは、明治以降日本人の大陸進出が加速する中で、大陸情報の中にチベット関係の情報が組み込まれていくことに注目されるからである。この種の資料としては、『清国通商綜覧』（一八九二年）を嚆矢とする大陸情報を編集した著作を検討対象とする。その理由は、これらが、通時的な概観が可能であり、かつ、チベットについてのみ記述した著作より、更に広範で多数の人々を読者とするものであることにある。以上のような理由から、これらの資料に対する検討によって、海外情報一般の中でチベットがどのように語られていたのかを明らかにすることができると考える。

③の、英国のチベット関連文献としては、当時の日本人がチベットについて記述する際に引用、参照したと推測される文献と、英国のチベット・イメージ形成に特に大きな影響を与えたと思われる文献の二種を取り上げる。英国の文献を検討する理由は、英国が一九世紀以降、チベットに最も深く関わった国の一つであり、近代におけるチベット情報の最大の発信源であったこと、明治以降の日本が受容したチベット情報も、主に英国を淵源としたことにある。また、これらの資料の検討を通じて、日本人のチベット観がどのような特徴を持ったかを、より明瞭に捉えることができると思われる。英国のチベット・イメージについては、前述のロペス、ビショップをはじめとする先行研究に依拠して考察をすすめる。

本書の構成と内容は以下の通りである。まず、序章では、本書の目的と構成、先行研究について述べる。

第一章「日本人入蔵以前のチベット・イメージ」では、日本人入蔵以前の一八七〇年代から一八九〇年代前半、すなわち明治初年から明治二〇年代までを扱う。チベット情報に接触可能であるのが非常に限られた人々のみであったこの時期、チベットに対してどのようなアプローチが試みられ、チベットがどのように捉えられていったのかを考察し、多量のチベット情報がマスメディアに出る前のチベット・イメージについて検討する。第一節では、初等教育の教科書と、大陸浪人と呼ばれた民間人たちの活動およびその見聞の結果が結集された『清国通商綜覧』を取り上げ、これらの資料の中に、どのようにチベット情報が組み込まれているかを考察する。第二節では、当時チベットに関するまとまった概説書としてはこの時期唯一のものであった小栗栖香頂『喇嘛教沿革』を取り上げ、小栗栖が属した東本願寺の、中国での布教事業の展開を含めて考察する。第三節では、入蔵を目指す僧侶たちの拠点であった、西本願寺附属の高等教育機関である普通教校*12で結成された、社会啓蒙運動を行う団体「反省会」の活動と、その一員であった能海寛の『世界に於ける仏教徒』(一八九三年)について、それまでのチベット情報を基にどのようなチベット像が形成されたのかを考察する。ここでは、「反省会」の情報源であった英国の仏教関連書を取り上げ、彼らが影響を受けた情報がどのようなものであったかを検討する。

第二章「河口慧海『西蔵旅行記』の登場」では、第一章に続く時期、すなわち一八九〇年代後半から明治末年の一九一二年までを取り上げる。ここでは、日本人として初めてチベットの首都ラサへの潜入に成功した河口慧海に注目し、世論の絶大な関心をよんだ彼の旅行記を中心に考察する。第一節では河口旅行記に先立つ、まとまった形としては新聞紙上初のチベット事情紹介となった、一九〇一年に来日したチベット仏教僧阿嘉呼図克図に関する新聞記事を取り上げる。第二節では、『大阪毎日新聞』、『時事新報』両紙における河口の連載と、旅行記『西蔵旅行記』(一九〇四年)を検討する。第三節では、河口旅行談以降の時期において、まとまったチベット事情紹介の契機となった、一九〇五(明治三八)年七月の能海寛殺害に関する新聞・雑誌記事と、一九〇八(明治四一)年一一月の、中央アジア調査で世界的な名声を博した探検家スヴェン・ヘディンの来日をめぐる報道を取り上げ、その内容を検討する。

第三章「大正期におけるチベットへの関心と青木文教『西蔵遊記』」では、一九一二年から一九二六年まで、すなわち大正期のチベット・イメージについて、日本人による二番目のチベット旅行記となった、大谷探検隊隊員青木文教の『西蔵遊記』(一九二〇年)を中心に考察する。第一節では、新聞紙上に現れたチベット関係記事の変化を跡づけた上で、初等教育の地理教材と、大陸への関心が高まる中で編まれた大陸関係書を取り上げ、チベットへの関心の在りようがどのように変化しているのかを考察する。第二節では、明治以降チベットに関して積極的だった東西両本願寺を中心に、大正期の仏教界におけるチベットへの関心の変化を検討する。第三節では、青木文教の『西蔵遊記』を取り上げ、ラサを撮影したものとしては日本初のものとなった彼の写真も含めて、その内容について考察する。更に、彼と同時代のチベットを見聞した英国のシッキム政務官チャールズ・ベルの代表的な著作であり、かつ『西蔵遊記』に出版年が最も近い『チベット　過去と現在』（一九二四年）を取り上げ、『西蔵遊記』と比較検討を行う。

第四章「第二次世界大戦終戦までのチベット・イメージ」では、一九二六年から一九四五年までの昭和期を取り上げる。第一節では、戦局とともに変化する大陸への関心の中で、チベットの捉え方がどのように変化したか、まず初等教育教科書、次に大陸情報の情報集について検討する。第二節では、昭和期に至ってチベット仏教が小説に大きく取り込まれたことに注目し、山中峯太郎の作品を中心に、同時代の英国の小説『失われた地平線』（一九三三年）との比較を通じて、大衆文化の中で創作されたイメージについて考察する。第三節ではこの時期出版されたチベット旅行記を取り上げる。まず、一九三二年の、日本最初のヒマラヤ・ブームのきっかけとなった、美術家長谷川伝次郎のヒマラヤ旅行記『ヒマラヤの旅』（一九三二年）について考察する。更に日中戦争開戦後から始まった大陸旅行記の翻訳ブームに注目し、この時期に至って初めて日本語訳されたヘディンのチベット旅行記を検討する。更に、蒋介石政府への援助物資輸送ルートである「西北」ルートに関心が集まりだした一九四〇（昭和一五）年に、『読売新聞』紙上に発表された矢島保治郎のチベット旅行記を取り上げる。

終章では、第一章から第四章まで検討したチベット・イメージの形成と展開について、考察の概要を振り返った上で総括を行い結論とする。

＊注

1　例えば奥山直司『評伝　河口慧海』（二〇〇三年）は、一八九四（明治二七）年に真言宗の土宜法龍、一八九五（明治二八）年に鈴木大拙が入蔵の意志表明をしたとしている。更に同書は、一九一一（明治四四）年に大谷派の松本義成が入蔵に失敗したことにも触れている（以上一二一、一四〇、一六七頁）。また江本嘉伸の『西蔵漂泊』（上巻・一九九三年、下巻・一九九四年）には、昭和戦中期に、野元甚蔵をはじめとする三人が入蔵したことが詳述されている（上巻・三一～一二五頁、下巻・二四一～二九一頁）。また、一八八九（明治二二）年に浦敬一（一八六〇～？）が、一九四一（昭和一六）年に真言宗の田尻隆昭（一九二〇～一九七八）が、入蔵を目指したが実現しなかった。その他、中国とチベットの境界地帯には、一八八七（明治二〇）年前後に石川伍一、一九二二（大正一一）年に小越平陸（一八六六～一九二九）、一九三六（昭和一一）年に笹目恒雄（一九〇二～一九九七）、一九四一（昭和一六）年に真言宗の福田隆繁（一九一八～　）が到達している。以上、浦については塙薫蔵『浦敬一』（一九二三年、二一八～二二九頁）、石川については石川漣平編『東亜の先覚石川伍一と其遺稿』（一九四三年、二八七～二九〇頁）、波多野については波多野養作『シルクロード明治の一人旅』（一九八五年、二七四～三〇九頁）、福田については福田隆繁『秘境モンゴル一人旅』（一九八五年、六八～一二九頁）、笹目については「秘境青海」（『善隣協会月報』五八号、一九三七年、六九～七三頁）、房建昌「日本侵蔵秘史—日本有関西藏的秘密報告和遊記」（『西藏研究』一九九八年第一期、五四頁）、小越については小越平陸『黄河治水』（一九二九年、五五～六一頁）を参照した。

2　一九八六年に「中華人民共和国外国人入境出境管理法」が施行され、外国人にも限定的ながらいわゆる非解放地区への旅行が許可されるようになった。

3　先行研究の多くは、チベットのいわゆる「鎖国」を、一九世紀末から二〇世紀半ばまで、としている。例えば山口瑞鳳『チベット』では、チベット鎖国の始まりを、イギリスがシッキムを保護下においた一八六一年以降としている（上巻、五八頁）。これに加え、外国人入蔵には、中国や英国など、チベットに緊密な関係を持った国々の意向も影響しており、例えば一九〇四年のラサ条約締結前後の時期には、英領インド政庁による外国人旅行者の制限が厳しく、英国人でさえチベットに自由に入ることはできなかった。

4　例えば、チベットへの関心が高まった一九八〇年代に、チベット旅行記として書かれたものにも、このような態度が見受けられる。例えば、一九八一（昭和五六）年にチベットに入ったＮＨＫ取材班の旅行記『チベット紀行』（一九八二年）は、四川省成都からラサへ向かう航空機での旅について、以下のように記述している。「成都から西へ二時間半飛ぶだけで、人は、時間に換算された距離を行くだけではない、距離でははかりえない地理上の、また、時間ではとらえられない歴史上の旅をすることになる」（二二頁）。また、同書「あとがき」には、以下のような記述もある。「「チベット」という言葉の響きを聞くとき、何かしら吾々日本人の心の深奥で、ひそかに鳴り始めるものがあるように思えてならない。（中略）このはるかな高みチベットへの曰く言い難い想いは、氷雪のヒマラヤを越え、苦難の旅の末、かの地に到達した日本の偉大な先人たちの業績に負うところが大きいに違いない」（二一四頁）。以上のような記述はいずれも、現代における同時代のチベットではなく、それ以前の「偉大な先人たち」が経験したチベットへの関心を示すものであると言えよう。

5　同書著者の高山龍三は河口慧海を最も詳細に調査した研究者であると言えよう。河口慧海に関する彼の代表的な著作としては他に『展望　河口慧海論』（二〇〇二年）がある。

6　Hyer, P., "A Half-Century of Japanese-Tibetan Contact, 1900-1950", *Bulletin of the Institute of China Border Area*

Studies, no.3, 1972, pp.1-23. 他には成田安輝について調査した論考“Narita Yasuteru: First Japanese to Enter Tibet”, *Tibet Journal*, 1979, pp.12-19. もある。

7 前掲山口瑞鳳『チベット』上巻第一章「旅行者の目から」の中の「入蔵した日本人」（六一〜九一頁）での記述を指す。

8 例えば、高山龍三『河口慧海—人と旅と業績』（一九九九年）には、「河口慧海のみたチベット」と題した、彼のチベット観についての記述がある（七二〜八七頁）。

9 本書脱稿後に奥山直司氏から *Images of Tibet in the 19th and 20th Centuries* (Esposito edited, Paris, 2008) についてご教示をいただいた。特に同書所収の奥山氏の論文“The Tibet Fever among Japanese Buddhist of the Meiji Era”には河口慧海の帰国時の報道について、本書と共通といえる指摘があり、意を強くした次第である。記してお礼申し上げる。

10 ここでいう初等教育とは、一八七二（明治五）年の学制発布で定められた小学校教育、一九四一（昭和一六）年国民学校令以降については、国民学校初等科での教育を指す。

11 この数字は、仲新『近代教科書の成立』（一九八一年）に掲載された図表（九二〜九三頁）に基づいて算出した。

12 詳しくは第一章第三節で述べるが、普通教校は、浄土真宗本願寺派（西本願寺）の高等教育機関として、一八八五（明治一八）年に創設された学校である。仏教学以外の学科がカリキュラムに組み込まれており、特に英語教育が重視されていた。この点は、日本仏教各派が設けていた教育機関としては当時画期的であった。

第一章

日本人入蔵以前のチベット・イメージ

第一節　海外知識としてのチベット情報

一　明治期初等教育教材に見るチベット

一八七二（明治五）年の学制発布以前、世界地理の教科書としては、福沢諭吉の『世界国尽』（一八六九年）、内田正雄の『輿地誌略』（一八七〇〜一八七七年）などが多く使用されていた（仲新『近代教科書の成立』、一九八一年、一〇三〜一〇四頁）*1。学制発布以後は、師範学校が新しい教科書の編纂に努め、それによって文部省から『万国地誌略』（一八七四年）、『小学地誌』（一八七九年）が刊行された。教科書の検定制度が一八八六（明治一九）年に発足すると、『万国地理初歩』（一八九三年）や『小学地理』（一九〇〇年）など多数の教科書が発行された。一九〇三（明治三六）年からは国定教科書の時代に入り、第一期国定教科書『小学地理』（一九〇三年）、第二期国定教科書『尋常小学地理』（巻一・一九〇七年、巻二・一九一〇年）、第三期『尋常小学地理書』（巻一・一九一八年、巻二・一九一九年）、第四期『尋常小学地理書』（巻一・一九三五年、巻二・一九三六年）、第五期『尋常小学地理書』（巻一・一九三八年、巻二・一九三九年）、そして一九四一（昭和一六）年の国民学校制度発足時に、第六期国定教科書『初等科地理』（上下、一九四三年）が発行されていくこととなった（海後宗臣編『日本教科書大系　近代編』第一七巻巻末「地理教科書総解説」、一九六六年、六一六〜六二六頁、以下「地理教科書総解説」と、頁数のみ示す）。

これらの教科書に加え、地理教育において、明治期から昭和に至るまで一貫して重視されていた教材が、地図類である[*2]。従って本書では、教科書の他、教室用掛図、児童用地図帳などの教材に特に注目して検討を進める。

1　文部省刊行教科書

一八七二（明治五）年の学制発布直後には、小学校教科書として編集された書物がまだなかったため、当時市販されていたもののうちから適当なものが選ばれて教科書として使われていた（仲前掲書、一〇三〜一一一頁）[*3]。学制が発布されると同時に、教師の養成、教科書の編纂などの拠点として、東京に師範学校が設立された（仲前掲書、一二八〜一二九頁）。一八七三（明治六）年文部省は、この師範学校での研究の成果として、『地理初歩』、『日本地誌略』、『万国地誌略』（以上、下等小学課程用教科書）、『日本地理書』、『万国地理書』（以上、上等小学課程用教科書）を刊行した。一八七九（明治一二）年には、新教育令の発布によって、初めて地理は独立の科目となり、それに伴って下等小学課程の上記三冊の教科書は、『小学地誌』として、より一貫性をもつ内容にまとめられた。以上の文部省刊行の教科書は、各府県で翻刻され、広く普及したとされている（仲前掲書、一二八〜一五九頁）。

以上に挙げた、文部省刊行教科書使用期までの地理教育は、それ以後の時期とは異なった特徴を持っている。まず挙げられるのは、教科書の大部分が欧米の地理関係書を翻訳もしくは抄訳したものであったことであり、また、この時期の地理教育が目的としたものが、単に地理の「大要」[*4]を授けることであったのも、次の時代、すなわち検定教科書以降において、愛国心の涵養が大目的とされていったのとは大いに異なるところである。また、これらの教科書が使用された授業が、テキストの音読と、名称や数字の暗記を主とするものであったこと[*5]も、以後の時代と対照的であった。本書では以上の共通点に注目し、明治初年から文部省刊行教科書が使用された時代までを一連のものとして捉える。

その上でこの期間に刊行された世界地理の教科書の代表的なものとして『万国地誌略』を取り上げて検討する。なぜなら、『万国地誌略』は、それまでに世に出ていた様々な地理的情報を、小学校教育という観点から「世界地理」として初めて総括したものであり、日本国民の基礎知識としてチベット情報がどのように意味づけられていくか、その最初の過程を見ることができると思われるからである。

『万国地誌略』は、それまでに民間で出版されていた地理書と同じく、欧米の地理教科書を抄訳したものであったと同時に、小学校教科書として初めて編集されたものでもあった（「地理教科書総解説」、五九三頁）。『万国地誌略』の後出版された文部省刊行教科書『小学地誌』は、『万国地誌略』を含む三冊の地理教科書をまとめ直したものであった。このことは、まず『地理初歩』で地理入門を、次に『日本地誌略』で日本地理を、最後に『万国地誌略』で世界地理を学ぶという、これ以後日本の地理教育において維持されるカリキュラム、すなわちまず地球の概要について学習し、その後日本地理を経て世界地理に進むという形式が、『小学地誌』にそのまま受け継がれていることにも見て取れる。『万国地誌略』は、このような前提で編まれた最初の教科書であり、同時に、地理教育の大枠が設定される要の位置にある教科書であった（「地理教科書総解説」、五九三頁）。

『万国地誌略』は、地理入門と日本地理にあたる、前二種の教科書に続けて、一八七四（明治七）年に文部省から発行された。その内容は、その国の地域区分、他の国との境界、地勢、人口、面積、主要都市の沿革、産業、産物などについて逐次述べていく形式をとっている。チベットはまず「支那」、すなわち中国を構成する一領域の名称として、以下のように登場する。以下は海後宗臣編『日本教科書大系　近代編』（第一五巻、一九六五年）より引用したものである。以下頁数のみ示す。

支那ハ亜細亜東部ノ大国ナリ、今清国ト称シ、其地ヲ分チテ三大部トス、第一ヲ支那本部ト云フ、即旧来ノ漢土ナリ、第二ヲ支那韃靼ト云フ、高麗、満州、蒙古、伊犁等、属国地方ノ総名ナリ、第三ヲ西蔵ト云フ、西部ノ所管地ナリ（二二四頁）

詳しいチベット事情は、次のように記述される。以下該当部分全文を引用する。

西蔵ハ、昆崙山南ニ在ル、高原地方ナリ、東ハ、支那本部ニ連リ、西南ハ、山嶽連亙シテ、印度地方ノ界ヲ為ス、之ヲ喜馬拉山ト云フ、国内ヲ東西両部ニ区別シ、東部ヲ、前蔵ト云ヒ、西部ヲ、後蔵ト云フ、此国ハ、仏教盛ニ行ハレ、僧徒寺院ノ多キコト、亜細亜州ノ第一トス、首府ヲラッサト名ク、前蔵中ノ大都会ニシテ、人口五万余、支那ノ鎮台アリ、又仏閣堂塔甚多ク、金銀珠玉ヲ鏤メ、光輝粲然、人目ヲ眩射セリ、産物ハ、金、銀、玉、及、諸宝石ノ類ヲ出ス（二二六頁）

上記引用に見るように、チベット事情は中国の地誌に組み込まれており、その上で、チベットが高原であること、アジアで最も仏教が盛んな地域で、その首都ラサには豪華な寺院が建ち並んでいること、金銀・宝石を産する地域であることが述べられている。本書で後述する、土地の不毛や、貧しさといったものを述べる後の教科書に出現する表現は、ここには見当たらない。

一方、教科書と並んで重要な教材であった地図は、「問答」の授業において、教科書と併用された。『万国地誌略』には地図が少ないが、各府県へこの教科書が普及しはじめると、これらの教科書の付図が民間から多数出版された（「地理教科書総解説」、五九四〜五九五頁）。中でも、暗記用の白地図「暗射図」が多く、その一つに、土方幸勝『万国地誌略亜細亜諳射地図会釈』（一八七六年？）がある*6。『万国地誌略亜細亜諳射地図会釈』というタイトルと、その内容が『万国地誌略』の記述順と符合すること、また「凡例三則」に、「此編ハ万国地誌略亜細亜、阿非利加、欧羅巴、北亜米利加、南亜米利加、大洋州、六大州ノ諳射地図ニ表出スル所ノ山、川、都、府、港、峡、島嶼等ノ名目ヲ記載シテ、本図ノ諳射ニ便ニス」とあることから、『万国地誌略』付属教材として編まれたものと考えられる。

例えばこの中の「亜細亜州」と題された地図には、国名が一切記されていないが、国別に色分けされ、北京、上海、デリー、メッカなどと思われる都市が◎印で示されている。またヒマラヤ、クンルンなどの山脈、アラビア、ゴビなどの砂漠、万里の長城などと思われるものが図示されている。これらの名称は一切記載されていない。チベットは、モンゴル等と同様に中国の領域として中国と同色に彩色され、ラサと思われる位置に都市を示す◎印が一つ置かれている。

このような地図を使用しての授業が、実際にどのような内容であったのかは、例えば上田勝行訳『万国地図問答』（一八七六年）に見ることができる。この教材においては、各国事情についておおむね、帰属する大陸名（「西蔵ハ何洲ノ中ナルヤ」）、国土の数字的な大きさ（「其全地幅員ハ幾許ナルヤ」）、人口（「其人口ハ幾許ナルヤ」）、各都市の名称と人口（「其有名ノ都会ハ何ト称スルヤ」、「ラハッサノ人口ハ幾許ナリヤ」以上一一～一二頁）等を問う質問が設定されている。

このように、「問答」の授業において、チベットについて地図上で確認される情報は、他の地域と種類を全く同じくするものである。すなわち、ここで問われるのは、位置、面積、人口、首都名などの数字と名称のみであり、それらだけが獲得されるべき知識とされているのである。後述するが、一八八六（明治一九）年に検定教科書制度が発足して以降、チベットについて地図上で指導されていく重要事項である、チベットをアジア中央にある世界最高の「高地」の一部分、そして中国の領域に含まれる一地方とする等の情報は、ここには一切取り上げられていない。チベットと他の地域とを弁別するのが、ただ固有名詞と数字の違いだけであることは注目に値する。

更に、この『万国地図問答』では、チベットが、中国やインドと対等の「国」の一つとして挙げられている。これは、『万国地誌略』でチベットが中国の一地域とされたのとは対照的である。この時期の地理教科書・地理教材では、チベットは中国の領域内に含まれることもあれば、独立した一国として扱われる場合もあり、それは一定していない。このことは、モンゴルや満州が一貫して中国の一地域とされているのとは対照的であり、チベットに対する認識にばらつきがあったことをうかがわせるものである。

チベットについても、チベット以外の地域についても、必要とされた知識がおしなべて名称と数字であったことと、チベットの取り扱いにこのようにばらつきがあったことからは、情報に取捨選択を加えずそのまま収集・羅列していった様子がうかがえる。当時を指して仲新が「翻訳教科書時代」（仲前掲書、一一九頁）と指摘しているように、これらの教科書が欧米の著作をモデルとしたものであり、「海外文明の無差別的摂取」（唐沢富太郎『教科書の歴史―教科書と日本人の形成―（上）』、一九八九年、一〇五頁）が目指され、その具体的な実践方法として、

「注入主義であり、暗記万能の教育」（仲前掲書、一八三頁）が行われていたことを背景とすることを考えると、このような情報の取り扱いは、教科書の編集過程において、欧米の知識モデルを導入することが何より優先された結果生まれたものだと思われる。つまり、この時点では、日本独自の観点から各国についての情報を編成し直す段階には至っていないことが見て取れる。チベットは、中国大陸のどこかに存在する、輪郭のあいまいな地域の一つとして取り扱われていたと言えよう。

2　文部省検定教科書

一八八六（明治一九）年、小学校令をはじめとする四つの学校令が公布され、初等教育から高等教育に至る学校教育の骨組みが確立された（唐沢前掲書、二四五頁）。教科書についても、文部大臣の検定を経たものを使用する、と規定された（小学校令第十三条）。これによって教科書検定制度が発足し、国定教科書制度が導入される一九〇三（明治三六）年まで続くこととなった（唐沢前掲書、一九九〜二〇二頁）。

教科書検定制度についての規定が明らかにされた一八八六（明治一九）年の小学校令公布と同年に、「小学校ノ学科及其程度」が発布され、小学校での教育内容が定められた。ここでは、学制発布直後のように教科書が指定されるのではなく、教科書が拠るべき標準が示された。地理についても、「学校近傍ノ地形其郷土郡区府県本邦地理地球ノ形状昼夜四季ノ原由大洋大洲ノ名目等及外国地理ノ概略」とされた。更に詳しい内容は、一八八七（明治二〇）年に文部省から発表された「小学校教科用地理書編纂旨意書」に見ることができる。ここでは、小学校における地理教育が「処世ノ資ニ供スル」ためのものとされ、その内容も「海陸、山河、気候、邦国、都邑、交通、製造、貿易、人種、政体、宗教、風俗ノ概略等、凡ソ一般人民ノ知ラサル可カラサル事項」と定められた。これは、明治初年以来の地理教育がここに至って、文明国の国民が「知ラサル可カラサル事項」を学ぶものとして、改めて意義づけられたと言える（以上仲新他編『近代日本教科書教授法資料集成』第七巻、一九八三年、六七六〜六七七頁）。

しかし地理教育に対するこのような方針は、一八九〇（明治二三）年の小学校令（第二次）以降大きく変化した。この小学校令に基づいて一八九一（明治二四）年に発表された「小学校教則大綱」には、地理教育の目的が、「人民ノ生活ニ関スル重要ナル事項ヲ理会セシメ兼ネテ愛国ノ精神ヲ養フヲ以テ要旨トス」とされ、その内容は外国地理では、「本邦トノ関係ニ於テ重要ナル諸国ノ地理ノ概略」と再定義された。ここにおいて初めて、地理教育が「愛国ノ精神」の涵養を目的とするものと規定され、外国地理も「本邦トノ関係」によって再編成されることとなった。「戦前の小学校制度の基本枠組」を成立させることとなったとされる一九〇〇（明治三三）年の小学校令（第三次）においても、この二点は維持された（以上仲他編前掲書、六七八～六七九頁）。ここに至って地理教科書は、明治初年から文部省刊行教科書までの、世界にどのような国があるのかを知る、文明国人としての必須の知識獲得のための教科書から、愛国心涵養のための教科書へと、変化することとなったのである。ここにおいて、欧米モデルから日本モデルへの転換が始まったとも言える。教授法も、音読と暗記を通じて知識を習得させるものから、実際に現地を旅行しているように児童を指導するものへと変化した[*7]。

チベットに関する記述も大きく変わることとなった。検定期地理教科書の代表的なものとされる[*8]一八九三（明治二六）年発行の『万国地理初歩』では、その前の文部省刊行教科書に見られるような、チベット事情を述べる部分は消え、チベットは地名としてのみ言及されるだけになった。但し省かれたのはチベットだけではなく、例えばチベットと同様に中国の一部として扱われてきた新彊についての記述も同様である。反対に記述量が増加したのが、朝鮮、インド、シベリアについてである。特に朝鮮に関する地誌が中国に代わって、アジア諸国に関する部分の冒頭に配置されたことには、朝鮮が日清間の激しい抗争の焦点となっていた日清戦争前の日本の、大陸への視線が端的にうかがえよう。またシベリアについての記述が増加したことにも、当時ロシアの南下への視線が反映されていると言える。

チベットは、まずアジア地域総論である「亜細亜洲」、次にアジア地域各論である「支那本部」で登場する。以下、海後宗臣編『日本教科書大系　近代編』（第一六巻、一九六五年）より、該当部分を全文引用し、頁数を示す。

中央ノ高原ハ、世界第一ノ高処ニシテ、周囲ニハ山脈聳立セリ、南ニ峙ツヲ、ひまらや山脈トイヒ、（中略）其南ヲ西蔵《チベット》高原トイヒ、北ヲ韃靼《ダッタン》高原トイフ（一二六頁）

其東南ハ太平洋ニ臨ミ、西北ハ山岳重畳シテ韃靼・西蔵ノ高原ニ連レリ（一二八頁）

どちらの箇所においても、地勢が記述される部分で、「ひまらや山脈」、「韃靼高原」などとともに、「世界第一ノ高処」である「中央ノ高原」の一部分の名称として、チベットに触れられるにすぎない。

これらの記述が実際の授業でどのように使用されたのか、それをうかがうことができるものに、当時の地理教授書の一つである是石辰次郎の『小学教授術地理科』（一八九三年）がある。これは『万国地理初歩』を意識した教授書であるが、この中においてチベットに関する記述は、アジア総論に該当する部分において、地図上でアジアの大陸、海、山や川の名称について質疑応答する場面にまず登場する。更に中国について学習する部分の冒頭、地図上で中国の領域を確認する際に、再度チベットという地名に、具体的には「西蔵高原」という地名に言及され、地図上でその位置が確認されたと考えられる。以上のように、チベットに関する記述は、実際の授業において、いずれも地図を使用し関係する地名を確認する場面においてのみ取り扱われたと言えよう。

ここで使用されると思われる地図は、文部省刊行教科書の時期に見られたような国別の彩色ではなく、高度別の彩色が施されたものであった。前述したようにチベットには、アジアの地勢を述べる部分で、「ひまらや山脈」、「韃靼高原」などとともに、「世界第一ノ高処」である「中央ノ高原」の一部分の名称として触れられる。ここで、チベットと共に地図上で参照される「ひまらや山脈」、「韃靼高原」等の地名に相応する領域が、いずれも同色で塗り込まれていることは注目に値する。つまりここでは、「高所である」ということが、チベットに関する唯一の情報として、視覚的にも確認されるのである。しかしそれと同時に、「高所である」という情報は、教科書本文においても地図上においても、「ひまらや山脈」、「韃靼高原」など複数の地名と同時に「中央ノ高原」に包摂された形で提示されている。このような提示のされ方は、チベットの位置や大きさについての印象を、あいまいかつ漠然としたものにする可能性を多分に含むものであると言える。

更に、就学率が八〇％を越える（仲前掲書、九二〜九三頁）時代に入った一九〇〇（明治三三）年発行の、検定後期を代表する教科書である『小学地理』においても、チベットが、アジア地域中央の高地の一部、そして中国を構成する一領域の名称として登場することには変化がない。以下、海後宗臣編『日本教科書大系　近代編』（第一六巻、一九六五年）より、該当部分全文を引用する。

内地はヒマラヤ山脈を中心として西にヒンヅークーシ山脈・エルブルヅ山脈を出し、北に崑崙《コンロン》山脈・天山《テンサン》山脈・阿爾泰《アルタイ》山脈等を出し、その間に西蔵《チベット》・イラン・パミールの三大高原、支那・印度・西比利亜《シベリヤ》の三大平野あり（二三八頁）

支那は（中略）分ちて、満州《マンシユー》・蒙古《モーコ》・新彊《シンキヤン》・西蔵《チベット》・支那本部の五つとす（二四〇頁）

しかし、『小学地理』では、『万国地理初歩』で記述されている中国の「風俗」、「生業」、「産物」、「我国トノ貿易」が省かれ、『万国地理初歩』で省かれていた「新彊」、「西蔵」事情が挿入されている。中国本部、すなわち漢民族が大多数を占める地域についての記述が減らされる一方で、それ以外の少数民族の生活地域の地方誌が加えられ、中国のより広い領域にわたる把握が目指された。更に、アジア地域全体の記述の中で、インドに関する記述が大きく削られ、中国に関する記述が大幅に増やされていることからも、中国に関する関心が高まっていたことがわかる。また、シベリアに関する記述が依然として増加の傾向にあることには、アジアにおけるロシア勢力への注目が示されていると言えよう。

チベットは中国の一地方として、次のように記述されている。以下、海後宗臣編『日本教科書大系　近代編』（第一六巻、一九六五年）より、該当部分全文を引用する。

世界第一の高台にて、一万尺以下の処なし。本洲の大河は、大抵、こゝより出づ。人口七百万、首府ラツサに、ラマ教の本山あり、僧侶多し。寒気烈しく、且、乾燥なる故に、耕地に乏し。家畜は、よく繁殖す（二四一頁）

ここでは、文部省刊行教科書『万国地誌略』に見られた、「光輝粲然」といった表現は跡を絶ち、代わりに、寒気と乾燥にさいなまれる不毛の土地、といった記述が出現している。但し、このような変化はチベットに関する記述のみに見られるものではない。例えば『万国地誌略』において、「城郭堅固、市街繁華ニシテ、人口五十万余」（二二五頁）と記述された満州の首府奉天について、『小学地理』は、「人口凡二十万」（二四一頁）としか述べていない。「城郭堅固」、「市街繁華」などという表現は切り落とされてしまっている。チベットと同じように『小学地理』において地誌的な記述が復活した新疆についても、『万国地誌略』にあった「皆繁盛ノ地ニシテ、商旅隊伍ヲ結ビ、往来貿易スル者、甚多シ」（二二六頁）などという表現は一切見られず、代わりに「この辺、一面に砂原なり」（二四一頁）などと述べられるにとどまっている。

しかも、このチベット事情の部分について、『小学地理』の教師用指導書『小学地理　教員用』（一九〇一年）には、全く言及がない。チベットと同様に中国の地方誌として取り扱われている満州、蒙古について、首都、産業、歴史についての補足情報が挿入されているのに対し、チベット事情について、そのような情報は何も示されていないのである。チベットについては、チベット事情の部分においてではなく、「支那帝国」の「位置面積」の項で、「西蔵西蔵高原の、平均の高さ、一万五千尺にて世界第一の高原なり、我富士山の頂上よりも、二千余尺高しは世界第一の高原なり」（二六〜二七頁）と、説明が付されているのみにとどまる。従ってチベットについての学習の要点として挙げられているのは結局、チベットが「世界第一の高原」であることのみであり、授業において重視される部分がこの一事だけであるという点で、『小学地理』は、『万国地理初歩』と比べて変化はないと言える。

以上見てきたように、日本との関係の親疎によって地理情報が再編成された結果、チベットは、文部省検定教科書において、アジア中央に位置する広大な高地に関連する地名として、そして、中国の地域区分を構成する一地域名として、登場するのみとなった。チベットについては、「世界一の高所」ということが最も重要かつ唯一の要点として、教科書本文においても、地図においても強調されていくこととなった。

二　漢口楽善堂と『清国通商綜覧』

1　漢口楽善堂の活動

海外情報の中のチベット・イメージを検討するにあたって、本章では次に、中国大陸情報を網羅した著作を取り上げる。明治初年期において、中国大陸の地形や地誌についての基礎的なデータははなはだ乏しく、陸軍は、隣国清の国情調査のため将校を派遣していた[*9]。本節で取り上げる『清国通商綜覧』の基礎となるデータを収集した陸軍中尉荒尾精（一八五八〜一八九六）も、その一人であった。

荒尾は、陸軍士官学校を経て、一八八六（明治一九）年、清国派遣を命じられ上海へ渡った[*10]。彼は、『東京日日新聞』のかつての主筆であり、実業家としても名高い岸田吟香の経営する薬店、上海楽善堂を頼って、内陸部の交通の要衝と目される漢口に楽善堂支店を作り、ここを拠点に彼と志を同じくする「志士」を組織して各地での情報収集活動にあたった。荒尾のもとに集まったのは、のちに「大陸浪人」とも呼ばれる、中国各地での情報収集活動と政治的工作に奔走した民間人たちである[*11]。漢口楽善堂は大陸浪人たちの、最初期の拠点のひとつであった。彼等は大陸情報の重要な発信源の一つであったと言えよう。

漢口楽善堂の実際の活動は、ここで活躍した民間人の一人である浦敬一の伝記、塙薫蔵『浦敬一』（一九二四年）所載の「堂則及び堂員の内規」（一八六〜一九四頁）に、その大要を見ることができる。これによると、漢口楽善堂に所属するメンバーは「堂員」と呼ばれ、「堂長」の下に、楽善堂の表向きの看板である書籍や薬品の販売業務や、情報のとりまとめ、その他の事務を分担する「内員」と、各地に出張し情報収集等の活動を行う「外員」に分かれて活動していたという[*12]。

一八八七（明治二〇）年前後には北京、四川、湖南等に支部も設けられ、堂員の中には、チベット・清境界付近や、雲南貴州両省にまたがる少数民族地帯にまで足を延ばすものもあった。例えば、清の版図内においてはチベットとの境界に最も近い打箭鑪《ダーチェンルー》に、石川伍一、松田満雄の両人が入ったとされている（升味準之輔『日本政党史論』第三巻、一九六七年、一三六頁）。石川は旅の日記と、訪問した地域の地形、産業、風俗などを地図を付して述べた「地誌」を残しており、石川漣平編『東亜の先覚石川伍一と其遺稿』（一九四三年）に、その抜粋が収録されている。この文献を参照すると、チベットとの交通の要衝である主要な町について、「人煙頗ル稠密ニシテ連檐櫛比物産輻輳シ貿易頗ル盛ンナリ」（石川編前掲書、二八七頁）といった記述が続いている。また、これらの町には相当数のチベット人が居住していたと考えられるにもかかわらず、「喇嘛教」すなわちチベット仏教への言及は一切見られない。ただ、交通情報として、チベットへの行程が非常に困難なものであることが言われている（同、二八七〜二八八頁）。

楽善堂の活動に関する記録において、チベットと清の境界付近ではなく、チベットそのものを視界に捉えたことを最初に確認できるのは、一八八九（明治二二）年、西域潜入に挑んだ浦敬一（一八六〇〜？）の残した書簡その他においてであると思われる。

浦敬一は一八八七（明治二〇）年、中国に渡って漢口楽善堂の活動に参加し、一八八九（明治二二）年、新疆、チベット、モンゴル地方の探索のため、甘粛省蘭州を出発した後消息不明となった[*13]。浦の西域派遣は、楽善堂が、一八八八（明治二一）年の新疆へのロシアの鉄道延長計画発表を、この地方へのロシア勢力の急迫と見たためである（塙前掲書、一九七〜二〇〇頁）。

浦の西域での活動には、以下のような内容が予定されていた。すなわち、路程は、漢口―西安―蘭州―ハミ―ウルムチ―イリ―カシュガル―チベット―打箭爐―成都―重慶で、全踏査には三年が予定されている（同、二二一〜二二二頁）。

チベットで予定されている活動内容は、主目的とされる新疆での調査と基本的に共通している。すなわち、ロシア軍の進入ルートとなりうる地域の現況を探り、ロシア軍に対する防御線を、その地形や気候などの利用を含めて策定すること、現地住民の現況を観察し、人心収攬と統制の方法を考えること、現地の清朝政府の国防と開墾の実情、その地区の維持に費やされている経費と税制運用の実態について調査すること、現地の産業について戦時物資の徴集の点から調査すること、現地に楽善堂の活動拠点を設置する場合の堂員の配置を考え、その運営に必要な経費を算定すること、である（同、二二九～二三一頁）。

チベットに関しては、これらの調査を、英領インド、ビルマからと予測されるイギリスのチベット進入への対策と、英露の進出に対する四川省の防衛という二点に注意しつつ、実施すべきであるとしている（同、二三〇～二三一頁）。この二点の留意事項は、彼等の視界において、あくまでもロシアとイギリスを結ぶ線上でのみ、チベットが捉えられていることを示している。しかも、チベットが、新彊ほど調査に緊急性が要される地域とはされていないことは、イリ以降のルートがあくまでも暫定のものであるとして、「右は今日想像上の順路にして、若し都合に因りてはサマルカント辺迄経歴すべく、又た都合悪ければ西蔵にも赴かず、内蒙古を経て北京に出で、上海に回るべく、是等の事は便宜に取計べき事」（塙前掲書、二二二頁）とあることからもうかがえる。チベット行は新彊調査に附属した、あくまで副次的な活動と見なされていたと言える。後述するが、後の大陸経綸の中で声高に主張されていく、チベット仏教の持つ政治的な影響力の重要性にも特に注意は払われていない。この点から、この時点においてチベットが、大陸浪人たちの視野の中心には捉えられておらず、彼らにとってはあくまでも周辺的な位置づけの地域の一つにすぎなかったことが見て取れる。

2 『清国通商綜覧』

漢口楽善堂が収集した情報の集大成が一八九二（明治二五）年に出版された『清国通商綜覧』であり、荒尾と同じ陸軍の将校で、古くからの盟友であった根津一（一八六〇～一九二七）[*14]に、彼が編集を委嘱したものである。これは上海東亜同文書院『支那省別全誌』（一九一七～一九二〇年）など、以後盛んに出版されていく大陸情報集のさきがけとも言える著作であり、中国語文献からの情報ではなく、最新の調査に基づいているという点、つまりこの時期の中国の実状を伝える情報を系統立てて整理し一般の利用に供したという点で、当時高い評価を得た[*15]。

漢口楽善堂に蓄積された大陸情報が、清に焦点を合わせ『清国通商綜覧』として整理されたのには、漢口楽善堂を主宰していた荒尾精の、日清貿易振興への強い意志があった。荒尾は一八八九（明治二二）年に帰国するが、これ以降彼は、自身の三年にわたる中国での見聞から、中国での日本の勢力拡大の第一段階は、漢口楽善堂の活動のような、情報収集と現地での同志糾合による直接行動ではなく、通商の拡大による勢力扶植であるべきだと主張するようになった（荒尾精「復命書」小山一郎『東亜先覚荒尾精』所載、四六〜八一頁）。このための人材育成機関として彼は一八九〇（明治二三）年、中国での商業活動について専門に学ぶ日清貿易研究所を上海に設立し、その運営に没頭した。『清国通商綜覧』は、以上のような状況の中で、日清貿易に従事する人のための情報集として生まれたのである。その基礎となったのは、漢口楽善堂において集結された大陸浪人たちの情報であった*16。本節では、一八八〇年代後半から各地で活動を続けてきた漢口楽善堂の大陸浪人たちの見聞が、一般の人々に供するべくどのように編集されたのか、そしてその中でチベットがどのように描かれているのかを検討したいと思う。

『清国通商綜覧』のチベットに関する記述は、中国本土を取り巻く外郭に位置するいくつかの地域名の、単なる一つとして言及されるものと、「喇嘛教」に関する説明の二つに限られる。「清国」という枠組みが設定されたこの『清国通商綜覧』では、チベット本土の情報は一切提供されない。『清国通商綜覧』においては、それまで区画や境界が判然としないまま「大陸」という言葉で一括されていた諸地域に関する情報が、「清国」という基準によって系列づけられ、解釈しなおされていった。その中で、改めてチベットへの関心がこの二点にしぼられていったと言えるのである。

地域名としてのチベットは、例えば「全帝国は歴史行政の関係に基き分つて本部支那、属部満州、蒙古、伊犁、西蔵の五区となす」（天編、一頁）というように登場する。ここでは「本部支那」とともに、「属部」である「満州」、「蒙古」、「伊犁」、「西蔵」について、面積、人口、人種、地理的位置などが記述される*17。このような記述からは、チベットはじめモンゴルや満州などを同列に、中国本土、つまり漢民族が主な生活領域としている部分をふちどる諸地域の一部、とする位置づけが読みとれる。ここにチベットと同列に挙げられている「満州」、「蒙古」、「伊犁」については、チベットと同じく、いずれにも詳しい説明部分はたてられていない*18。「清」という枠をはめたことで、「本部支那」がクローズアップされ、この四つの地域それぞれへの注目度は落ちてしまったと言える。

実際のチベットをうかがわせる記述はわずかに、「本部支那」のうちチベットに接する地方の情報に、その奥のチベットを想像させる表現が見いだせるのみである。

其雅州府は県五州一を領す西蔵咽喉の要害たり土脈苦寒種植に堪へす百姓極めて貧困風俗淳を尚ひ詞訟甚稀なり其物産は蒙山茶、石菖蒲、黄連、黎椒、功竹、納魚、牛黄、婆羅花、落淮水、丙穴魚類等とす（天編、五〇頁）

この「雅州」は、石川伍一が「人煙城内ニ充チ連檐櫛比シ東門外数百米ニ及ブ物貨頗ル豊盛」（石川前掲書、二七一頁）と描写した町である。この同じ町が一転して、地味の痩せた農業に向かない、「極めて」貧しい土地というように描かれていることは、注目に値する。同じ四川省でも、他の町については、このような対照的な記述とはなっていない。「西蔵咽喉の要害」すなわち、チベットへの入り口となる地域を、このように「極めて」貧しい土地とする記述は、その奥のチベットの風土の更なる厳しさと貧しさを暗示するものでもあるといえる。チベットに関連する情報の、このような形での登場の仕方は、後述するように、以後『清国通商綜覧』と同様に、中国に関する情報集として大正期に編集出版される『支那省別全誌』において、典型的なものとなっていく。

『清国通商綜覧』では、「清」を基準に情報が取捨選択されることによって、地域としてのチベット、つまりチベット本土への注目度が落ちた一方で、石川伍一や浦敬一が全く言及しなかった「喇嘛教」、すなわちチベット仏教が、以下に述べるように、クローズアップされていったと言える。「喇嘛教」の内容としてはまず、清の宗教について詳述される「第七章　宗教」で、清朝が他民族を制御するために、チベット仏教を効果的に利用したことに言及されている。具体的には、モンゴル人の戦闘的な性質を矯めるために、「喇嘛教」が使われ、大きな効果を持ったことが記述されている（天編、三五八頁）。この点が重視されていることは、「喇嘛教」の項目においても、「黄教」すなわちチベット仏教の主流派ゲルク派が「満政府の政略上より優待する処」であったことが再度述べられていることにうかがえる。チベット仏教への注目点の第一は、清朝の異民族政策において「喇嘛教」が持った制御効果の大きさであったと言える（天編、三五八頁）。

チベット仏教への注目点の第二は、その絶大な影響力を持つ権力が、どのように継承されていくのか、すなわち「化身転生」と呼ばれる活仏の転生制度にある。清という枠の中において、チベット仏教の特色が、あくまでその絶大な政治的影響力に見出されていたことを、上述の二点は示している。そしてこの二点を軸に以下のような情報が提供されている（天編、三七〇～三七二頁）。

チベット仏教には「紅教」、「黄教」の二派があり、「黄教」は清朝の対モンゴル政策に利用され、大いに優遇された。そしてこの清朝統治下において強大な教勢を持った「黄教」の開祖は「宗喀巴」（現在の呼称ではツォンカパ）といい、その二大弟子が「達頼喇嘛」（同ダライラマ）、「班禅喇嘛」（同パンチェンラマ）で、彼らが代々転生してこの宗派の最高権力を継承している。彼らに次ぐ高位の僧侶で「克図克特」と呼ばれるものも、その法位はやはり転生によって伝えられる。活仏転生制度については過去に、迷信にすぎるとして乾隆帝によって是正された経緯がある。「喇嘛」と呼ばれる高僧にはいくつかの等級があり、高位の僧侶の中には清朝から「国師」、「禅師」といった称号を与えられるものもある。最高位は「教主」、すなわちチベットのポタラ宮殿に君臨するダライラマであり、次位はタシルンポ寺を本拠とするパンチェンラマである。

ここに述べられているのは、チベット仏教、特に「黄教」が、清朝統治下において非常に優遇されていること、そしてダライラマを頂点とした権力構造を持っているが、法位継承は活仏転生という「妄誕」（天編、三七二頁）と言うべき方式によって行われていることである。このような「喇嘛教」イメージ、すなわち不可解な超自然的な方法で転生する活仏たちが君臨する、広大な地域に強大な教勢を誇る宗教、というチベット仏教像は、後述するが、以後、日本が勢力拡張の対象として大陸を語る場合、繰り返しその記述の中に現れることとなる。『清国通商綜覧』に見られる「喇嘛教」イメージは、その原型を示すものであると思われる。日本の勢力拡張という関心から「大陸」を見た場合に、地域としてのチベットが抜け落ち、「喇嘛教」がクローズアップされていったと言える。

第二節　一八八〇年前後におけるチベット仏教への関心

一　東本願寺の海外布教事業と石川舜台

一八七〇年代から一八八〇年代初めにかけての日本において、非常に限られた狭い関心とはいえ、チベットに最も注意を向けていたと言えるのは、浄土真宗大谷派（以下東本願寺と略称）であったと思われる。なぜなら、東本願寺内には、日本陸軍による中国情報の収集活動開始とほぼ同じくらい早い時期に、実際に中国に渡って中国仏教の実態についての情報収集を進め、その成果の一つとしてチベット仏教の概説書を書いた、本節で後述する小栗栖香頂（一八三一〜一九〇五）のような人物がすでに見られるからである。日本仏教の他の宗派に、小栗栖のような活動をした人物が存在したかどうかは、管見のかぎりではあるが、未だ知られてはいない。

東本願寺では、一八七六（明治九）年、法主厳如による「支那布教の旨意に関する御直諭」が発表され、本格的な中国布教事業の開始を迎えた。これは日本仏教各派の中で最も早いものであった。このような中国での活動を含め、東本願寺の海外事業は、宗政の頂点である寺務総長を三度つとめた石川舜台（一八四一〜一九三一）[19]が事実上牽引したと言えよう。明治初年から昭和初期までの海外事業を振り返ると、石川が寺務総長の地位にある期間には事業が活発に展開され、彼が退くと規模が大幅に縮小される、ということが繰り返されているのが観察されるからである[20]。

この時東本願寺は、在中国のチベット仏教の高僧に積極的に接触した。石川舜台の回想録には、布教活動の基盤を確保するために、東本願寺本山が清皇室と婚姻関係を設立することまで考えられていたことが見える（「明治仏教秘史」『中外日報』[*21]一九二三年三月二一日付）。これらの活動は、一八七八（明治一一）年以降大幅に規模が縮小されるが、一八九八（明治三一）年には法主の「清国開教の御親示」によって再開された。チベットに対する態度も、あくまで北京のチベット仏教のみが接触の目標とされていた一八七九（明治九）年当時に比べてより積極的になり、この再開時には、実際に入蔵を希望する若者たちが派遣され、チベット仏教の最高権力者ダライラマへの接触が試みられるに至った。

石川がどのような構想によって東本願寺の海外事業を進めていたのか、そしてチベットがその中でどのような位置づけにあったのかは、次項で取り上げる小栗栖香頂『喇嘛教沿革』の一八七六（明治九）年七月付の石川による序文、「喇嘛教沿革序」に見ることができる。ここには、以降の海外事業の展望として、まず中国の上海、天津、満州の盛京、吉林において布教活動をしつつ、現地住民から僧侶を養成し、彼らを布教師として現地の布教にあたらせ、同様にして最終的には北はシベリア、更にチベットからヒマラヤを越えて南のインドにまで、布教活動を進める構想が述べられている（四頁）。この記述からはチベットが、最終的な布教目標とされる広大な地域の一部分にすぎないことが見て取れる。チベットは石川にとって、将来の展望の中に含まれている一地域という以上の意味を持たなかったのである。

海外事業の更に具体的な構想は、石川が一八七六（明治九）年の中国布教開始時を回想した『中外日報』の記事「明治仏教秘史」（一九二三年三月二一日付）に見ることができる。ここには、日本へのキリスト教の流入をくい止めるために、逆にキリスト教地域へ仏教を布教する計画があったと述べられている。その第一段階がロシアへの布教であり、そのための重要な足がかりとして想定されているのが、チベット仏教と東本願寺の連帯であった。チベット仏教との連帯とは、具体的には、清朝で大きな勢力をもつ活仏「チヤンチヤフツクツ」[*22]とのパイプを確保することであり、また各地に活動拠点を設け、学校を開いて現地の住民と日本人双方から宣教のための人材を養成することであった[*23]。しかし、「喇嘛教沿革序」においてと同様に、ダライラマが君臨するチベット本土には、ほとんど興味が持たれていない。彼の関心が、北京を中心としたチベット仏教世界に集中していたことは明らかである。一八九八（明治三一）年の中国布教再開時においても、最終的にインド、ヨーロッパに及ぶ広大な布教対象地域の一部という以外の意味が、チベットに付与されていないことに変わりはなかった[*24]。

従って東本願寺の海外事業においては一貫して、チベットへの関心はチベットそのものへは向けられてはおらず、清朝の権力中枢に強い影響力を持つ、北京のチベット仏教に集中していた。その意味で、東本願寺において持たれたチベットへの関心は、非常に限られたものであったと言えよう。加えて、その関心も、広く共有されていたとは言えない。東本願寺の学僧であり、イギリスでサンスクリットを学び、東京帝国大学に梵文学の基礎を築いた南條文雄（一八四九～一九二七）の回想録『懐旧録』には、一八七四（明治七）年以降の石川の本山運営を振り返って、「石川師の空想はどこまでも、いな、ほとんど無際限に大きかったのである」（一九七九年、二七二頁）とある。この「空想」、「ほとんど無際限に大きかった」という南條の口振りには、後に「世界的布教計画」[*25]と呼ばれることともなった石川の企図が、東本願寺の中でも特異とも言いうるほど突出して積極的なものであったことが見て取れる[*26]。チベットは、石川の構想の雄大さゆえに、その事業の対象枠内に入り得ていたに過ぎないと言える。チベット本土に対するこのような扱いは、チベット仏教が、中国・ロシア布教事業の中で重要な役割を課せられ、常に石川の視野の中央に据えられていたのとは対照的である。

以上のように、一八七〇年代から一八八〇年代初頭の東本願寺のチベットへの関心は、仏教、それもチベット本土ではなく、北京周辺の仏教に集中しており、更にその関心も極めて少数の特定の人々にのみ共有されていたにすぎなかった。チベットは非常に限られた条件の中でのみ関心が持たれる事象に過ぎなかったと言える。

二　小栗栖香頂『喇嘛教沿革』

しかし東本願寺のこのような活動にかかわる記述の中に注目すべきものが二点ある。それが小栗栖香頂の『喇嘛教沿革』（一八七七年）であり、石川舜台が評を付した『仏教論評』（ゼームスクラーク著、一八七六、七年）である。

注目するべき理由としては、第一に、ともに著名な僧侶であってその情報発信力が大きかったと考えられることがあり、第二に、両人の記述が明治一八〜一九年に読み直されていくことがある[*27]。明治二〇年代後半には、西本願寺普通教校の「反省会」を中心に、「入蔵熱」とよばれるチベットへの関心の高まりがあり[*28]、読み直されたこれらの情報は、この「入蔵熱」世代の情報源となった。またいずれも、特定の外国語文献にこの二人が自身の見解を付す形式で叙述が進められており、外来の新情報に対する反応のありようを見ることができる。更に『仏教論評』で石川は、「喇嘛教」の詳細は小栗栖の『喇嘛教沿革』を参照せよと述べていることから、その点でもこの二つは関係性をもつ資料であると言える。この二点の資料に関する先行研究としては、それぞれ復刊された際の解題、解説がある[*29]。また『喇嘛教沿革』は従来の研究の中で、チベット仏教に関する先駆的な著作として位置づけられ、言及されてきた[*30]。

小栗栖香頂[*31]は一八七三（明治六）年、中国仏教を視察するために、単身中国へ渡った。北京語を学びつつ、中国仏教について調査した。翌一八七四（明治七）年に帰国するまで、彼は北京や五台山で積極的にチベット仏教の高僧を訪ねて、対話を試みている。この中国滞在の体験をもとに書かれたのが一八七六（明治九）年の『喇嘛教沿革』と『真宗教旨』であった。『喇嘛教沿革』はチベット仏教の、『真宗教旨』は浄土真宗の概説書であり、いずれも東本願寺の中国布教の参考書として書かれたものである。

内容は各節に分けられ、第十節に至る。第一節は、チベット仏教の制度について、各地の僧侶数などを中心に述べるものである。第二節はチベット事情紹介であり、第三節から第七節までは、各代のダライラマに関する記述を中心としたチベット仏教史である。第八節はチベット文字、サンスクリット文字その他について、第九節はモンゴルの大活仏「章嘉胡図克図」が「大蔵経呪」を改訳したことについて、第十節は「白傘蓋経」の概要を説明したものである。従って本書は、『喇嘛教沿革』すなわちチベット仏教の沿革と題されている通り、第二節を除けば、ほぼチベット仏教に関する内容となっている。

『喇嘛教沿革』は、主に清末の思想家魏源（一七九四～一八五六）の『聖武記』[*32]巻五の他、清代の世界地誌である『瀛環志略』（徐継畬撰）、中国の伝説時代から元代までの仏教史である『仏祖歴代通載』（釈念常撰）等を引用し、それに小栗栖が自身の見解を付記する形式をとっている。特徴としては第一に、見聞記の要素を持つという点がある[*33]。これは、同様に中国語文献を使用して書かれたものとして『喇嘛教沿革』に先立つ近藤重蔵（一七七一～一八二九）の「喇嘛考」と、最も異なる点である[*34]。小栗栖が自己の見解を述べる部分には、北京や五台山での体験がふんだんに盛り込まれており、従って『喇嘛教沿革』は、実際に「喇嘛教」を目撃した人間の体験記として、明治日本で最も早い出版物であったと言える。第二の特徴は、地誌に関する情報が多く含まれ、小栗栖がこれを重視する姿勢を示していることである。このことの背後には、『喇嘛教沿革』に、布教活動を実践するにあたっての現地に関する案内書、もしくは手引書の役割が期待されていたことがある[*35]。第三の特徴は、「喇嘛教」への関心がその本拠地チベットに繋がっていないことであり、この点は前述した明治二〇年代後半の「入蔵熱」世代と大きく異なる[*36]。この背景には、例えば小栗栖香頂『北京護法論』（一九〇三年）五三丁に見るように、北京滞在以降彼がしばしば主張している、非仏教勢力に対する日中印三国の仏教徒の「同盟」構想の存在があると思われる。

本項ではまず、チベットについての情報のうち、チベット事情を紹介する第二節（小栗栖香頂編輯『喇嘛教沿革』、一八七七年、巻一、一四～二六丁、以下巻と丁のみ示す）を中心に取り上げ、チベットがどのように描かれているかを検討していくこととしたい。小栗栖は『喇嘛教沿革』において、各地での布教には宗教的な知識の他、地理的な知識が必要であり、現地の情報を按じてその土地その時に最適な布教方法を随時柔軟に編み出していかなければならないことを繰り返し述べている。第二節は布教活動の基礎となる現地の情報のうち、地誌的な情報の供給を目的とした章である[*37]。

チベット人の生活については、およそ以下のようなことが紹介されている。チベット人は一般に石造りの建物に住んでいるが、遊牧に従事する人々は、モンゴル人のように黒い毛織のテントを住居としていること、毛織の衣服を着て乳製品を食べ、茶を飲用し、天然痘に対して非常に警戒心が強いことはモンゴル人と同様で、しかし生活の形態はモンゴル人のような遊牧の人々のものとも、ウイグル人のような城郭都市に住む人々のものとも区別がつかないといったことが述べられている。また刑罰が「甚酷」であること、人が死ぬと、その財産がダライラマと各寺院に寄付されるため、国全体のお布施の額は租税の額を上回るほど多いこと、一般に気候が厳しく、荒涼とした風土ではあるが、ポタラ周辺は地味が肥沃で、人々の外見も秀麗であり、言語も首都らしく洗練されていることなどが記述されている。

第二節全体を通じて、小栗栖が添付するコメントの量は比較的少なく、その大部分を魏源の記述が占める。魏源の記述はおおむね、地名をはじめ各種の名称を列挙し、数字を細かく示しながらすすめられていて、例えば冒頭では、従来の中国語文献中に見られるチベット民族もしくはチベット系の民族を指すと思われる名称が、「吐蕃」、「烏斯蔵」、「唐古特」、「土伯特」というようにいちいち示され、説明が加えられている。しかし、様々な名称や数字を頻繁に提示しつつ進められる、魏源のこのように淡々とした調子の中にも、肉付けともいえる形容の表現が加えられている部分がある。それは主に、チベットの風土の厳しさと、チベット仏教の盛況という、二点に言及する場合においてである。

例えば、チベットの首都ラサにある、ダライラマの居城ポタラ宮殿周辺地域の風土についての箇所には、寒暑ともに厳しい、人口の希薄な荒れ地、櫛比する険しい氷の峰々、人間が容易に足を踏み入れることができない沼地等が描き出されている（巻一、一七丁）。更に入蔵路について述べる箇所では、「凡ソ蔵中雪嶺一ナラス四時氷稜アリ其凹処ハ深サ輙チ数仞ニシテ人畜足ヲ失ヘハ杳トシテ踪迹ナシ」等という表現に加え、頻繁に襲ってくる吹雪、次々と斃れていく旅行者や家畜、強盗を働く残虐で野蛮な人々等が、記述の各所に配置されることにより、更に詳しく具体的に描かれていっている（巻一、二三丁）。これらは、前に引用した箇所にあった、寒暑ともに烈しい気候やそそり立つ氷の峰々といったチベットの風土の厳しさを、更に際立たせる結果となっていると言えよう。

チベット仏教の盛況に触れる部分についても同様の表現が見られる。例えばポタラ宮殿に関する部分では、ポタラが建てられている山の高さ、建物の結構などが数字を挙げて具体的に、「楼十有三重ナリ高サ三十六丈七尺有八寸ナリ上に金殿三ト金塔五トアリ」というように述べられているのに続けて、「僧舎万余間ニシテ金玉銀銅ノ仏像無数ナリ歴代ノ宝器充牣シテ日ニ耀ク」という表現が添付されている（巻一、一七丁）。また名刹とされる大招寺、小招寺、デプン、ガンデン、セラ、サムイェーの各寺院に関する部分には、各寺の沿革、建物配置などが詳細に述べられる中に、「梵唄山谷ニ徹シ荘厳七宝ヲ窮ム西方極勝ノ区域ト為ス」（巻一、二〇丁）ダライラマの法会の盛儀のさまが挿入されている。

小栗栖がこれらの表現にコメントを添付することなく、いわば手を加えずにそのまま記述を引用する態度をとったということは、彼が魏源の提示したイメージをそのまま受容していることを示している。のみならず、小栗栖が、魏源の示すチベット・イメージをより強調するコメントを付している箇所も見られる。例えば、仏教に対する信仰の態度における各民族の特色を述べた部分に、そのような記述がある。魏源がチベット人に関して「蓋シ辺方ハ殺ヲ好ム而シテ仏ハ殺ヲ戒ム且神異ニシテ能其心ヲ降服ス」と述べているのについて、小栗栖はまず、インド人は「其小乗卑屈ノ域ニ止ル」、そしてチベット人モンゴル人は「鬼ヲ信シ殺ヲ嗜ム呼畢勒罕ノ神異ニ非スンハ其人ヲ制スル能ハス」と自身の見解を付け加えた上で、魏源の見解を「魏源氏ノ論当レリ」と肯定している（巻三、一二丁）。

次に、チベット仏教に関する記述を取り上げることとしたい。チベット仏教についての記述において、第二節など地誌的なチベット事情を内容とする部分と対照的であるのは、小栗栖のコメント部分が長くかつ多いことである。これには、彼自身が僧侶であったために、仏教についてはその拠り所となり得る知識を十分持っていたことが、その理由として考えられる。これに加え、北京や五台山のチベット仏教寺院における彼の実体験が、ふんだんに盛り込まれていることも一因となっている。

記述の中で示される「喇嘛教」像には、①教勢が強大であること、②修道生活において僧侶が堕落していること、③教義が「密教」であること、が顕著な特徴として見られる。①②はいずれも、テキスト本文の記述に賛意を表し、それに自身の経験を附加する記述となっているが、③は小栗栖独自の見解と言い得るものである。

例えば①については、小栗栖が呼ぶところのチベット仏教の「新教」、すなわちゲルク派の、開祖ツォンカパについて述べた部分に、自身が目撃した情景として、雍和宮におけるツォンカパの盛大な「法事」（巻二、四丁）の様子を詳述した箇所がある。その中で彼は、チベット仏教に対するモンゴル人たちの崇敬の篤さを示すものとして、「蒙古官人」たちがトンコルフトクトの「摩頂」を願った時の情景を紹介している。彼らが「鞠躬シテ屏息」すると、トンコルは「忍進ニ指ヲ以テ其脳袋ヲ一点」し、官吏たちは「膝行シテ退ク敢テ仰視セス」（巻二、五丁）。モンゴルでは大臣クラスの高位の官吏でさえ、活仏に対してかように丁重な礼をとることを伝えたこの記述は、チベット仏教が俗世において持つ権力の強大さを示すものである。それとともに、今後ロシアへ教線を延ばすにあたって重要な前線基地となるモンゴルにおいて、チベット仏教がいかに絶大な政治的影響力をもつかを印象づけたものであるとも言える。

また、②については、例えば北京のチベット仏教僧たちが、在家の「軍民官吏」と同じような服装をしているという魏源の批判をふまえ、小栗栖はこの風潮を「方今ノ喇嘛ノ弊」（巻二、一三丁）と非難し、これを証するものとして、自分が眼にしたトンコルフトクト以下雍和宮の僧侶たちの服装の乱れについて詳細に付け加えている。更に、北京のチベット仏教界について、高位の僧侶は「尊大貢高」、下位の僧侶は「不律不学」であり、すでに規律は危機的状況にあるという感想を述べている（巻二、五六丁）。小栗栖はチベット仏教の僧侶のひとりひとり、例えば前出のトンコルフトクトや五台山で出会った活仏については、中国人僧侶と比較してその情誼の厚さに感動しているのであるが*38、僧侶の生活全般については批判的な視線を向け、「不学不律」などというように否定的に捉えていると言える。

そして『喇嘛教沿革』において、もっとも目立つ主張となっているのが③である。彼は引用中の「三摩ノ禁戒」といった表現を取り上げ、「三摩ノ禁戒トハ即三昧耶戒ナレハ密教ナルコト疑ヲ容レス」（巻一、二八丁）というように、繰り返し「喇嘛教」を密教であるとしている[*39]。しかし引用される箇所自体には、元代の「喇嘛教」に関する部分を除き、「密教」もしくはこれに類する表現はみられない[*40]。「喇嘛考」について詳細な考察を行った川崎信定は江戸期において「喇嘛考」以後、すなわち『喇嘛教沿革』以前の時期に属する、「喇嘛」に言及する文献として、『簷曝雑記』（趙翼、一八二九年刊の和刻本）、『松屋筆記』（小山田与清、一八二五年以後の執筆）、『地球説略』（禕理哲、一八五八年）等を挙げているが（川崎信定「チベットの仏教と東アジアの仏教―その交渉関係を近藤重蔵著『喇嘛考』を通じて考える―」高崎直道、木村清孝編『東アジア仏教とは何か』一九九五年、三一三〜三一四頁）、これらの資料には、ツォンカパの改革以前と以後の区別、いわゆる「旧教」と「新教」に相当すると思われる紅黄教の区別は挙げられるものの、「密教」には触れられない。従って上に挙げた、チベット仏教第一の特徴に密教を見て取る態度は、魏源その他のチベット仏教観を受容したものではなく、小栗栖独自のものであったと言える。ここに、山口瑞鳳が指摘するように、爾後あらわれるチベット仏教に対する「密教」イメージの原型を見いだすことができると言えよう[*41]。

小栗栖は、チベット仏教を密教、それも「古ノ密教」と規定した上で、「現今ノ仏法」について、インドの仏教を「小乗」、チベットとモンゴルの仏教を「密教」、中国仏教を「禅宗」、日本仏教を「念仏」と位置づけている（巻三、二二丁）。小栗栖が、全編にわたって様々な論証を通じ、このような見解を繰り返し述べたことは、この後『喇嘛教沿革』が大正初年に至るまで、信頼しうるチベット仏教の専門書と見なされていくことを考えると、その影響は重大なものであったと考えるべきである[*42]。

いずれにしても、この三点は以後、日本人、特に仏教にそれほど知識を持たない一般の日本人の大陸見聞記において見られる「喇嘛教」像に共通していくものであることから、小栗栖のこの著作は、一つの画期に位置するものと思われる。

『喇嘛教沿革』で示されたチベットの姿は、厳しい風土の中に荘厳華麗な寺院が輪奐の美を競い、蒙昧で残虐ではあるが信仰心あつい人々が住んでいる場所、といったものとなった。チベット仏教は、教義としては密教で、チベットのみならずシベリアやモンゴル、中国東南部においても強大な教勢を誇っており、政治的にも絶大な影響力をもつものとされ、その一方、僧侶たちの修道生活には堕落も目立ち、それはチベット仏教の将来の凋落を予告していると記述された。小栗栖は『喇嘛教沿革』全体を通じて、随所で自分なりの彩色を施したものの、大筋では魏源の描いたチベットをそのまま採用したと言える。

後述するが、これらのイメージは、以後の日本人入蔵者たちの旅行記にも受け継がれていくこととなる。一八八〇年代の日本において、チベットに関する最新の情報が盛られていた小栗栖の『喇嘛教沿革』には、特に小栗栖自身のコメントを述べた部分において、チベット仏教の教義を密教とし、僧院の規律が堕落しているとした点で、以後の入蔵者による旅行記を含めた、チベットに関する記述の中にみられるイメージの祖型を見いだすことができると言えよう。

三　石川舜台評『仏教論評』

『仏教論評』は、一八七三（明治六）年に開設され一八七八（明治一一）年まで活動した東本願寺の翻訳局[*43]から出版されたものである。同局は、キリスト教の研究とサンスクリット語による仏典研究の基礎確立を目指して、諸文献の翻訳事業を行った。同局について、大谷大学付属図書館において詳細な調査を行った潟岡孝昭によれば、翻訳局で出版されたもので、現在確認できるのは「僅かに四部一〇冊」にすぎない（以上、潟岡孝昭「明治初年に於ける東本願寺翻訳局」『市立大学図書館協会会報』第三六号、一九六二年、一一～二六頁）[*44]。従って広く一般に影響を与えた機関とは言い難い。しかし明治初年における仏教者の海外情報の受容を具体的に見ることができるという点で、注目すべきものの一つであるといえる。

『仏教論評』は、翻訳局所属の山崎久太郎と舟橋振が英語から日本語訳したものに、石川舜台が「評」という形で各所に自身の見解を付けたものである。復刻された際の解題には、原著者が米国人のキリスト教徒であること以外に、原書の書誌情報に関して記述がない（柏原祐泉「仏教論評」『明治仏教思想資料集成』第四巻、一九八〇年、六〇六頁）。しかし内容から、米国においてユニテリアンの指導的な立場にあり、エマーソン等とも親交があった牧師ジェームス・フリーマン・クラーク（James Freeman Clarke, 1810-1888）[45]の代表的な著作『十大宗教』（*Ten Great Religions: An Essay in Comparative Theology*, 1871）のうちの、仏教を扱った第四章であると思われる。原文と日本語訳文を対照すると、原典の内容が削除されている部分も多く[46]、削られたものの中に、欧米のチベット語研究において重要な基礎を築いたとされるハンガリー人チョマ・ド・ケレスに関する箇所がある（前掲 *Ten Great Religions*, p. 147）。

『十大宗教』は、諸宗教間におけるキリスト教の優位を論証するために書かれたものである。しかし、同様に欧米人のキリスト教聖職者による仏教に関する記述、例えば、幕末に日本に入って仏教者の非常な注目を集めた、英国人ジョセフ・エドキンス（Joseph Edkins, 1823-1905）の『釈教正謬』（一八五七、一八五九年）[47]のように、仏教に対する批判に終始してはいない。すでに解題において指摘されているように、記述態度は「学究的、客観的」であり、仏教を高く評価している部分も見られる（前掲柏原解題、六〇七頁）[48]。

『仏教論評』におけるチベット情報の受容として最も注目すべき点は、一八四六年にラサに入ったキリスト教カトリックの神父ユック（Evariste Régis Huc, 1813-1860）の情報が使用されていることである（巻一・三〜四、六〜七丁、巻二・三八〜四一丁）。一八五〇年にパリで出版された彼の旅行記『韃靼・西蔵・支那旅行記』（*Souvenirs d'un voyage dans la Tartarie, le Thibet et la Chine pendant les années 1844, 1845 et 1846*）は、ラサを実見した欧米人の旅行記としては最初のものであった。その後チベット人による欧米人に対する入国拒否が厳しくなっていくにつれ、地図上の空白地域としてのチベット、特にラサへの注目度が大きくなったため、彼の旅行記はチベットとチベット仏教に関する詳細な情報として、欧米において必ず参照されるもののひとつであり続けた。

日本においては恐らく、この『仏教論評』がユック情報の初伝に近いものではないかと思われる。また、上述したチョマの情報も、削除されていなければ同様に最も早いものになったと思われる。ユックの旅行記が日本語訳されるのは一九三九（昭和一四）年であり、一部とはいえこの時期すでに日本語で紹介されていたことは、以後の日本において「喇嘛教」についての欧米情報が持った重要性を考えると、注目すべきであると思われる。

石川の『仏教論評』は、「喇嘛教」をめぐる欧米の動向を捉えた第一段階として、また、小栗栖『喇嘛教沿革』は実聞・実見情報としての第一段階と評価できる。これらの情報とともに、「喇嘛教」への関心は、次節で取り上げるが、続く明治二〇年代以降の若い世代の仏教僧たちに引き継がれ、後に「入蔵熱」とも評される最初の高まりを迎えることとなった。しかしこの「入蔵熱」世代の僧侶らは、石川、小栗栖とは対照的に、「喇嘛教」への関心をチベット本土にリンクさせていく。「喇嘛教」は、キリスト教をはじめとする非仏教勢力に対抗するための「連帯」の相手としてだけではなく、広く人文学的な興味での「探検」の対象となり、その結果一九〇〇年代には、日本人によるチベット領域内への到達と、首都ラサへの潜入成功という、日蔵交流史上画期的ともいうべき出来事が相次ぐこととなる。

第三節　一八九〇年前後における入蔵への意欲

一　西本願寺普通教校「反省会」の活動

一八八七（明治二〇）年前後は、明治における日本仏教の転換期であるとされている（中村元他監修・編集『アジア仏教史　日本編　近代仏教』、一九七三年、二四二頁）。仏教界には、例えば井上円了（一八五八～一九一九）などのように、キリスト教と対峙しつつ、仏教哲学の論理の優秀さを西洋哲学の立場から論証し、仏教の哲学的基礎を固めようとする動きが現れた（同、二四二～二五一頁）。更に日清戦争前後には、村上専精（一八五一～一九二九）のように江戸時代以来の各派の護教的な教学体系に対して反省と批判を加え、新しい仏教像を追い求める人々が現れた。更に、南條文雄などをはじめとする、サンスクリット原典に基づくヨーロッパ仏教学の新しい流れの影響を受けた仏教研究が始まった（同、二六〇頁）。また、比較宗教学への関心が高まり、それによって明治維新以来のキリスト教への感情的な反撥を乗り越えた次元での研究がこころみられるようになった（同、二六三頁）。

本節で取り上げる西本願寺普通教校の「反省会」が立ち上げられたのは、一八八六（明治一九）年であり、仏教改革を志向する、上に述べたような一連の動きに呼応したものであったと言える*49。普通教校は、浄土真宗本願寺派（西本願寺）の高等教育機関として、一八八五（明治一八）年に創設されたもので、宗内にそれ以前に設けられていた学校とは異なり、仏教学以外の科目もカリキュラムに組み込まれており、特に英語教育が重視されていた。当時仏教教団によって設置された学校で、このような特徴を持つものは他にはなかったため、新しい道を切り開こうとする若い世代の僧侶たちを、宗派を越えて強く引き付けた。本節で取り上げる東本願寺派の能海寛もその中の一人である。「反省会」は、西本願寺派の普通教校の教授や学生が中心となって結成した、啓蒙活動を目的とする団体である。「反省会」は、西本願寺派の学生たちを中心に運営されてはいたが、当時改革を叫ぶ先鋭的な若い仏教者たちの宗派を越えた拠点ともなっていた。彼らは「海外宣教」と「禁酒進徳」を会の「二大事業」として掲げ（「海外の事業　内国の事業」『反省会雑誌』一八九一年九月一〇日発行、一～二頁）、仏教界の重鎮と目される人々の中の革新的な仏教者、例えば島地黙雷（一八三八～一九一一）や南條文雄などの支援をも受けて、活発に活動した。

一八八〇年代初頭に東本願寺の海外布教事業の中で注目され、その活動の規模が縮小されるとともに仏教者の視界からはずれていったチベットは、この「反省会」において、再び関心を持たれることとなった。チベットは、日本仏教界において、キリスト教との対立と哲学的研究の重視から歴史的研究へと、研究動向が転換しようとする時期に、若い仏教者たちの視界に登場してきたことになる。

「反省会」会員の間では、創立後早い時期からチベット行きの必要性が認識されており、インドに留学しているメンバーが次々に入蔵計画を立てていた。例えば、インド留学中の会員善連法彦、小泉了諦の二人が、日本へ帰国するにあたってネパール、カシミール、チベット経由の道を取る予定であることが機関誌『反省会雑誌』（一八九二年五月からは『反省雑誌』と改題）一八九〇（明治二三）年一一月号の「雑報」欄に報じられている（三四頁）。また同じくインド留学中の川上貞信についても、同様のスケジュールが『反省会雑誌』一八九一（明治二四）年四月号の「雑報」欄に伝えられている（三一頁）。

チベットへの「反省会」の視線を更に具体的に見ることができるのは、一八九三（明治二六）年三月二七日発行の『反省雑誌』の社説「仏門の福島中佐」（一～二頁）である。これは、川上貞信がチベット入りを目指して出発したことを報じたものであった。この記事は、それまでのチベット挑戦の記事が全て会員の動向を報じる「彙報」の中の一つ、つまりメモ的な記事であったこととは一線を画すものであった。社説に取り上げられたということは、この時点において入蔵が、最も重要な論題として認識されていたということを示しているからである。

　このチベットへの関心の高まりは、「反省会」が活動の二大柱の一つとして「海外宣教」を掲げていることから分かるように、「反省会」自体に海外への旺盛な関心が元来あったところへ、一八九三（明治二六）年当時、郡司成忠の千島探検と福島安正のシベリア横断が世間の注目を集めていたという情況が反映していると思われる。この二つの出来事に「反省会」が敏感に反応している様子が、『反省雑誌』にはうかがえる。例えば郡司の千島探検についても、三月号でこれへの同行を読者に呼びかけ、四月号で里見法爾が千島行を決意したことを報じている。更に一八九三年六月号「仏教青年会六月例会の記事」では、同例会の席上、能海寛がチベット旅行計画について発表したことについて、「里見法爾氏仏門の郡司大尉として千島に去れり、能海寛氏豈福島中佐たらざらんや」（二〇頁）と記述されている。

　この社説「仏門の福島中佐」において川上の入蔵に、従来のように「西蔵の旅行」（一八九〇年一一月号、三四頁）、もしくは「探求」（一八九〇年七月号、三頁、一八九一年四月号、三一頁）等という表現が使用されず、「西蔵探嶮〔ママ〕」（上掲「仏門の福島中佐」、二頁）と名付けられていることは、この二つの出来事の影響によると考えられる。これ以降、『反省雑誌』誌上では、入蔵に「探検」という言葉が多用されるようになる。

　この社説は、チベット仏教を「実に現時世界に於ての全盛を極むるもの」（一頁）とした上で、その教義や経典、歴史の一切が不明であることに触れ、川上の入蔵が成功すれば「其功益、其名誉、豈独り日本仏教徒のみに止まらんや」というべき快挙となる、と述べている。社説は、仏教徒がなすべき数多くの海外事業のうち、「特に中央亜細亜の仏教を探求するは日本仏教徒の任務なり」（二頁）とし、チベット探検をこの一部に位置づけている。このように入蔵を「探検」とする捉え方は、彼等の前世代の石川舜台や小栗栖香頂の記述にはまったく見られなかったものである。

　更に注目に値するのは、「其目的を中絶するが如き失行有んか、世人は唯奇を衒ふの一俗僧として川上貞信なるものかを遇せん」(二頁)という記述があることである。これは、当時の日本において、チベットへ行くという行動について、それを「奇を衒ふ」ものと見るイメージが、すでに存在していたことを示唆するものである。この文句に傍点が付され、強調の意が含められていること、また、川上の入蔵に対して、世界的な意義を持つ仏教研究のため、という意義づけが施され、それもやはり上述のように傍点で強調されていることに、「奇を衒ふ」イメージの強さがうかがわれる。このような表現も、石川や小栗栖の記述には見受けられなかったものである。

チベット仏教については、「冒険排難の業を喜び、遠捜深尋の気に富める彼欧洲の銀色人種すら、猶之を審かにせず、世界各国人の悉く知らんことを欲するところ」(一頁)、つまり世界的にみても未解明の部分が多々ある宗教であると記述されている。しかし未知が強調される一方で、「峻厳なるラマ教の規律」、「渋艱なる西蔵の文字」(二頁)という表現も見受けられる。つまり未解明である、謎であるというイメージがあると同時に、未知であるはずのその戒律や言語に「峻厳」、「渋艱」といったイメージがすでに持たれていたことが示されているのである。これも小栗栖の『喇嘛教沿革』には見受けられなかったもので、小栗栖はむしろ、反対の捉え方をしており、寺院内の規律について、これが弛緩し悪化していると記述していたことは、すでに述べた通りである。

以上に挙げた変化は、石川や小栗栖が活動した一八八〇(明治一三)年前後以降、「反省会」がチベットに関心を持ち始めた一八九〇(明治二三)年前後までの間に、チベットについて新たな情報が入ってきていたことを示すものであると言えよう。それではその新しい情報とはどのようなものであったのだろうか。例えば一八九〇(明治二三)年七月から一〇月にかけて真言宗系の雑誌『伝燈』に連載された後楽園主人「西蔵仏教の起源」(第七、八、一〇、一一号、一八九〇年七〜一〇月)という記事に、その内容をうかがうことができる。この記事には、第一に、「サミュールソクラヂンツウエート氏」(第七号、一九頁)などという欧米人の名とおぼしき人名とその説が引用されている[*50]。第二に、チベット仏教ゲルク派の開祖であるツォンカパについて、小栗栖が使用していた中国語文献に見られる「宗喀巴」などの漢字表記ではなく、「ツオンカープハー」(第七号、一四頁)と傍線を付したカタカナ表記が使用されている。第三に、「欧州人、斯国を探験せんと欲し、近来種々の手段を廻らし、屢々之をなせども、未だ充分其望を達せざるなり、是れ他なし、西蔵は古昔より外国人の来遊を拒絶し常に別世界をなすによるなり」（七号、一六～一七頁）などという記述があり、外部の人間を峻拒するチベット、その内情が未知であるチベットというイメージが見られる。これも小栗栖の記述にはなかったものである。以上三点はいずれも、この記事が中国語文献ではなく、欧文の文献を参考資料にして書かれたという推測の根拠となりうるものである。

「反省会」の機関誌『反省会雑誌』にも、海外から送られてくる新聞、雑誌の他に、欧米の仏教に関する文献が頻繁に紹介されている。そのほとんどは英文のもので、当時「反省会」と頻繁な交流を持っていた神智学協会[*51]に関係する文献と、イギリスで盛んに出版され始めていた仏教に関する書籍であった。なかでも、仏教の概説書であるパーリ語学者リース＝デイヴィズ（一八四三～一九二二）の『仏教』(*Buddhism*, 1877) と、神智学者シネット（一八四〇～一九二一）の『秘密仏教』(*Esoteric Buddhism*, 1883)、詩人エドウィン・アーノルド（一八三二～一九〇四）が釈迦の生涯を描いた長編詩『アジアの光』(*The Light of Asia*, 1879)[*52]の三点は頻繁に書名が挙げられ、その著者たちの動向も逐一伝えられた。

但し、この三点は、チベットもしくはチベット仏教の専門書ではない。特に釈迦の一代記である『アジアの光』には、序文においてチベットという地名が、仏教圏に含まれる地域の一つとして中国、日本、ネパール等とともに挙げられるにすぎない (**Arnold, *The light of Asia*, 1891, p.7**)[*53]。『反省会雑誌』においても、この三点に関する記述に限らず、チベットについては僅かに、「チベット」、「西蔵」、「ラマイヅム」等という地名や名称が挙げられるのみで、チベット事情についてのまとまった記述は、本節前掲の一八九三（明治二三）年三月二七日付社説「仏門の福島中佐」まで見あたらない。しかしながら、これらの著作が「反省会」の会員に読まれていたことは、『反省会雑誌』誌上にこれらの文献から繰り返し引用がされていることや、一部について翻訳作業も進められていた[*54]ことに充分うかがえると思われる。

この三点が出版された一八八〇年前後の英国において、仏教への関心はブームとも形容すべき状態にあった

(Lopez, *Prisoners of Shangri-La*, 1998, p.16, 30) *55。このとき出版された仏教に関する文献は、一九世紀後半に入って多く出版された学術的な仏教研究書とは異なるものであり、いわば仏教の専門家ではない人々を読者に想定した、平易な内容の概説書であった。上掲の三点は、これらの仏教関連書の中でも、特に当時の人気がうかがわれる文献である。

これらの文献に見られるチベット情報について検討することは、当時「反省会」の会員がどのようなチベット情報に接触していたかを明らかにすると同時に、同時代の英国のチベット・イメージとの比較を通じて、「反省会」の人々に共有されたイメージの特徴をより明瞭にすることでもあると思われる。従って本節では次に、上掲の文献の中のチベットに関する記述を取り上げ、考察することとしたい。

二　一八八〇年前後の英文文献に見る「ラマイズム」とチベット

リース＝デイヴィズの『仏教』(*Buddhism*)には、他の二点とは異なり、「ラマイズム」すなわちチベット仏教についてまとまって述べられる箇所がある(pp.199-211, 246-250) *56。同書において「ラマイズム」の最も顕著な特徴とされるのは、釈迦が説いた最初の段階の仏教と多くの点で対立する点を持つことである。

ヨーロッパの仏教研究においては、一八七〇年代に北方仏教・南方仏教という区分がたてられ、最も古い宗派である南方の小乗仏教が真正かつ純粋で合理的なものであり、その仏典は釈迦が説いた教えに最も近いテキストだと見なされていた。その一方で、北方仏教つまり大乗仏教であるチベット仏教は、仏教が退化と堕落のプロセスを辿ったはての最終点であると理解されていた(Lopez, p.35)。チベット仏教を、夾雑物が混入した堕落し退化した仏教とするこのような見解は以後も保持され、二〇世紀初頭には、例えば、長年英領インド政庁の官吏としてチベット周辺地域に滞在し、チベットについての研究を行ったオースティン・ウォデルの『チベットの仏教』(*The Buddhism of Tibet or Lamaism*, 1905) において見られるように、悪魔崇拝に擬されるまでに至った(p.25)。

象徴的であるのは、リース＝ディヴィズが、この著作の最後を、以下のような記述で締めくくることである。

ラマ教は、思考方法や教義における本質的な相違にもかかわらず、少なくとも外見上においてはローマン・カトリックと非常に類似する部分をもつ。具体的には、頭を剃った聖職者たち、鐘、数珠、仏像、聖水、豪華な衣装、聖歌隊付きの儀式、聖霊、宗教的信条、神秘的な儀式、香華、俗人、僧院長と僧侶、様々な階級の尼僧、聖処女、戦士、天使への礼拝、断食、懺悔、煉獄、それらの画像、偶像、絵画、巨大な僧院群、豪華な伽藍、強力な階級分化、法王などが、類似点として挙げられる（p.250）。

この著作は、釈迦の生涯から始まって、仏教の「純粋な」教義、仏教にまつわる伝説などについての説明を経て、仏教の伝播についての論述で終わるものである。すなわち、仏教において、時間の経過によって混入されていかざるをえない夾雑物が最も少ない釈迦の事績から始まって、仏教の各地への拡散とそれに伴う教義の変化の軌跡を述べたものであると言える。同書末尾に、「ラマイズム」に関する上のような記述が置かれたということは、「ラマイズム」がこの軌跡の最終点、すなわち釈迦の教えから最も遠い仏教であると位置づけられていることを示している。「ラマイズム」は、本来の姿から逸脱した、不純物を最も多く含む仏教として捉えられていると言えよう。

更に、上掲の引用に見るように、「思考方法や教義における本質的な相違」があるという限定付きではあるが、カトリックとの類似が指摘されている。リース＝ディヴィズは別の箇所でも、特に教会組織という点について、その類似について述べている（p.199）。このような記述の背景には、当時カトリックに持たれていた、儀式偏重主義と聖職者の腐敗などという否定的なイメージがあると思われる。『仏教』において「ラマイズム」は、二重の意味で否定的に捉えられていると言えよう。

その上で『仏教』においては、「ラマイズム」がチベット現地でどのように信仰されているか、という点から、いくつかのチベット情報が紹介されている。すなわち、至る所に聖なる言葉を書いた旗が翻り、沢山の眼や手をもった「忌まわしい形態」（p.209）の仏像が本や壁に描かれ、道ばたに安置されていること、際限なく聖なる言葉を繰り返し口ずさむことに宗教的な効用が認められていること、僧院の中のヒエラルキーがそのまま俗世の権力構造となっていることなどである。

これらの記述に目立つのは、チベット仏教について、「幼稚な空想」、「架空の存在」等という表現が使われていることである(p.210)。そしてリース＝ディヴィズは、チベットでは宗教的実践という面において、「神秘的なまじないや空言が、知的な努力に取って代わってしまっている」と断言している(p.207)。このような記述には、チベット人を「知的な努力」ができない、蒙昧な人々であるとする捉え方が見て取れる。

彼は記述するにあたって、前節でも触れた、一八四六年にラサに入ったユックの名高い旅行記『韃靼・西蔵・支那旅行記』(一八五〇年)を参照しているのであるが、それにもかかわらず、そこに現れたチベット人像は、ユックの記述とは対照的なものとなった。ユックはチベット人の信仰について、「秀でて敬神的」ではあるが、一部の例外を除いては、「極めて非神秘的」とし(ユック『韃靼・西蔵・支那旅行記』後藤冨男、川上芳信訳、下巻、二八九頁)、狂信的な儀式に対して一般のラマ僧は嫌悪感を抱いているとしている(ユック前掲書上巻、二八三頁)。これに対し、リース＝ディヴィズの記述におけるチベット人像は、魔術的な宗教に耽溺する無知な人々というものとなっている。リース＝ディヴィズにとってチベット仏教とは、「驚くべき大胆な論理」(p.210)、すなわちヨーロッパ人にはたやすく理解できない、不合理な矛盾をはらんでいるとも言いうる論理によって、インド起源の仏教教義が厚く包みこまれてしまったものであり、さらにその外側に、いかがわしい外様を呈する宗教的習慣が多々付着したものであったと言えよう。さらに彼は、チベット仏教が、カトリックの教会権力と同様の、俗世との癒着や腐敗が容易に連想される旧態依然とした権力構造をもち、それによってチベット社会を支配しているとした(p.246)。チベットは遅れた地域であり、チベット人は暗愚で欲深な人々、そして「ラマイズム」はその遅滞と暗愚の根本的な淵源として描かれたのである。

一方、シネットの『秘密仏教』においては、チベットについて新しい捉え方が見られる。チベットについては従来、そこがいかに接近困難な場所であるか、そして欧米人にとって価値のある、未知の何かが隠された場所であることが語られていた。例えば最も早く公刊されたチベット旅行記であるターナー『チベットのタシラマ宮廷派遣使節の報告』（*An Account of an Embassy to the Court of the Teshoo Lama in Tibet, Containing a Narrative of a Journey through Bootan, and Part of Tibet*, 1800）でも、まずベンガルとチベットの間を隔てる膨大な山塊に言及されている（p.v ）。一八六三年のシュラーキントヴァイト『チベットにおける仏教』（*Buddhism in Tibet*）では、チベットに入り込むことが、この国の非常な高度と、外国人に向けられる現地の住民の嫉視と敵意という両方の理由による、常に多大な困難を伴うものとされた（pp.145-146）。更に、前節でも触れたチョマ・ド・ケレスのチベット語文法書『チベット語文法』（*A Grammar of the Tibetan Language*, 1834）では、チベット仏教の僧院が、近づきがたい山々の中に隔離された、訪れるもののない場所、誰にも妨げられない隠れ家であり、インド亜大陸ではすでに失われた仏典の忠実な翻訳が、完全な状態でここで発見されるだろうと一般に想像されている、と述べられている（p.xi ）。

一八八〇年前後において、チベットについて挙げられるこの二点の特徴に、従来とは違った光をあてたのが、神智学協会であった。神智学協会の教義の核心部分においては、「マスター」もしくは「マハトマ」という称号を持つ人物が重要な役割を果たしている。「マスター」（あるいは「マハトマ」）は古代の秘められた智慧を現在まで受け継ぐ修道者で、俗世を離れ、普通人には感知できない場所に、白ロッジ、もしくはブラザーフッドと呼ばれる団体を形成して生活しているとされる（オッペンハイム『英国心霊主義の抬頭』、和田芳久訳、一九九二年、二四一頁）。神智学の文献には、最初はエジプト、次にはインド、そして最後にチベットの「マスター」たちが登場する。神智学協会創立者ヘレナ・ペトロヴナ・ブラヴァツキー（一八三一～一八九一）は、これらの「マスター」たちからの指示を受けて、神智学協会の活動、つまり唯物論に依拠する自然科学ではうかがい知ることができない知識の探究に関する啓蒙活動を行っているとされた（オッペンハイム前掲書、二三五頁）。協会の教義を確立したブラヴァツキーの「宗教的、形而上学的嗜好」がチベットにあったことが指摘されていることは、注目に値する（オッペンハイム前掲書、二一五頁）。

『秘密仏教』の著者シネットは、インドで活動していたジャーナリストで、一八七九年末以降神智学に傾倒した。一八八三年に英国に帰国してからは、英国における神智学協会の活動の中心となった（オッペンハイム前掲書、二三五～二三六頁）。『秘密仏教』はイギリスでの彼の活動の開始、そして仏教ブームの高潮と時期を同じくして世に出されており、この点でこの書はまさしく、この仏教ブームに呼応して書かれた著作であると言えるだろう。

この著作は、ブラヴァツキーの神智学の教義を、「仏教」に焦点を絞って概説したものである。ブラヴァツキーの教義自体が、過去に出現した雑多な宗教的知識を再編したものであったことは爾来指摘されてきているところであるが[*57]、シネットのこの著作も例外ではない。*Esoteric Buddhism* という題名が表す、仏教における「密教」を解説したものというよりは、神智学もしくはシネット自身が仏教にこうあれかしと望んだものの概説と言うべき内容である。この書が様々な人々、特に心霊主義に興味を持つ人々に広く読まれ、強い影響を与えたことは、例えばW・B・イエイツの神智学協会への参加に、この著作の影響が指摘されていることなどからもうかがわれる（ワシントン『神秘主義への扉』、白幡節子、門田俊夫訳、一九九九年、一三〇頁）。

この本の中でチベットは、ブラヴァツキーがその存在を標榜するブラザーフッドに関連して登場する。チベットに関する記述は非常に少なく、この箇所が唯一のものである。シネットは、指導的立場にあるブラザーフッドがチベットに存在し、このブラザーフッドの霊的な優位がどんな宗教団体をも凌駕するものであるとし（Sinnett, *Esoteric Buddhism*, p.9）、続けて以下のようにチベットについて描写した。以下該当部分を全文引用する。

遠い昔からチベットには、ある特定の秘密の場所がある。そこは今日まで全く外部に知られずに来た。そこは奥義を授けられた人間を除いて、普通の人間には絶対に近づくことができない場所であった。そこはマスターたちが常に集う場所であった（p.189）。

この非常に短い記述の中に、隔絶された土地、何かが隠された土地、という、従来のチベット・イメージが読みとれることは注目に値する。しかしここでの隔絶は、ターナーやシュラーキントヴァイトが記述したように、高度や住民の妨害といった次元では最早語られていない。通常の人間にはその存在すら感知することができない、という意味に変容している。またチョマが描いた、険阻な山々に隔てられた、まだ見ぬチベット語文献が眠る僧院、というイメージも、「マスター」という新しい要素を取り入れて描き直されている。チョマにとってここに秘蔵されている価値あるものとは、チベット語の諸文献のことであったが、シネットの著作ではそれが、マスターたちが太古から受け継ぐ秘密の智慧に取って代わられている。

以上のように、「反省会」の会員たちが接触したと思われる一八八〇年代のイギリスの仏教関連書には、「ラマイズム」に対する従来のイメージが保持されつつ、神智学協会の活動に促された、仏教への新しい注目という文脈によって、それまでとは明らかに異なるチベット像が提示されているのが見て取れる。それ以前の、例えばユックの旅行記に見られたような、カトリックとの類似点に仏教の改善された部分を見るという捉え方は消え、同じそれらの類似点に、カトリックが持つ否定的なイメージが重ねられるようになった。更に仏教研究の進展によって、チベット仏教は正統で純粋なインド仏教が堕落の過程を辿ったはての、最終点に位置する仏教と位置づけられ、チベットは、そのようなチベット仏教が現在も社会を支配している、近づきがたい土地として描かれたと言えよう。そしてその近づきがたさに、神智学協会の教義によって新たな色彩が付け加えられた。シネットの著作に提示された、尋常の手段では近づけない聖域というイメージは、後述するが、一九三〇年代になって、不老不死の秘術が古代より連綿と伝えられているユートピア、シャングリ・ラとしてもう一度生まれ変わることとなる。

三　能海寛『世界に於ける仏教徒』

以上検討してきたリース＝ディヴィス『仏教』やシネット『秘密仏教』のチベット情報に接触していたと思われる「反省会」において、チベットに関する最も詳細な記述と言えるのが、会員能海寛による『世界に於ける仏教徒』（一八九三年）である。『世界に於ける仏教徒』は、書籍の廉価販売を期して井上円了が設立した哲学書院から、一八九三（明治二六）年に出版されたものである[58]。ほぼ自費出版に近かったことが、『山陰中央新報』の記者で能海について連載記事「チベット行一〇〇年　能海寛の旅に学ぶ」を書いた万代剛によって指摘されており（一九九九年九月二日付）、一般にはほとんど出回らなかった著作であると見ていい。したがって出版当時、広く人々に影響を与えたとは思われない。

にもかかわらず、この本に注目すべき理由は、当時の仏教者がどのような認識をもってチベットへ接近しようとしていたのか、『反省会雑誌』の社説より更に具体的に、それをうかがいうると思われることにある。なぜなら、『世界に於ける仏教徒』には、仏教の世界布教と仏教改革という主旨のもとに、「西蔵国探検の必要」と題してチベット探検の必要性が特に一章をたてて論じられているからである。従って『世界に於ける仏教徒』は、すでに取り上げたリース＝ディヴィス『仏教』やシネット『秘密仏教』などの海外からの情報を含め、当時日本国内に存在したチベット情報からどのようなチベット像が編み出されていたのかを見るにも貴重な資料であると言える。

能海寛は一八六八（明治元）年五月一八日、島根県那賀郡波佐村（現浜田市金城町）の東本願寺派浄蓮寺に生まれた[59]。西本願寺の普通教校、文学寮を経て、慶應義塾、哲学館で学んだのち、東本願寺のサンスクリット学者南條文雄のもとでチベット入りの準備を進め、一八九八（明治三一）年に再開された東本願寺の中国布教事業の開始とともに、中国各地に配置される一二名の留学生の一人として送り出された。寺本婉雅[60]と合流して共にチベットを目指し、一八九九（明治三二）年パタンに到達、チベット域内に入った初めての日本人となったが、現地での状況悪化により、二人はそこから引き返す。その後寺本はいったん帰国したが、能海は中国国内にとどまり、中国側から再度入蔵を試みて失敗、一九〇一（明治三四）年四月一八日付南條宛の最後の書簡を残し、雲南経由の入蔵ルート途上で消息を絶った。

能海は「反省会」発足当初からの会員で、『反省会雑誌』立ち上げにも参加しており、以後も会とのつながりは維持された[61]。また彼が京都時代と同様に、先鋭的な若い仏教者たちの輪の中にあったことは、一八九二（明治二五）年の大日本仏教青年会結成を画期として活発になった仏教青年運動に積極的に参加していることにうかがえる（土屋詮教『明治仏教史』、一九三九年、一二七頁）。

東本願寺の動きと能海とのつながり、特に石川舜台、小栗栖香頂との直接の関係ははっきりしない[*62]。しかし、石川が指揮する一八九八（明治三一）年からの中国布教事業開始によって能海のチベット派遣が実現したということと、能海が上京し慶應義塾、哲学館、そして南條文雄の膝下で入蔵準備に励んでいた時期が、小栗栖香頂が東京在勤であった時期と重なっていること、南條が小栗栖と非常に親しい間柄であったこと[*63]等は現在のところ確実であると言える。加えて『世界に於ける仏教徒』には、『喇嘛教沿革』ではないが、小栗栖の著述に対する言及もあり（能海寛『世界に於ける仏教徒』、一〇頁、以下頁数のみ示す）、これは彼が小栗栖の著書に接していたと推測できる根拠のひとつである。

『世界に於ける仏教徒』のチベットに関する記述は、ほぼ「仏門の福島中佐」の見解を踏襲したものであると言える。入蔵を探検と意義付けることについては、能海はまず海外布教の必要性という点から論を始めている。彼は、仏教国同士の交流を深め、それによって釈迦の教えのもとに仏教徒が一丸となって「万国伝道」（五七頁）に邁進するべきであるとする。そのためには現在のように宗派毎に異なる解釈がされている仏典ではなく、釈迦の肉声により近い、統一された仏典が備えられなくてはならない。その仏典を入手するために、サンスクリット語に最も近い翻訳仏典が大量に残されているチベットに行かなければならない、と、『世界に於ける仏教徒』の記述は進められている。

この部分に関して、先行する石川舜台や小栗栖香頂の記述と共通するのは、まず、仏教国間の連帯を重視している点である。しかし、今やヨーロッパにおいてはキリスト教が見捨てられつつあると述べ、これを仏教布教の一大好機と結論する点は、石川、小栗栖が当時の日本の状況に対する危機感から、あたかも攻撃を最大の防禦になぞらえるようにヨーロッパへの布教を構想したのと大いに異なるところである。欧米でのキリスト教の頽勢は『反省会雑誌』誌上で繰り返し報道されており、それと表裏をなすようにヨーロッパでの仏教の著しい教勢拡大が伝えられている[64]。『世界に於ける仏教徒』の記述はこれらをふまえたものであると思われる。

一方、石川、小栗栖と著しく相違するのは、「布教」ではなく「探検」という視点からチベットが語られる点である。この章冒頭の「探検ノ言ハ今日社会ノ一大風潮物ナルカ」（五四頁）という能海の記述からは、当時「探検」が誰しもが眼にし耳にしていた言葉であったことがうかがえる。前述のように、「反省会」においてこの「探検」は、仏教者の探検という視点からさらに敷衍され、その中で入蔵が定義付けられていったが、『世界に於ける仏教徒』では、以下に述べるように、この過程を更に詳細に見ることができる。

能海はまず「探検」の定義を二分して、一方を「伝道開教」のために現地の状況を調査すること、他方をサンスクリットにより近い仏典を入手するための「仏教国ノ探検」とした。その上で、仏教徒に要求されている最も優先されるべき急務はまさしく後者であるとした。この仏典入手の必要性という視点は、石川の記述にも小栗栖の『喇嘛教沿革』にもなかったものである。しかし『世界に於ける仏教徒』に先立って、『反省会雑誌』ではすでに、サンスクリット、パーリ、チベット諸語の仏典入手が現在最大の「必用の急務」であると指摘されていた（「印度留学の諸兄に望む」『反省会雑誌』一八九〇年七月一〇日付社説、一～七頁）。

その背景には「大乗非仏説」があると思われる。大乗仏教の正統性を証明する足がかりが、チベットの未知の諸文献の中に存在する可能性に注目していたのは、能海に限られない。例えば普通教校における能海の同期生であり、反省会の活動において中心となった会員の一人でもある古河老川（一八七一～一八九九）もこの点に言及している[65]。南條文雄の師であり、そのような意味では日本のサンスクリット学の恩人とも言えるマックス・ミュラーが、大乗非仏説の立場に立っているという情報は繰り返し報じられており[66]、そのことに能海が非常な関心を持っていたこと[67]は、例えば、先行の『喇嘛教沿革』でチベット仏教の密教的特徴が繰り返し強調されたにもかかわらず、能海が『世界に於ける仏教徒』において、チベット仏教の特徴として、顕教か密教かではなく、「大乗仏教」を第一に挙げている（五九頁）ことにも、その一端をうかがうことができるだろう[68]。

仏典入手に関するこのような認識に基づいて、『世界に於ける仏教徒』においては、探検を行うべき仏教国が具体的に挙げられている。それは、ネパールやカシミール、中国内地、ビルマ、タイなどであり、注目すべきなのは、それらの中でチベットが、最優先で探検されるべき地域とされていることである。その理由としては、①チベット仏教が「印度ヨリシテ直伝セル」（六〇頁）ものであること、そして②政治的・軍事的にチベットが、ロシア、イギリス、フランス、清の勢力が競り合う焦点となっており、戦争による壊滅的な被害が危惧されること、の二点が挙げられている。一八八〇年前後の東本願寺の活動において、チベット仏教には注目されていても、チベットという地域には関心がさほどもたれていなかったことを考えると、「仏教国ノ探検」という文脈によって、チベットがクローズアップされたことは、著しい変化であると言えよう。チベットはここで初めて、仏教者の視界の中心に捉えられたのである。

しかもこの「探検」には、「人類学歴史学社会学ノ好材料」（六二頁）の獲得をも見込んだものであるべきこと、という条件が付けられている。これも能海単独の視点ではない。例えば能海が愛読した雑誌の一つであり、当時著名な仏教者が次々と寄稿していた『教学論集』*69には、当時東京帝国大学で教鞭をとっていた哲学者、井上哲次郎（一八五五〜一九四四）が、仏教研究の持つ意義を、①教義についての諸問題を明らかにする、②「科学研究」に資する、③チベットにおいて現在流布している仏教について明らかになる部分がある、の三点に整理した記述が見られる（井上哲次郎「欧州に於ける梵語及ひ仏教上の所見」『教学論集』第六六編、一八九一年二月一五日発行、一〇頁）。ここに「科学研究」という新たな枠組みが提示されていることとともに、注目されるのは、仏教が流布されているアジア諸地域の中で、特にチベットが挙げられている点である。ここにおいて、能海の『世界に於ける仏教徒』に先立って、チベットという地域のもつ重要性が、「仏教研究」という視点から見直されて来ているのが見て取れる。

能海が「探検」という視点から入蔵を定義していった背後には、同時期に頻繁に行われていた、欧米各国によるアジア各地の地理的調査があると思われる。一九世紀に入ると、ロシアは南下政策の進展、イギリスはインドでの勢力拡大に伴い、それぞれ地図作成が急務となり、主にこの二国によって、探検、調査が各地で実施された

[70]。更に一八九〇年代以降は、バウアー文書の発見[71]を機に、考古学的資料の争奪戦ともいうべき要素が加わって、各国間の競争は過熱していく。「仏門の福島中佐」と『世界に於ける仏教徒』が世に出た一八九三（明治二六）年は、その加速度が加わりはじめた時期に、まさに位置するのである。

ヨーロッパにおけるサンスクリットや仏教学に関する研究の情報とともに、、このような探検調査に関する情報も日本に入ってきていたであろうことは、『世界に於ける仏教徒』の、「東洋学研究ノ結果ハ続々西洋人中ニ西蔵探検者ヲ見ルニ至レリ」（六一頁）という記述からも明らかである[72]。このように、仏教者による探検に、仏教以外の何らかの学術に貢献する成果を得ることを課すというこの特徴は、日本においては以後、大谷探検隊によってより強く受け継がれていくこととなったと思われる。以上のように、石川、小栗栖が活動した一八八〇年前後と比較すると、「探検」という概念によって、大陸をみはるかす仏教徒の視界において、チベットの位置づけに確実な変化がもたらされたことは明らかである。

チベット事情についても、『世界に於ける仏教徒』は、「仏門の福島中佐」で記述された内容、すなわち、首都ラサが「中央亜細亜霊界の宝府」であり、「ラマ宗長」の支配下、チベット仏教が世界でもまれにみる全盛の状況にあること、寺院や僧侶の数の多さは他の仏教国の追随を許さないものである一方で、その教義、歴史、経典一切が不明であること等を、更に詳細に説明するものとなっている。

第一に注目すべき点は、『世界に於ける仏教徒』において能海が、欧文の地理書から編集された『輿地誌略』[73]の記述を採用したことである。『世界に於ける仏教徒』においてチベット事情を述べた部分については、書名はあげられていないが、「地理書」からの引用と明言されており（五八頁）、『輿地誌略』の記述とほぼ同一である。ここで注目されるのは、能海が、先行する小栗栖香頂『喇嘛教沿革』の記述を使用していないということである。

小栗栖が当時、いかにその学識を高く評価されていたかということは、例えば一八九一（明治二四）年九月号の『反省会雑誌』「仏教界の双璧」という記事に、東京帝国大学印度哲学講座において初の仏書講読師となった原坦山（一八一九～一八九二）と並んで小栗栖が、「仏門の仙骨なり、共に学高し」とされていることからも充分に推察しうる（二一頁）。この記事には計三〇人の「双璧」が挙げられているが、学識についての「双璧」はこの二人のみである。つまり、「反省会」に参加する若い世代の仏教者たちの間で、小栗栖の学識は仏教界最高の水準にあると見なされていたと言えよう。同じ東本願寺派に属する僧侶であり、しかも「反省会」会員でもあった能海は、このような小栗栖の名声を充分認識していたと考えるのが自然である。しかし能海は、その権威ある小栗栖の『喇嘛教沿革』を採らなかった。このような態度は能海ひとりのものではなく、例えば古河老川も同様の見解を示している[*74]。このことには、彼らがこのような判断をする基準となる、新しい情報の存在が示唆されている。

第二に注目すべき点は、『輿地誌略』からの引用箇所にではなく、能海自身の記述の中に、チベットを「閉鎖国」（六〇頁）、「世界中今日最闇ナル国」（六二頁）、チベット人を「隠者民」（六〇頁）等とする表現、つまり閉鎖されて外部のものは一切立ち入れない、未知の地域などという意味合いの表現が出現していることである。次章で述べるが、明治三〇年代以降のチベット像の主要なものの一つが「秘密国」というものであり、能海のこの表現は、その先駆的なものではないかと思われるからである[*75]。これらの表現は、中国語文献をもとに書かれた『喇嘛教沿革』にも、能海が引用した『輿地誌略』にも、見受けられないものであり、しかし、「仏門の福島中佐」の、「冒険排難の業を喜び、遠捜深尋の気に富める彼欧洲の銀色人種すら、猶之を審かにせず、世界各国人の悉く知らんことを欲するところ」（一頁）とは、軌を同じくするものであると言える。このような表現は、一八世紀後半以降、チベット人によって欧米人の入蔵が堅く拒否され続けている状況が、「反省会」そして能海に知られていたことを示唆するものである。そしてこのことは、一八七六（明治九）年前後の石川・小栗栖から一八九三（明治二六）年の『世界に於ける仏教徒』に至るまでに、何らかの新しいチベット情報が日本に入ってきていたことを示すものでもあると言えよう。

チベットに関する新しい情報源として、第一に考えられるものは、既に述べたように、『反省会雑誌』誌上に頻繁に書名が見られた、一八八〇年前後の英国の仏教関連書、すなわちシネット『秘密仏教』、アーノルド『アジアの光』、リース＝デイヴィズ『仏教』等である。能海が特に熱意を持っていたのが英語学習であったことを考えると[*76]、英文文献に注目すべきと思われる。能海の蔵書には、チョマ・ド・ケレスの英文のチベット語文法書、イエシェケの蔵英辞書などがあり、さらに遺品として残されている「借用書籍目録」には、前掲シュラーキントヴァイトの『チベットにおける仏教』他二点が記録されている[*77]。また、能海個人の入手が困難であっても、「反省会」や、彼が学んだ普通教校、慶応義塾、哲学館、更に井上円了、南條文雄などの教師たちのもとで、これらの文献、新聞や雑誌に彼が接触した可能性がある。

これらの文献に、チベットが気候の寒い高地にあって、「ラマイズム」の信仰が盛んであること、そしてその土地の非常な高度と住民の敵意によって、外部の人間が足を踏み入れることができない未知の土地であること、チベット仏教の僧院が、近づきがたい山々の中に隔離された、何かが隠された場所であると言われていたことはすでに述べたとおりである。また、シネット『秘密仏教』には、チベットを謎めいた秘教の地であるとする捉え方が見られた。『世界に於ける仏教徒』において見られる、チベットを「閉鎖国」、「世界中今日最闇ナル国」、チベット人を「隠者民」等とする表現には、欧米における地理学的調査と仏教研究の進展によってもたらされた情報の直接的な受容の他に、これらの英文文献に見られるチベットへの関心のありよう、すなわち、これらの調査研究によって浮かび上がってきた未知の領域としてのチベット像の反映を見て取ることができると思われる。

第三に注目すべき点は、『輿地誌略』や英国の仏教関連書等のチベット情報に対する、能海の取捨選択のありようである。能海が『輿地誌略』から引用したのは、チベット仏教に関する箇所、そしてきらびやかな寺院と信仰あつい人々に満ちた都ラサに関する箇所であり、その一方で、チベットの地勢、中国の宗主権下にあることなどの政治的状況、金銀などの産物、一妻多夫などの「奇異ノ陋習」（海後宗臣『日本教科書大系　近代編　第一五巻地理（二）』、一九六五年、一一〇頁）などについての情報は省かれた。また、英国の仏教関連書からは、チベットが未知の地域であるという情報が採用されていることが、「世界中今日最闇ナル国」（六二頁）という表現に見て取れるが、チベット仏教が釈迦の説いた本来の仏教からは逸脱したものであるという見解に関する情報は省略されている。情報のこのような選択によって、『世界に於ける仏教徒』でのチベットは、全くの未知の地域とされつつ、生き仏によって統治され、その繁栄を人々が享受して平和に暮らす場所として描き出されることとなった。

最後に、この著作に示されたような、いわば非常に肯定的なチベット観*78が、彼のチベット文化についての深い理解を示すものとして、近年特に強調されつつあることを、ここで指摘しておきたい。チベット文化に深い理解を示した日本人としての能海像*79は、現代において、ジャーナリストの江本嘉伸など、チベットに関心を持つ人々に強い支持を得ることになった*80。この能海像については、チベット学者山口瑞鳳の記述が嚆矢であると思われる。山口は、能海がチベット・清国境近くの打箭爐から『東洋哲学』に寄せた旅行報告「進蔵通信」の中の、チベット文化に関する記述*81を、チベットを未開の文明と見下げることなく、「正当な評価」（山口瑞鳳『チベット』上巻、一九八七年、七五頁）をしたものとして、高く評価している。更に山口は、能海が生きて日本に戻っていれば、日本のチベット学は大きく変わった可能性があるとし、そうはならなかったことを「惜んであまりある」（同、七五頁）と表現している。チベット学者として日本人入蔵者の動向を初めてまとめたと言っていい山口のこの記述の影響は大きく、その後能海について述べる文献が多くこの山口の能海評を引用するか、ほぼ同様の記述をしている*82。本節で検討した『世界に於ける仏教徒』の記述は、この「進蔵通信」よりも早い時期、しかも能海が実際にチベット文化やチベット仏教について見聞する経験をする以前から、チベットについて非常に肯定的なイメージを持っていたことを示していると言えよう。

以上本章で述べてきたように、小栗栖香頂の『喇嘛教沿革』や、初等教育教科書の『万国地誌略』等、一八七〇年代までの文献において、チベットについては、入蔵路が非常に険しく、気候が厳しいこと、金銀宝石を産出する地域で、仏教が盛んであり、首都ラサには金銀をちりばめた豪奢な寺院が建ち並んでいることといった記述が見られた。更に「喇嘛教」については、小栗栖『喇嘛教沿革』のように、チベット仏教の僧院生活が堕落したものであること、その教義が密教であることが記述された。

更に、一八八〇年代後半から一八九〇年代にかけての時期には、英国で出版された仏教に関連する文献や、英国やインドに留学した僧侶たちの見聞を通じて、日本の仏教者の記述、例えば『反省雑誌』や能海寛『世界に於ける仏教徒』などに、欧米のチベット情報が取り入れられるようになり、それに従って三つの新しいイメージが出現した。すなわち、チベットを未知の国とするイメージ、入蔵を「探検」、しかも緊急を要する「探検」と捉えるイメージ、そして「喇嘛教」について、厳しい戒律と難解な経典を持つというイメージである。特に入蔵については、同じ仏教者の活動であった一八七〇年代の東本願寺の海外事業が入蔵を布教と捉えたこと、それも緊急性のない、あくまで将来において可能性があるにすぎないものとしていたこととは対照的であった。加えてこの時期には、『清国通商綜覧』に見られるように、日本の勢力拡張という関心から「大陸」を見た場合、地域としてのチベットが抜け落ち、異民族統治に効果を発揮した仕組みとして、「喇嘛教」がクローズアップされていったと言える。

＊注

1　以下、地理教科書に関して本節では主として、仲新『近代教科書の成立』(一九八一年)、唐沢富太郎『教科書の歴史─教科書と日本人の形成─(上)』(唐沢富太郎著作集第六巻、一九八九年)に依拠して記述し、適宜、海後宗臣編『日本教科書大系　近代編』第一五巻(一九六五年)、第一六巻(一九六五年)、第一七巻(一九六六年)各巻末の「所収教科書解題」、同第一七巻巻末「地理教科書総解説」を参照した。『世界国尽』、『輿地志略』についても、上掲海後編『日本教科書大系　近代編』第一五巻を参照した(七～六〇、六一～一二三頁)。

2　例えば明治初期においては、文明開化の教育方法として地図や地球儀の使用が奨励されていた。当時、地球儀の使用についての様々な手引書が多数出版されていることには、地球儀が、従来の教育にはなかった新しい教材として注目されている様子がうかがえる。一八八一(明治一四)年に公布された「小学校教則綱領」第一四条の「地理教授要旨」においても、教室に地球儀及び地図などを備えてこれを使用しなければならないことが明示されているし、一九〇〇(明治三三)年の小学校令公布に従って定められた小学校令施行規則には、実地観察の重要性などと並んで、地球儀、地図、標本、写真などの使用によって生徒に、知識を確実に把握させる必要が指摘されている。このように地図教材を重視する態度は以後、大正、昭和期の教育関係の法令においても保持された。

3　学制発布の直後に制定された「小学教則」には、各学年各科目で使用されるべき教科書が指定されており、地理教科書としては、下等小学課程用に瓜生寅『日本国尽』（一八七二年）、福沢諭吉『世界国尽』（一八六九年）、松山棟菴『地学事始』（一八七〇年）、上等小学課程用に市岡正一『皇国地理書』（一八七四年）、内田正雄『輿地誌略』（一八七〇～一八七七年）が挙げられている。

4　これは、前掲「小学校教則綱領」（一八八一年五月四日）第一四条中の表現である。本書では仲新他編『近代日本教科書教授法資料集成』（第七巻、一九八三年）を参照した（六七四頁）。

5　この時期の地理教科書は、「読物」や「問答」教科の教材として使用されていた。当時行われていた小学校教育の具体的な内容の一端は、師範学校の初代校長諸葛信澄が著した教授法書で、最も代表的なものである『小学教師必携』（一八七三年）に見ることができる。同書において、「読物」の授業の内容は、文章の音読と語句の解説とされ、また「問答」の授業は、「地誌」では「国及ビ国中ノ名山・大川ノ位置、或ハ旧蹟、又ハ産物ノ名」、「地図」では、「其位置方角等」についての質疑応答となっている（諸葛信澄「小学教師必携」仲新他編『近代日本教科書教授法資料集成』第一巻、一九八二年、二五頁）。このような授業の手法は、教科としての「問答」と「読物」が廃されて、地理が一科目として独立した一八七九（明治一二）年の教育令以降も、地理の教授法として一般的なものであったことが、当時の教授法書からわかる。例えば、師範学校の助教諭であり、新しい教授法の開発研究に尽力した若林虎三郎が、同僚の白井毅とともに著した『改正教授術』（一八八三年）は、当時の地理教授法について、「夫ノ単ニ地理書ヲ誦読セシメ人口物産ノ数河海山野郡区町村ノ名称ヲ暗記セシムル如キハ何ソ地理学ヲ教授シタルモノト云フヲ得ンヤ」と指摘している。当時最も広く読まれた教授法書の一つとされるこの書に、このような記述があることには、当時、地理の授業において「誦読」、「暗記」すなわち文章の音読と情報の暗記が、いかに一般的な指導法であったかを見て取ることができる（仲新他前掲書、六七五～六七六頁）。

6　筆者が参照した東書文庫所蔵『万国地誌略亜細亜譜射地図会釈』の原本には、出版年を明示する記述が見あたらなかった。しかしこの原本は、東京書籍株式会社附設教科書図書館東書文庫『教科書用図書目録』第二集（一九八一年）二〇九頁に分類番号三二九・〇九―七として記載されている資料であり、同目録によれば、一八七六-七七（明治九～一〇）年刊の土方幸勝『万国地誌略』全五冊のうちの第一、「亜細亜譜射地図会釈」であるとされている。筆者の土方幸勝は明治五年から翌年まで師範学校に勤務し、文部省教科書編輯掛を兼任していた教育者である。

7　例えば是石辰次郎『小学教授術地理科』（一八九三年、一四頁）、学海指針社編『小学地理教員用』（巻三、一九〇一年、三頁）等の教師用指導書にその旨の指示が見える。

8　海後宗臣編『日本教科書大系　近代編』（第一六巻、地理（二）、一九六五年）によれば、『日本地理初歩』は「検定中期地理教科書を代表するもの」とされている（六六七頁）。『万国地理初歩』は『日本地理初歩』と合わせて四冊本の構成となっていることから、本節では、『万国地理初歩』への評価もほぼ『日本地理初歩』に準ずるものとみなしうると判断した。

9　派遣された将校たちは、自身の足と眼で一つ一つ計測し確認するといった方法で、地誌的な情報を収集する任務に従事した。

その第一回は一八七三（明治六）年で、中尉以下将校六人と下士官二人が上海、北京に滞在した。以後本書では、陸軍の中国での活動について、主として、戸部良一『日本陸軍と中国』（一九九九年）、北岡伸一『日本陸軍と大陸政策』（一九七八年）に依拠して記述する。

10 荒尾の履歴については主として、井上雅二『巨人荒尾精』（一九九七年）、小山一郎『東亜先覚荒尾精』（一九三八年）を参照した。

11 これらの民間人については、畑中ひろ子「漢口楽善堂の人々―大陸浪人の源流―」（『明治大学大学院紀要』第二五集三、一九八八年、三二九～三四一頁）を参照した。

12 「内員」は、「理事」、「外員掛」、「編輯掛」の三つにわけられ、「理事」は販売業務の監督、「外員掛」は情報の管理、「編輯掛」は各地の新聞などからの情報収集と、参考資料の編纂を担当していた（「内員概則」第一条―第八条）。一方「外員」は中国各地において、「人物」から、「山川土地の形状、人口の粗密、風俗の善悪等より、被服糧秣、糧食薪炭、運輸交通、兵制及び諸製造所の状況等」まで広く実地の情報収集にあたる役目を負っていた。

13 浦は一八八八（明治二一）年六月一八日、二人の堂員とともに漢口を出発したが、行き違いがあって甘粛省蘭州で引き返すこととなり、翌年一八八九（明治二二）年改めて新疆潜入に挑んだ。

14 根津一は、陸軍士官学校を経て陸軍大学に入学するが中途で退学し、一八九〇（明治二三）年に参謀本部から清に派遣された。その後予備役となるが、知己であった荒尾を助けて日清貿易研究所の運営にあたった。その後一九〇〇（明治三三）年に台湾で客死した荒尾の遺志を継ぐ形で東亜同文書院の開学に参画し、途中中断はあったが、一九二三（大正一二）年まで院長として同学の運営に尽力した。根津の履歴について本書では主として、東亜同文書院滬友同窓会編『山洲根津先生伝』（一九九七年）、升味準之輔『日本政党史論』（第三巻、一九六七年）を参照した。

15 『清国通商綜覧』へのこの評価については、戸部前掲書二八頁の他、野間清「日清貿易研究所の性格とその業績」（『歴史評論』一六七号、一九六四年、七五頁）、藤田佳久『東亜同文書院中国大調査旅行の研究』（二〇〇〇年、四九頁）を参照した。

16 漢口楽善堂の堂員が報告書のような体裁の記録をとっていたことは、井上雅二『巨人荒尾精』（一九一〇年）など、漢口楽善堂関係の人々の回顧談に明らかである。またその内容は、石川漣平編『東亜の先覚石川伍一と其遺稿』（一九四三年）所載の石川伍一の日記や記録にうかがうことができる（二六一～三六八頁）。

17 例えば面積については、「其面積、本部支那、三十七万四千百十五方里、満州、六万三千六百六十二万方里、蒙古二十四万八千四百四十七方里、伊犁六万六千四百七十六方里、西蔵十万七百二十二方里」というように数字が挙げられている（天編、一～二頁）。これは、人口などについても同様である。

18 但し中国西南地区に居住する苗族については、別項を立てて詳しく記述してある（天編、三四〇～三四三頁）。

19 石川舜台に関する先行研究については、辻村志のぶ「石川舜台と真宗大谷派の東アジア布教―仏教アジア主義の形成―」

(『近代仏教』第一三号、二〇〇七年、三〇~五〇頁)が簡潔にまとめている。本書では石川舜台の履歴について、高西賢正編『東本願寺上海開教六十年史』(一九三七年)、鹿野久恒編『傑僧石川舜台言行録』(一九五一年)、一九七二~一九一一年の東本願寺の機関誌『配紙』、『宗報』を参照した。『配紙』、『宗報』のうち、参照したものは以下の通りである。『配紙』(一)(一八七二年二月二七日~一八七八年一二月分、一九八九年)、『宗報』(一)(一八九八年一〇月二三日~一八九九年一一月三〇日、一九九二年)、同(二)(一八七九年一月九日~一八八五年六月二九日分、一九八九年)、『宗報』(二)(一八九九年一二月二〇日~一九〇一年四月二一日、一九九二年)、同(三)(一九〇一年四月二一日~一九〇三年一二月二〇日、一八八九年一二月二二日~一九〇一年四月一〇日、一九九二年)、同(四)(一九〇四年一月三一日~一九〇七年一二月二五日、一九九二年)、同(五)(一九〇八年一月二七日~一九一〇年五月二五日、一九九四年)、同(六)(一九一〇年六月二五日~一九一一年一二月二五日、一九九四年)。なお石川が務めた「寺務総長」は、「寺務所長」と表記される場合もある。本書では「寺務総長」に統一した。

20 海外事業の経緯と石川の進退については主として、前掲『本願寺上海開教六十年史』、『配紙』、『宗報』の他に、多屋頼俊「石川舜台と東本願寺」(法藏館編集部編『講座近代仏教』第Ⅱ巻、一九六一年)、南條文雄『懐旧録』(一九七九年)、小島勝、木場明志編著『アジアの開教と教育』(一九九二年)を参照した。

21 一八九七(明治三〇)年に『教学報知』として創刊され、一九〇二(明治三五)年に『中外日報』と改題して現在に至る。発刊以後、経営の中心は戦後まで真渓涙骨(一八六九~一九五六)が担った。真渓は西本願寺系の寺に生まれ、普通教校で学んだ人物であるが、『中外日報』は西本願寺派のみならず、宗派をこえて広く読まれた仏教系新聞の一つとなった。

22 「チヤンチヤフツクツ」という人物は、このカタカナ表記から、モンゴル二大活仏のうちの一人であり、清朝に対しても大きな政治的影響力を持っていた章嘉呼図克図(ジャンジャフトクト)であると推察される。モンゴル語、チベット語の各文献に基づいて編集されたチベット仏教史の概説書『蒙蔵仏教史』(一九九三年)を参照すると、代々の章嘉呼図克図が北京において皇帝に手厚く遇され、更に内外両モンゴルあげての尊敬を一身に集める存在であったことがうかがえる(七七~一二九頁)。石川が中国に関心を持ち始めた一八七四(明治七)年以降の時期においても章嘉が、北京のチベット仏教界の頂点にある僧侶の一人であったと考えられることから、この引用中の「チヤンチヤフツクツ」は章嘉呼図克図を指している可能性が極めて大きいと思われる。

23 石川のこれらの活動については、この記事以外に、高西編前掲書、鹿野編前掲書、多屋前掲論文、群書編集部「解説」(小栗栖香頂『新注ラマ教沿革』、一九八二年)、南條前掲書(二七三~二七五頁)を参照した。

24 「現如上人御親示石川参務復演」(高西編前掲書)、二八七~二九一頁による。これは一八九八(明治三一)年九月五日に行われた、法主による中国布教開始の宣言と、それに続く石川の宗徒への訓辞を収録した記事である。

25 高西編前掲書七二頁による。石川のこのような活動から六〇余年を経た一九三七(昭和一二)年においても、当時を振り返ってこのような表現が使用されていることに、石川の事業が与えた強い印象をうかがうことができよう。

26 事実石川は、大陸での布教活動が最初に開始された一八七六（明治九）年の著書で、中国、朝鮮の布教事業に身を挺してあたろうという志を持つ僧侶が非常に稀であることを嘆いている（セームクラーク著『仏教論評』石川舜台評、巻二、三一丁。なおこの資料については本文後段で詳述する）。隣国である中国、朝鮮に対してさえ消極的だった大多数の僧侶にとっては、チベットはまさしく、南條のいう「空想」に属する土地であったと思われる。

27 例えば雑誌『教学論集』に、「仏教論評」は第二一～二三編（一八八四年一二月五日～一八八五年一月五日）、小栗栖関係の記事は、「贈北京龍泉寺本然書　明治八年」（第一四編、一八八五年二月五日、一三～一七頁）、「北京客舎作一百韻」（第二四編、一八八五年一二月五日、三一～三二頁）、「贈北京僧頓潤爾呼図克図書」（第三二編、一八八六年八月五日、二〇～二三頁）がある。その他、『反省会雑誌』一八九一年七月号にも、ゼームス、フリーマン、クラーク「宗教学」として、『十大宗教』の一部翻訳が掲載されている（一四～一五頁）。『教学論集』については後注69を参照されたい。

28 河口慧海について精査した奥山直司が『評伝河口慧海』（二〇〇三年）において、僧侶たちのこのチベットへの関心の高まりを、「入蔵熱」と形容している（一〇四～一一〇頁）。だが奥山氏のご教示によれば、羽渓了諦が、「明治仏教学者の海外進出」（『現代仏教』一〇五号、一九三三年）において、明治二〇年代後半、仏教者たちの「西蔵への冒険的潜入」が集中的に試みられた時期をこう名付けていたという（一〇三頁）。

29 『仏教論評』については、柏原祐泉「仏教論評」（『明治仏教思想資料集成』第四巻、一九八〇年）、『喇嘛教沿革』については、群書編集部「解説」（小栗栖香頂『新注ラマ教沿革』群書、一九八二年）がある。

30 例えば、Sato Hisashi, "The Origins and Development of the Study of Tibetan History in Japan" *Acta Asiatica*, No. 64, 1993, p.81.

31 小栗栖香頂の履歴については、小栗憲一『小栗栖香頂略伝』（一九〇七年）の他、小栗栖香頂『北京護法論』（一九〇三年）、魚返善雄「同治末年留燕日記」（『東京女子大学論集』第八巻第一号、一一～五一頁、第二号、四五～八一頁、一九五七年）、陳継東「一八七三年における日本僧の北京日記」（『国際教育研究』二〇巻、二〇〇〇年、一四～三三頁）、同『清末仏教の研究—楊文会を中心として—』（二〇〇三年）、北西弘「明治初期における東本願寺の中国開教」（『仏教大学総合研究所紀要』創刊号、一九九四年、三三一～三四九頁）、法雲山妙正寺『小栗栖香頂師百回忌法要記念　教法のため　人びとのため—小栗栖香頂師の事績—』（二〇〇四年）を参照した。小栗栖の中国滞在については、「東本願寺上海別院年表」（高西前掲書巻末）をも合わせて参照した。

32 『聖武記』は、林則徐が収集した海外事情に関する資料に基づいて、世界情勢を解説した『海国図志』と平行し、一八四二年に完成されたものである。清朝の建国から道光年間にいたるまでの軍事行動が記述されている。ここでは、魏源『聖武記』（一九八九年）、魏源『海国図志』（一九九九年）を参照した。

33 小栗栖の見聞記として先立つものには、「支那開教見込」（大谷大学所蔵）がある。但し『喇嘛教沿革』のように出版もしくは印刷された著作ではない。これは一八七三（明治六）年一〇月法主厳如に提出されたもので、中国滞在中に「日本に送った報告書に基いて弟憲一がまとめた、中国開教見通し案」（木場明志「教法のため　人びとのため―小栗栖香頂師の事績―」法雲山妙正寺前掲書、一九頁）である。これには、「喇嘛僧ノ事」と題する北京のチベット仏教事情についてのまとまった報告がある。内容としては、「喇嘛」がどのようなものであるかについて、北京の「儒者」、「龍泉寺ノ一僧」に聞いた話と、雍和宮での見聞がまとめられている。

34　「喇嘛考」については、川崎信定「チベットの仏教と東アジアの仏教―その交渉関係を近藤重蔵著『喇嘛考』を通じて考える―」（高崎直道、木村清孝編『東アジア仏教とは何か』一九九五年、二八九～三二六頁）を参照した。小栗栖は「喇嘛考」に言及していない。前注でも触れた「支那開教見込」の冒頭に「喇嘛ヲ始メハ羅馬ト同シ事ト聞タルコトモアルナリ北京ニ入テ初テ仏法ナルコトヲ知ル也」（頁番号なし）とあることから、小栗栖は「喇嘛考」の存在を知らなかったのではないかという推定も成立しうる。川崎も「小栗栖香頂が重蔵の『喇嘛考』の存在を知り、それを用いたとは考えられない」と指摘している（前掲、二九七頁）。

35　事実石川舜台による『喇嘛教沿革』の序文には、今後中国に渡る同志はこの書を前もって読んで粗々の準備をしておくべしといった記述がある。また本文中にも、現地で布教活動を行う人間を読者に想定していることをうかがわせる表現が散見される。例えば、現地の状況を伝える情報を提示した後に、「他日其地ヲ実践セハ必ス其是不是ヲ知ン」（小栗栖香頂編輯『喇嘛教沿革』巻二、一八七七年、一八丁）などとする文が付け加えられていることもその一つである。

36　『喇嘛教沿革』においてはチベットによりむしろ、インドに関心が示されているように見受けられる。小栗栖は、インドが英国の支配下にあり、イスラム教が同地を席捲しているという『瀛環志略』の〔ママ〕記述を引用し、インドの仏教僧侶を支援し「仏教淵源ノ地」の「挽回」をはかるべきであると述べている（巻二、一八～三〇丁）。『喇嘛教沿革』において、チベットをこのような実際行動を起こす対象とする箇所は見あたらない。

37　第二節が内容とするのは、中国の歴代の王朝とチベット民族との関係、チベットの地域区分と各地域の名称、山脈、川などの名称と位置、「城」を中心とした行政組織の概要、住民の生活様式、「営」を中心とする軍事組織、寺院の数、人口、ポタラ宮殿の構造、主要な寺院の沿革、入蔵ルートなどである。そして末尾に、中国の東南地方からインドにかけての地域の地誌が付け加えられている。

38　小栗栖のこのような心情は、前掲魚返「同治末年留燕日記」所載「北京紀遊」本文中にある、例えば雍和宮活仏トンコルフトクトとの交際を述べた部分に、彼が中国を去るにあたってトンコルフトクトがわざわざ自ら小栗栖のもとを訪れたことに対し、「嗚呼帝師而如此」と述べていることなどにはっきりと見て取れる（七五頁）。

39　チベット仏教全体を「密教」とすることは、現状にそぐわない部分があると言わざるをえず、この点は例えば、佐藤長にもすでに指摘されている（前掲Sato, p.82）。しかし本文でも述べるが、この場合、小栗栖はチベット仏教の教義自体を

「密教」と規定したのではなく、チベット仏教が持つもっとも顕著な特徴の一つとして「密教」を見て取ったのであると考える。このような態度は、小栗栖に限られない。例えば小栗栖から見ると次世代に属するともいうべき浄土宗の渡辺海旭も、チベット仏教の特徴を三点指摘した際に、その第一に「秘密教の特異発達」を挙げている（「欧米の仏教」『渡辺海旭論文集』所収、一九三六年、一三五頁。初版は『欧米の仏教』丙午出版社、一九一八年）。

40 元代の仏教については、例えば「秘密の教」などという表現が見られる（巻一、五〇丁）。

41 このような小栗栖の記述については、日本近代史の視点から大陸での大谷派の活動を精査した木場明志が、「日本の真言宗の一派であるかの理解」と指摘している（小島、木場編前掲書、三三頁）。また、山口瑞鳳も、「わが国や中国におけるチベット仏教に対する評価の原点が、ここにうかがわれる」と述べている（山口瑞鳳『チベット』上巻、一九八七年、六四頁）。

42 例えば、**E.Schlagintweit**『西蔵の仏教』（一九一四年）の訳者であるサンスクリット学者楠基道は、翻訳にあたって、大正初年の研究状況を回顧し、当時におけるチベット仏教に関する信頼すべき日本語文献として、小栗栖香頂『喇嘛教沿革』と、山縣初男『西蔵通覧』を挙げている（「抄訳者序言」一頁）。このことにも『喇嘛教沿革』の存在の大きさが示されていると言えよう。

43 翻訳局は、潟岡孝昭によれば、一八七三（明治六）年七月に欧米旅行から帰国した東本願寺新法主現如により開始された新事業の一つであるという（潟岡孝昭「明治初年に於ける東本願寺翻訳局」『市立大学図書館協会会報』第三六号、一五頁）。同年八月一五日付で成島柳北が「局長」に任命され、一一月五日には東本願寺内において開局式が行われた（同、二三頁）。途中一八七五（明治八）七月二一日「訳文局」と改称され（同、二五頁）、一八七八（明治一一）年九月八日に閉鎖された（同、二六頁）。柏原祐泉は、この翻訳局を、明治初年の東本願寺において、改革の象徴的な存在の一つであったとしている（柏原祐泉『近代大谷派の教団』、一九八六年、三五頁）。

44 前掲潟岡論文巻末「翻訳局現存刊・写本仮目録」には、『仏教論評』の原典と推測されるジェームス・フリーマン・クラーク『十大宗教』と思われる資料が一三点含まれている（二二頁）。いずれも大谷大学図書館所蔵である。資料名その他を以下、「翻訳局現存刊・写本仮目録」に掲げられている順に引用する。「ゼームス・フレーマン・クラック著」として、「十大宗教論　巻二」（石亀福寿訳、一冊）、「十大宗教論　巻五　希臘教之部《ママ》」（真田勉訳、一冊）、「十大宗教論　巻六　羅馬教之部」（石原量訳、一冊）、「十大宗教論　巻七　チュトニック及スカンタナビヤ教之部」（伊藤橘玄訳、一冊）、「十大宗教論　巻八　猶太教之部」（恒屋盛服訳、一冊）、「十大宗教論　巻九　馬哈黙教之部」（舟橋振訳、一冊）。「ゼームス・クラーク著」として、「十大宗教　巻一」（山崎久太郎訳、一冊）、「十大宗教　巻二」（越路代治郎訳、一冊）、「十大宗教　巻一二」（真田勉訳、一冊）、「十大宗旨　巻三　波羅門宗」（今郁長春訳、一冊）、「十大宗旨　巻七　希臘神宗」（十河定保訳、一冊）、「十大宗旨　巻九　智迂途肉垢神宗」（十河定保訳、一冊）、「十大宗旨論　巻三」（山崎久太郎訳、一冊）。

45 クラークについてはMasuzawa, Tomoko, *The Invention of World Religions: Or, How European Universalism Was*

Preserved in the Language of Pluralism (2005)を参照した。

46　本書では『仏教論評』について、主に大谷大学所蔵の『仏教論評』（セームクラーク著、山崎久太郎訳、石川舜台評、巻一・一八七七年、巻二・一八七八年）を使用し、併せて「仏教論評」（『明治仏教思想資料集成』第四巻、一九八〇年、三六七〜四〇六頁）を参照した。原文の省略または削除としては、例えば、参考文献、当時の信徒数等の数字の省略がある。省略に際し、「事実軽重ナシ。故ニ今略ス」（『仏教論評』巻一、二五丁）のように、断りのある場合もあるが、大部分は何の言及もなく省略されている。また、『仏教論評』に、「原注」という但し書きを付けた記述があるが（同巻一、二六、二八丁）、これらは原典では本文の内容であり、これに相当する原注は見当たらない。

更に、原文の末尾部分（*Ten Great Religions*, pp.161-170）が省略されている。この部分は、仏教の主要教義「カルマ」についての欧米における諸見解を紹介し、更に結論として、仏教とキリスト教の関係を、両者の共通点と相違点から考察しつつ、キリスト教の優位を、その教義にではなく、文明社会の成立発展への寄与という点に帰して述べた部分である。『仏教論評』末尾において石川舜台は、「全章開手第一節ノ、無神ノ宗教ニシテ何ヲ礼拝祈念スルヤト疑難セシニ答フル者ナレトモ、終ニ其疑難ヲ消釈スヘキノ価値ヲ有セス」と述べているが、結論部分が削除された翻訳を根拠にした見解であるという点で、十全な批判とは言えないとせざるを得ない。また、例えば遺跡について述べた部分において、原文にある「高さ五フィート」（*Ten Great Religions*, p.41）という部分が省略されるなど、形容や修飾の部分が省かれた形も見受けられる。

また、省略部分が間に存在することで、いわば文脈が寸断され、異なった意味に受け取られかねない可能性が生まれた部分もある。例えば、仏教僧院の規模について述べた部分、すなわち、「印度国ノ古昔建築セシ寺院ニ当時ノ者ヲ比較スレハ、狭隘ニシテ一寺僅ニ三四十人ノ僧侶ヲ容ルヽニ過キス。然ルニ近来「ヒユタ」氏並ニ「ガベツト」氏等彼地ニ到て親験セシニ、大ナル者ハ一寺ニシテ四千人ノ僧ヲ容ルヘシ」（『仏教論評』巻一、六〜七丁）において、「彼地」はその前の「印度国」を指すものと考えざるをえず、従って二氏が「親験」したという寺も、インドの寺院と受け取るのが自然であろう。しかし原文においては、「The old monasteries of India contain chapels and cells for the monks. The largest, however, had accomodation for only thirty or forty; while at the present time a single monastery in Thibet, visited by MM. Huc and Gabet (the Lamasery of Kunboum), is occupied by four thousand lamas.」（*Ten Great Religions*, p.142）であり、明らかに「彼地」はチベットで、その「一寺」もチベット仏教の「ラマ僧院」であったことがわかる。

更に、「the true religion」（*Ten Great Religions*, p.157）を「真実ナル仏教」（『仏教論評』巻二、三二丁）とするなど、翻訳において、原文の意味とは異なる語彙が使用されていると考えざるを得ない箇所もある。「喇嘛教」に関するものとしては、「ハーヅルヒウク」氏ノ韃蔵清紀行ニ、仏教ノ十字形、「ミトレ」法師ノ帽「ダルマチカ」長表衣「コプ」帽ノ一種等ハ、仏教ノ高僧ノ旅行ノ用具トス」（『仏教論評』巻一、四丁）とあるが、この文中の「仏教ノ高僧」は、原文では「the

Grand Lamas」（*Ten Great Religions*, p.140）である。

47 本書では『釈教正謬』について、芹川博通『芹川博通著作集』（二〇〇七年）を参照した。『釈教正謬』本文についても、同書「J・エドキンス『釈教正謬』諸本の対校」（一五二〜二〇三頁）を参照した。

48 例えば仏教について、「蓋此ノ宗徒ハ、彼諸大国ヲ改宗帰化セシメタル確乎不抜ノ熱心ト、我等ノ奉スル耶蘇宗ニハ甚タ稀有ノ忍耐力ヲ併有セシ者ナリ」（四〇〇頁）という記述がある。

49 以下普通教校と「反省会」について本書では主として、龍谷大学三百五十年史編集委員会編『龍谷大学三百五十年史』（通史編上巻、二〇〇〇年）を参照した（四四四〜四六九頁）。

50 この「サミュールソクラヂンツウエート氏」は、本節で後述する *Buddhism in Tibet* (1863) の著者 Emil Schlagintweit（一八三五〜一九〇四）ではないかと推測される。エミール・シュラーキントヴァイトは、ミュンヘン生まれの四人兄弟の末子で、長兄ヘルマン、次兄アドルフ、三兄ロベルトの三人による中央アジア探検の調査資料を整理した（薬師義美『大ヒマラヤ探検史』、九四頁）。その成果の一つがこの『チベットの仏教』である。

51 例えば『反省会雑誌』第二号の「欧米通信会報」と題する記事の冒頭、「該会ハ昨年八月ヲ以テ本校教職員ニテ組織セラレタルモノニテ其目的タル専ラ欧米各国ニ在ル神智各協会ト通信ヲ相為シ漸ク海外ニ弘布セントスル仏教ノ情況ヲモ詳悉シ」（「欧米通信会報」『反省会雑誌』第二号、一八八八年一月一〇日発行、一八頁）という記述に始まり、『反省会雑誌』誌上には頻繁に神智学協会会員との書簡のやりとりが報じられている。その後も三号一八頁、二二頁、四号九頁、六号六頁、一一頁などに同種の記事が見られる。これらの記事から、神智学協会との交流のありようがうかがわれる。

52 筆者は初版現物を確認することができなかったが、田中泰賢「エドウィン・アーノルド（Edwin Arnold, 1832-1904）の詩作品『アジアの光り』（*The Light of Asia*）について」（『愛知学院大学教養部紀要』第四八巻第一号、二〇〇七年）によると、一八七九年が初版とされている（一六頁）。

53 本書では一八九一年にロンドンで刊行された版を使用した。同書ではチベットに関連する表現としては、「ヒマラヤ」という言葉が複数回使用されており、その他には、「ラマ」という言葉が一回（p.95）、「スワスチカ」というチベット仏教の象徴の一つを表す言葉が一回（p.27）、「オムマニペメフム」というチベット仏教の真言が一回（p.246）見られる。

54 例えばリース＝デイヴィズ『仏教』（*Buddhism*）はその一部分が、一八八七（明治二〇）年に翻訳され、出版された（ライス、デヴィズ『菩提の花』桑原啓一訳）。アーノルドの『アジアの光』は、一八九〇（明治二三）年に中川太郎が部分訳し、その後浜口恵璋らによって全訳された（『大聖釈尊』、一九〇八年）。『反省会雑誌』第二一号（明治二二年七月一〇日発行）の巻末には、シネットとオルコットの著書の翻訳に有志が着手したことが広告されている。

55 以下本節では、この仏教ブーム、神智学協会に関して主として、オッペンハイム『英国心霊主義の抬頭』（和田芳久訳、一九九二年）、ワシントン『神秘主義への扉』（白幡節子、門田俊夫訳、一九九九年）、Lopez, S. Donald, *Prisoners of Shangri-*

56 *La:Tibetan Buddhism and the West* (1998)を参照した。

本書では一九二五年にロンドンで出版された版を参照した。

57 例えばオッペンハイム前掲書、二一四〜二一六頁などがある。

58 能海に関しては、近年、特に能海寛研究会機関誌『石峰』が創刊された一九九五年以降、調査研究成果が蓄積されてきた。従来の能海研究は主に、能海個人の事績を詳細に解明しようとするものであり、その嚆矢は一九八九年に出版された隅田正三の『チベット探検の先駆者求道の師「能海寛」』であった。同年には、河口慧海と能海寛の二人についての評伝村上護『風の馬―西蔵求法伝―』も出版されている。その他、飯塚勝重による「能海寛と長江三峡行」(『白山史学』第三四号、一九九八年、一八〜三七頁)、「能海寛　求法の軌跡―東京修学時代の日記を中心に―」(『研究年報』第三八号、二〇〇三年、三七〜四六頁)等の考察、万代剛「チベット行一〇〇年　能海寛の旅に学ぶ」(『山陰中央新報』、一九九八〜二〇〇一年)、江本嘉伸『西蔵漂泊』上巻(一九九三年)、同『能海寛チベットに消えた旅人』(一九九九年)等の調査もあるが、能海寛『世界に於ける仏教徒』についての考察は、管見ではまだなされていない。

59 以下能海の履歴に関しては主として上掲の、隅田、村上、万代、江本の著作や記事を参照した。

60 寺本婉雅(一八七一〜一九四九)は、一八九九(明治三二)年能海寛とともにチベット領域内の町パタンに到達、翌一九〇〇(明治三三)年義和団事件に出兵する陸軍に通訳として従軍し、北京において清朝の各要路との連絡に奔走した。この時戦乱で荒らされた北京市内の黄寺と資福院でチベット大蔵経を発見、日本に持ち帰った。このことは初めて日本に本格的なチベット大蔵経がもたらされた快挙として報道され、高く評価された。更に一九〇一(明治三四)年には、本書第二章第一節において詳述する、北京のチベット仏教界の重鎮である阿嘉呼図克図一行の来日を実現し、一九〇五(明治三八)年入蔵に成功、ラサに一ヶ月滞在したのちインド経由で帰国した。翌年再び中国へ渡り、中国滞在中のダライラマに接触、参謀本部や東西両本願寺などとの関係設立のため活動した。一九〇九(明治四二)年に帰国、以後は大谷大学などで研究生活に入り、一九四九(昭和一五)年に没した(以上「寺本婉雅略年譜」寺本婉雅『蔵蒙旅日記』、一九七四年、三四二〜三五一頁)。

61 京都を去って一八九〇(明治二三)年に上京した後も、『反省会雑誌』誌上に能海が執筆した記事や彼の消息を伝える記事を見ることができる。彼が執筆した記事としては、「常州稲田及根敷山」(一八九〇年九月、二七〜二九頁)、「西蔵国探検の必要」(一八九三年七月、一二〜一四頁)、「西蔵探検の方法に就て」(一八九九年二月、七二〜七三頁)、「西蔵喇嘛の分派」(一八九六年九月、四五〜四六頁)がある。彼の動向に触れる記事としては、「仏教青年会」(一八九三年五月、一九〜二一頁)、「仏教青年会六月例会の記事」(一八九三年六月、二〇頁)、「動静」(一八九三年一〇月、二五〜二六頁)、「川上氏ダーゼリンに赴かんとす」(一八九四年二月、二〇頁)、「動静」(一八九四年八月、二九頁)、「大陸に於ける仏徒の事業」(一八九五年一月、八〜一一頁）、「動静」（一八九六年三月、五八頁）、「西蔵語及び巴利語の研究について」（一八九六年一〇月、五一〜五五頁）がある。

62 隅田前掲書二一四頁と、隅田正三「チベット探検の先覚者「能海寛」の生涯と事績」（『石峰』第六号、一九九九年）三頁には、能海の生家浄蓮寺に石川の手紙が残されていることと、入蔵について相談するために石川と能海が面会していたことについて記述がある。

63 能海の師であった南條文雄の回顧録『懐旧録』（一九七九年）にその旨の記述がある（一九四〜一九五頁）。

64 例えば、神智学協会の幹部であったオルコットが一八八九（明治二二）年に来日した際には、彼の言葉として「実際クリスト教が漸々衰へつゝある」（『反省会雑誌』第一五号、一八八九年二月一〇日発行、二五頁）ことが伝えられている。また、「英国仏教の景勢」（『反省会雑誌』一八九一年三月号「雑報」欄）には、英国の状況が、「表に耶蘇教の看板を示めし裏に仏教の眼巻をしめたり」と表現され、「二十世紀の春に遭遇せば英国人民は耶蘇教信者の看板を脱して唯仏教の眼帯にて大運動をなすことは目下の事実に照らして明々白々たり」と記述されている（二五頁）。

65 『世界に於ける仏教徒』出版の二年後、一八九五（明治二八）年にはチベット探検が、更に細かく意義づけられていっているのを見ることができる。例えば古河老川は、「西蔵仏教の探検」において、その意義について三点を挙げている。すなわち、①中国布教の基礎としてチベット仏教の情報とそれについての理解が必要であること、②日本における大乗非仏説「攻究」の、足がかりとなる情報が得られる可能性があること、③「神秘教」すなわち神秘主義の研究のための有益な知見が得られる可能性が見込めること、である（『密厳教報』第一三二号、八〜九頁、第一三三号、八〜九頁）。

66 例えば『反省会雑誌』には、「マクス、ミュラーの如きは大乗非仏説を唱へ居れり」とある（菊地謙譲「亜細亜に於ける三大教徒」『反省会雑誌』一八九一年三月号、一〇頁）。

67 能海が、「氏尚ホ大乗非仏説ヲ懐カルゝヤニ聞ク此問題ヤ仏教徒ノ最胆ヲ嘗メテ探究ヲ凝スヘキモノニシテ」と述べていることに、その危機感は見て取れる（『世界に於ける仏教徒』、五四頁）。

68 同様に、「小乗教」であるセイロンやタイには留学している僧侶がいるのに、大乗仏教国であるチベットに探検が行われていないのは、日本の仏教徒として「不面目」であると述べていることも、その一例である（『世界に於ける仏教徒』、五九〜六〇頁）。

69 『教学論集』は、一八八三（明治一六）年一〇月に創刊され、一八九二（明治二五）年三月まで続いた。宗派に限られず、広く仏教についての見解が発表されており、誌上には、明治一〇年代までに活躍した指導者として名高い福田行誡、島地黙雷、原坦山等から、明治二〇年代以降の大内青巒、井上円了、鳥尾得庵等まで、仏教改革を標榜する著名な論者が名を連ねている。明治時代《〔ママ〕》の新聞、雑誌について詳細な研究をした西田長寿は、『教学論集』について、「明治一三、四年に創刊された各宗各派の機関は別として、明治一七年一一月創刊の『教学論集』は、当時代表的の仏教学者の論稿が多いという点で、とくに注目に値する雑誌である」と述べている（西田長寿『明治時代の新聞と雑誌』一九六六年、一三九～一四〇頁）。明治の新聞・雑誌について、宗教雑誌に限らず、広範な研究を行った西田が、他に数多くある仏教系メディアの中から特に『教学論集』を取り上げ、「注目に値する」としていることは、この雑誌が持った重要度の一端を示すものであると言えるだろう。現在能海の生家には彼の遺品として、第二編から第七七編までの大部分と、欠号入手を問い合わせた際の書簡などがあり、この雑誌に対する彼の積極的な態度がうかがえる。

70　特に英国とロシアの主な動きを挙げれば以下のようになる。すなわち一八〇二年、英、大三角測量（Great Trigonometrical Survey）開始、一八三〇年、英において王立地理学協会（The Royal Geographical Society）創立、一八四六年、インド測量局、ヒマラヤ山脈沿いに三角測量開始、一八五二年、世界最高峰確認、エベレストと命名、一八六七～五七年、ロシアのセミョーノフが天山山脈調査、一八六〇～九〇年代、英領インド政庁のパンディットたちの潜入捜査、一八七〇～八〇年、ロシアのプルジェワルスキーによる三回の中央アジア調査。

71　インド情報局のハミルトン・バウアー大尉（Hamilton Bower, 1858-1940）が一八八九～九〇年の旅行の際、クチャで入手したもので、解読の結果、インドではすでに滅びたブラフミー文字の文書であることが判明した（薬師義美『大ヒマラヤ探検史』二〇〇六年、三〇五頁）。

72　「仏門の福島中佐」に「ブラマフートラの河源」（一頁）という表現があることも、その一例と言えるだろう。ヒマラヤの探検史を精査した薬師義美によれば、チベットのヤルツァンポ川がインド・アッサムのブラマプトラ川と連続しているのか、またはビルマのイラワディ川やサルウィン川と連続しているのかという問題は、一八世紀以来ヨーロッパの地理学における「大きな謎」（『大ヒマラヤ探検史』、三〇二頁）であった。イギリスはこれについて、一八二四年のビルマ戦争以後測量を本格化させていたが（同、二七三頁）、結局二〇世紀初頭まで解決されず、一九一三年ベイリーとモーズヘッドの探検によって、ヤルツァンポがブラマプトラに流れ込んでいることが明らかにされるまで、約一世紀の間「謎」であり続けた。『教学論集』には、この「謎」に触れる記事が見られる（「世界に探究の行届かさる地多し」『教学論集』第七六編、一八九二年二月一五日発行、二二頁）。その他にも、『教学論集』には、ヨーロッパの仏教学の進展を詳細に記述した記事（井上哲次郎「欧州に於ける梵語及ひ仏教上の所見」『教学論集』第六六編、一八九一年二月一五日発行、六～一〇頁、同第六七編、一八九一年三月一五日発行、一〇～一三頁）の他、英国からの寄稿などに、ヨーロッパの仏教学研究についての情報が見られる（エドウィン、アーノルド「印度仏蹟巡拝紀行」『教学論集』第七一編、一八九一年九月一五日発行、二三～二六頁）。

73　『輿地誌略』は、オランダへの留学経験を持ち、学制発布にも学制起草掛として深くかかわった内田正雄が編んだもので、当時中等学校の教科書にも使用され、一般にも広く読まれたものである。能海の蔵書のうちにもその書名が見える（岡崎秀紀「『能海寛研究』文献紹介」二〇〇三年一月二四日付未発表原稿、七頁）。本書では海後宗臣編『日本教科書大系　近代編』第一五巻（一九六五年）所収の「輿地志略」を参照した（六二～一二八頁）。

74 『喇嘛教沿革』に対するこのような態度は、能海ひとりのものとはいえない。例えば古《〔ママ〕》河老川は、前掲「西蔵仏教の探検」において、チベット仏教の参考書として最適なものに、シュラーキントヴァイト『西蔵仏教』（一八六三年）を挙げた上で、「我邦には未だ之に関する著書なし」としている（『密厳教報』第一三二号、九頁）。つまり、古河の見解においては、『喇嘛教沿革』は「之に関する著書」に含まれないものであったことになる。

75 仏教者たちの記述においては、「仏門の福島中佐」、『世界に於ける仏教徒』の二年後に、「秘密国」という表現が見られるようになる。例えば、前掲「西蔵仏教の探検」には、チベットについて「古今東西の一大秘密」（七頁）、「一大秘密国」（八頁）といった言葉が使用されている。

76 能海の英語への熱意については、隅田前掲書（一二頁）、岡崎秀紀「能海寛の英語学習と発信の経歴について」（『石峰』第九号、二〇〇三年）を参照した。

77 他の二点についてはこの「借用書籍目録」に、『西蔵史文学等』英書」、「アンナルス・ツー・ミュージー・グィメット『西蔵蔵経目録（第二巻）』仏書」という記載がある（前掲岡崎未発表原稿、八頁）。

78 能海の友人の一人である渡辺海旭（一八七二～一九三三）にも、同様に非常に肯定的なチベット観を見ることができる。彼はチベットを取り巻く険しい山河などについて、それを善美なるものとして述べた後、「気候甚温ならずと雖。牛羊以て育。地甚だ肥えずと雖。米麦以て食するに足る。西蔵の地何ぞ夫佳ならずとせむや」と記述している（「西蔵仏教一斑」『渡辺海旭論文集』、一九三六年、一九五～一九六頁、原文は一八九五年一月二五日付）。

79 能海がチベット文化を高く評価しそれに強くひかれていったということは、近年チベットに関する著述が、能海にふれるとき必ず述べるところである。例えば二〇〇一年一二月一五日に開催された「日本人チベット行百年記念フォーラム」の内容をまとめた書『チベットと日本の百年』（日本人チベット行百年記念フォーラム実行委員会編、二〇〇三年）所収「チベットと日本の百年」に、「チベットに傾倒した能海寛」などとあることも、その一例である（六一頁）。他に、江本嘉伸『西蔵漂泊』（上巻、一九九三年）、二〇七～二〇八頁、隅田正三「『口代（くちがわり）』に見る能海寛の探検決意について」（能海寛研究会第二一会定例学習会一九九八年九月一二日レジュメ）四頁がある。

80 能海に対するこのような評価は、山口に先立って何人かの能海の友人たちの記述に見ることができる。例えば一九一七年三月七日付高楠順次郎による『能海寛遺稿』「序」には、マックス・ミュラーの名前を出し、ミュラーがチョマ・ド・ケレスの業績を高く評価していることを述べた上で、能海をそのチョマに準える記述が見える。更に、渡辺海旭の記述には、日本からもチベット学の権威というに足る、シュラーキントヴァイトのような学者が出るべきであるが、チベットにかかわる研究者が寺本婉雅と河口慧海の二人のみでは「なんとも淋しい」状況であり、能海の死はまさしく「西蔵学」の犠牲であると述べられている（「欧米の仏教」『渡辺海旭論文集』、一九三六年、一三二頁、原文は一九一八年出版『欧米の仏教』所収のもの）。これも、能海健在ならば現在の状況が違ったものになったと見る点で、山口瑞鳳の記述と同軌のものであると言えるだろう。

81 能海寛「進蔵通信」『東洋哲学』第七編第五号、一九〇〇年、二三三～四頁。これは最初の入蔵が失敗してのち、入蔵ルートの基点の一つである打箭爐に引き返し滞在していた際の観察である（一九〇〇年二月付）。

82 山口の評価をそのまま引用しているものとしては、例えば村上前掲書（一九九～二〇〇頁）がある。ほぼ同様の記述となっているものとしては、例えば江本前掲書（『西蔵漂泊』上巻、二九二頁）がある。能海の地元島根県金城町で能海研究を進めている人々の間でも、山口の見解と同様の記述が見られる。岡崎秀紀編『島根の高校生黄土地帯を越えて六盤山へ』（二〇〇一年、一五〇頁）もその一例である。

第二章

河口慧海『西蔵旅行記』の登場

第一節　『西蔵旅行記』前のチベット事情紹介

本節では、一九〇一（明治三四）年に来日したチベット仏教の活仏阿嘉呼図克図についての一連の新聞報道を取り上げる*1。明治日本において、チベット関係記事が最初に集中し、まとまった形でのチベット事情が新聞紙上で初めて紹介されたのが阿嘉呼図克図来日の一九〇一年であり、その記事数の過半を阿嘉呼図克図に関する報道が占めているからである。一九〇一年七月、阿嘉呼図克図が来日するに及んで、新聞各紙は連日阿嘉呼図克図の動静を報じ、チベット事情の紹介記事を次々に組んだ。例えば『読売新聞』では、創刊以来初めてのチベット特集が連載されている*2。

阿嘉呼図克図ら一行の来日は一九〇一年七月八日、義和団事件（北清事変）の北京議定書が調印されるほぼ二ヶ月前である。一九〇〇年の義和団事件後、その戦後処理、特に満州を実質的に占領していたロシアの進退を巡って関係各国の交渉は紛糾していた。ロシアは撤退を容易に肯んじなかったばかりか、満州還付についてチベットを交換条件に持ち出す気配を見せていると報じられている*3。ロシアのチベットへの接近が取り沙汰される中、チベット側からもダライラマの特使が派遣され、ロシア皇帝の謁見を受けた。本節では、日露戦争前夜の、前述したような国際状況下にある日本で、チベットについてどのような情報が提供され、それらの情報はどのような意味を持ったのかを検討する。

一　阿嘉呼図克図の日本滞在

呼図克図とは、代々転生するチベット仏教の活仏に、中国政府当局から与えられる称号で、一九〇一年に来日した阿嘉呼図克図（一八七一～一九〇九）は、第一九世にあたる。来日当時の彼は、北京においてはチベット仏教寺院の頂点にあった雍和宮の、総管喇嘛班第掌印札薩克達喇嘛であった（以上、釈妙舟編纂『蒙蔵仏教史』第五篇、一九九三年、一四二～一四八頁）＊4。雍和宮は、ダライラマ、パンチェンラマ、哲布尊丹巴呼図克図と並ぶチベット仏教四大活仏の一人章嘉呼図克図の座牀寺であり、従って彼は、清朝の仏教政策にも影響力を持つ寺院において、宗政の最高位にあった人物であると言えるのである。

この阿嘉呼図克図が、なぜ来日することになったのであろうか。浄土真宗大谷派（以下、東本願寺）の機関誌『宗報』には、阿嘉呼図克図一行の日本訪問について、その経緯と日程が詳しく報告されている。それらの記事によると、阿嘉呼図克図一行の来日実現のために現地北京で奔走していたとみられるのは、東本願寺の僧侶寺本婉雅（一八七二～一九四〇）である＊5。寺本は日本陸軍第五師団の通訳として北京に滞在しており、当初は、ダライラマの命で雍和宮に派遣されて来ている「オツソルジャムソ」、そして雍和宮の「学頭」を務めるモンゴル僧「リンチンニマ」らに渡日を勧めていたようである＊6。その後人選が、なぜ阿嘉呼図克図に変更されたのかは、現在のところ不明である。寺本は在北京の日本軍の要人や小村公使に交渉して清当局への口添えを依頼し、醇親王、慶親王などの宗室王公に働きかけていた（以上「海外通信」『宗報』一九〇一年五月二二日付、三～七頁、同六月一日付、二～五頁）＊7。この寺本と、東本願寺の従軍布教使として北京に派遣されていた大河内秀雄の二人に付き添われ、阿嘉呼図克図一行八人＊8が来日することとなったのである。

阿嘉呼図克図の来日目的は、東本願寺による清国布教への謝意を述べ、あわせて日本仏教の現状を視察することにあり、一行を迎えるにあたって本山は、教学部長以下十数名に接待掛を命じて、旅館や道中の手配など諸般にわたる準備をさせた。阿嘉呼図克図の日本滞在中は、白尾義夫、大河内秀雄、布教使松枝賢哲、浅草別院輪番大草恵実などの幹部が一行に付き添い、中国への帰路も、本山の命で松枝賢哲が北京まで一行を送りとどけている。またこの際、東本願寺の僧侶である織田得能がチベット仏教の視察のため同行したと報じられている（以上「喇嘛貫主の来朝日誌」『宗報』一九〇一年八月一日付、六～七頁、同一一日付、五～七頁、「喇嘛貫主来朝日誌」『宗報』一九〇一年八月二一日付、二～六頁）。

前章でも触れたように、一八九八（明治三一）年から再開された東本願寺の中国布教事業は、一九〇〇（明治三三）年四月、石川舜台が、東本願寺宗政の頂点である寺務総長を辞職した時点で表向きには終了したと言える。しかしタイへの仏骨奉迎使など、石川の在任中に企画された事業のいくつかは、彼の辞職後もそのまま実現へと動き続けた。雍和宮のチベット仏教活仏の日本への招待もそのひとつであったと考えられる。来日する顔ぶれが変更されていることからも、いくつかの紆余曲折があったと思われるが、活仏の来日は、一八九八（明治三一）年の中国布教再開時と同じ時期に計画された事業であったと推測される。阿嘉呼図克図来日の一九〇一（明治三四）年一月一日現在として発表された寺務所役員の名簿には、石川が寺務総長兼会計部長に返り咲いており、彼の愛弟子で、中国布教事業を実際に指揮した谷了然も教学部長に復職している（「寺務所役員表」『宗報』一九〇一年一月一五日付、三六頁）。阿嘉呼図克図来日が一時は中止という事態に陥りながらも[*9]、一九〇一（明治三四）年になって再び実現したのは、石川の寺務総長への復帰、そして東本願寺内での石川体制の復活の影響を考慮しないわけにはいかないだろう。

以上『宗報』の記述に見る限り、阿嘉呼図克図の日本訪問は、東本願寺の支援下にあったと判断してほぼ差し支えないと思われる。この東本願寺『宗報』の記述を裏付ける手掛かりの一つは、外交史料館所蔵資料「宗教関係雑件」である。これは阿嘉呼図克図一行の本願寺浅草別院への宿泊、滞在を、外務大臣宛に届け出たもので、届け出の日付は一九〇一年七月二二日、阿嘉呼図克図一行が東京に着いた翌日となっている[*10]。これを見る限り、少なくとも東京での受け入れについては、東本願寺が責任を持つ形であったことがわかる。新聞紙上でも、阿嘉呼図克図一行の来日から日本滞在を通してずっと、東本願寺が前面に出ている様子が読みとれる。例えば、

「喇嘛教貫主の御礼参内」（『時事新報』一九〇一年七月二八日付）では、二七日の帝国教育会で、阿嘉呼図克図が、自身の来日について「大谷派本願寺法主の好意」によるものと述べたことが伝えられている。

また、阿嘉呼図克図の動静を伝える記事には、例えば「喇嘛僧談」（『大阪朝日新聞』一九〇一年七月二三日付）の「接待掛なる東本願寺の白尾善夫、松江賢哲師」という記述のように、接待にあたった人間として、東本願寺側の人物が頻繁に挙げられている。そして『読売新聞』一九〇一年八月一七日付「喇嘛教」の、「今や阿嘉貫主帰国されて、雍和宮第二座の喇嘛更って来朝するとのことだ、これが本当のことであるとすれバ今度こそ独り東本願寺の客賓たるに止らせないで、何とかものにしてやりたい」という記述には、阿嘉呼図克図一行の日本訪問が、結果としてチベット仏教と東本願寺との交流という範囲にとどまるものであったという見方が当時存在したことが示されている。

阿嘉呼図克図の動静は、連日新聞紙上に伝えられているが、日程を報じたものとして最も詳細な記事は、やはり『宗報』の、「喇嘛貫主の来朝日誌」（一九〇一年八月一日付、六～七頁）、同（一一日付、五～七頁）、「喇嘛貫主来朝日誌」（一九〇一年八月二一日付、二～六頁）である。下表は、この『宗報』の記述に基づいて、一九〇一年七～八月の新聞各紙の記述をも補足として使用し作成したものである。

月日	時刻	阿嘉呼図克図動向	典拠※
7月8日	不明	高砂丸で門司入港、石田旅館に入る	
	午後10：50	広島に向け門司発	大阪朝日新聞
7月9日	不明	山陽鉄道経由、吉川旅館に入る	
7月10日	午前8：00	広島発	東京朝日新聞
7月11日	午前7：51	京都七条駅着、宿舎の洛東建仁寺正伝院へ	
7月12日	午前10：00	東本願寺着、参拝、両法主に対面、土産を贈る	
	午後2：00	東本願寺法主答礼のため来訪	

7月13日	午前8:00	京都市長内貴甚三郎来訪	
	午前9:00	京都帝国大学卒業式に参列、賀陽宮に謁見	
	午前11:00〜4:00過ぎ	東大谷大師聖廟に参詣、円山公園、祇園、南禅寺、疎水水利事務所、平安神宮、第一絹紡績会社・京都織物会社の工場へ	
7月15日	終日	雨天のため外出見合わせ	
7月16日	午後1:00	清水寺、京都帝室博物館、京都真宗中学	
	午後3:00過ぎ	東本願寺枳殻邸、市中音楽隊の演奏	
7月17日	午前8:00	四条高倉下村邸へ、祇園祭の山鉾観覧	
	午前11:00頃	宿所へ帰還	
	午後1:00頃	妙法院門跡村田寂順来訪	
7月18日	終日	静養、外出せず	
7月19日	午前10:00	宿所出発、大仏妙法院、帰還	
	午後2:00〜夕刻	西本願寺の招待により西本願寺へ、仏教大学等観覧	
7月20日	午後2:00	東本願寺両法主が石川舜台らを名代に餞別を贈る	
	午後7:00過ぎ	宿所出発、京都七条駅へ	
	午後8:08	京都発	
	出発前	大阪朝日記者、高崎京都府知事、野間代議士、妙法院村田寂順来訪	
7月21日	午前10:48	新橋駅着	
	午前11:00過ぎ	新橋駅発	時事新報
	正午過ぎ	浅草別院着	
7月22日	午前10:00頃	東京帝大工科在学中のインド人留学生三人来訪	
	?〜午後3:00頃	浅草観音に参詣、江崎写真店にて写真撮影、動物園観覧	
7月23日	午前9:00	浅草別院発	
	午前10:00頃	芝増上寺着、浄土宗管長と対面	時事新報
	午前11:00〜?	増上寺で食事中に電話、野間代議士の案内で帝国議事堂へ、貴衆両院参観	
	?〜午後4:00頃	帝国ホテルで山口中将と会談、別院へ戻る	
	午後3:00頃〜?	浅草別院にて大河内秀雄が喇嘛教について講話	時事新報
	午後	清国公使代理として通訳官馮国勲来訪	東京朝日新聞

7月24日	午前10:00〜正午頃	東京帝国大学へ、理科・工科大学参観後茶菓の饗応	東京朝日新聞
	午前	東京朝日新聞記者のインタビュー	仏教
	午前	宮内省御用達袋物商飯塚伊兵衛を招き腕輪、耳輪、置物、袋物類を購入	
	?〜午後4:00	大隈重信の案内で東京専門学校参観	
7月25日	終日	外出せず、来訪もすべて謝絶	
7月26日	午前10:00〜?	上野で美術協会、動物園、博物館、靖国神社等巡覧	
	午後2:00〜6:00過ぎ	東亜同文会、国民同盟会、同志倶楽部の有志が星岡茶寮へ招待	
	不明	清国公使代理として通訳官馮国勲来訪、宮中参内の際の通訳について打ち合わせ	
7月27日	午前9:30	宿所発	
	午前10:00	参内	
	午前10:30〜11:00頃	侍従職隣室で田中宮内大臣、三宮式部長と会見	
	不明	宮中退出後、参謀本部訪問、山口中将、福島少将に面会	
	?〜午後1:00過ぎ	大倉喜八郎邸訪問、昼餐の饗応	
	午後1:00〜3:00過ぎ	帝国教育会が神田一橋同会講堂で講演会	読売新聞
	午後2:00頃	講演会会場到着、しかしオ師体調不良のため一行は挨拶のみで退出	大阪朝日新聞
7月28日	午後1:00	駿河台薩摩治兵衛方へ	
	午後2:00頃	歓迎会委員総代の三浦梧楼ら九名到着	
	午後3:00〜6:00	神田錦輝館での各宗連合喇嘛貫主歓迎会	
	不明	帝国教育会辻会長の代理大橋次郎、別院に来訪、贈物を届ける	
7月29日	終日	静養	
7月30日	午前10:00	大隈重信来訪	
	午後4:00	各宗連合委員、錦輝館で阿嘉呼図克図一行見送りの打ち合わせ	東京日日新聞
7月31日	午後4:40	浅草別院発	
	午後5:30	新橋着、特別休憩室へ	

	午後6:00	新橋発	
	不明	清国公使代理として欧陽述来訪	
	不明	保土ヶ谷で神奈川県知事の見送り	
8月1日	不明	草津駅通過、ここで東上途上の大谷新法主とすれ違い双方下車し挨拶	
	不明	馬場で天台宗権僧正彦坂湛海の見送り	
	不明	京都七条駅通過、大谷派接待掛僧見送り	
	午前11:00	三宮着、海岸常磐へ	
8月2日	午前8:00	石川舜台、谷了然その他数十名常磐に到着	
	正午	神戸発	読売新聞
8月3日	不明	門司寄港	

※『宗報』以外の資料に依拠する場合は、典拠欄に資料名を挙げた。なお当欄の「仏教」は、『仏教』一七四号「喇嘛教貫主雑話」(一九〇一年八月一五日付、二三七～二四〇頁)を指す。

表においても明らかなように、阿嘉呼図克図歓迎を巡って宗教の枠を越えた幅広い動きが見て取れる。例えば、一行の訪問先をとっても、京都では三十三間堂、円山公園、東京では芝増上寺、上野公園などといった寺院や公園に始まり、大学、貴衆両院、宮内省に及ぶ。東京帝国大学では学者たちの実験を間近く見学しているし、訪問予定として報じられたものの中には、小石川砲兵工廠等軍関係の工場もあった[*11]。このように組まれたスケジュールには、文明国日本の偉容を阿嘉呼図克図らに見せようとする日本人側の意図が見て取れる。また、連日のように続いた歓迎会には、東本願寺や仏教関係者のみではなく、大隈重信を始め、華族や中将クラスの軍関係者などが参加している。阿嘉呼図克図の日程に組み込まれたさまざまな行事には、日本側の積極的な対応がうかがえよう。

二　阿嘉呼図克図報道に見る日蔵関係

新聞記事を概観してまず注目されるのは、阿嘉呼図克図自身を「純蒙古人」[*12]としながら、この時各紙で、清事情でもモンゴル事情でもなく、チベット事情の紹介記事が組まれていることである。例えば『読売新聞』のチベット紹介記事「西蔵雑談」（一九〇一年七月二一日付）冒頭は、「喇嘛教貫主アチヤフトコト師が来朝して、本日愈々東京へ乗込むといふことだから、之を機会として喇嘛教国として世界に知られて居る西蔵の事を少し話さう」と始まっている[*13]。ここに、阿嘉呼図克図来日に際して、チベットに関心が集まっていたことが示唆されている。しかし、ここでチベットが選ばれたことには、阿嘉呼図克図の出自その他の事情には関係していないことが、続く「併しアチヤ貫主ハ北京の雍和宮に居て、支那本部及び満州蒙古の喇嘛教を総督するだけで、平日ハ西蔵と何の関渉もないことになつて居る。これだけハ諸君に注意して置く」という記述から知られる。

阿嘉呼図克図来日時に、チベットが注目された理由には、チベットが英国とロシアの次の角逐の地と目されていたことが第一に挙げられよう。チベットの帰趨によっては、日本が最も注目している満州還付問題をめぐる情勢に、重大な変化が生じる可能性があったからである。諸記事中において読者の注意が喚起されているのは、ロシアが頻りに動いている「満蒙」において、チベット仏教が絶大な政治的影響力を持っている点、そしてこの広大な地域の人心掌握に、チベット仏教の指導者たちの協力が必要不可欠であるという点の二点である。従って、阿嘉呼図克図がチベット人であるかどうかには注意が払われず、阿嘉呼図克図の来日は、日本が関心を持つ「満蒙」の経営の要と目されているチベット仏教の、枢要部に属する人物の来日、と捉えられていたといえる。それゆえにチベット仏教の権力の淵源地とも言えるチベットに注目がされたのだと思われる[*14]。

更に、日本とチベットの関係について、各紙の記述に共通するのは、対露関係、もしくは対清関係を通してのみチベットが捉えられていることである。これは「西蔵問題」という言葉で端的に表現される。問題の緊急度、日本との距離感という点で、各紙に多少の違いはあるものの、日本とチベットには直接の利害関係はないが、対ロシア、対清関係に重大な影響を及ぼす可能性があるため、チベットの動きに注意すべきだという見解に基づく記述となっていることは、いずれの記事も同様である。

例えば『大阪朝日新聞』一九〇一年七月一八日付の社説「西蔵問題」で、筆者の内藤湖南は、チベットが日本とは「風馬牛も相及ばざるの地」であって、チベットを巡る状況の変化は日本に直接影響することはないと述べている。しかし同時に彼は、ロシア、英国、清の三国がチベットをめぐって活発に動いている以上、チベットの帰趨は将来の「亞細亞の大局」を左右する可能性を持っており、その意味で日本にとってチベットは、東アジアにおける満州、朝鮮半島、そして西アジアにおけるトルコやペルシャと同じ位置づけにあるとした。現在の日本にとってロシア、英国、清三国との関係が最も緊要である以上、チベットと日本とは結局「間接の関係」にあるものと考えるべきで、今回の阿嘉呼図克図来日は、現在直接利用できるものではなくとも、奇貨として将来存分に活用すべきものであると論じた[15]。つまりチベットはあくまで、日本との関係においては副次的な意味しか付与されていない地域、日本外交の世界地図においては、「大局」を考える場合にのみ視野に入ってくる、日本という中心からは遠く離れた周辺に位置づけられている地域と捉えられていたと言えるのである。

阿嘉呼図克図来日当時のチベットは実際に、ロシア、英国、中国三国の思惑がぶつかり合う舞台でもあった。ロシアは南下政策の一環としてチベットに強い関心をよせ、英国はインド維持と対中貿易ルートの確保という二つの目的のために、チベットを自国の影響下におくことを望んでいた。そしてチベットの「宗主国」である清は、駐蔵大臣と呼ばれる高級官僚を、チベットの首都ラサに常駐させ、チベットの行政に厳しい監視の眼を光らせていた（山口瑞鳳『チベット』下巻、一九八八年、一三〇～一三六頁）。そのような状況の中で一九〇〇（明治三三）年九月、一九〇一（明治三四）年六月の二回にわたって、ダライラマの使節ドルジェフがロシア皇帝の謁見を受けた（山口前掲書、一三一頁）。このダライラマ使節の二回目の謁見と、ロシアによるチベット独立の提案についてのニュースが、阿嘉呼図克図の日本訪問とほぼ時期を同じくして報道されたために、ロシアの動きに敏感になっていた日本人の視線を、一時的にせよ、結果としてチベットへと招来することとなったと言える。

そしてこれらのニュースの中でもチベットは、独立したとしても遠からずロシアの保護国、属領とされてしまうであろう「無智無力の蛮邦」等と表現されていた（「露国と西蔵」『大阪朝日新聞』一九〇一年七月一七日付）。この一連の報道の中で描かれているのは、無力な小国チベットが、大国間の駆引に翻弄されるさまであり、このチベットの姿を通じて日本が見ていたのは、結局露・清・英三国であった。つまりチベットに関するニュースを通じて描かれていたのはチベットそのものではなく、清の流動的な状況と、それにかかわるロシアと英国の姿であり、チベットはそれを伝える時宜を得た材料として扱われているに過ぎない。

しかし、直接的な関係はないとされる一方で、チベットについて、日本が列強より有利な条件を持っていることが頻繁に強調される。この点について述べる記事において繰り返されるのは、「同教同文」、「同人種」という言葉である。例えば『読売新聞』一九〇一年七月二九日付の「昨日の錦輝館貫主余聞」は、阿嘉呼図克図が行ったスピーチの内容として、以下のような言葉を伝えた。阿嘉呼図克図は、義和団事件下の北京における日本軍の規律の正しさを讃美し、仏教への手厚い保護を感謝して、「個人としてハ更に敵心なく友人の如き有様であつたのです是ハ同人種同仏教の国であつたからと思ひます」と述べたという。しかし、このような同じ人種、同じ仏教国という強調が、日本とどこについてのものなのかは、ほとんどの記事においてあいまいである。「日清両国」としている場合もあるが（「喇嘛の一行」『大阪朝日新聞』一九〇一年七月一一日付）、阿嘉呼図克図が生活している清と日本か、または阿嘉呼図克図の出身地とされるモンゴル、チベット仏教の本拠地チベットと日本なのかは、大部分の場合明言されていない。

日本とどこについてなのか明確でない、という、この新聞の記述が持つあいまいさは、特に「同教同文」という表現が使われていることにも象徴されている。仏教を共通項に見立てた「同教」はまだしも、同じ文字を使用している国、という意味での「同文」は、日本とチベット、もしくはモンゴルとの間柄を形容したものとしては考えにくい。この「同文」はむしろ、日本と清について言われるべきものであろう。にもかかわらず、あいまいなまま「同文」という言葉が使用されていることは、チベットやモンゴルに、中国の一部、中国に付属した土地という以外の意味が与えられていないことを示唆している。中国が「同文」であるから、その一部であるチベットやモンゴルについても「同文」であるとする連想、もしくは、中国とチベット、モンゴルとの差異へのいわば無関心ともいうべき状態があることが読みとれる。

この「同教同文」という表現は、いわば異教異文とも言える欧米人に対置されているのであって、欧米人が到底持ち得ない日本人の美質に言及するための文脈に使用されているにすぎない。上に引用した阿嘉呼図克図のスピーチで見れば、この記事を通して語られているものは、他の国の上位に日本を位置せしめる、節度と義気という日本人の美質であって、それを引き出す文脈は、チベットであっても清であっても問題のないところであったのだと思われる。そしてその美質こそ、チベット開発に最も有利な条件であるという主張に繋げられていっている[*16]。

しかし、日本人が持つこの種の有利な条件は、チベットについてのみ言われたものではない。例えば中国の開発に、欧米列強より日本が適役であることの有力な論拠の一つとして、彼我の人種や文化について、その共通項を強調する挙措は、一八八〇年代後半以降中国大陸で行動した、俗に大陸浪人と呼ばれる民間人たちの言動にも繰り返し見受けられるからである。例えば、中国各地における大陸浪人たちの見聞の結果が結集された情報集として、最も初期のものである『清国通商綜覧』(一八九二年)「緒言」には、「欧米」について、「其俗異尓其土遠く」(三頁)、「遠くして且つ殊俗なる」(三頁)とする一方で、清について、「其人情風俗は頗る相類し嗜好生活亦相似たり」(三頁)、「其人情風俗の同きを利し其嗜好生活の似たる」(七~八頁)とし、この関係を日清通商の上での「天然関係の幇便」(八頁)と強調する記述が見える。したがって、この「同教同文」は、大陸への日本進出が語られる場合の常套的な表現であり、チベットが、「大陸」という言葉から想起される場所のどこか一部に属するという漠然とした連想から、それが阿嘉呼図克図来日報道においても、チベットにあてはめられたにすぎないと思われる。日本と同じであると強調される、その主体がどこなのか不明瞭であることも、この固定的な表現がいわば慣性的に使用されたからであると言える。チベットがどんな場所であるのか、中国や満州、モンゴルなどとどのように違うのか、ということについての顧慮の欠如は、この時点で、このような顧慮がほとんど意味をもたなかったということをも示唆していると言えるだろう。

日本が持つ、と盛んに強調されるこの有利な条件は、阿嘉呼図克図来日報道では、特にロシアとの比較において提示される。例えば『東京朝日新聞』一九〇一年七月二四日付「喇嘛貫主に関する談話」は、ロシアと日本に対する阿嘉呼図克図の態度の違いを示すものとして、北京籠城中の挿話を紹介する[*17]。北京籠城中、ロシア人の一部が雍和宮に避難してきたが、その中に女性も混じっていた。「元来喇嘛の教則として婦人ハ大の禁物である」にもかかわらず、ロシア人が婦人を寺院内に入れたため、阿嘉呼図克図は「我清浄なる霊場を穢されたと深く恨を含み夫れより露西亜嫌となつた」。このように「日本贔屓」、「露西亜嫌」(「喇嘛貫主に関する談話」『東京朝日新聞』一九〇一年七月二四日付)などと、露骨に日本とロシアを対比して見せる挿話が、紹介すべきものとして選択されたことは、日本をロシアより優位に位置づけようとする認識があったことを意味しているのは勿論である。そして同時に、ロシアの姿を通じて漸く、日本人の視界にチベットが入り得ていたということをも示していると言えるだろう。

三　チベット事情紹介記事に見るチベット観

チベット関連情報として各紙においてまず伝えられているのは、入蔵に挑む日本人、特に東本願寺から派遣されて、中国側からチベット入りを目指していた能海寛の消息である。当時のチベットは、外国人の自国内への立ち入りを厳重に禁じており、チベット内地、特にラサを目指した欧米の探検隊が、チベット人兵士の武力や現地住民の抵抗に進入を阻まれていた。このような、チベットに挑む日本人に関する記事で紹介される事柄は、チベット人の排他的な性質と、行く手を遮る高原や大河などの地理的障害の二つである[*18]。この二つの事柄が詳しく紹介されたことはすなわち、チベットがいかに厳しく閉ざされた外部の人間が入りにくい国であるのかが記述されていくことでもあった。例えば『時事新報』で、阿嘉呼図克図来日を機としたチベット事情を紹介するにあたって、チベットの「鎖国」がテーマに選ばれている（「西蔵鎖国の理由」一九〇一年七月二九日付）ことは、チベットが語られる場合に、「鎖国」が最も重要なチベットの特徴だと捉えられていたことを意味する[19]。

従って、チベットに挑む日本人に関する報道では、入蔵の困難さに絡めて、閉ざされていて入りにくい国チベット、という角度からチベット事情が語られたと言える。例えば前述の『読売新聞』「西蔵雑談」（一九〇一年七月二一、二二日付）では、チベット人は「例の通り、外来の人間ハ悉く鬼か蛇のやうに思つて居る」人々で、能海が寺本婉雅とともにチベット領域内のパタンに日本人として初めて到達した時の道中は、道中険しい山や急流を越えて行かねばならない上に、強盗が多く、所によっては一部落が悉く山賊であったなどと伝えている（七月二二日付）。『東京朝日新聞』一九〇一年七月一一日付の社説「喇嘛僧来る」も同様に、チベット人の排他的な態度について、その徹底ぶりを北京雍和宮を例にひいて記述し、遠く離れたチベット本土ならまだしも、清の首都北京にある雍和宮においてさえ、チベット人は外国人をまるで仇敵のように見ていた、としている[20]。

このように繰り返し伝えられるチベット人の排他的な態度について、上述の『読売新聞』「西蔵雑談」は、これも国を守るための致し方ない経緯を持つものであり、決して理由もなく外国人を敵視しているのではないと説明している[21]。しかし、ここで重点をおいて述べられているのは、チベットの鎖国の由来や理由ではない。記述の重点は、チベットに挑む日本人が現在生命を賭して突破しようとしているのが、まさに「国内に這入つた外人ハ一人も生け［ママ］て返さぬ」（七月二二日付）というチベット人の徹底した警戒、すなわち、閉ざされた国チベットであることにあった、と言える。

更に、最も詳しく報道された事柄の一つである阿嘉呼図克図個人についての情報を通じて、チベットが「文明」の光届かぬ「辺陬の未開国」（「西蔵事情」『大阪朝日新聞』一九〇一年七月一〇日付）、「蛮邦」（「露国西蔵問題を提議す」『東京朝日新聞』一九〇一年七月一七日付）であることが強調された。各記事に共通するのは、阿嘉呼図克図に関して、その地位の高さを繰り返しつつ、同時に彼がいかに無知な人間であるかを記述する態度である。例えば、『東京朝日新聞』一九〇一年七月二三日付「喇嘛貫主」では、阿嘉呼図克図の地位の高さが強調される一方で、仏教以外の事柄に、彼がいかに無知であるかが紹介されている。この記事では、阿嘉呼図克図は「清国以外に文明の邦あるを知らず海外の事ハ茫として関するところなかりし」ほどの世間知らずであって、来日を決心したものの、日本がどこにあるのかも知らなかった、とされている。いかに尊貴な高僧であっても、日本人という「文明国民」(「文明東漸の実例（喇嘛貫主と舞踏会）」『東京朝日新聞』一九〇一年七月二五日付）の目で見てみれば、彼の知る世界が狭いものであり、そして彼が欧米や日本などの「文明」について無知であるのが、たちまちにして暴露されてしまうことを示唆する記述となっている[*22]。つまりこの記事には、「文明国民」(前掲「文明東漸の実例（喇嘛貫主と舞踏会）」）である日本人の遙か下方に阿嘉呼図克図が位置づけられ、更にその下に阿嘉呼図克図を崇めるチベット人モンゴル人たちが置かれる、という図式が暗示されているのである。

この図式が更に露骨に提示されているのが、『東京朝日新聞』一九〇一年七月二五日付「文明東漸の実例（喇嘛貫主と舞踏会）」である。この記事では、午前中の阿嘉呼図克図へのインタビューと、午後行われた横浜に停泊中の米軍旗艦ニューヨーク号甲板での舞踏会が対比され、この二つが「二個の極端なる代表者」と表現された。この記事において、ペリー提督の孫であるロジャース少将は、「二十世紀の文明を代表するもの」であるとされる。それに対し、清以外の国を知らず、チベット仏教の他に宗教があるのも知らず、雍和宮の奥深くで側近に傅かれ、余人との接触を持たない阿嘉呼図克図は、その「二十世紀の文明」に「相反せる」存在、すなわち、「世界の秘密庫たる西蔵を代表するに適当のもの」であるとされた。この記述は、当時の日本人のチベットに対する見方、つまり、チベットを、「文明」を拒み国を閉ざして無知蒙昧な状態に安住している地域とする見方を端的に表している。

このように単純な図式で決めつけてみせる表現がなされた背後には、義和団事件後における、大陸への日本の視線のありようが読みとれる。義和団事件において、日本という国家が「始めて列国と対等の立場を獲得し世界の舞台に登場するに至り愈々極東の憲兵としての実力を買われ」（外務省編『小村外交史』一九六六年、一九六頁）たことは、すなわち、日本人が、列国の一員、つまり「文明」国の一員としての日本を強く実感する契機であったと言える。日本が輝かしい「文明」の側にあるのに対し、義和団事件の際、暴徒の蹂躙から日本人によってあやうく救われた阿嘉呼図克図の寺雍和宮をはじめ、チベットまで含めて、阿嘉呼図克図が代表する諸々のものは、「文明」に救われるべきものとして、まさしく「未開」側に包括されるべきものであると捉えられても、不自然とは言えない。

この「辺陬の未開国」（「西蔵事情」『大阪朝日新聞』一九〇一年七月一〇日付）チベットを、実質的に支配しているチベット仏教の、具体的な内容として報道の中で紹介されているのは、ラマという語の語義、チベット仏教史を中心とする現在までの歴史的経緯、強大なその勢力、活仏転生制度、日本の密教もしくは真言宗に類似した教義、最高権力者ダライラマなどである。

チベット仏教の教義を密教あるいは真言宗に類似したものとする記述の例の一つは、「喇嘛教ハ西蔵に起れる仏教の一派にして密教の変化を経たるもの即ち我真言宗に類す」という「喇嘛教貫主」（『東京朝日新聞』一九〇一年七月一四日付）である。また、チベット仏画を見た感想として、「その書様は此方の密教の仏画にそのまゝで宗旨の大要も推し測らるゝ」（「喇嘛僧談」『大阪朝日新聞』一九〇一年七月二三日付）などという記述も見られる。このような記述は新聞紙上だけではなく、真言宗系の仏教雑誌である『伝燈』社説においても、「世人よりして殆ど兄弟教とまで評せられつゝある」ことが伝えられると同時に、真言宗が積極的にチベット仏教と、「兄弟教の契りを結び得べき」であると論じられている（第二四三号、二～三頁）。「密教」についての知識を持つ真言宗の人々の記述にも、そうではない新聞の記述にも、共通して上記のような捉え方が見られることには、いかに広くこのような捉え方が共有されていたか、その一端を見ることができよう。

チベット仏教について主題とされるものは、例えば以下のようなものである。『読売新聞』の特集記事「喇嘛教」（一九〇一年七月二三日、八月四日、一六日、一七日付）は連載冒頭で、「又新に阿呍婆羅摩なるものが起り、一夫多妻主義のモルモン教も来るとかいひ、夫れにまた今度喇嘛僧までもやつて来た、此の勢で行くと、マホメツト教やゾロアスター教の入つて来るのも余り遠くハあるまい」と述べる。ここに見られるのは、チベット仏教を、人間をとりこにする強い力を具えた、得体の知れない宗教の範疇に含める態度である[*23]。

更に『読売新聞』では、一九〇一年八月一日付「阿嘉貫主と藤波一如氏」において、前述の特集記事「喇嘛教」の筆者でもあった寄稿者藤波一如の、阿嘉呼図克図へのインタビューの様子が報じられている。会見中、藤波がチベット仏教に伝えられている伝承の一つについて、その矛盾を指摘し、阿嘉呼図克図に説明を求めた[*24]。しかし阿嘉呼図克図はそれにはっきりした解答を与えず、藤波の指摘について「貴下の言深く教理の正を得たり」としつつ、その伝承が「我々の固く信じて疑はざる所」であると言ったのみであったと報じられている。ここでは阿嘉呼図克図は、非を認めつつもそれを正さず、間違った認識を間違ったまま固持しているように描かれている。ここには、チベット仏教を矛盾と混乱をはらむ没論理的な宗教、つまり「迷信教」(「喇嘛教」『読売新聞』一九〇一年八月一七日付)であるとする捉え方の一端がうかがえる。この記事は最後に、日本の専門家や研究者の間に、チベット仏教が学術研究の対象としてとるにたりないものであるという見方が存在することを指摘し[*25]、かつ、チベット仏教の教義が迷信であることはこの際問題ではないことを明言した上で、対ロシア、対清政策は、この宗教の教勢への十分な顧慮なしではその効果を望めないのであるから、チベット仏教を研究する必要がある、と結論する。この記述からは、チベット仏教を、無知蒙昧な民衆に大きな支配力を及ぼしている迷信、とする捉え方がはっきりと見て取れよう。

四　阿嘉呼図克図来日報道が果たした役割

阿嘉呼図克図の日本に対する好感と、それとは対照的な、ロシアに対する否定的な感情を紹介した挿話(「喇嘛貫主に関する談話」『東京朝日新聞』一九〇一年七月二四日付)に典型的に示されているように、社説をはじめとして報道全般に、日本とロシアという対立が強く示されている。チベット情勢についての報道には、義和団事件後であり北京議定書の調印直前であるこの時期の、ロシアへの関心のありようが端的に現れていると言える。チベットは、日本にとってチベットとの直接の関係ではなく、日本とロシアとの関係、しかも満州をめぐる状況という二重に限られた文脈でのみ語られている。チベットについては一貫して、直接関係はないが、日本が注目する満州に、間接的に利害をもたらす可能性のある地域、という捉え方がされ、更にイギリス、ロシア、清の三国の思惑に翻弄されるチベットの姿が伝えられている。

能海寛ら入蔵を志す日本人についての記事では、険しい山々に十重二十重に囲まれたチベット、入ろうとする外国人をあくまで拒絶し、入った外国人は残らず殺害されてしまう、閉ざされた国チベットが描かれている。またチベット仏教についての記事では、活仏転生制度などの不可思議な教義を持ち、チベット、モンゴル、清その他に強大な勢力を誇っていることが、その特徴としてまず説明されている。しかしその位置づけはあくまでも迷信であり、それを立証する有力な事実として阿嘉呼図克図の「文明」に対する無知が描かれた。阿嘉呼図克図がした話を「トンチンカン極る」(「火坑漫話」『大阪朝日新聞』一九〇一年七月二三日付)などと評する記述は、チベット仏教が、「文明国民」(前掲「文明東漸の実例(喇嘛貫主と舞踏会)」)である日本人の眼に、荒唐無稽な単なる迷信にしか映らなかったことを示したものであり、この迷信をあがめるチベット人もやはり、無知蒙昧な「未開」の民であろうことを、読者に示唆した結果となったことは否定できない。

報道全般にわたってチベットを「世界の秘密国」(「西蔵雑談」『東京日日新聞』一九〇一年七月二三日付)などと表現する記述が頻繁に見られる。なお、新聞紙上において、チベットを「秘密国」とする表現が使用されたのは、各紙のチベット関連記事を検索した限りでは、この時がほぼ初めてであったと考えられる[26]。これらの記事では、チベット内部の事情が全く不明であるということが無条件に前提とされ、それゆえに「秘密」と形容された。チベットはその未知の領域の内側で、外部のことなどに全く関知しない「未開」の人々が、「文明国民」(前掲「文明東漸の実例(喇嘛貫主と舞踏会)」)からは想像もつかない不可思議な風俗習慣とともに生きている国、として描かれた。阿嘉呼図克図を外部の事情に全く無知な人間と決めつけ、その上で「世界の秘密庫たる西蔵を代表するに適当のものなるべく」とした前掲『東京朝日新聞』の記事は、チベットを以上のように捉えた典型であると思われる。

　これらの記事において浮き彫りにされた阿嘉呼図克図来日の全体像は、以下のようなものであったと言える。すなわち、強国ロシアも押さえきれない勢力をもつチベット仏教の、清の皇帝も尊崇おくあたわざる不死の仏の化身、その身に神秘と高貴を具える人物が、日本人の美しい行動に感銘を受け、感謝を表明するためわざわざ来日した。しかしそれだけ高い地位にある人物ですら、「未開」の迷信と蒙昧を免れてはいなかった、というものである。阿嘉呼図克図の来日が実際にこのようなものであったかどうかは、疑問とされなければならないだろう。実際に、阿嘉呼図克図の身分やチベット仏教の教義、ダライラマなどについて、事実と異なる報道がされていると言わざるを得ないこと*27からも、新聞の記述には疑問の余地多しとしなければならない。しかし、新聞報道によって前述のような筋書きが提示され、印象づけられることで、チベット人全般について、その無知と蒙昧を、読者に想像せしめ、予期させる結果となったと考えられる。

　阿嘉呼図克図一行の来日は、世上の大きな関心を持って迎えられた。新聞紙上には「喇嘛僧の渡来は頗ぶる世間の関心を動かした」（「喇嘛僧談」『大阪朝日新聞』一九〇一年七月二三日付）などとあり、特に仏教関係者の歓迎ぶりは「狂熱」（「仏教徒に望む」『万朝報』一九〇一年七月三一日付）と表現されるほどであった*28。その様子を『伝燈』二四三号（一九〇一年八月一三日付）「人心之反響」は、「西蔵熱」と形容している（二八頁）。阿嘉呼図克図の来日は、明治以降の日本において、チベット研究者以外の一般の日本人をまきこむものとしては最初のチベット・ブームを引き起こしたと言えるだろう。

　阿嘉呼図克図そしてチベットに注目が集まる中でなされた報道は、一般の日本人に、チベットについてのまとまった情報が提供される契機となった。事実、「喇嘛教貫主大隈伯を訪ふ」（『時事新報』一九〇一年七月二六日付）には、「兎に角今回の渡来は従来世人に知られざりし西蔵の内容を開きたる初舞台ともいふべきなれば」とある。

この文からも、この時世に出たチベット情報が、一般の日本人にとって、最初のチベット事情紹介と受け止められていたことがわかる。結果としてこのチベット紹介によって初めて、「小国」、「閉ざされた国」、「無知蒙昧な未開人の住む国」、「謎に包まれた秘密国」というように、大まかながらチベット・イメージが特徴づけられることとなったと言える。これらの大まかなイメージは二年後、河口慧海のチベット旅行に関する一連の報道、旅行記『西蔵旅行記』等によって、より詳細に肉付けされ、「秘密国」チベットの秘密が何であるかが提示されることとなるのである。

第二節　河口慧海口述チベット旅行記事と『西藏旅行記』

一九〇三（明治三六）年五月二〇日、多くの欧米人の探検家がたびたび挑戦しては失敗に終わっているチベットの首都ラサへの潜入成功という輝かしい名誉とともに、河口慧海が神戸に帰着した。チベット旅行について彼が語ったことは、新聞記事や旅行記となった。特に旅行記は、日本において現代にいたるまで繰り返し出版されることとなったばかりでなく、英文にも翻訳され、海外でも関心を集めた。本書では以後、これらを一括して「河口旅行談」と呼ぶこととする。

河口旅行談に注目すべき理由はいくつかあるが、まず、新聞連載や旅行記出版が行われた一九〇三～〇四（明治三六～三七）年から現代に至るまで、日本国内でのチベット・イメージ形成において絶大な影響力を持ったと推測されることがあげられる。新聞連載や旅行記出版当時だけに限らず、現代においても河口のチベット旅行記が繰り返し読まれ、河口の足跡を辿ろうとする根深誠のような人物が現れていることに、河口旅行談の影響の大きさがうかがわれる[*29]。また、明治から昭和までの日本人入蔵者の事績を詳細に調査したジャーナリスト江本嘉伸が、河口の『西藏旅行記』以降の入蔵者の歴史を俯瞰し、「内容がおもしろかったために、この本が出たあとは、チベットに関しては河口慧海という名しか日本人は覚えなかったということではないでしょうか。ほかの人たちのことは黙殺した、といってもいい」（根深誠『遥かなるチベット』、一九九四年、三〇〇頁）と述べていることには、新聞連載や旅行記出版以降現代に至るまでの、河口旅行談の突出した影響力が見て取れる。

新聞記者という別人の筆になる、新聞記事という形がとられた時点で、河口が提供した情報、河口が意図した内容とは異なるものとなった可能性も否定できない。事実、二紙の連載が開始される直前に、河口は、「今迄話した所の事を新聞記者の方々は何ういふ都合に聞かれたものか随分間違つたことを社会に紹介して呉れて居るので私は大に迷惑を感じて居る」(「大秘密国の探険西蔵経歴談」(二)『大阪毎日新聞』一九〇三年五月三一日付)と述べている。しかし、河口の意図するもの、提供した情報そのものが、どのようなものであったかにかかわりなく、この時、大量のチベット情報が彼の名に関連づけられて世に出されたことは事実である。

河口慧海の事績、思想、探検の経緯等は詳細に調査研究されているが、河口旅行談の内容そのものによって、どのようなチベット・イメージが形成されそれがどのような影響力を持ったかについては、検討が不十分であると言える[*30]。本節では日本人最初のチベット旅行記となった『西蔵旅行記』の他に、河口の旅行の内容を報じた新聞・雑誌記事までを含め、日本人のチベット・イメージの形成の重要な一過程として河口旅行談を位置づけ、その果たした役割を探る。

一　河口慧海とチベット

まずここで、河口慧海の履歴を一瞥しておきたい[*31]。河口慧海は一八六六(元治三)年、大阪府堺市に、桶樽製造業を営む家の長男として生まれた。二三歳で上京、東京本所の五百羅漢寺内に寄宿し、哲学館(現東洋大学)に入学した。二五歳で得度し、同寺の住職を継いだが、寺での雑務に追われて修業ができないことを理由に、一年足らずで辞職した。僧籍も返上し、黄檗山別峯院にこもり一切蔵経を読み続ける。この間、本山管長の人事問題にかかわり、僧籍返上と復籍を繰り返した。

一切蔵経を読むうちに経典の異同について疑問を持ちはじめ、原典を確かめる必要性を感じて、慧海はチベット行きを考えるようになる。一八九四(明治二七)年上京し、釈雲照に戒律真言を、次いで「先ず印度を知る必要」（河口慧海『西蔵旅行記』上巻、五頁、以下巻名と頁数のみ示す）から、スリランカ留学から帰国したばかりの釈興然にパーリ語と上座部仏教を学ぶ。しかし上座部仏教の戒律捧持をせまる師に、自身の目指す仏教と異なるとして従わず、結局教授を断られてしまった。

そして、「到底日本に居ツた所か西蔵の事情は能く分らぬからボツボツ印度の方へ出掛けて行くことにするが宜からうと云ふ考へで」（上巻、七頁）、知友に別れをつげ、その年（一八九七年）のうちに神戸を出帆した。慧海の出発時、このチベット行きを馬鹿げたこととする声も喧しかった一方で、慧海に餞別として禁酒、禁煙、不殺生等を誓った人、少なからぬ渡航資金を提供した人等、彼を積極的に支えた有志もいた。慧海は後に、特に禁酒等の誓いの餞別について、「私がヒマラヤ山中及び西蔵高原に於て屡々死ぬやうな困難を救うた所の最大原因となツたのではあるまいか」（上巻、一〇頁）と感謝している。

カルカッタに上陸したのち、ダージリンへ向かい、英領インド政庁のパンディットとしてチベットに潜入した経験を持つチベット学者、サラットチャンドラ・ダースを訪ね、彼の助力を得てダージリンで約一年半、チベット語の修得に励んだ。このダースは河口の入蔵に協力を惜しまず、河口との親交は後々まで続くこととなった。

一八九九（明治三二）年一月五日ダージリンを発し、中国人僧侶に偽装して同年五月二二日、ネパール経由でヒマラヤ山麓の小村ツァーランに到着、ここで最終的な入蔵の準備を整えた後、一九〇〇（明治三三）年六月ヒマラヤを越えチベットに入った。チベット政府の警戒を突破するため、大きく西へ迂回してカイラス山、マナサロワール湖を回り、一九〇一（明治三四）年三月二一日、ついにラサに到達した。しかし身分を隠しての滞在は危険も多く、一年余りで早々に立ち去らなければならないこととなった。

そしてラサの土を踏んだ最初の日本人として、一九〇三（明治三六）年五月二〇日帰国した。マスコミはこれを大きく報道し、翌年には新聞連載をまとめた形で、日本人初のチベット旅行記『西蔵旅行記』が出版された。しかし、そもそもの目的であったチベット仏典の入手は完遂できずに終わっていたため、慧海は再びの入蔵を決意する。早くも帰国の翌年一九〇四（明治三七）年の一〇月一一日神戸を発し、カルカッタに到着、一九〇五年にはネパールを訪れ国王に漢訳大蔵経を献上、サンスクリット仏典の収集に励んだ。同年一二月にはインドへ戻り、一九一三（大正二）年まで八年間サンスクリット研究を続ける。この間パンチェンラマにインドで対面し、チベットへの招待を取り付けている。一九一三（大正二）年一二月二〇日カルカッタを発ち、一九一四（大正三）年八月七日、二度目のラサへ到着した。この時は前回の入蔵時とは違い、終始日本人としてふるまった。念願のチベット仏典も入手し、半年足らずで滞在を切り上げ、ダース父子を伴って帰国、以後、一時期大正大学のチベット語講師をつとめる（一九二六（大正一五）年四月着任）が、専ら仏教の布教と実践に打ち込み、その傍ら精力的に仏典の研究・翻訳に取り組んだ。一九四〇（昭和一五）年以降は東洋文庫で蔵和辞典編纂に専念、しかし未完のまま一九四五（昭和二〇）年二月二四日、八〇歳で逝去した。

二　『西蔵旅行記』に描かれたチベット

河口が新聞に旅行談を連載し、旅行記を出版した一九〇三（明治三六）年と一九〇四（明治三七）年は、チベットが衝撃的な経験をした年であるとも言える。前節でも述べたように、二〇世紀初頭のチベットは、英国とロシアの角逐の地となっていた。ロシアは、前節で触れたダライラマの側近ドルジェフを介して、チベットの権力中枢への影響力を強めようとしていた。このロシアの動きを注視していた英国は、チベットとの直接交渉の進捗状況に強い不安を抱き、貿易交渉の開始と国交問題の解決を目指すという名目のもと、ついに、フランシス・ヤングハズバンド大佐に武装使節団をつけチベットに進撃させることとなった。一九〇三（明治三六）年七月、主要な城塞の一つであるカンパゾンに接近した英軍は、一九〇四（明治三七）年四月一一日には、チベット第三の都市ギャンツェに到着した。着々とチベットの中枢部に迫ってくる英軍を避けるため、七月三〇日にダライラマが内モンゴルへ向けてラサを脱出、それと入れ替わるように八月三日英軍がラサ郊外に達した。九月七日にポタラ宮殿においてて英国とチベットとの間にラサ条約が調印され、九月二三日には、英軍はラサを引き上げ、インドへ向かった。英軍の一部はギャンツェに駐留し、シガツェのパンチェンラマと、「一七七四年のジョージ・ボーグルを彷彿させる友好関係を樹立することに成功した」（シャカッパ『チベット政治史』三浦順子訳、一九九二年、二七一頁）*32。

チベットをめぐる以上のような状況は、海外ニュースとして日本の新聞にも頻繁に登場した。チベットに関するニュースの量としても、この一九〇三（明治三六）年と一九〇四（明治三七）年は、『読売新聞』ＣＤ-ＲＯＭ版で見る限り、一八七四（明治七）年から一九四五（昭和二〇）年までの期間において、突出した増加を見せた時期のひとつである。まさにこの時期に、河口のチベット旅行記事は連載され、旅行記として出版されたのである。

慧海の帰国は当初からマスコミの取材攻勢の的となった。帰国から『時事新報』、『大阪毎日新聞』の新聞長期連載に至るまでの経緯は、高山龍三『河口慧海』（一九九九年）に詳しい（八八〜九七頁）ので、ここでは省略する。本節で確認しておかなければならないのは、旅行談の掲載が帰国直後から始まり、一九〇三年一一月までの半年あまりの間に八紙一二本に及ぶこと、一九〇三（明治三六）年五月二〇日神戸に着いて、早くも三一日には上記二社の連載が始まっていること、記者各社三人に加え速記者一人、画家一人が慧海の口述を記録したものに基づいて、『時事新報』では「世界の秘密国」と題し一九〇三年五月三一日〜一〇月一五日、計一三八回（但しこれに続けてチベット入国に至るまでの旅程を語った「比馬拉亜の山籠」が一〇月一六日から一一月一日まで計一七回連載されている）、『大阪毎日新聞』では「大秘密国の探険西蔵経歴談」として一九〇三年五月三一日〜一〇月一六日、計一三九回連載されたことである（高山前掲書、九六〜九七頁）。

両紙におけるこれらの連載は、外国人のチベット旅行の報告ではなく、はじめて日本人自身の経験談として語られたチベット事情であったこと、そして圧倒的な情報量が世に出たことにおいて、注目に値するものであった。河口旅行談は、前節で検討した一九〇一（明治三四）年の阿嘉呼図克図来日時のチベット紹介記事の約二〇倍の量があった*33。この連載中に、交詢社の朝吹英二、早川千吉郎（三井銀行専務理事）、福沢捨次郎（『時事新報』社長）が慧海にこの旅行談を単行本として出版することを勧め、その結果博文館から初版三〇〇〇部が出版された

（高山前掲書、九九〜一〇〇頁）。新聞連載用の口述の後、慧海は上京し、各地での講演に多忙な身となったと、甥にあたる河口正は書いている（河口正『河口慧海　日本最初のチベット入国者』、一九六一年、一三四〜一三五頁）。

『西蔵旅行記』を二紙の連載と比較してみると、本文は主に『時事新報』の記事からまとめられ、挿絵はより簡潔な印象を与える『時事新報』の挿絵から採用されているか、もしくはそれに画風を合わせた新しいものが挿入されているかしているのがわかる。挿絵数は大々的に減らされた。一方河口の生き生きとした語り口は失われておらず、紹介される内容にも大筋で変化は見られない。その記述は、入蔵、ラサ滞在、出蔵と、大きく三つに区分される。この区分に従ってそれぞれの概略を以下に示す。

（一）入蔵　一八九七年六月二六日から一九〇一年三月二一日までの三年九か月

漢訳仏典の異同に疑問を感じた慧海は、原典を入手するため、サンスクリット仏典の忠実な翻訳が残されているチベットに赴く決心をする。インド・ダージリンに、英領インド政庁の調査員としてチベットに潜入した経験をもつサラットチャンドラ・ダースを訪ね、彼の助力を得てチベット語の修得をはじめとする準備に励んだ。周囲の目を欺くため度々進路を変えてヒマラヤを越え、チベットの西部に大きく迂回、無人の荒野の単独行に挑んだ。カイラス山、マナサロワール湖に巡礼したのち、ついにチベットの首都ラサに到着する。

（二）ラサ滞在　一九〇一年三月二二日から一九〇二年五月二九日までの一年二か月

慧海はそれまで中国人と名乗っていたのを、更にチベット人と重ねて身分を偽り、ラサ三大寺のひとつセラ寺に入る。漢方の知識を多少持っていたため、周囲のけが人や病人を見かねて治療したことが度々重なり、名医の評判が広がった。その名声はダライラマにも届き、ついに拝謁するに至る。また、「前大蔵大臣」の妻である尼僧を診察したことが縁で、その屋敷に滞在することとなった。しかし中国人とは様子が違う、「日本人」ではないかという噂が広まりはじめる。ここでは、ラサ滞在中の見聞としてチベット事情が紹介される。

（三）出蔵　一九〇二年五月三〇日から一九〇三年五月二〇日までの約一年

チベット人でも、また中国人でもないという慧海の秘密が、徐々に周囲に知られはじめる。死刑を覚悟した慧海は入蔵の志を記したダライラマへの上書を用意した上で、恩を受けた人々に打ち明け、彼に縄をかけて政府に差し出すように勧める。しかし彼らは我が身の危険をも顧みず慧海を助け脱出させる。慧海はチベット人でも一、二週間かかる五重の関所を三日で通過し、無事インドに到着するが、ラサで恩を受けた人々が外国人に協力した廉で獄に下されたと聞き、ネパール国王を通じて助命嘆願をするためにカトマンズへ向かう。カトマンズで所期の目的を達し、その上ネパールにあるサンスクリット仏典と日本の大蔵経の交換の約束まで取り付け、出迎えの人々が待つ中神戸に到着した。

以上のようなあらすじに従って、新聞連載時において「西蔵奇聞」（『大阪毎日新聞』一九〇三年五月二八日付）などと表現された様々な体験が記述されている。その内容から分類すると、以下のようになる。

語られる事柄の第一は、彼の旅がいかに危険なものであったかを伝えるものである。彼のチベット旅行については様々な危険が語られるが、まず最初に登場するのが、彼が身分を隠していることを巡って発生する危険である。チベット国内で自身が外国人であることが露見すれば、「マア殺される丈」（上巻、一八頁）であったため、慧海は中国人もしくはチベット人僧侶を名乗り、場合によって身分を使い分けていた。すでにインドのダージリン滞在中からこの種の危険は彼の身近にあり、「私が西蔵の方向へ向ツて出立すれば必ず跡を跟けて来て私を殺すか或は西蔵まで一緒に行ツて西蔵政府に告口をすれば賞金を貰ふことが出来ると云ふ考で注意して居る人が随分あツた」（上巻、二九頁）。

このような危険は最後まで、彼の話に緩急を生み出す重要な役割を果たした。例えば、旅行の始まりの段階で特に詳しく語られるのが、ダージリンで慧海が入蔵の準備をする際に、指導を仰いだサラットチャンドラ・ダースが、やはりインド人であることを隠して秘密裏にチベットに入った際の話である。ダース帰国後、彼が英領インド政庁の命によってチベット各地を調査していたことがチベット国内に伝わったために、彼に旅券を発行した役人や彼を泊めた宿の人間など、彼に関わったチベット人たちが捕らえられ処刑された。その中には「当時西蔵第一の高僧」（上巻、二二二頁）、センチェン・ドルジェチャンもあった。センチェン・ドルジェチャンはパンチェンラマの師を務めたほど高位の僧侶であり、徳と学識を兼ね備えた人物として人々に崇められていた。ところが、ダースに仏教の手ほどきをした咎で、センチェン・ドルジェチャンは死刑に処せられることとなった。彼は、嘆き悲しむ人々に見守られながら、川の中に沈められて殺される。死体の手足はバラバラに切り離され、川に流された。この高僧処刑の話が第五回（全六頁）の全部を費やして詳細に記述されていること、また挿絵が挿入されている（上巻、一二五頁）ことに、これが重点をおかれた場面のひとつとされていたことが見て取れる。『西蔵旅行記』に見るこのような記述は、従来日本人のチベット・イメージを構成する重要な側面の一つであった、厳しく閉ざされたチベットというイメージを、より具体的かつ詳細に再現するものであったと言えよう。

次に語られる危険は、険しい山々や厳しい気候などによって招来されるものである。慧海は重い荷物を背負い、たった一人で険しい雪と氷のヒマラヤを越え（上巻、八四〜八九頁）、氷の河を裸で渡り（上巻、一四一〜一四五頁）、猛犬に襲われながら（上巻、一二八頁）、猛獣がうろつき強盗が横行する荒野を踏破する（上巻、一〇八〜一一〇頁、二一八〜二二二頁）。それまでの記述、例えば小栗栖の『喇嘛教沿革』で、「万峰天ヲ刺シ高キハ輙チ冰凌ニシテ窪ハ輙チ燠溽ナリ」（巻一、一七丁）と表現された、チベットを外界から切り離している地理的障害は、河口旅行談において、より立体的に肉付けされていっていると言えよう。

慧海の旅の困難さと危険さの度合いをさらに著しく高めて見せているのが、凶暴なチベット人たちである。その中でも特に生き生きと描かれるのは、チベットの東部、カム地方の巡礼たちであり、チベット国内でも勇猛さで知られるこのカムのチベット人の数人と慧海は旅中道連れになる。慧海はカム地方を「所謂強盗商売の国」（上巻、一一三頁）、カム人を「人を殺すことを大根を切るやうに思うて居る人間」（上巻、一六三頁）と表現し、彼らの剽悍ぶりを次々に記述していく*34。例えば、この巡礼のカム人たちと行を共にするにあたって、彼は最初にカムのことわざ「人殺さねば食を得ず、寺廻らねば罪消えず、人殺しつゝ寺廻りつゝ、人殺しつゝ寺廻りつゝ、進め進め」（上巻、一六〇頁）をまず紹介している。このような俚諺があるぐらいであるから、女性でさえ人を殺すことなど「羊を斬る」（上巻、一六〇頁）ことぐらいにしか思っておらず、従ってテントに泊めてもらうにもこれらの「巡礼の刀の錆」（上巻、一六一頁）となる覚悟が必要である、と彼は述べるのである。また巡礼途中で出会った別のカム人が聖山カイラスを礼拝する様子を見て、そのお祈りの口上を以下のように紹介している。

アヽ、カンリンボ、チェよ、釈迦牟尼仏よ、三世十方の諸仏菩薩よ、私が是迄幾人かの人を殺し、数多の物品を奪ひ、人の女房を盗み、人と喧嘩口論をして人を打撲ツた種種の大罪悪を此坂で確に懺悔しました、だから是れで罪はスツカリ滅くなツたと私は信じます、是れから後私が人を殺し人の物を奪ひ人の女房を取り人を打撲ぐる罪も此坂で確に懺悔致して置きます（上巻、一九八頁）

カム人のこのような気質に触れる記述は更に続き、最後には、慧海が彼らの言うことを聞かなければ、「屠って食い物に」（上巻、二〇五頁）されるところであったことが披露されるに至る。

彼の旅行談中、これら様々な危険と表裏をなすものが、彼が幸運に恵まれる話である。例えば、道に迷った時も、親切な老婆のテントにたどり着き、丁重な待遇を受ける（上巻、九三〜九六頁）。また、雪の反射で目を病み、飢えに苦しみつつ彷徨している時にも、やはり親切な巡礼が偶然通りかかる（上巻、二二六〜二二七頁）。このように『西蔵旅行記』では、危険に遭遇して、慧海自身の力では乗り越えられないと思われる時でも、必ず天恵のごとく彼の助けになるものが出現するのである。

絶体絶命の危機から彼を救うのは、天から与えられる幸運だけではない。彼の人となりもまた、行く先々で人々を魅了し、結果として彼に手をさしのべる人々が次々と現れる原因となった。次に挙げられるのは、このように、慧海が厳しく身を持している仏教者であること、知恵と勇気を兼ね備え、義にあつい日本人であることといった、彼の優れた人徳を示す話である。例えば、彼に食べ物を布施しようとする老婆の申し出を、慧海は、正午以降食べ物を口にしないという非時食戒を理由に断る。老婆はそれを聞いて、「旅の中で非時食戒を守る人は極少ない、そりや貴方結構な事だ」と感嘆する（上巻、九四頁）。前述した乱暴者のカム人たちでさえ、彼の説教を聞いてたちまちのうちに「随喜の涙」（上巻、一六二頁）にむせんだ。別の場所で出会った、活仏と人々にあがめられている僧侶も、彼の説教のあまりのありがたさに感泣する（上巻、一六二頁）。その白眉は、近在のチベット人たちに聖者と崇められているゲロン・リンポチェと呼ばれる高徳の僧侶との、丁々発止の問答であると言えよう（上巻、二三四〜二三六頁）。

ゲロン・リンポチェは、慧海がダースのようにイギリスの意を受けてチベットの内情を探りに来た外国人であるという噂を耳にして、慧海にネパールへ戻るように勧める。このまま進んでは、おまえは死ぬばかりである、と「威し付け」（上巻、二三六頁）る聖者に対し、慧海は、「左様ですか、併し私は死ぬことも知りません、又生れて来ることも知りません、只誠実なる方法を行ふことを知ツて居るだけであります」（上巻、二三六〜二三七頁）と切り返し、聖者を沈黙させる。問答の末、聖者は慧海に対する疑いを捨てたばかりでなく、これからの彼を案じて金銭や食料その他をふんだんに与える。このように、河口旅行談において、彼の仏教者としての徳は、超能力を持つほど高位にある「聖者」とも対等に渡り合うことができるほどのものであり、なおかつ、彼の行動を阻もうとする相手を、彼を積極的に援助・支持する側にとりこんでしまうことができるほど、高いものとして語られているのである。

彼がチベットの人々より秀でている点は、仏教者としての徳だけに限らない。仏教以外の知識においても、チベット人を凌駕するものを持つことが、しばしば示されている。例えばチベット語文法についてチベット人学者と行った対話をめぐる記述に、その典型を見ることができる。彼はラサへ向かう途上で、チベット語の「文法及び修辞上の大学者」（上巻、二九四頁）であると評判の医者を訪ねる。そしてチベット語文法についていくつか質問したが、その医者は「初歩のやさしい事すら能く知らな」（上巻、二九五頁）かった。河口はチベットにおいて、このように、「極く知り易い平凡な事だけ知ツて居るに過ぎない」（上巻、二九五頁）人間が大いなる権威として崇められていることを、「実に鳥なき里の蝙蝠である」（上巻、二九五頁）と形容している。チベット語について、チベット語を習得して数年しか経ていない外国人であるにもかかわらず、それを母語とするチベット人、しかもチベット語を長年研究したチベット人よりも優れた知識をもつものとして、慧海自身は提示される結果となった。

更に、『西蔵旅行記』では、慧海一人だけではなく、日本人全体がそもそも、チベット人よりも優れた能力や知識を持っていることが記述されている。例えば、入蔵途中、山中の市場に立ち寄った時に見かけたチベット人の勘定の方法について河口は、「我々が一時間で出来る勘定を彼等は余程上手な者四人掛りで確に三日も潰さねばならぬといふ如何にも遅鈍な事夥たゞしい」、「数学的観念のない半開人のすることは実に惘れなもので、噴き出すやうな馬鹿な仕方であるです」と述べている（上巻、一七三頁）。また、ラサに向かう途上でキャラバンを共にした僧侶と、チベット語文法についてやりとりする場面では、「科学的に分類をして調べると云ふやうな事は向ふの人には迚も出来ないのですから勿論分る訳はない」（上巻、二五六頁）という感想を洩らしている。以上の記述には、日本人全体を、チベット人のはるか優位におくという、前節で検討した阿嘉呼図克図報道に提示されていた図式と同じものが見て取れるが、このような見方は、当然のことながら、河口のみに限られるものではない。日清戦争において、「東亜的旧文明」（陸奥宗光『蹇蹇録』、一九四一年、三二頁）の代表である清と戦い、それをみごとに破った日本人は、まさしく「西欧的新文明」（同）のアジアにおける第一の担い手であり、従ってみずからを、アジアの他のどの地域の人々よりも、「文明」人として上位におく態度は、この旅行記事連載当時において、日本人の間に広く共有されていたものであったと言える。それゆえに、河口がことさらにチベット人を日本人の下位においたというよりは、いわば日本の「文明」的優越を、常識として他の多くの日本人と同様に持っていた、その自然な結果であったと言うべきであろう。

以上の記述に見られる、厳しい「鎖国」、地理的障害となる高山や吹雪、野蛮で無知なチベット人の外国人への敵意、といったチベット・イメージは、河口旅行談以前にすでに出現していたものである。『西蔵旅行記』は、これらのイメージを、体験談という豊富な実例によって裏付けるものであったといえる。しかし、『西蔵旅行記』には、それまであまり知られていなかった情報も多く登場した。それが新聞連載時に「事実は小説より奇なり」（「予告！河口慧海師口述西蔵経歴談速記」『大阪毎日新聞』一九〇三年五月二八日付）などと表現された、即ち、信じられないが、しかし事実である、という方向で伝えられる話である。これには、チベットの自然をこの世のものとは思えないような美観として描写するものと、同じく新聞連載時に「変幻怪奇を極む」（『大阪毎日新聞』一九〇三年六月四日付)、「奇絶驚絶」(『大阪毎日新聞』一九〇三年五月二八日付)などといった見出しを付されて紹介された、チベット人の奇怪な習俗を紹介するものの二種がある。前者は、例えば聖山カイラスやマナサロワール湖の「霊妙な仙境」(上巻、一六七頁)と表現される景色や、雪景色の中に鶴の群が羽を休める光景(上巻、一五二〜一五三頁)、出蔵の途上におけるヒマラヤ山麓の風景(下巻、三三五〜三三七頁)などであり、いずれも、あくまで善美なるものとして記述されている。

これに対して、これら美しい光景と同様にこの世のものとは思えない、信じられないものとはされてはいるが、善美どころか、グロテスク極まりないものとして描かれるのが後者である。例えば、チベット人が食器を洗わないこと、体を洗う習慣もあまりないことについては、「卑陋至極」(下巻、三〇七頁)な、日本人には想像もつかないほど汚穢をきわめた、「随分嫌な事」(上巻、三〇九頁)として語られている。チベットの首都ラサについても、以下のような記述が見られる。

其溝には拉薩婦人の凡てと旅行人の凡てが大小便を垂れ流すと云ふ始末で其縁には人糞が行列をして居る(中略)ソレで雨でも降ると道のドロドロの上へ人糞が融けて流れるという始末です(中略)私は支那の不潔を屡々耳にしましたけれど恐らく糞の中、糞の田圃を堂々たる都の道路として歩くやうな夫程不潔な処はあるまいだらうと思います(下巻、六七〜六八頁)

ここには、このような習慣についての、慧海の不快感が明示されている。しかし、これは、当時のみならず、現代においても、日本人であれば、その大部分が持つと思われる感想であると言えるだろう。

更に多く紹介されるのは、「西蔵人は殺生することが非常に嗜ですから」(下巻、三〇三頁)という前提のもとに始まる、彼が「残酷」と表現する血なまぐさい習俗の数々である。例えばチベット人の主要な家畜であるヤクを食用に屠殺する現場を目撃して、慧海は涙する。しかしこの、首を切り落とされようとしているヤクを前に、いたたまれなくなって慧海が逃げ出した話に続けて語られるのは、そのヤクの首切りの際に出る大量の血を使って、チベット人が「血の羊羹」(下巻、二七一頁)を食用に作る、という伝聞情報である。ここでは、屠殺されるヤクの哀れさに涙する日本人慧海と、その血を食用にするチベット人の姿が対照的に示されている。

このような血なまぐさいエピソードの最たるものは、鳥葬の習慣に関するものだと思われる。『西蔵旅行記』には、チベットでは火葬は社会的地位の非常に高い人物が死んだ時にのみ行われ、土葬は天然痘で死亡した場合に限られること、水葬は大河の沿岸で行われるが、死体をそのまま流さず、首や手足をバラバラに切り離してから流す習慣であることが記述されている（下巻、四九頁）。河口が実際に目撃したのは、チベットで最も広く行われている鳥葬で、彼は、死んだ僧侶が山の中の大きな平たい岩に運ばれ、そこで死体が切り刻まれて禿鷲に食べ尽くされるまでを詳細に紹介した。彼はこれを「死骸の料理」（下巻、五〇頁）と呼んで以下のように描写している。

大きな石を持ツて来てドシドシと非常な力を入れて其骨を叩き砕くです、其砕かれる場所も極ツて居る、巖の上に穴が十許りあツて、其の穴の中へ大勢の人が骨も脳蓋骨も脳味噌も一緒に細く叩き砕いた其上へ麦焦しの粉を少し入れてゴタ混ぜにした所の団子のやうな物を拵へて鳥に遣ると鳥は旨がツて喰ツて了って残るのは只髪の毛だけです（下巻、五〇頁）

これだけでも日本人にとっては十分に衝撃的な内容であるが、慧海の記述はさらに続く。死体を切り刻み骨を砕く作業は時間がかかるので、作業をするチベット人たちは合間合間をみて、お茶をのみ彼らの主食である麦焦がしの粉を食べることとなる。

所が先生等の手には死骸の肉や骨砕や脳味噌抔が沢山附て居るけれども一向平気なもので「サアお茶を喫れ、麦焦しを喫れ」と云ふ時分には其御坊なり手伝たる僧侶なりが手を洗ひもせず只パチパチと手を拍ツて払ツたきりで茶を喫むです、其脳味噌や肉の端切の附て居る汚ない手でヂキに麦焦しの粉を引ツ掴んで自分の椀の中に入れて其手で捏ねるです（下巻、五一頁）

見ている慧海は「余り遣方が残酷でもあり」（下巻、五一頁）、たまりかねて、手を洗ったらどうかと口を出したが、チベット人たちは、「実は是が旨いのだ、汚ないなンて嫌はずに斯うして食ツて遣れば仏も大いに悦ぶのだ」（下巻、五一頁）と言って取り合わなかった。慧海は、チベット人は全く「食人肉人種の子孫」（下巻、五一頁）であると自分の感想を述べて、この段を締めくくる。

チベットにおいて河口が目撃した、これら「残酷」（下巻、四五頁）な習慣の数々は、彼の中ではチベットの野蛮さへと直結されているように見受けられる。例えば、彼が、チベットの刑罰を「残酷」と非難し、「実に野蛮の遺方である」と言い切っている（下巻、四五頁）ことからも、それはうかがうことができる。しかし、河口のこのような記述は、彼自身がこのような習慣に馴染みのない明治の日本人であり、かつ、殺生を忌む仏教僧であることを考えれば、やはり、至極当然の感想であったと言える。

以上の記述は、所々に挿入された挿絵によって、より鮮明に読者の前に提示された。これらの挿絵は、記述された場面場面が、筆者とは別の人間によって劇的かつ端的にもう一度解釈し直されたものであり、ここに慧海の口述がどのように受容されたかの一端を見ることができる。新聞連載と『西蔵旅行記』の最も大きな相違とも言えるのも、この挿絵に関するものであって、挿入された枚数や絵の内容などが前述したように、『時事新報』、『大阪毎日新聞』両紙の連載と『西蔵旅行記』では異なっている[35]。

新聞連載では、挿絵は、記事欄のほぼ中央に、六段組のうち二段を占める大きさで添えられており、まず紙面の中のそこへ読者の目を引きつけ、読者の興味を増幅する役目を果たしたと思われる。また『時事新報』の挿絵に比べ、『大阪毎日新聞』のそれは、より思い切った刺激的な表現となっている。例えば慧海が犬にかまれる挿話では、『時事新報』の挿絵がその直前の場面、荒野で通りがかりのチベット人を呼び止めている慧海を描いたものであるのに対して、『大阪毎日新聞』は、オオカミのようなチベット犬に取り囲まれ、まさに脚に牙を立てられた瞬間の、激痛にのけぞる慧海が描かれたものを載せている。また鳥葬を紹介する回では、『時事新報』では、解体担当の僧侶が大きな刃物を持って、横たわる死人を見つめる場面が挿絵にされているが、『大阪毎日新聞』では、鳥が乱舞する中、僧侶たちがすでに半ば骸骨となった死体から腸などの内臓をつかみだしている場面が挿絵となっている。

『西蔵旅行記』では、前述したように、挿絵は『時事新報』から採るか、もしくは『時事新報』の挿絵に画風を合わせて描かれたと思われる新しいものを挿入するかされた。枚数も新聞連載時より減少しているが、それだけに、挿絵を添付する場面が吟味されたとも言える。では、どのような場面が、挿絵に適切な、絵になる光景として選ばれたのだろうか。

例えば、旅の危険についての挿話のうち、氷の河を裸で渡る場面は、以下のように記述され、挿絵が添付されている。慧海はまず連れていた羊二頭を先に渡し、それから頭の上に荷物を載せてまだ川岸に氷が残る河を慎重に渡っていった。しかし彼は足を滑らせてしまう。

不意に辷り転けた。スルと頭の上にあツた荷物が横になツて片手で上げにやアならんやうになツた、モウ杖は間に合はぬやうになつてズンズン流された（中略）コリヤ此河で死んで了ふのか、ドウせ喰物がなくなツて死なねばならんのなら寧そ水で死ぬ方が楽かも知れんと云ふ考へを起し（上巻、一四二～一四三頁）

慧海は二町（約二二〇メートル）ほど流されたところで、漸く河岸にはい上がったが、寒さと激しい疲労で動けなくなった。何とか羊のいる所までたどり着いたが力つき、そこで夜を明かすこととなる。渡河に関するこの一連の記述の中で、挿絵として再生される場面として選択されているのは、河で慧海が足を滑らせたその瞬間である。挿絵には、雪山、そこから流れ下ってくる激流、それに飲み込まれようとしている慧海、慧海が片手で必死に支える大きな荷物、そして遠景に慧海が連れている羊二匹が描き込まれている。

更に、チベット人の獰猛さについて語る箇所でも、例えば以下のような場面に挿絵が付せられている。慧海の道連れとなっていたカム人たちの中に、若い娘がいて、その娘が彼に懸想した。慧海は彼女の誘いを断固としてはねつけていたが、その様子を見て、娘の叔父にあたるカム人が、「此奴め男の端に喰付いていろいろな事を云ツてやがる」などと彼女を罵った。すると娘の父が出てきて、「貴様の娘ぢやなし貴様に麦焦しの粉一ぱい喰はして貰うと云ふ訳ぢやアなし」と食ってかかり、大喧嘩が始まった。

兄弟喧嘩が段々盛んになツて（中略）、仕舞には弟が非常に怒つて兄を打撲る大きな石を投付けると云ふ始末、私も見て居られんから飛んで出て弟を押へやうとすると私の横面をば非常な拳骨で打撲ツた、其痛さ加減と云ふものは実に全身に浸み渡ツたですサウすると娘が泣き出す、女房が泣き出す、一人の男がそれを押へると云ふ始末で実に落花狼藉と云ふ有様に立至ツた（上巻、二〇七～二〇八頁）

ここでも、挿絵として再生される場面に選ばれているのは、慧海が喧嘩の中に割って入りまさに拳固を食らおうとする瞬間である。挿絵には、慧海、彼に飛びかかっているチベット人、その喧嘩相手、そして喧嘩をおさえようとする別のチベット人、喧嘩の巻き添えをくっている「女房」とおぼしきチベット人女性、傍らで顔を覆って泣いている娘、というように、登場人物たちがテントのそばで大騒ぎをしている様子が描かれている。

慧海の徳を語る箇所にも、挿絵は付せられている。例えば、慧海のラサ脱出時の挿話がそれに相当する。いよいよ身分露見の危険が迫った時、慧海は恩人である「前大蔵大臣」夫妻にすべてをうち明ける決心をして彼らを訪ねた。そこで日本政府発行の「外国旅行券」（下巻、二七六頁）を示し、自分が日本人であることを告白した。そして自分に縄をかけてチベット政府に引き渡すよう彼らに勧めた。繰り返すが、当時のチベットで、外国人と近い関係にあったとなれば、彼らも無事ではすまないからである。「前大蔵大臣」は、そんなことをすれば慧海は殺されてしまう、と強く反対した。

時に大臣は辞色を正しうしてサウ云ふ立派な志のある方を殺して老先き短き我我が災難を免れたとて何の役に立たうか（中略）殊に私は貴方が国事探偵でもなければ又我国の仏教を盗む為めに来られた外道の人でもない事は是れまで種々の方面から観察して確に知ツて居ります、仮令此老僧が殺されても真実に仏教修行に来られた方を苦めて自分の難儀を免れることは私には迚も出来ない（下巻、二七九頁）

彼らは慧海に、自分たちのことは心配せず、即刻ラサを脱出するように、「涙ながらに」（下巻、二八〇頁）勧めた。この一連の記述の中で挿絵にされたのは、慧海と「前大蔵大臣」の、義気と思いやりに満ちた応答が交わされる場面である。絵の中には「前大蔵大臣」邸内とおぼしき豪華な調度の室内に、それぞれ茶器を前に座った、人品卑しからぬ「前大蔵大臣」と尼僧、それに慧海の三人が、悲しみと衝撃に耐えつつ、静かに対座している様子が描かれている。これらの挿絵は河口の「口述」という記事のスタイル、すなわち、これについては後述するが、しばしば「講談」に擬せられた文章[*36]とも相俟って、読者をより円滑に物語の中に引き込む効果をもったと思われる。

『西蔵旅行記』の記述を通じて描き出されたのは、「坐ろに西遊記を読むの感あり」（『時事新報』一九〇三年五月二八日付）などと表現される、日本人が機転と勇気と知恵と精神力で困難を切り抜け、欧米人にひけをとらない快挙を成し遂げていくさまであった。連載の予告記事などの宣伝文には、チベットが「世界の大秘密」（『時事新報』一九〇三年五月二八日付）であることと、「往々欧米人がその探険を企てたるも未だ成効せしものあらず」（『大阪毎日新聞』一九〇三年五月二一日付）という二点が繰り返し謳われた。つまり河口の旅行談は、「大秘密」などと銘打たれる「秘密」への好奇心と、欧米人がなし得なかったことを日本人がやり遂げたという日本人の誇りの両方を満足させる物語として広告されているのである。そして慧海はこの胸のすく、「魂飛び肉躍らしむ」（『大阪毎日新聞』一九〇三年六月四日付）冒険談、「空前の大活劇」（同）を、主人公として見事に演じる結果となった。

チベットは、この「活劇」を鮮やかに引き立てる舞台として描かれている。チベットは、冒険の舞台にふさわしい、解き明かされるべき秘密、危険、奇観や美観、奇談に満ちた「秘密の宝庫」（『大阪毎日新聞』「西蔵探険談（一）」、一九〇三年五月二一日付）、「秘庫」（『時事新報』「西蔵国内探検談掲載予告」一九〇三年五月二八日付）として表現されたと言えよう。

三　旅行記事への反響

河口旅行談への反響は、具体的にはどのようなものがあったのだろうか。高山龍三は、河口旅行談が一世を風靡した有様を、「探検談の社会現象化」と呼び、「秘密国の珍奇な風俗は、今日のワイドショー的なとりあげ方」をされたとし、その例として、『二六新報』の「げいしやしやくわい　二紳士の腕力沙汰」（一九〇三年九月三日付）の記事を挙げて、チベットの一妻多夫が「西蔵芸者」という語を生んだ、と指摘している（高山龍三『展望河口慧海論』、二〇〇二年、二二三頁）。「能く売れる」（高山前掲書、二二三頁、『二六新報』からの引用）という芸者に対して、「西蔵芸者」なる言葉が使用されたということは、それを使用する人々の間に、「西蔵」について淫蕩に類するものを連想させる、ある一定のイメージが共有された状態が当時存在していたことを示唆している。

また『時事新報』一九〇三年六月一〇日付の社説は、旅中の慧海の食生活が、養生法の一つとして注目されていることを批判している。慧海が非時食戒を守って正午以降は食べ物を口にしなかったこと、またツァンパと呼ばれる麦焦がしだけを摂って過ごした粗食ぶりなどが、困難な旅行を遂行しえた原因であるとする向きがあるが、その食養生をそのまま日本の日常生活で実践するのは間違いである、と述べているのである。「尋常一様」の人間がこのような栄養の摂取のしかたをするのは、「恰も無事太平の世に当りて乱世不祥の場合に於ける忠孝論を実行し健全なる国家経済を乱さんとする者に等し」い、とされる。食養生のような、チベットとは一見何の関係ももたないと思われる事柄にさえ、河口旅行談の影響が取りざたされていることに、河口旅行談の反響の大きさをうかがうことができよう。

一方で、内藤湖南が「河口慧海師の入蔵談に就て」と題し、河口旅行談について感想を述べている（『大阪朝日新聞』一九〇三年六月二二日付）。内藤は河口の連載を「詩趣的談話」とし、「其詩趣多く伝奇的なるに於ては蓋し近来少き旅行記と謂ふべし」と評価しつつも、「欧人は巳に数年の前に於て「西蔵は最早秘密国と称すべからず」とさへ言ひしことを思ひ」と書き、日本国内においてではなく、欧米での風評として「秘密国」を否定している。彼はこの指摘に続いて、「希くは師が旅行談に於て更に地理上の説明を詳細にし必要なる土地に着せる時には特に巳に経過せし路程の概算、旅行の日数等をも附述し又吾等の若き多少地理上の注意を有する者の疑問に対しては両新聞を介して詳細なる解答を吝まざらんことを」と述べ、日本人によるチベット探検として世界に誇るに足るものとするには、地理学的な正確さが旅行談の内容に期待されると、河口に注意を促している。ロシアのプルジェワルスキーや、本章次節で取り上げるヘディンなど、欧米の著名な旅行家の旅行記には、内藤の指摘しているような種類の詳しい説明があり、日程や距離の数字がいちいち挙げられ、ルートマップが付せられている。内藤が河口に求めたのは、このような形式での各データの明示であったと思われる。

この内藤湖南の評価は、第一章で触れた、ユックのチベット旅行記に対する東洋学者たちの評価を彷彿とさせるものがある。ユックの旅行記は当初、作り話ではないかと疑われ、その情報の真否が後々まで、ラサを目指す探検家たちに取りざたされた。例えば、プルジェワルスキーの旅行記の解説を書いた著名な東洋史学者ユールは、ユックに対して以下のように述べている。

ユックは芸術家である。彼の作品がいかほど科学性に乏しいとしても、私はこれに、プルジエヴアリスキーの話を読んだ後でも生き生きとした筆触の魅力を一層感じる（プルジェヴァリスキー『蒙古と青海』上巻、田村秀文、高橋勝之訳、一九三九年、八頁）

また、二〇世紀に入ってからも、敦煌文書の解析で有名なフランスの碩学ペリオが、ユックについて詳細な考証をした上で、事実の詳細において正確さを欠いてはいるが、しかしそれゆえに生き生きとした真実味を読者に感じさせるものであり、むしろ芸術作品というべき著述である、という結論を出している（ユック『韃靼・西蔵・支那旅行記』上巻、後藤冨男、川上芳信訳、一九八〇年、四九頁）。

これは河口旅行談に対する内藤の、「其詩趣多く伝奇的なるに於ては蓋し近来少き旅行記と謂ふべし」という評価、そして地理学的正確さが要求されるとした指摘と、重なるものである。そしてこの内藤の評価には、当時における河口旅行談のもう一つの受け止められ方、すなわち話としての面白さはともかく、学術的な価値には欠ける、という見方がうかがわれる。

スヴェン・ヘディンなどこの時期のヨーロッパの学者や軍人によって行われた探検は、地理学その他の学術に貢献する情報を収集することをも目的とした「科学的探検」であり、そのような意味で言えば河口の旅行談には確かに、内藤の指摘している類の情報は乏しかった。河口の後、日本人として中央アジアで大谷探検隊を展開する大谷光瑞が、ヨーロッパでの綿密な情報収集に基づいたこの「科学的探検」を厳密に目指したことにも、「探検」に対するこのような批判を避ける意味があったと考えられる。

従って河口旅行談には、対照的な二通りの反響があったと言える。一つは、高山が「ワイドショー的」と表現したように、河口旅行談に好奇心が大いに満たされる面白さを感じ、その点で積極的に肯定的評価を下すものである。もう一つは、内藤湖南のように、学術的な価値には欠けるとする、消極的な受け止め方である。なぜこのように対照的な反応が出現したのだろうか。

学術的な価値には欠けるとする消極的な受け止め方がなされた、その理由の最も大きなものの一つには、河口の連載記事が「口述」であり、毎回のように読者の興味をあおり立てる挿絵が添えられていたことが考えられる。『東京日日新聞』の、河口を「西蔵の講談師」と呼ぶ記事に見るように、河口旅行談は当時、講談に擬せられていた。容易に講談を連想させるという、河口旅行談のこの特徴が、地理学的な知識などに関心のない一般の読者の広範な人気を得る重要な要因であったと同時に、講談につきものの虚構や誇張を連想させ、それがために、以下に述べる東京地学協会の場合のように、情報の正確さを重んじる人々の忌避や警戒を呼び起こしたと思われるのである。当時地理学など関係する分野の学者が集まり、また華族や政治家、高級軍人などが海外事情を知る窓口でもあった東京地学協会が、河口の記事についてその後も沈黙を守ったのは、実際に確執があったことに加えて[37]、なによりもこの河口旅行談の虚構を連想させる点に、慎重な態度をとらざるを得なかったからだと思われる。

河口旅行談に対して以上のような受け止め方がされる中、連載は続き、その最中である一九〇三年七月に林暘谷[38]編『大秘密国西蔵探険』という本が出版された。この著作は、河口慧海の許可なく彼の名を使用し内容を引用したいわば海賊版といえるもので、事実河口も『時事新報』紙上に広告を出して抗議している（『時事新報』一九〇三年七月二〇日付）。本節では、この著作において、河口が提供した情報がどのように編集しなおされていったか、どの部分が増幅・強調されどの部分が無視・削除されたかを見ることで、河口旅行談の情報がどのように受け止められ、描き直されたのかを考えたい。

この著作は、一九〇三年七月八日印刷、一□日発行（□は印刷不明瞭のため判読不能）、つまり『時事新報』、『大阪毎日新聞』二紙の連載開始から一か月余り経過した時点で出版されている。二紙の連載は七月一日が第三二回、マナサロワール湖を巡り終えてラサへの本道へ出たところで、その先のラサ到着、ラサ滞在の部分はまだ記事となっていない。しかし、この海賊版には、まだ連載に出ていないこれらの部分も含まれており、その内容にはここまでの二紙の連載、それ以前に報道されたその他各紙の記事の内容とかなり共通するものがある[*39]。従って同書は、河口の名に関連して発表されたそれまでのチベット情報を再編しつつ、恐らくは、そうではない情報も混ぜ込みながら、河口が旅するチベット世界を作り出したものであると言える。

河口旅行談と共通するものには、例えば新聞連載では一九〇三（明治三六）年六月八、九日付に紹介される、飲み水が全く得られないまま「活た餓鬼」[*40]となって高原を彷徨し、漸く小さな水たまりにたどり着いて、虫がわいて赤く濁った水を布で濾して飲み、「極楽世界の甘露」[*41]のごとく美味に感じた話などがある。この「活た餓鬼」、「極楽世界の甘露」という表現はそのまま海賊版に使用されており、これらの言葉がこのエピソードを象徴する重要なキーワードであったことがうかがえる。すなわち、「活た餓鬼」という危険な状況に遭遇しつつも、「極楽世界の甘露」に巡り会う幸運に恵まれるといった、河口旅行談に繰り返し見られたパターンをここにも見ることができる。

その他、河口旅行談と共通する内容としては、高僧との問答、チベット人の幼稚な計算法、マナサロワール湖やカイラス山の絶景、一妻多夫の習慣、カム人の奇妙な懺悔などが見られる。つまりこれらは、河口旅行談の中から、読者の印象が特に強かったもの、もしくは河口のチベット旅行を再現するにふさわしい面白さを持つものとして選択されたものであり、したがって、河口旅行談の中で、どのような部分が読者に支持されたのかを示すものでもあると言えよう。

一方、二紙の連載とは異なる内容も多々見受けられる。例えば、彼のためにとらわれの身となった恩人たちを救い出すため東奔西走する場面では、「戴冠式」に出席するためデリーに滞在していた「陸軍中将奥都督」に、河口がネパール国王への取り次ぎを依頼し、「奥都督」もそれを了解したとされる（『大秘密国西蔵探険』、六三頁、以下頁数のみ示す）。しかし二紙の連載や、翌年の『西蔵旅行記』では、「取付く嶋もない」（『時事新報』一九〇三年一〇月五日付）断られ方をされたことになっている。「奥都督」の美談ともいうべきこの挿話は、物語の中で語られていく河口の幸運や日本人の義気を、「奥都督」という人物を使用してよりひきたたせるものであると言える。

また、「葬式の奇習」では、チベット人の風習を、死者に対する「残忍非道の行」と評し、「愚と言はんか狂と言はんか名状すべからざるもの」とした上で、人が死ぬとすぐ死体を縄で縛り上げ、鉄槌で死体の頸骨を叩き折り、新しい衣服を着せて屋内に安置し、墓に運んだ後では死体を柱に縛り付けることが紹介されている（七〇〜七一頁）。しかしここに記述されたこのような事柄は、二紙の連載にはやはり見られず、チベット人の死をめぐる習俗がいかに奇異であるか、という方向で盛り込まれた情報であると言える。

一方、子どもの手習いの風習がラサ近郊の村にあること（『大阪毎日新聞』、『時事新報』一九〇三年七月八日付）や、チベット女性が病人の看病をする場合、その世話が非常に行き届いていてかいがいしいこと（『大阪毎日新聞』、『時事新報』一九〇三年八月二五日付）など、慧海が肯定的に評価した箇所は、この『大秘密国西蔵探険』には見あたらない。

これら二紙の連載にも『西蔵旅行記』にも見られない挿話の数々は、上述のような、旅の危険や慧海の人徳の高さ、幸運、チベットの自然の美観や奇観、チベット人の習俗にまつわる奇談といった特徴をさらに際立たせるものとなっていると言えよう。『大秘密国西蔵探険』におけるこのような傾向が、最も典型的に現れている例が、「毒殺は民俗の迷信」と銘打って、ヒマラヤ越えの準備のために滞在したツァーラン村でのエピソードとして伝えられる、以下のような「恐るべき」迷信についての記述である。この地方では、富貴や知恵、勇気を具えた旅人を殺すとその富貴、知恵や勇気を自分のものにすることができる、とされているというものである。殺害するには、「毒草毒蛇」から作った毒を用いる。これを飲むと、その「鴆毒」が徐々に全身に回っていき、早ければ二、三日、遅ければ六、七日後に死に至る（三三〜三四頁）。

ツァーランのこの恐るべき風習についての記述は、ヒマラヤ越えから始められている二紙の連載には含まれていない。また、『時事新報』に続けて掲載された「比馬拉亜の山籠」（一〇月一六日〜一一月一日付）は、チベット入国に至るまでの過程が語られたものであるが、ここにもツァーランの毒薬についての記述はない。また翌年出版された『西蔵旅行記』においても見あたらない。

この旅人の毒殺についての記述が見られるのは、二紙の連載が始まる前、五月二〇日神戸で五時間にわたって行われた記者会見の内容を伝える記事である（『時事新報』一九〇三年五月二六日、『大阪朝日新聞』同年六月一一日付）。しかし、五月二四日に堺中学校講堂で行われた講演会において慧海は、この二紙の連載以前に出た様々な新聞記事について、「新聞社に自分の真味を解せられず新聞社の脳髄で製造した文字を書かれるは閉口なり」と述べたと伝えられており（『大阪朝日新聞』一九〇三年五月二六日付）、また二紙連載にあたっても、新聞記事が自分のチベット旅行について「随分間違ったこと」（「大秘密国の探険西蔵経歴談」（一）『大阪毎日新聞』一九〇三年五月三一日付）を書くので、非常に迷惑を感じていると発言している。従って、このツァーランの毒殺の風習についての話が、慧海の言う「新聞社の脳髄で製造した文字」、「間違ったこと」に含まれるとも考えられる。

しかし、この毒殺の風習については、特定の一社ではなく、複数社が記事にしている[*42]ので、慧海が実際にこれについて話をした可能性も否定できない。従って、旅行記としては非常に面白いが学術的な価値に欠ける、といった評価をふまえ、それ以後の記述、すなわち「比馬拉亜の山籠」や『西蔵旅行記』から、このエピソードを削除したとも考えられるのである。どちらにしても、『大秘密国西蔵探険』においては、この毒殺の風習についての記述が、慧海の旅がいかに危険であったかを強調する役割を果たしていると言える。

以上に検討した情報編集のありようには、河口の記事の中でどのような部分が読者の興味と合致すると判断されたのかが見て取れる。つまりここには、チベットに対する読者の興味の方向が反映されていると思われる。前述した様々なエピソードが採用され付け加えられたのはまさに、阿嘉呼図克来日報道に見られた、厳しい「鎖国」によって閉ざされている国、不可思議な教義を持つ「喇嘛教」の国、といったイメージを基盤に、「西方彌陀の秘蔵庫」(三四頁)チベットをより生き生きと描き出すためであったと言えよう[*43]。河口の体験談が実体験として、研究者や僧侶以外の一般の日本人に強くアピールした結果、彼の提供した情報をもとに編み直された、上述のようなチベットが出現したと言える。

このようなチベット・イメージは、河口の記事を「大風呂敷」(「慧海法師を調す」『団団珍聞』第一四四一号、一九〇三年九月一二日発行、一頁)等と、批判的に見ている記事に見られるものにも共通する。例えばこの「慧海法師を調す」では、「雪山氷海の苦」や、「西蔵の風俗」として「犂牛の糞で物を煮る」、「一妻多夫」、「婦人の権力の強き事」が挙げられ、「之を要するに西蔵の風俗奇は即奇なり、西蔵の探険難は即難なり」(以上一頁)と総括されている。河口の旅行記事を否定的に見る側においても、肯定的に見る側においても、数あるトピックの中から代表的なものとして選び出されたものが同じであったことは、これらのトピックに読者が強い印象を受けていたことを示すものであると言えよう。

四　河口旅行談が果たした役割

帰国以降約半年間新聞紙上を賑わし続けた河口の、チベット旅行に関する記事は、それまでチベットに関心を持たなかった多数の日本人の興味を喚起する結果となった。その翌年に出版された旅行記『西蔵旅行記』は、日本語で読めるまとまったチベット見聞情報としては初めてのものであった。前述の通り、一九〇三(明治三六)年七月に、海賊版とも言える林暘谷編『大秘密国西蔵探険』が、河口の『西蔵旅行記』に先立って出版されているが、チベット情報の量と内容の充実度において、両者には大きな格差がある。例えばページ数をとってみても、『西蔵旅行記』は、上下巻合わせて本文が八五〇頁を越えるのに対し、『大秘密国西蔵探険』は一五一頁に過ぎない。また、紹介されているチベット事情の内容も、『西蔵旅行記』にあって『大秘密国西蔵探険』にはない部分が多く、更に『大秘密国西蔵探険』には、新聞記事を情報源として書かれた(高山前掲書、二〇〇二年、三六～

三八頁）ことによると思われるが、前後が続かない断片的な記述が頻繁に見られる。これらの点から、日本語で記述された、まとまったチベット旅行記としては『西蔵旅行記』が最初のものであると言って差し支えないと思われる。河口の帰国から始まった新聞報道や旅行談の連載、河口の各地での講演や『西蔵旅行記』の出版といった一連の出来事によって、当時の日本人はそれまでになく大量のチベット情報に接する経験をすることとなった。

河口をめぐるこれらの出来事が起こったのは、日清戦争後日露開戦前夜にかけてにあたる。前節でも述べたように、この時期の日本人は「列国と対等の立場」（外務省編『小村外交史』、一九六六年、一九六頁）を得ることに焦慮していた。また、時を同じくしてイギリスとロシアがチベットをめぐって活発な動きを見せていたため、本節冒頭に述べたように、海外ニュースとして報道されたチベット情報の量が多かったことも、河口への注目度が増す一因になったと思われる。

そのような状況下で、新聞は河口の旅行について、欧米人にできなかったことをやってのけた快挙である点を繰り返し強調した。事実河口の入蔵は、薬師義実が「探検史上にその名を残す、有名なロシアのプルジェワルスキーやスウェーデンのスヴェン・ヘディンがラサを目指していく度も挫折しその他の欧米人もうまくラサに潜りこめたのが極わずか」（薬師義美『雲の中のチベット』、一九八九年、一三〇頁）と指摘した通り、画期的なものであり、河口のチベット旅行記事は、河口がそう意図したか否かにはかかわらず、結果としてまさしく、欧米人を超える業績を以て、欧米人を凌駕する日本人の能力を証明してみせたものであったといえよう。

また、チベット人が、いかに遅れた「未開」の民族であるか、その無知や無能、遅れた政治制度などが随所で紹介されることは、日本がいかに「文明国」であるかを際立たせることとなった。更に、仏教国チベットで、チベット仏教について、日本僧として河口がチベットの高僧から高い評価を得、その一方で彼の側からチベット仏教に対して、「迷信」、「でたらめ」と低い評価を示したことは、同様に、いかに日本人が優秀であるかを印象づけるものとなったと言える。しかし、繰り返すが、これは河口のみが持つ感想ではなく、当時の日本人としては、至極当然の受け止め方であったといえよう。明治維新以降日本人が目指してきた「文明」を担う「文明国民」の資質が、「卑屈・固陋・惑溺を脱し」た、「独立・自主・進取の気象ある人民」(芝原拓自「対外観とナショナリズム」『対外観』日本近代思想大系一二、一九八八年、四九〇頁)であったとするならば、日清戦争の勝利によって、その「独立・自主・進取の気象ある人民」であることを自覚した日本人の目から見たチベットは、その「卑屈・固陋・惑溺を脱し」ていない「未開」の地域と表現されざるを得なかったとも言える。

河口旅行談では、当時の日本人の想像力と好奇心に、奇想天外な冒険談、しかも絵空事ではなく、日本人の経験という事実としてとして応えたと言える。特に新聞連載においては、チベット情報が挿絵という、より具体的で理解が容易な形に加工されて提示された。河口旅行談は、一九〇一年の阿嘉呼図克図来日時の報道によって「世界の秘密国」、「未開」、閉ざされた国、大国に翻弄される小国、と方向づけられたチベット・イメージに、経験者の直話という信憑性のある詳細で大量の情報を以て肉付けする役割を果たした。

日本では一八八〇年代後半以降、チベットについて、欧文文献と共通する表現である「秘密国」という語がそのまま使用されてきた。阿嘉呼図克図来日報道において、この「秘密国」が、チベットに対する固定的表現として頻繁に使用され、未知であるということがチベットの第一の特徴となっていたことは、前節ですでに述べた。河口旅行談は、この「秘密国」の、「秘密国」たるべき内容を具体性をもって語るものであったと言えよう。

これらの記事においては、チベット事情が記述されていく軸が河口の活躍となっていた。これは、阿嘉呼図克図報道とは最も異なる点である。河口のチベットでの冒険、というこの軸は、非常に魅力的で強力な求心力を持ったものであり、この求心力によってチベット情報が再編成された結果、珍談奇談を無尽蔵に内蔵する冒険の舞台として「秘密国」チベットが、改めて細部にいたるまで作り出されていったと言える。

一九〇四(明治三七)年の出版の後も、『西蔵旅行記』は様々な編集を経て流布していくこととなった[*44]。彼の旅行記が再び出版されるのは一九四一(昭和一六)年であり、次が一九六〇年代に二件、一九七〇年代に三件、一九八〇年代に一件となっている[*45]。つまり、彼の旅行記の次の出版は、第四章で詳しく述べるが、昭和に入って、中国大陸関係の書籍が大量に出版されはじめた一九三〇年代末から一九四〇年代初頭にかけてにあたる。

更に、本書で取り扱う範囲からははずれるが、一九六〇年代、七〇年代の再登場は、戦後のヒマラヤ登山ブームと時期を同じくしている。彼の旅行記は、昭和初期には前人未踏の大陸に果敢に道を切り開いた日本人の成功の物語として、そして戦後、ヒマラヤを越えた初めての日本人の記録として、読み直されていったのである[*46]。それと同時に、珍談と奇談に満ちた冒険の舞台チベットもそれらの物語の中で繰り返し再生され、その都度人々に受容されていったと言える。河口旅行談は最初の出版以後も、日本人の一般的なチベット・イメージの形成に影響力を持ち続けたと考えられる。

第三節　『西藏旅行記』後のチベット事情紹介

一　能海寛横死報道に見られるチベット

1　一九〇五年の報道

チベットについてまとまった情報が公表され、チベット事情紹介の役割を果たしたという点で、次に注目すべきなのは、一九〇五（明治三八）年の能海寛の横死に関する報道である。河口が一九〇三（明治三六）年に、入蔵成功者として華々しく帰国するまで、新聞や雑誌に、入蔵に挑んでいる日本人として真っ先に名前を挙げられていたのは、河口ではなく能海寛であった。「川口〔ママ〕慧海其他二、三西藏探険に志されし邦人の中最先鞭を着け最も以前より西藏探険を心懸けし人を能美〔ママ〕寛氏とす」（「探険家能海寛氏殺害せらる」『東京日日新聞』一九〇五年七月二二日付）という記述からもわかるように、河口も、帰国するまでは入蔵に挑む日本人の中ではむしろ後発に属する人間と考えられていたのである。一般の人々向けのものとしては初めてのチベット事情紹介となった阿嘉呼図克図来日報道において、チベットへの能海の挑戦の様子を通じて、閉じられた国チベットという方向でチベット事情の一端が語られていったことは、本章第一節においてすでに述べた通りである。

一八九八（明治三一）年の出発以降、頻繁だった能海の日本への通信が途絶えたのは、一九〇一（明治三四）年四月の雲南省大理からの書簡以降であった。その後、能海の父浄蓮寺住職能海謙信宛に、日露戦争出征中の檀家の一人から、能海の消息についての通信があった。それは、能海が雲南の奥地、「西蔵界」[*47]で現地住民に殺された、というものであった。これがきっかけで、一九〇五（明治三八）年七月、彼の消息不明が新聞や雑誌に大きく報じられた。これ以降彼の行方不明は、非業の死として語られていくこととなった。現在に至っても、能海の消息の詳細は不明である[*48]。

河口慧海のチベット旅行談が連載されたのが一九〇三（明治三六）年、旅行記『西蔵旅行記』が出版されたのが一九〇四（明治三七）年、そして能海が殺された、というニュースが新聞や雑誌に大きく報じられたのが一九〇五（明治三八）年である。本節では、世上の大きな関心を呼んだ河口の旅行談発表のわずか一年後にあたる、以後能海の悲劇的な死が伝えられていく最初となったこの一九〇五（明治三八）年の報道を取り上げ、これがどのような意味を持ったのか検討する。

一九〇五（明治三八）年七月二一日付の東京・大阪各紙は一斉に、「西蔵探検家」能海寛の受難を報じた。いずれも彼が、「西蔵国境」で、「土人」に虐殺されたと伝えるものである。これに続いて、能海の履歴やチベットへの挑戦の経緯、雲南から発せられた彼の最後の書簡などについて、詳細に紹介する記事が各紙に組まれた。それらの記事では、「満州軍軍政部長井戸川少佐」[*49]（「西蔵探険家能海寛の最後」『万朝報』一九〇五年七月二一日付）が人づてに入手した情報によって、彼の死の様子が判明したとされている。彼の死の現場を直接確かめた人物が誰であるかは「今読者に報知し得ざるを憾みとす」（「探検家能美《ママ》寛氏殺さる」『東京朝日新聞』一九〇五年七月二一日付）等と明確にされていないにもかかわらず、彼の履歴や死に臨んだ様子、現地から最後に日本へ発信した書簡の内容などが詳細に記事にされた。以下に引用する雑誌記事は、一ヶ月余り後にこの一連の報道を振り返って書かれたものであるが、横死報道当時の様子がうかがえる。

一たび能海君死去の報が伝はると、天下の新聞雑誌は争うて哀悼の意を表し、その半途にして斃れたるは、実に学界の一大損失であるとまで、絶叫したものもあつた位で、肖像や経歴は言ふまでもなく、その性行から功績まで、大概紹介し尽されたと言つてもよい（米峰「能海寛君を悼む」『新仏教』第六巻第九号、一九〇五年

九月一日付、六六八頁）

ところがこの能海横死は誤報であったことが、八月下旬になって各紙に報じられた。情報の出所とされた井戸川少佐が、能海の死の真相について自身がその情報源であったことを否定している手紙が新聞紙上で公開されたのである。その結果、「誠に芽出度事ながら能海氏の消息は三十四年四月以後杳として知るに由なし」（「能海寛師訃音の訛伝」『読売新聞』一九〇五年八月二四日付）というように、能海の死の真相は謎のままに残されることとなった。

上述のように、一九〇五年七月下旬に始まった一連の報道では一貫して、「西蔵探検家」能海が「西蔵境」で殺された、とされている。能海の名前にチベット、と冠されることで、能海の横死という出来事が明確な根拠もないままにチベットに結びつけられていっていることをまず指摘しておきたい。場所が漠然と「西蔵境」などとされていることにも、能海と言えばチベット、といわば決めつける傾向が存在したことが見て取れる。

彼の死はいずれも、「辞世の歌一首を大書して従容死に就きたり」のエピソードとして語られている。例えば『読売新聞』では以下のように報じられている。

辛酸拮据漸く西蔵国境に至り一旅寝に投せしに遂に土人の看破する処となり激怒憤恚し白刃を擬して君に迫りしかバ暫時の猶予を乞ひ立つて白壁に麗々しく『大日本帝国石見国那賀郡波佐村能海寛此処に於て土人に虐殺せらる』と書して座に就き瞑目すれバ閃めく毒刃の下頭ハ千秋の恨みを載せて落ちぬ（「能海寛氏の最後」『読売新聞』一九〇五年七月二三日付）

この記事中で彼は、残虐な原住民に捕らえられ、処刑される前に辞世の歌を詠んで壁にそれを書き付け、あたかも斬首に臨む武士のように静かに殺されていったとされている。この彼の死の様子が、「縦容土人が獰猛なる凶手に斃れた」（「西蔵探険家能海寛の最後」『万朝報』一九〇五年七月二二日付）勇敢な仏教僧の潔い最後という、まるで志士の切腹のような一場の物語にされてしまっていることは、以下に見るように、一月後にこの横死報道が誤報であったとされた時の雑誌記事に明確に指摘されている通りである*50。

壁に辞世を書き付くる所など、何やら演戯的の感あり、其の間獰悪なる土人が虐殺の刃を猶予せしが如き、又宿屋の主人が壁上の落書を其儘に為しおきが如き、余程小説的（「能海寛氏の生死」『東洋哲学』第一二編第八号、一九〇五年九月五日発行、五六五頁）

しかしここで注目すべきは、上の引用中に言われている、「演戯的」、「小説的」な点である。前年に大きな関心を呼んだ河口の旅行談が「魂飛び肉躍らしむ」、「空前の大活劇」（『大阪毎日新聞』一九〇三年六月四日付）であったこと、そしてその中ではチベットが、その「活劇」にふさわしい舞台として描かれていたことはすでに述べた。河口の旅行談に示されたこのようなチベット・イメージを考えると、能海横死は、チベットに関連する出来事としてのリアリティを得るために、まさしく冒険活劇の中の一幕、それも河口旅行談で語られた冒険の舞台チベットにふさわしい形で語られなければならなかったのだと思われる。能海横死のこのエピソードが「演戯的」、「小説的」であることには、能海に関連する場所と言えばチベットであり、チベットと言えば河口の「空前の大活劇」という連想が、新聞記事の書き手にも読者にもあったことを示している。

そしてこの勇敢な仏教僧の物語をより引き立てるものとして報道されるのが能海の妻静子の物語である。静子については、以下のような内容が記事にされている[*51]。能海と静子の結婚は、チベット行きの意志をまげない能海を心配した彼の両親の勧めで実現した。しかし能海は結婚によってもチベットへの志を捨てず、静子もまたその夫の意志を支持した。結婚後数日で能海は静子を残し、入蔵を期して上京する。チベット行きに反対されるのを恐れて、能海は師の南條文雄にも結婚を告げておらず、南條は能海の行方不明が発覚してのち、上京して来た静子に会い、初めてその事実を知った。なぜチベットなどを目指す男と結婚したのか、という南條の問いに、静子は「健気なる物語」を語り、南條を感嘆させた。静子は、必ず帰る、という能海の言葉を信じて留守を守り続けていたが、「罪人」のような姿で担架に乗せられて帰ってくる夫の姿を夢にみて、それ以後夫の身に何か起きたのではないかと心痛していた。そこへもたらされたのが今回の悲報であった。その後も彼女は親戚に勧められる再婚話を受け入れず、気丈に夫の留守を守り続けているという。

これらの記事の中に描かれた、チベットへと夫を送り出す静子の気丈さと、夫の大志に対しての理解の深さ、そして、再婚を勧める周囲の声に耳もかさず留守を守り続ける彼女の姿は、その後の報道でも繰り返されていく[*52]。この静子像は、能海の悲劇的な最後に関する記述の中で、能海の志の尊さを更に際立たせる役目を果たしていると思われる。またそれはすなわち、入蔵がいかに命がけの危険な事業であるかを強調するものでもあったといえよう。

2 能海寛像とチベット

一九二三（大正一二）年七月、京都発行の仏教系新聞『中外日報』紙上に、寺本婉雅の署名が付された「故能海寛君遭難の真相　支那雲南省クーソン族の惨殺」という上・中・下計三本の記事が掲載された（八、一〇、一一日付）。これによると、一九二二（大正一一）年四月一七日、寺本のもとを、郷間正平という人物が龍谷大学教授本田義英[*53]を伴って訪ね、郷間が入蔵予定であることを述べて、チベット情報の提供と、ダライラマへの紹介状を依頼した。寺本はこれに応じ、あわせて能海「遭難地」の調査を郷間に依頼した。翌年一九二三（大正一二）年七月三日、本田と郷間が再び寺本を訪ね、入蔵には失敗したが能海の「遭難地」は確定できた旨報告した。これを寺本が「郷間氏の直話」として『中外日報』紙上に発表した、というのが記事に述べられている連載の経緯である。以下「　」内はひき続きこの記事よりの引用である。

記事タイトルからもわかるように、この記事において、能海が「遭難」したこと、「クーソン族」に「惨殺」されたことは、全く疑いの余地がない前提となっている。寺本は能海の「遭難地」の調査を依頼したのであって、能海の生死の消息そのものについての調査を頼んだのではなかった。寺本にとっても、能海は雲南のどこかで非業の死を遂げたということが、動かしがたい事実であったことが、ここから読みとれる。その上で郷間の報告によって「遭難」の詳細が語られる。

郷間の話は、能海が行方不明になったとされている雲南省のチベット国境付近に彼が足を踏み入れるところから始まる。そこは、「クーソン族」という「質性極めて獰猛」な部族の居住地域である。彼らは、「弁子の蓬髪にて、毛衣を被り、長剣を帯び、常に鎗銃を携へ、年中藻浴せざる蕃族」と描写される。そして、彼らの居住地域は「太古の生活を其儘に今も尚続けてゐるから尤も危険である、彼等の諸部落を突破せんには到底単身旅行者の企て及ぶところではない」」、「蕃巣」とされる。しかも、「峨々たる巌壁は天空を摩し、高峯一万尺に及びては降雪寒風肌を劈き、鬚髯凍り、転々行歩難」という厳しい自然環境が行く手を阻んでいる。郷間はそこを「一歩一歩は恰ど死地に入るの心地」で越え、能海が「獰悪なるクーソン族の毒手にかゝって惨殺せられた」場所を確認し、現地の岩面に「大日本能海寛師遭難地」と刻ませ、あわせて香華を手向けた。彼がこの場所を特定するにあたって根拠とした情報は、近くの集落に麝香買い入れのため滞在していたフランス人「ペーロ」氏から入手したもので、この「ペーロ」氏自身は以前この地方に滞在していた「仏人宣教師」から直接聞いたという。郷間の話はここで終わる。

寺本はこれに続けて、能海の勇気と壮大な志を讃え、更に、「明治三十六〔ママ〕年十一月刊行」の新聞記事[54]から能海の死の場面を以下のように引用した。

> 氏は猛烈なる土人の包囲を受け、或は棍棒を以て、或は鉄叉を以て処きらはず袋叩きを蒙り、身に重傷を負ひ、辛うじて一家にまろび込み、辞世を遺し瞑したる

以上の記事の内容からは、一九〇五（明治三八）年に「辞世の歌一首を大書して従容死に就きたり」と伝えられた能海の横死が、より詳しく具体的に語られていっているのがわかる。この記事では、能海が、どんな環境の場所で、どんな人々によって、どんなふうに殺されたのかが、郷間の「実地踏査」情報によって肉付けされた結果となった。しかもその肉付けは、より「演戯的」、「小説的」な方向に施されたものであったと言えよう。この一連の報道記事の真偽は、現在に至っても不明である。繰り返すが、能海がいつ、どこで、どのように死亡したのか、具体的な事実はまだ明らかにされていない。

以上のように検討してきた能海寛像を通じて、チベットはどのように位置づけられていったのだろうか。「西

蔵探検の能海寛氏一昨年土人に虐殺さる事実発見惜む快男児骨を雪山に埋む」(「近事片々」『東京日日新聞』一九〇五年七月二三日付)と寸評されたように、報道の中で描かれた能海の悲劇はまさしく、「快男児骨を雪山に埋む」と言うべきものであった。現地の人々はその快男児の命を奪った残虐な野蛮人として、入蔵は過酷な犠牲を探検家に強いる探検として語られたと言える。チベットは単なる「世界の秘密国」から、「世界中の神秘国として幾多探険家の生命を犠牲とせる西蔵」(「西蔵探険家能海寛の最後」『万朝報』一九〇五年七月二二日付)、つまり能海が遭遇したような苦難、払ったような犠牲を乗り越えなければたどり着けない国として描かれていったといえる。

これらの記事は結果として、「多く質直ならず、徒らに大言愚人を瞞するの態あり」(黄洋「嗚呼能海寛君」『新仏教』第六巻第九号、一九〇五年、六六五頁)と評されていた河口旅行談の一部分を、裏付けることとなった。河口の「西蔵ハ中々容易に入れぬ世界の秘国なり」という言葉を、非常に疑わしく思ったが、能海が「此地に入りて終に探険の犠牲」となった(「西蔵探険家能海寛最後の手紙」『万朝報』一九〇五年七月二四日付)、という『万朝報』の記述にも、河口旅行談に描かれた危険な場所チベットを、能海の受難の話が証明してみせた結果になったことが示されていると言えよう。

その直後彼の死が誤報であることが報道されてからも、彼の「横死」つまり非業の死は事実として受け入れられていった。一九二三(大正一二)年の記事については、すでに見た通りである。例えばその一〇年後、一九三三(昭和八)年に刊行された『東亜先覚志士記伝』所載の「支那に於ける我が宗教家の行動」にも、能海について、「志を達せずして残虐なる土人の兇剣に斃れたのは、実に千秋の恨事」と記述されている(『東亜先覚志士記伝』上巻、一九六六年、五〇八頁)。一九〇五(明治三八)年の報道は決定的に、能海の人物像を、勇敢にチベットに挑み非業の死を遂げた日本人としたと言えよう。これは一九八七年の山口瑞鳳『チベット』によって、チベットに傾倒した日本人であり、チベット文化に対して当時最も深い理解を持った日本人であるという能海評がされるまで、最も有力な能海のイメージであったと言っていいだろう。

能海は多くの場合において、河口と対比されて語られていっている。一九〇五(明治三八)年当時見られたのは、独立独歩チベットへの道を歩んだ河口に対して、当代きってのサンスクリット学者南條文雄の指導下にチベットを目指した能海、華々しい成功をおさめた河口に対し、悲劇的な死を遂げた能海、そのチベット報告の真偽を法螺話とも揶揄された[*55]河口に対して、当時においてインド学の第一人者であった南條の膝下にあり、それゆえに学術的にも評価されうる成果を期待されていた能海、等というものであった[*56]。また前述の一九三三（昭和八）年『東亜先覚志士記伝』においても、冒頭、「慧海の帰朝によりて秘密境西蔵の実情が明かにされ、当時の人心に多大の感動を与へたのであるが、能海寛が明治三十一年十一月日本を発して西蔵探検の途に上り、途中幾多の障碍に遭ふも百折撓まず、前後四年間に亘る難行苦行を重ねて遂に蛮境に非業の死を遂げた事実に至つては案外世人に忘れられてゐるやうである」（上巻、一九六六年、五〇三～五〇四頁）と、河口と対照しつつ紹介されている。

現代においては更に変化が見られる。チベット文化を高く評価しそれに憧憬を抱いていた能海に対し、そうではなかった河口、という対比が出現している。例えば、二〇〇三年に出版された『チベットと日本の百年』にも、入蔵日本人の歴史を振り返って能海と河口の入蔵を記述した部分に、「チベットに傾倒した能海寛、冷静だった河口慧海」という小見出しが冠されている。

能海についての記述には、一九〇五年以降現代に至るまで、以上に検討してきたような河口との対比が頻繁に使用され、それによって、両者の相違が繰り返し強調された。その一方で、能海に関する報道、そしてそれによって描き出された能海のイメージは、河口旅行談で語られた、いかにチベットが危険な場所であるかの証明となった。使命のためには命をも省みない勇敢な日本人という能海寛のイメージを通して、チベットには、容易に進入できない、危険な場所という意味づけが行われ、「世界中の神秘国として幾多探険家の生命を犠牲とせる西蔵」（前掲「西蔵探険家能海寛最後の手紙」）というイメージが確立されたと言える。そして冒険の重要な側面の一つである「危険」が証明されたことで、河口旅行談によって方向付けられた、未知の国から冒険の舞台チベットへという「秘密国」イメージの変化を、更に明確なものとしたと言えよう。

二　ヘディン来日報道に見られるチベット

チベット・イメージの流布を考えた場合、次に注目すべきと思われるものは、河口帰国から五年を経た一九〇八（明治四一）年の、スヴェン・ヘディン（Sven Anders Hedin, 1865-1952）*57の初来日の際の報道である。その理由は、記事の量が河口帰国時の報道に次ぐ規模であったことに加え、河口にはなかった学術的権威を十全に具えた人物によるチベット事情紹介であったことにある。河口が一介の僧侶であり、ヘディンが高名な学者であったという当時の事情を考えれば当然のこととも言えるが、河口のチベット行について沈黙していた東京地学協会は、ヘディンに対しては際立って対照的な態度をとった。彼等がヘディンのチベット探検を功績として讃え、彼に協会の金メダルを贈ったことにもそれは充分見て取れよう*58。更に、同会はヘディンの講演会を複数回開いた上、その講演内容を編集して出版するなど、積極的にヘディンのチベット情報に係わったのである。

ヘディンは、一九世紀末から二〇世紀半ばにかけて、いわゆる中央アジアを中心に地理的調査を行い、その旅行記でも広く知られる。彼は、生涯に四回の、「探検」としばしば形容される調査活動を行っている*59。第一回は一八九三〜九七年で、パミール、タクラマカン沙漠、ロプ・ノール、チベット北部を、第二回は一八九九〜一九〇二年でロプ・ノール、チベットの一部を、第三回は一九〇四〜〇八年でチベット各地を、第四回は一九二七〜三五年で中国新疆地方を探検し、それぞれトランスヒマラヤ山脈の発見、楼蘭遺跡の発見発掘など数々の輝かしい成果をあげた。彼の著作は母国スウェーデンをはじめ、英独仏露など各国語に翻訳され、高い評価を得ている。特にベルリン大学でリヒトホーフェンに地理学を学んで以来、ドイツとのつながりは強く、第二次世界大戦中のヒトラーとの交渉は様々に伝えられるところである*60。第二次世界大戦後は執筆活動に専念した。

ヘディン研究者としては、ヘディンの著作目録を十数年かけて完成したヴィリー・ヘス、ヘディンの秘書をつとめ伝記を書いた妹アルマ・ヘディン、そして日本語文のヘディン関連文献について目録を作成し、膨大な数の書簡の調査や関係者へのインタビューなどによって、ヘディンの履歴を詳細に調査した金子民雄があげられる。日本ではそのほかに、ヘディンの著作を翻訳した作家の深田久弥、東洋史学者の岩村忍、ドイツ文学者の福田宏年などが、翻訳の解説の形でヘディンの生涯と業績をまとめている*61。また、東洋史学者石田幹之助が欧米の中国研究の中にヘディンを位置づけ、その学術的業績を高く評価している他、翻訳にも関わった深田、岩村などがそれぞれの著作の中でヘディンを扱っている*62。

1　ヘディンの来日

ヘディンは生涯で数回日本を訪れているが、本書で取り上げる一九〇八（明治四一）年は、その最初のものであった。この時の来日について先行研究では、大谷探検隊研究において、ヘディンが西本願寺を訪問したことにしばしば触れられるし*63、また、岩村忍が「ヘディンの日本での講演」と題して、東京地学協会編『地学論叢』特集ヘディン号（一九〇九年）の一部を『ヘディン中央アジア探検紀行全集』月報一（一九六四年六月二〇日）に転載している。しかしながら、詳細な考察はやはり金子民雄の研究であると言えるだろう。例えば、金子民雄『ヘディン　人と旅』（一九八二年）には、来日の経緯や東京地学協会との交渉の詳細、明治天皇との会見などを中心に記述がある（二〇一～二一八頁）*64。

しかし、以上に挙げた諸研究においては、この時マスコミがこぞって組んだ彼についての特集や、各所で彼が行った講演を紹介する形で書かれたチベット事情紹介記事などの内容そのものについては、ほとんど注目されてこなかった。本節では、これらの報道によって伝えられたチベット情報の内容がどのようなもので、それらが日本人のチベット・イメージにどのような影響を与えたのか、という点から、ヘディンの来日時になされた報道について検討を試みる。

ヘディンが来日したのは、二年にわたるチベットでの探検、すなわち第三回探検の帰途であった。初来日が実現したのは、前掲『地学論叢』ヘディン号によれば、チベットを出てインドのシムラに滞在中、東京地学協会からの招待があったからだという（同書、一頁）。彼としては、三年余りにわたるチベット探検を、トランスヒマラヤ山脈のいわゆる「発見」（同書「スエン、フォン、ヘディン氏小伝」、六頁）を始めとする輝かしい成果をもって終えた時であった。しかもこの時点では、後に起こるイギリスやフランス、ロシアの地理学会との軋轢はまだ起こっておらず、各学会から授与されたメダルなどの栄誉は剥奪されずにあった[*65]。いわば学者としての評判が最も喧しい時に、彼の日本訪問は実現したことになる。

当然のことながら、金子民雄がすでに指摘しているように、ヘディンの来日当初、大多数の日本人は彼をほとんど知らなかった（前掲『ヘディン　人と旅』、二二一頁）[*66]。しかし、彼の講演が開かれ始めると、人々が押し寄せるようになった。その歓迎の熱は、例えば一一月一六日の東京帝国大学でのヘディン講演について新聞紙上に、講演会場は満員で、入りきらなかった人々が「大騒動」を起こしたことであるとか、「入場券」を発行したが千枚ほどがまたたくまに無くなった（「ヘヂン博士の昨日」『東京朝日新聞』一九〇八年一一月一八日付）などと伝えられていることにうかがえる[*67]。彼は日本滞在の一ヶ月余りの間に「官民の歓迎会に出席したること六十五回に及び」（「ヘヂン博士」『東京朝日新聞』一九〇八年一二月一四日付）というほどの歓迎を受けた。東京、京都の両帝国大学の総長をはじめとする学者や、山県有朋、井上馨、小村寿太郎などの政治家、徳川家達公爵などの華族、東郷平八郎、乃木希典などの軍人、更に徳富蘇峰、福沢捨次郎、黒岩涙香といった各界の人々が、これらの歓迎会に参加している。また、東京、京都の両帝国大学はもちろん、早稲田大学、慶應義塾、三井銀行、西本願寺その他で講演し、その合間には日光や熱田神宮、法隆寺から小学校、百貨店に至る各所を訪問している。東京滞在の最終日である一一月二六日には宮中に参内し、天皇に拝謁して勲一等瑞宝章を授与されている[*67]。

2　チベット情報の内容

東京でのヘディンを取り巻く状況について、『大阪朝日新聞』が、「昨今東京で持て囃されてゐるヘディン博士」（「天声人語」『大阪朝日新聞』一九〇八年一一月二二日付）と伝えていることにもうかがえるように、ヘディン滞在中は連日、彼に関する記事が新聞に見られた。その内容は、ヘディン自身についてのもの、ヘディンの調査旅行についてのもの、チベット事情紹介、の三つに大別される。以下この種別に従って各記事を取り上げる。

（一）ヘディン自身に関する報道

ヘディン自身に関する報道において、まず目につくのは、ヘディンを「探検家」として賞揚する表現である。「世界の大探検家を以て目せらる」（「世界の大探検家」『読売新聞』一九〇八年一一月九日付）などというように、「探検家」に「大」や「世界の」という語が付せられた表現が、ヘディンの名には定冠詞のようについてまわっている[*69]。

『万朝報』は、ヘディン報道におけるこのような態度を、「博士ヘヂンは地質学者としても世界一流の大学者だが、世間で八兎角探検専門家のやうに持て囃されて居る」（「机の塵」一九〇八年一一月一四日付）と諷している。更に同紙は、東京地学学会が、ヘディンについて「誤解せられ易き「探検家」の名を躲けて「踏査家」の称を用ふることとした」ことを伝えて、「洵に当を得たものであつて、吾人の讃する所なるはいふ迄もない」（「スエン、ヘディン氏」一九〇八年一一月一一日付）と評価した。このような記述は却って、ヘディンを偉大な「探検家」とする受け止め方がいかに広範に共有されていたかを示すものとなっていると言えよう。

また、同時にこれは、当時「探検家」について、特定のイメージが共有されていたことをも示した記述である。例えば、ヘディンの外見が上の引用中にいう「探検家」らしくないことをいう記事に、その「探検家」イメージがうかがえる。「ヘディン博士と云ふと武骨一片のさも荒くれた冒険児とやうに思つてるものもあるらしいけれど、決してさうぢやない、人格から謂つても風采から謂つても、実に立派な一紳士である学者である、単に探険家といふのは当ら無いやうだ」（「ヘ博士と大阪」『大阪朝日新聞』一九〇八年一一月九日付）。この記述からは、「探険家」という表現に、「学者」や「紳士」などとは相反するイメージがあったこと、そしてヘディンをこの「探検家」イメージに当てはめる先入観がいかに強かったかが読みとれる。そして、「世界の学者」（「瑞典公使と我官吏」『万朝報』一九〇八年一一月一八日付）等という、「学者」としてのヘディンを賞揚する表現も同様に繰り返されていた。

更に、この高名な探検家であり学者であるヘディンが、日本や日本人を高く評価していることが度々報じられた。例えば、東京地学協会がヘディンに金メダルを授与した際の答辞において、ヘディンが、中央アジアを探検した福島安正、チベットに入った河口慧海と成田安輝など、日本の先人たちについて高い評価を示したことが報じられているのも、その一例である。ヘディンは、日本人のこのような功績をたたえて、「貴国人こそ世界最大の探検国民なり」（「ヘヂン博士接迎式」『万朝報』一九〇八年一一月一六日付）、「余は此等日本の先輩の驥尾に附して其跡を追ひしのみ」（「大探検家歓迎」『東京朝日新聞』一九〇八年一一月一六日付）などと述べたという。

また、ヘディンが日本に対して格別な好意を持っていることも、頻繁に報道された。例えば、まず、「三回の探険後十一個国からの招待を悉く謝絶して、特に日本へ来た程の日本贔屓であるが」（前掲「机の塵」）というように、今回の来日そのものがヘディンの日本への格別な好意のあらわれであるとするものがある。その他に、日本各地での様々な見物のおり、見るもの聞くものにヘディンが賞讃を惜しまない様子も報じられた。例えば増上寺について、「西班牙なるアルハンブラア宮殿も遠く及ばずと頻りに感服」（「仏教通のヘヂン博士」『万朝報』一九〇八年一一月一八日付）したこと、大阪天王寺の「大梵鐘を眺めてモスコーの鐘と似たれど確に世界一なりと陳べ」（「ヘ博士来阪」『大阪朝日新聞』一九〇八年一二月八日付）たことなどである。更に、「まだ妻も無い事だし出来る事ならラフガヂオ、ハーンのやうに日本の婦人を娶つて永住したいものだと云つた」（「大探検家ヘディン博士と語る」『読売新聞』一九〇八年一一月一三日付）話や、一一月二四日に行われた東京地学協会のヘディン送別会に、三越で誂えた和服を着用して出席、日本語で「今晩ハ御招待有り難う」と挨拶し大喝采を博したなどといった挿話が紹介され（「ヘヂン博士送別会」『万朝報』一九〇八年一一月二五日付）、「日本好のヘ博士」（「日本好のヘ博士」『大阪朝日新聞』一九〇八年一一月三〇日付）と喧伝された。

（二）ヘディンの調査旅行についての報道

ヘディンの旅行についての記事において目立つのは、彼の旅行を「活ける冒険小説」、「壮快、懦夫をして起たしむる冒険談」（「活ける冒険小説」『万朝報』一九〇八年一一月一七、一八日付）等とする表現である。例えば、東京帝国大学における講演に取材した記事中に、大きく分量をさいて紹介されているのは、タクラマカン沙漠での有名なエピソードである。これは、第一回探検において、ヘディンがタクラマカン沙漠の横断に挑んだ際、一行五名のうち二名が死亡し、装備一切を失う壊滅的な打撃を受けつつ、ついに生還したというものである。『万朝報』、『東京朝日新聞』がこれを伝えているが、特に『東京朝日新聞』では、講演の内容のうちの「趣味ある数節」（『東京朝日新聞』一九〇八年一一月一七日付）と断った上でこの話を採用している。「趣味」がある、すなわちヘディンの話の中で最も面白いものとされたものがこの話であったことは、ヘディンの探検談が、いかに「冒険小説」（『万朝報』一九〇八年一一月一七、一八日付）的な印象を与えるものであったかを示していると言えよう。例えばチベットでの行動を語る部分に、「寒威凛烈」、「携ふる所の牛羊多くは凍死し」、「一行悉く装を変じ手足を塗りてラダクの人に扮し」、「千辛万苦漸く其旅行を継続」、「大風雪の中を彷徨」（「スエン、ヘヂン」『東京朝日新聞』一九〇八年一一月一二日付）等という形容が付されていることにも、そのいわゆる「冒険小説」的な受け止められようを見ることができよう。これらヘディンの「旅行奇談」（「交詢社午餐会」『東京朝日新聞』一九〇八年一一月一七日付）が、ヘディンの巧妙な話術により、更に聞き手を引きつける生き生きしたものとなったであろうことは、報道において頻繁に「該博なる智識豊富なる材料を文学的に陳べ去り陳べ来り」（『大阪朝日新聞』一九〇八年一二月九日付）、「例の文学的口調」（『東京朝日新聞』一九〇八年一一月一七日付）等と伝えられていることからもわかる。

その一方で、ヘディンの調査旅行を「学術探検」（「スエン、ヘデイン氏」『万朝報』一九〇八年一一月一一日付）、「科学的探検」（「大探検家歓迎」『東京朝日新聞』一九〇八年一一月一六日付）と位置づけ、その功績の大きさを喧伝する、「氏が遂げたる幾多の学術的研究は実に世界の学界に対して一大光明たりしなり」（「世界の大探検家」『読売新聞』一九〇八年一一月九日付）などといった表現[70]も繰り返し登場する。

（三）チベット事情を紹介する報道

以上述べたような、ヘディンの探検談について科学的実績の大きさと事実のおもしろさの二点が強調される傾向は、報道全体を通じて見て取れるものである。ではこのように、学識と栄誉を兼ねそなえた人物として喧伝されたヘディンが、冒険小説の如く語った中で紹介された最新のチベット事情とは、どのようなものであったのだろうか。『万朝報』では、以下に述べるように、一一月一九日神田青年会館において東京地学協会主催で行われたヘディンの講演内容が詳しく伝えられている（「西蔵人の奇習」『万朝報』一九〇八年一一月二一日付）。

まず紹介されるのは、一妻多夫制度である。「多夫一妻　一夫多妻は世界到処にあるが、一人の女が三四人の亭主を持つて居るのは珍しい、所が西蔵に行つて見ると、此多夫一妻が盛んに流行する」。更に、チベット人の葬礼については、「犬に食はす　西蔵人の迷信には随分甚だしいのがある、人が死ぬ、其死骸は決して埋葬しない、肉を細かに切つて犬に食はすのだ、骨は又た臼で粉にして団子に丸めて之れも犬の餌食にする、西蔵人は犬を神聖視し、寺院寺院には数百頭を飼つて置くが、人間の墓地は犬の腹とは振つて居る」と記述されている。

チベット仏教については最初に、転生という概念が紹介され、「輪廻説　西蔵人は極端な輪廻説を抱いて居る、人が死ぬ瞬間に、霊魂は飛去つて他の胎内の児に移ると思つて居る」と記述される。これに活仏転生制度についての説明が続く。

チベット仏教の寺院については、「喇嘛教の寺院には非常に大きな建物がある、ダライ喇嘛の本山には三千七百余人の水瓜頭がゴロゴロして居る、此三千七百名の大衆が、銘々別々の室を持つて居るのだから、寺の大きさが想像される、此等の僧侶が一堂に集つて経を読む場合には、丁度兵士の吶喊を聞くやうだ、其上、鐘や太鼓でドンチヤンやらかすのだから、騒々しいこと夥しい、是れでは流石辛抱強い仏様でも逃出さずには居られまい」と伝える。チベット仏教の僧侶たちについては、「喇嘛僧は決して横臥ては死なぬ、立往生ではないが必ず坐つて往生する、横臥て死んでは成仏が出来ぬと思つて居る」という記述があり、また、死に至るまで世間との交渉を一切絶って洞窟に閉じこもる修行者については、「斯くして六根清浄、念仏を唱へながら目出度く往生する者がある、死んだ奴を見ると毛髪長く延びて、丸で地獄の悪鬼見たやうだが、此宗旨では斯うなくては成仏が出来ぬと見える」等と述べている。

最後に、「仏教の旧教　日本の仏教と西蔵の仏教とは耶蘇教でいへば新教と旧教のやうな者であらう、旧教には色々迷信があると同時に、色々教祖当時のおも影が存つて居るやうに、喇嘛教には世尊当時の遺風が其儘に残つて居るのだ、貴国の学者が西蔵に行つて研究したならば、世界に知られぬ事実が多く発見されるであらう」としている。

この記事が情報源とする、神田青年会館でのヘディンの講演内容そのものについては、ヘディンが使用した記録資料が残されていないため不明である。しかし、少なくともこの記事においては以上のように、複数の男性を夫とする女性、死者を切り刻んで犬に食べさせる習慣、無闇矢鱈に鐘や太鼓を叩く無知な僧侶、洞窟で凄惨な形相で死んでいく修行者といった、扇情的とも受け止められざるを得ない事柄が、紹介するべき内容として選ばれていることがわかる。更に、「西蔵人の迷信には随分甚だしいのがある」、「丸で地獄の悪鬼見たやうだ」等という表現が使用され、「西蔵人の奇習」というタイトルが冠されていることには、チベットを所謂「珍聞奇談」の源として扱う恣意的な態度が観察される。これは、阿嘉呼図克図報道や河口旅行談等チベット事情の紹介記事に頻繁に見られたものと軌を同じくするものである。

しかし、このような内容はこの新聞記事に限られてはおらず、例えば同様にヘディンの講演をまとめたものである、東京地学協会の『地学論叢』特集ヘディン号にも共通して見られる。ヘディン号は、東京地学協会、「東西両帝国大学」での講演を山崎直方が「訳述」したものであるが（ヘディン号、一頁）、チベット事情紹介の箇所においてトピックとされているのは、「霊魂輪廻説」（七二～七三頁）、僧侶の「階級制度」（七三～七四頁）、「岩くつの修行」（七五～七六頁）、「正月の舞楽」（七六～七七頁）、「多夫一妻」（七七頁）であり、『万朝報』の記事の内容とほぼ重なる。
一方、両者に差異が見られる部分としては、例えば『万朝報』の、「人間の墓地は犬の腹とは振つて居る」等という表現がある。このような表現は、ヘディン号には全く見られない。また、『万朝報』でラマ僧が、「横臥て死んでは成仏が出来ぬと思つて居る」と記述された箇所に相当するのは、ヘディン号の、「毛髪は真白く長く床に垂れ、然かも死に臨んで全く仏像の如く端然として座して居り、苟も形を乱して横臥して居る様なことはない」（七六頁）という記述である。「西蔵人は極端な輪廻説を抱いて居る」と記述された箇所も、ヘディン号では「人間には霊魂輪廻説が確く行はれて居る」（七二〜七三頁）となっている。

ヘディン号と『万朝報』の記述に、このような違いが生じた理由としては、ヘディンの講演の内容がもともと違ったものであったことも、勿論大いに考えられる。しかし前述したように、ヘディンの講演は、「旅行奇談」（「交詢社午餐会」『東京朝日新聞』一九〇八年一一月一七日付）などと形容され、ヘディンの話術の巧妙さが、報道において頻繁に伝えられていた。このことから、ヘディンの講演自体に、『万朝報』の記述のような受け取られかたをしかねない表現を含んでいた可能性が指摘できる。同時に、「ヘディン号」の記述においては、翻訳者の山崎直方などによって、この「旅行奇談」的な「文学的口調」が省略されたか、もしくはそのような色彩がより稀薄な表現に置き換えられたことも考え得る。

上掲の『万朝報』の記事に見られるように、ヘディンをめぐる一連の報道には、阿嘉呼図克図来日報道や河口旅行談等、一九〇〇年以降の新聞記事において描かれたさまざまなチベット・イメージが、より強調された形で再現されているのを見いだすことができる。例えば、前述の「ヘディン博士と云ふと武骨一片のさも荒くれた冒険児と思つているものもあるらしいけれど」という『大阪朝日新聞』の記述は、沙漠を横断し荒涼としたチベット高原を進むなどという前人未踏の探検をした人物は、さぞ「荒くれた」人間であろうという予想があったことを示すものである。この記述には、河口旅行談において描かれた、いかなる困難にも挫けず荒野を進む河口の姿を、誇張された形で見いだすことができよう。チベットは、まさにそのような種類の人々が行く場所、すなわち

「冒険の舞台」であるというイメージで再生されているといえる。また、ヘディンに対する『東京朝日新聞』記者のインタビュー記事には、以下のようなやりとりが伝えられている。記者が「清人は御旅行を邪魔したでせう」と質問すると、ヘディンは「否清人は非常に親切でした」と「弁護」した。更に記者が「併し西蔵は鎖国主義でせう」と問いかけると、ヘディンは少し笑って、「それはさうですが」と答えたという（「ヘヂン博士到着」『東京朝日新聞』一九〇八年一一月一三日付）。この記事中にある記者の質問には、探検家の進路を阻む現地民、鎖国のチベットなどの一連のイメージが再現されているのを見ることができる。

3　ヘディン来日報道の影響

ヘディンの動向が頻りに報じられる中で、ヘディンに続こうとする日本人のニュースが伝えられた。その一つが、苦学生の海外渡航援助を目的に島貫兵太夫（一八六六～一九一三）によって一八九七（明治三〇）年に創設された団体である日本力行会*71の矢島保治郎他二名による、世界一周無銭旅行計画の発表である。

まず一九〇八年一一月二二日付『大阪朝日新聞』の「天声人語」が、「ヘディン博士の意気も、青年の鑑とすべきものだ」と述べ、「ヘディン博士の歓迎に奮然として起つ青年、我が国には在らざるや」と結んだ。矢島らの計画は、この呼びかけに応えるタイミングで発表された。彼らの旅行計画は、「同胞の惰眠を覚まさせ」る「壮挙」（「労働で世界周遊」『万朝報』一九〇八年一一月二五日付）などと伝えられ、記事においては例えば、ヘディンの探検した地域であるチベットやヒマラヤが大文字で強調されるなど、いずれもヘディンと関係づけて報道された。矢島らの計画が発表されると、例えば『万朝報』は第一面において、「ヘヂン博士に刺激せられたる為には非ざるべきも、同博士歓迎の時に際し、我邦にも世界無銭旅行の壮図を試みんとする者あるは喜ぶべし」という記事を載せている（「世界無銭旅行」『万朝報』一九〇八年一一月二六日付）。この記事も、ヘディン来日という状況を意識して矢島らの計画を捉えた一例であり、ヘディンの旅行談が持った影響力の大きさを証するものと言えるだろう。

さらに矢島の記事とほぼ同時に、『読売新聞』には、独自の探検隊派遣の計画が大きく発表されている。「西比利亞と確定　ヘディン博士と吾社探検記者の会談（中略）士気振興の目的を以て探検隊を組織（中略）西蔵以上の秘密境界暗黒として世界各国より注目されつゝある露領西比利亞に入る可く」（「西比利亞と確定」『読売新聞』一九〇八年一一月二五日付）という記事である。ここでも、記事中「ヘディン博士吾社の計画を賞讃す」と小見出しが付けられ、ヘディンが、探検家には壮健な身体は勿論、何より「不撓不屈の精神」が大切であると記者を励ましたことが伝えられている。以上のような記述はいずれも、ヘディンという話題の人物を使用して、これから行おうとする探検へ読者の関心を招来しようとしたものであると言えよう。

しかしヘディンに関連する報道の影響として、最も注目すべき点は別にある。それは、ヘディンのチベット情報が、河口によってもたらされた情報の内容を疑問視した人々に、その学術的な権威によって、強くアピールするものであったことである。河口旅行談の内容が「空前の大活劇」（『大阪毎日新聞』一九〇三年六月四日付）等とされ、それゆえに西遊記に擬されたと同様に、ヘディンの旅行の記事も、河口の帰国時の報道で紹介された内容と軌を一にするものであり、やはり「活ける冒険小説」などと形容されたことは既に述べた通りである。『万朝報』と『地学論叢』の記述に差異が見られたように、表現のされ方に違いがあったものの、記述されるその対象が、チベットという同じ地域であったことを思えば、これも当然のことながら、報道全体で報じられた内容自体は、河口の旅行記事とほぼ重なるものであった。

しかし河口が語った「チベット」は、「伝奇的」などとされ、一部の人々には架空のものと言うに近い印象を与えたのに対し、ヘディンの名によって記述された、この報道での「チベット」は、そのような評価は全く受けていない。これは、当時両者が置かれていた場や身分を考えれば当然のこととも言えるが、しかしそれだからこそ、ヘディンの来日報道は、河口の旅行記事に描かれたチベットについて、ヘディンの情報の具えるデータとしての厳密さと、「博士」などの権威をもって、その信憑性を保証する結果となったと言えよう。河口の「チベット」をいったん退けた人々は、ヘディンの探検談を通して結局それを受け入れたと言えるのではないかと思われる。日本人のチベット・イメージへのヘディンの影響としては、これが最も大なるものであったと考えられる。そしてその他の人々、つまり、東京地学協会などの、英語もしくはドイツ語の読解能力を持つ一部の専門家を除く、大多数の日本人にとって、ヘディンのチベット探検の情報に触れるのは、これが最初であったと思われる。ヘディンの来日というこの時点で、ヘディンの旅行記は全く日本語訳されていなかったからである。つまり、当時最新のチベット情報が、ヨーロッパの学者であることや「勲一等」等といった権威に裏付けられて、初めて一般の日本人に紹介されたことになったと言える。ここでも河口旅行談の「チベット」は、より強力に、いわば描き直されたのだと言えよう。

ヘディンの旅行記の影響は、この当時のみに限られない。探検についての彼の体験談は以後も、日本人を魅了し続けた。ヘディンの探検記は一九四〇年前後に相次いで日本語訳され、更に戦後、一九六〇年代、一九七〇年代において、科学者の真摯な研究活動としての「探検」のモデルケースとして、ヒマラヤを目指す登山家たちに読み直されていくこととなった。ヘディンの「チベット」は、彼らの登山記の中で再び再現されていくことになるのである。

注

1　この阿嘉呼図克図の来日については、従来の研究において、触れられることが非常に稀であり、山口瑞鳳『チベット』（上巻、一九八七年、八一～八二頁）と江本嘉伸『西蔵漂泊』（上巻、一九九四年、二五四頁）、奥山直司『評伝　河口慧海』（二〇〇三年、二三五頁）が、一九〇一年に阿嘉が来日したことと、寺本の奔走によってこの来日が実現したことの二点に、それぞれ言及しているのみである。比較的詳細に阿嘉来日を取り上げているのは、秦永章の研究であり、寺本婉雅が残した日記類と書簡から編集された『蔵蒙旅日記』（一九七四年）、真言宗系の仏教雑誌『伝燈』二四二号（一九〇一年八月一三日発行）社説「喇嘛僧来朝に就ての所感」（一一二頁）の記述に主に依拠して、東本願寺、京都帝国大学の卒業式に参加したこと、東京において政治家や財界人等から歓迎を受けたこと、七月二八日に参内したこと、神田錦輝館において歓迎会が行われたこと、彼等の滞在中寺本が発病し、東本願寺浅草別院で療養を続けていたこと、帰国する阿嘉呼図克図一行に東本願寺僧侶織田得能が同行し入蔵を目指す計画であったが、それが実現したか否かは不明であることが記述されている（『日本渉蔵史』（二〇〇五年、

第四章第二節「引誘阿嘉呼図克図等訪日」一〇〇～一〇三頁、「二〇世紀前半期雍和宮蔵族高僧秘訪日本始末」『北方論叢』二〇〇四年第二期、七八～八一頁）。

2 『読売新聞』において、チベット特集に相当すると筆者が考える記事は以下である。「西蔵雑談」（一九〇一年七月二一、二三日付）、「喇嘛教」（同年七月二三日、八月四、一六、一七日付）。他紙において同様の特集と考えられる記事は以下のようなものがある。『東京日日新聞』においては、「西蔵雑談」（一九〇一年七月二三日付）、「西蔵雑記」（同年七月二五日付）、「喇嘛教寺院の大法要図解」（同年七月二五日付）、「西蔵雑記」（同年七月二六日付）、「西蔵印度の国境」（同年七月二七日付）、「喜摩拉耶連峯」（同年七月二八日付）、「喜摩拉山桟道の図」（同年七月三〇日付）、「喇嘛高僧修法の図」（同年七月三一日付）、「世界最高の停車場世界最小の汽車」（同年八月一日付）、「喇嘛僧の図」（同年八月八日付）。『東京朝日新聞』においては、「喇嘛教貫主」（一九〇一年七月一四日付）、「喇嘛貫主」（同年七月二三日付）、「喇嘛貫主に関する談話」（同年七月二四日付）、「文明東漸の実例（喇嘛貫主と舞踏会）」（同年七月二五日付）。『時事新報』においては、「喇嘛教の講話」（一九〇一年七月二四日付）、「西蔵鎖国の理由」（同年七月二九日付）。『大阪朝日新聞』においては、「西蔵事情」（一九〇一年七月一〇日付）、「喇嘛」（同年七月一〇日付）、「喇嘛僧談（上）」（同年七月二三日付）、「喇　〔ママ〕僧談（下）」（同年七月二四日付）。

3 例えば、「露国と西蔵」（『大阪朝日新聞』一九〇一年七月一七日付）、「露国と西蔵」（『東京日日新聞』一九〇一年七月一八日付）、「露国満州の代地を求むるの意あり」（『読売新聞』一九〇一年八月三〇日付）等の記事に、その旨の記述が見える。

4 阿嘉呼図克図一六世を一世とし、来日した阿嘉呼図克図を五世とする記述もあるが、これは、伝説的な紀伝による部分を省いた場合である（例えば秦前掲書、二〇〇五年、一〇〇頁）。

5 前掲『蔵蒙旅日記』巻末に添付された「寺本婉雅略年譜」によると、寺本婉雅は一九〇〇（明治三三）年八月に「陸軍通訳」に任命され、同月北京へと出発している。『宗報』に掲載された彼の報告によれば、「第五師団監督部付通訳官」として活動する傍ら、東本願寺が派遣した布教使大河内秀雄が行った軍隊布教の、補助的な活動をしていた（『宗報』一九〇一年二月二五日付、一七頁）。

6 但しこの「リンチンニマ」なる人物については、阿嘉呼図克図が北京に戻って以降に、改めて日本に渡航する計画があったと報じられている（「喇嘛貫主の来朝日誌」『宗報』一九〇一年八月一日付、七頁、「喇嘛教貫主一行」『大阪毎日新聞』一九〇一年七月一四日付）。しかしこれが実現したのかどうかは現在のところ不明であり、寺本の著作にも該当する記述は見あたらない。

7 寺本は自身の著作の中で、清朝当局に対するこのような働きかけについて、例えば寺本婉雅訳『唐蕃会盟碑文』（出版社出版年不明、東京大学所蔵、一九二九年出版と推測される）に収められた「西蔵秘密国の事情」第四章「大日本」の全亜細亜同盟主と北清事変」においてのように、彼の活動にのみ言及している（一三～一五頁）。しかし、例えば『東京朝日新聞』一九〇一年七月二四日付「喇嘛貫主に関する談話」には、このような活動を行った人物として、寺本と共に布教使大河内秀雄、代議士野間五造の名も上がっていることから、阿嘉呼図克図の来日実現は、寺本の尽力のみによるものではない可能性がある。

8 『宗報』によると、阿嘉呼図克図の他、熬色爾甲木索（前掲寺本『蔵蒙旅日記』八九頁によると、「熬色爾甲木錯」）、巴達嘎爾、巴撒爾（同「楊喇嘛」）、太空（同「大空」）、阿爾潭（同「阿喇嘛」）、劉明琨、何鎮卿の八人である（「喇嘛貫主の来朝日誌」『宗報』一九〇一年八月一日付、六頁）。

9 南條文雄の回想録には、阿嘉来日計画が一度潰えたことがうかがえる記述がある（南條文雄『懐旧録』、一九七九年、二七五頁）。また、大谷大学で寺本婉雅資料を精査した三宅伸一郎氏のご教示によれば、寺本が中国・重慶滞在中であった一九〇〇（明治三三）年一月、彼の日記に「本山谷局長へ電報ヲ以テ喇嘛ヲ伴ヒ帰国スベキヤ否ヲ問合セタリ」（二二日付）、「本山ヨリ喇嘛ヲツレ帰ルヲ見合セトノ返電」（二六日付）という記述があるという。この「喇嘛」が阿嘉呼図克図を指すかどうかは不明であるが、この日記の記述もまた、チベット仏教の高僧を日本へ招くという計画の頓挫を示すものだと思われる。

10 以下全文を引用する（□は判読不能の文字を示す）。

第一頁　明治三十四年清国蒙古喇嘛教主雍和貫主等ノ一行東京本願寺へ宿泊及帰国ノ旨同寺別院輪番ヨリ届出之件

第二頁（白紙）

第三頁（欄外　三十四年七月廿三日□受　人事課長　印）　御届　清国蒙古喇嘛教主雍和貫主阿嘉呼図克図西蔵派遣使節雍和宮教頭熬色爾木索代管事務巴達戛爾回事巴撒爾従僧阿爾潭大空

第三頁　文書掛劉明崑従者阿鎮卿右昨日入京当本願寺へ宿泊致候待遇方等ニ付御気付之儀も有之候はゞ御指揮被成下度御届旁此旨願上候也　東京市浅草区浅草松清町　本願寺別院輪番大草慧実印　明治三十四年七月廿二日　外務大臣曽根荒助殿

第四頁（欄外　三十四年八月□日□受　主管政務局　小池（印）人事課加□）御届　国雍和宮貫主阿嘉呼図克図外随員七名右ハ七月廿一日ヨリ当院ニ止宿罷在候処昨三十一日出発帰国相成候此旨届仕候也　東京市浅草区松清町　本願寺輪番大草慧実印　明治三十四年八月一日　外務大臣曽根荒助殿

11 例えば『時事新報』は、「尚ほ小石川砲兵工廠をも一覧せんとて目下其筋へ照会中なり」と伝えている（「喇嘛教貫主一行」一九〇一年七月二四日付）。同所に関しては、同日付の『読売新聞』、『万朝報』、『東京朝日新聞』にも、訪問予定先として報じられている。

12 「空言」（『読売新聞』一九〇一年七月二八日付）に使用されている表現である。同様の言葉は、「喇嘛の一行」（『大阪朝日新聞』一九〇一年七月一一日付）にも見える。

13 同様の記述は、「西蔵事情」（『大阪朝日新聞』一九〇一年七月一〇日付）にもあり、この記事の冒頭も、「兎に角西蔵が世人の注目を惹くに至りし上は同地の事情を略叙して参考に資する」となっている。

14 例えば雑誌『太陽』には、阿嘉呼図克図来日を機に「西蔵問題」と題する特集が組まれており、この記事本文冒頭に「根原を西蔵に発する喇嘛教貫主が我国に来朝」とある（第七巻第九号、一九〇一年八月五日発行、二一七頁）。この記述も、チベット仏教の淵源地としてチベットが注目されたことを示す一例であると言えよう。

15 例えば、一九〇一年七月二〇日付『読売新聞』社説「喇嘛教貫主の上京」や、一九〇一年七月二一日付『東京日日新聞』社説「西蔵問題」などにも、同様の見解が示されている。

16 例えば『読売新聞』のチベット特集記事「西蔵雑談」（一九〇一年七月二一、二二日）では、日本は列強の一員たる国力を有することにより、清よりも有利であり、チベット人と同じ黄色人種であることにより、チベットとの交渉において、日本は列強に比較してやはり有利な条件を持っている、とされる。

17 その他「喇嘛法王の来遊」（『大阪毎日新聞』一九〇一年七月九日付）にも同様の記述が見られる。

18 このチベット人の外国人忌避と地理的障害を紹介したものとしては他に、「西蔵雑談」（『東京日日新聞』一九〇一年七月二三日付）、「西蔵雑記」（『東京日日新聞』一九〇一年七月二五、二六日付）、「西蔵事情」（『大阪朝日新聞』一九〇一年七月一〇日付）がある。

19 同様の記述は、雑誌『仏教』一七四号「喇嘛教貫主雑話」にも見える（一九〇一年八月一五日付、二三八頁）。

20 チベット人の排他的な態度に言及するものとしては例えば、「西蔵雑記」（『東京日日新聞』一九〇一年七月二五、二六日付）、「西蔵鎖国の理由」（『時事新報』一九〇一年七月二九日付）がある。

21 同様の記述は前掲『仏教』一七四号「喇嘛教貫主雑話」（一九〇一年八月一五日付、二三八～二三九頁）、雑誌『中央公論』一九〇一年八月号「西蔵雑記」（三〇頁）、『伝燈』二四三号「喇嘛雑談」（一九〇一年八月一三日付、三三頁）にも見える。

22 阿嘉のいわば「無知」に言及する記事は他に「喇嘛貫主に関する談話」（『東京朝日新聞』一九〇一年七月二四日付）、「火坑漫話」（『大阪朝日新聞』一九〇一年七月二三日付）等がある。また雑誌にも、例えば前掲『仏教』一七四号「喇嘛教貫主雑話」（一九〇一年八月一五日付、二三七頁）、『伝燈』二四三号藤島膽岳「喇嘛教に就て」（一九〇一年八月一三日付、三三頁）に言及がある。

23 例えば雑誌『中央公論』一九〇一年一〇月号「宗教博物館」では、「喇嘛や薩満は盲昧頑迷算ふるにも当らず」（一〇頁）と、チベット仏教を宗教の範疇に含めるに値しないものであるとしている。

24 藤波は、初代のダライラマとパンチェンラマに関して、ある説の信憑性を阿嘉呼図克図に質した。藤波が問題としている説とは、彼の記述によると、初代のダライラマとパンチェンラマが、チベット仏教ゲルク派の祖ツォンカパ（一三五七～一四一九）の父母とされ、ツォンカパが没してのちダライとパンチェンに転生したものであり、ツォンカパの弟子ではない、というものである。藤波はこの説が中国やモンゴルで流布されているものとしている。実際には、ダライラマ一世ゲドゥン・トゥプパ、パンチェンラマ一世ゲレク・ペルサンポは、ともにツォンカパの弟子である（クンチョック・シタル、ソナム・ギャルツェン・ゴンタ、斉藤保高『実践チベット仏教入門』、一九九五年、ix頁）。

25 但しこれと対照的な見解を示した記述も見られる。『東京朝日新聞』は「我宗教界に於ても西蔵喇嘛教の研究ハ一の流行となり居れり」と伝えている（社説「喇嘛僧来る」一九〇一年七月一一日付）。また、前掲『伝燈』二四三号社説「喇嘛僧来朝に就ての所感」（一九〇一年八月一三日発行）も、「喇嘛教研究の声は各宗教家の間に喧響する所となれり」と述べている（一頁）。

26 前章第三節注でも触れたが、仏教者たちの記述においては、阿嘉呼図克図来日報道に先立ち、すでに一八九五（明治二八）年に「秘密国」が使われているのが見える。例えば古河老川（潜堂学人）「西蔵仏教の探検」（『密厳教報』一三一号、一八九五年三月一二日発行）には、「此西蔵の国たる、古今東西の一大秘密たり」（七頁）、「一大秘密国」（八頁）という表現がある。

27 この種のあやまり、もしくは誇張された記述としては、例えば阿嘉呼図克図について、「教主の下に呼図克図といふものが十人ある、阿嘉呼図克図ハその首座である」（「アチャ、フトコト」『読売新聞』一九〇一年七月二九日付）、「内外蒙古二十一王の政治監督権を以てせるのみならず併せて満洲伊犂内外蒙古天山南北路サマルカンド一帯の宗教監督権を以てせり」（「喇嘛貫主」『東京朝日新聞』一九〇一年七月二三《ママ》日付）等がある。このような表現は新聞紙上のみに見られるものではない。東本願寺の機関誌『宗報』にも、「阿嘉呼国克仏爺は清皇の帝師として蒙古に於ける羅馬法皇として重を清蒙に措き西蔵達頼喇嘛に対して師弟の関係あるも蒙古に在りては政教統司者なり」（「東亜仏教徒連合の端緒」一九〇一年八月二一日付、八頁）という、新聞記事と同様の誤解に基づくと覚しき記述が見られる。新聞紙上には、「人々の待て居る間に接待掛なる東本願寺の白尾善夫、松江賢哲諸師と話した」（「喇嘛僧談（上）」『大阪朝日新聞』一九〇一年七月二三日付）等、東本願寺の僧侶たちから聞き取りが行われていたことを明らかに示す記述がある。このことから、これらの記事の情報源の一つは、阿嘉呼図克図に付き添い、新聞記者等への応対の窓口となっていた東本願寺の僧侶らである可能性が考えられる。報道にこのようなあやまり、もしくは誇張があることは、すでに当時においても、「世の新聞雑誌などでは種々喇嘛教と西蔵に関して柄《ママ》にもなく我一と書き立つる為め、ヒドイ間違ひを伝へて、阿嘉氏とダライ喇嘛と同人と心得たり、支那にて政治上の実権までも据れるが如く吹聴したり、西蔵は印度の真中にあるやら、チョーマーが僅か十余年前の人であるやら、中々目覚まし嘘を伝へる」と指摘されている（「西蔵雑記」『中央公論』一九〇一年八月号、二八頁）。

28 このことは例えば前掲『仏教』一七四号「喇嘛教貫主彙報」（一九〇一年八月一五日発行）において、そのマスコミでの取り上げられようを「日本の花形」と形容され（二五一頁）、また『中央公論』一九〇一年八月号「毎月通信」にも、「本月教界の風聞は喇嘛の貫主阿茶師にて持ち切り候、水道の蛭も大学の鼠も、評判一寸途絶へし時、独り宗教界のみならず世間一般喇嘛僧の風説のみに御坐候」（六九頁）とあることからうかがえよう。

29 根深誠『遙かなるチベット』（一九九四年）は、それまで不明とされてきた慧海の入蔵ルートを詳細に追跡した記録である。

30 現在までの河口慧海研究については、高山龍三が『展望河口慧海論』（二〇〇二年）、「国内の著作にみる河口慧海」（一）〜（八）（『黄檗文華』第一二〇〜一二七号、二〇〇一〜二〇〇八年）に詳述している。しかしこの中に、河口のチベット観や、河口が日本人のチベット観に与えた影響などを考察したものはほとんどない。但し高山龍三『河口慧海―人と旅と業績―』

（一九九九年）に「河口慧海のみたチベット」と題して河口慧海のチベット仏教観（七五〜七六頁）、チベット文明観（八四〜八五頁）に触れたものがある。

31 本節では河口の履歴について、主に高山前掲書（一九九九年）を参照した。その他、哲学館在籍時代の河口については、飯塚勝重「能海寛と長江三峡行―哲学館をめぐる能海寛と河口慧海」（『白山史学』三四号、一九九八年）を、黄檗宗と河口との関わりについては、正満英利「河口慧海についての一考察―得度の師希禅和尚の資料から―」（『黄檗文華』一一七号、一九九八年）を参照した。

32 ジョージ・ボーグル（George Bogle, 1746-1781）は一七七四年に、印蔵間の貿易について調査するために派遣され、チベットを初めて訪れた英国人となった。彼については、パンチェンラマの親族であるチベット人女性との結婚など、パンチェンラマとの親交が伝えられている（スネルグローブ、リチャードソン『チベット文化史』奥山直司訳、一九九八年、三〇二頁）。

33 例えば、河口のチベット旅行談を長期連載した『大阪毎日新聞』、『時事新報』の二紙の連載のみに限っても、『大阪毎日新聞』が一三八回、『時事新報』が一三九回、約四か月半にわたる連載であったのに対し、阿嘉来日時のチベット事情紹介に相当すると思われる記事は一九〇一年の七月と八月で『大阪毎日新聞』は六件、『時事新報』も六件に過ぎない。

34 カム人についてのこのような記述は、河口旅行記の他にも見られる。例えば、イギリスの外交官で、一九一八年、中蔵間の紛争の調停のためカム地方を旅したエリック・タイクマンも、カム人の剽悍さに言及している。彼は、その旅行記『東チベット紀行』（陳舜臣編集、水野勉訳、一九八六年）で、チベットの仮面劇に触れた際、以下のように述べている。「主要なコメディアンたちはチベット最西部から来た半未開のチベット人とカム出身の暴れん坊の勇士に扮している。これはブラマプトラ川の中央流域の文化的な住民達が、西部および東部チベットの人々にそれぞれあてがった性格である」（一八七頁）。タイクマンは、同じカム地方のチベット人でも、「デゲ」地方の住民は手工芸の技術に優れ、高い学識を持つとしつつ、首都ラサを含む中央チベットの人々が、カム地方の住民を乱暴で勇敢な未開の人々として捉えていることを伝えている（一八八頁）。

35 枚数について見ると、新聞連載時は、『時事新報』が一三五枚、『大阪毎日新聞』が七七枚であったが、これに対し『西蔵旅行記』においては、六三枚となっている。理由は様々に考えられるが、新聞連載時挿絵にされていたネパールの「執権総理大臣」チャンドラ・サムセールの像や、慧海に与えられたチベット文の通行証明書などが、『西蔵旅行記』では写真として載せられていることがその一つとして考えられる。また、挿絵そのものも、新聞連載のものと違うものが使われている。挿絵の筆者については、挿絵に書き込まれたサインを手がかりとして、高山龍三が以下のように推測している。すなわち、『時事新報』の挿絵には六月三〇日まで「**ET**」、「都鳥」、「**Totori**」、「と」、「茶巒」、「茶」という書き込みが見られるが、これらは同一人と考えられ、七月一日からは別の筆であると推測できる。『大阪毎日新聞』には、「東禹」、「東う」、「東禹 **OTA**」、「**OTA**」の書き込みがあり、これらは同一人であると思われる。更に『西蔵旅行記』には、「古洞」、□の中に「や」の字を入れたものが見られるが、これも同一人であると思われる（以上高山前掲書、一九九九年、九八頁）。

36 例えば『東京日日新聞』一九〇三年五月三〇日付には、慧海を「西蔵の講談師」と諷する記事が見られる。

37 「地学協会の書記」と称する人物が、河口の記事を虚偽であるとして新聞社に抗議したが、河口の反論によってその抗議を取り下げた、ということがあった（河口正『河口慧海』、一九六一年、一三五〜一三七頁）。このことについては、奥山直司『評伝河口慧海』（二〇〇三年）に更に詳細な言及がある（二一八〜二二二頁）。

38 編者林暘谷には、他に『日露の情勢』（井上一書堂、一九〇三年）という著作があり、ジャーナリストであったと思われる。

39 高山龍三は、同書の記述とそれ以前の新聞記事を詳細に対照し、同書出版直前までの河口旅行記事がベースとなっていることは確実であるが、ニュース・ソースが不明である部分もかなりあると指摘した（高山前掲書、二〇〇二年、三〇〜三八頁）。高山が指摘するように、この著作に紹介されたチベット事情には、河口連載と同時期『読売新聞』に連載されたチベット事情紹介記事「西蔵事情」（六月七、一三〜一六日付）と共通する情報が多く見られる。『読売新聞』のこの記事は、慧海が当時関心が集中していた部分であるチベット内地での体験談を、『時事新報』、『大阪毎日新聞』の二紙独占としたことに抗議したもので、「既に世界に知られ居る西蔵の事情に就て、詳細に記述すべし。読者若し慧海師の談話と対照して考察せば思ひ半に過ぐるものあらん」（一九〇三年六月三日付）と言明して始められたものである。その他「供の担夫は凶賊」（二四〜二五頁）の、カム人の諺「人を殺さゞれば食を得ず、寺を巡らざれば罪消えず、人殺しつゝ寺巡りつゝ進めよ進めよ」を紹介する部分は、『時事新報』一九〇三年五月二五日付「河口師の西蔵探検譚（三）」にすでにみえる。

40 『大阪毎日新聞』一九〇三年六月九日付。『時事新報』同日付には「生きた餓鬼」とある。

41 『大阪毎日新聞』一九〇三年六月九日付、『時事新報』同日付。

42 ツァーランのこの風習を伝えている記事は以下。「河口師の西蔵探検譚（四）」（『時事新報』一九〇三年五月二六日付）、「河口氏の西蔵探険（七）」（『国民新聞』一九〇三年五月三一日付）、「河口慧海師の入蔵談」（『大阪朝日新聞』一九〇三年六月一日付）。

43 『大秘密国西蔵探険』の編者林による「自叙」には、チベットが「四面天嶮の彊土」、「喇嘛教の本国」、「絶対なる鎖国主義」などという言葉で表現されている。

44 一九四一年に河口自身が改訂した『西蔵旅行記』（山喜房仏書林）、一九六〇年に親族である河口正の編集による「チベット旅行記」（『世界ノンフィクション全集』六、筑摩書房）、一九六七年に歴史学者の長沢和俊の編集である『チベット旅行記』（白水社）、一九七八年に弟子の壬生台舜の校注による『チベット旅行記』（旺文社）、高山龍三校訂『チベット旅行記』（講談社）、『西蔵旅行記』の復刻版である『西蔵旅行記』（覆刻日本の山岳名著、大修館書店）、一八九八年にやはり復刻版である『西蔵旅行記』（明治シルクロード探検紀行文集成、ゆまに書房）がある（以上高山前掲書、一九九九年、一八〇〜一八三頁による）。以上に加え、児童向けの読み物としても編集されたものがある。すなわち、河口正の編集による「チベット旅行記」（『世界ジュニアノンフィクション全集』一二、一九六二年）、三浦清史の文による「チベット旅行記」（『少年少女世界の名作』五〇、小学館、一九七三年）である。更に、二〇〇四年には一九六七年の白水社版が改めて新書版として出版された。

45 高山前掲書、一九九九年、一八〇～一八三頁。

46 高山は、一九五〇年代にヒマラヤ地方の調査を行い、慧海の入蔵ルートを確定した川喜田二郎によって、一九六〇年代に入り、河口を積極的に「探検家」とするとらえ方が生まれ、『西蔵旅行記』の「復活」とも言える再評価がなされたとしている（「国内の著作に見る河口慧海」（四）『黄檗文華』一二三号、二五一頁）。

47 これは、「能海寛氏の生死」（『東洋哲学』一九〇五年九月五日付）五六四頁所載の「浄蓮寺の檀徒にして目下出征中なる岡田利喜太氏より寛氏の家厳謙信師及び同寺檀家総代小林氏に送りし左の書信」中に見える表現である。

48 能海寛研究会では年来、能海の消息を明らかにしようとする様々な試みが行われているが、その最大の成果は中村保「横断山脈に消えた能海寛」（『石峰』第五号、一九九八年、一～五〇頁）である。

49 他には「満州軍某部長井戸川少佐」（「探検家能美〔ママ〕寛氏殺さる」『東京朝日新聞』一九〇五年七月二二日付）、「満洲某軍政部長井戸川少佐」（「探険家能海寛氏殺害せらる」『東京日日新聞』一九〇五年七月二二日付）、「在満洲軍務署長井戸川少佐」（「能海寛君を悼む」『新仏教』一九〇五年九月一日発行、六六七頁）、「井土川少佐」（「能海寛氏の生死」『東洋哲学』一九〇五年九月五日発行、五六四頁）などと伝えられている。これは陸軍士官学校一八九〇年卒で、日清戦争前後に清国応聘将校として四川省成都で清側の軍事顧問を務め、日露戦争中は特別任務班として「満蒙」地区で特殊工作に従事した井戸川辰三（一八七〇～一九四三）を指すと思われる。

50 これに先立って、『時事新報』は、すでに七月二五日付の段階で、「演戯的」に類する表現こそ使用しないが、「残忍暴戻」の士人が　能海が辞世の和歌を書き終わるまで待つなどという「呑気なる事」は考えがたいと指摘している。

51 これに関しては、以下の記事を参照した。「西蔵探検家故能海寛氏」（『東京朝日新聞』一九〇五年七月二三日付）、「西蔵探検家遭難事件続聞」（『東京朝日新聞』一九〇五年七月二四日付）、「西蔵探検家遭難事件」（『東京朝日新聞』一九〇五年七月二五日付）、「西蔵探険僧の行方」（『読売新聞』一九〇八年一〇月八日付）。

52 例えば「西蔵探険僧の行方」（『読売新聞』一九〇八年一〇月八日付）がある。

53 郷間正平については詳細不明である。本田義英（一八八八～一九五三）は法華経の研究で知られ、著書に『法華経新訳要集』（一九五二年）などがある。

54 この引用の出典については、「教界時事紙　明治三十六〔ママ〕年十一月刊行」と寺本の添記がある。

55 例えば、一九〇三（明治三六）年八月一五日発行の『団団珍聞』第一四三七号の、餅珍和尚「秘密中の大秘密国」は、河口の新聞連載記事の内容を「支那の駄法螺小説」と評している（一一頁）。

56 この河口と能海の対比が最も典型的に見られるものとしては、黄洋「嗚呼能海寛君」（『新仏教』第六巻第九号、一九〇五年九月一日付、六六五頁）の、「曩に友人河口慧海君の西蔵より還ると称するや、其の説くところ多く質直ならず、徒らに大言愚人を瞞するの態あり、僕等甚だ心に快からず、これ敢て河口君を悪むが為めにあらず、一は議論抱負あり、言語学才の蘊蓄あり、以て其の目的を達せんがために苦心惨憺たる我が能海君のことに顧み、軽佻の徒、虚名を釣るの実状を知り、深く甚だ慨嘆に堪へざるものありしによる」という記述がある。

57 本書においては、本文中に示した新聞記事の他、以下のヘディン著作を参照した。『独逸従軍記』（宮家寿男訳、一九一五年）、『北極と赤道』（守田有秋訳、一九二六年）、『馬仲英の逃亡』（小野忍訳、一九三八年）、『中央亜細亜探検記』（岩村忍訳、一九三九年）、『赤色ルート踏破記』（高山洋吉訳、一九三九年）、『北京より莫斯古へ』（高山洋吉訳、一九三九年）、『西蔵探検記』（高山洋吉訳、一九三九年）、『ゴビの謎』（福迫勇雄訳、一九四〇年）、『独逸への回想』（道本清一郎訳、一九四一年）、『リヒトホーフェン伝』（高山洋吉訳一九四一年）、『ゴビ沙漠横断記』（隅田久尾訳、一九四二年）、『探検家としての余の生涯』（小野六郎訳、一九四二年）、『西蔵征旅記』（吉田一次訳、一九四二年）、『熱河』（黒川武敏訳、一九四三年）、『彷徨える湖』（岩村忍、矢崎秀雄訳、一九四三年）、『禁断秘密の国』（田中隆泰訳、一九四三年）、『絹の道』（橋田憲輝訳、一九四四年）、『ヘディン中央アジア探検紀行全集』一〜一一（横川文雄他訳、一九六四〜六五年）、『ヘディン探検紀行全集』一〜九（金森誠也他訳、一九七八〜七九年）、『チベット遠征』（金子民雄訳、一九九二年）、『探検家としての我が生涯』（山口四郎訳、一九九七年）、『スウェン・ヘディン探検記』一〜九（横川文雄他訳、一九八八〜八九年）。更に、ヘディンの履歴、著作、関連資料の検索などについて、ヘディンについての研究を精力的に続けている中央アジア探検史家金子民雄の、『ヘディン伝』に主に依拠した。『ヘディン伝』は一九七二年に新人物往来社から出版されているが、一九八八年中公文庫に再録され、更に補注に手が加えられているため、本書では中公文庫版を使用した。金子の研究に依拠する理由は、彼が現在のところ最大の功績を持つヘディン研究者の一人であり、ヘディンの著作の訳者としては、日本においてただひとり、直接スウェーデン語の原典を読み、各国語訳をも対照の上で日本語への翻訳を行ったことにある。

58 東京地学協会はヘディン以前に、一八七九年に来日した北極探検で名高いノルデンショルド（一八三二〜一九〇一）に銀メダル、シベリアを単騎横断した福島安正に銅メダルを贈っている（金子民雄『ヘディン人と旅』一九八二年、一九七頁）。

59 例えば長沢和俊「ヨーロッパの中央アジア探検」（『季刊文化遺産』一一号、二〇〇一年四月）にも、ヘディンの探検を「地理学的個人的探検」とする表現が見られる（二六頁）。但しここにおいて「探検」という言葉は、ヘディンにのみ当てはめられているのではなく、一九世紀末から二〇世紀初めにかけて行われた、プルジェワルスキー、スタイン、グリュンヴェーデルなど各国の調査活動についても使用されている。

60 これについて本書では主として、金子民雄『秘められたベルリン使節』（一九八六年）を参照した。

61 例えば深田久弥については、「解説」（『ヘディン中央アジア探検紀行全集』全一一巻、一九六四〜六六年、各巻末）がある。また、福田宏年については「訳者あとがき」（ヘディン『シルクロード』下巻、一九八四年、二五一〜二六一頁）、「訳者あとがき」（ヘディン『さまよえる湖』下巻、一九九〇年、二五九～二六六頁）、岩村忍については「附録　中央亜細亜探検とスウェン・ヘディン」（ヘディン『中央亜細亜探検記』、一九三八年、二四一～二五八頁）、「解説」（ヘディン『彷徨える湖』、一九四三年、一～一〇頁）、「解説」（ヘディン『さまよえる湖』一九六八年、二三〇～二三六頁）がある。福田の訳本は、単行本での発行がないため、本書ではこの文庫版を参照した。

62 例えば、石田幹之助『欧米に於ける支那研究』（一九四二年、四〇七～四二七頁）、深田久弥『中央アジア探検史』（二〇〇三年、三九〇～四一四頁）、岩村忍『東洋史の散歩』（一九七〇年、一九七～二一〇頁）が挙げられる。

63 このような研究としては例えば、片山章雄、白須浄真監修『大谷光瑞師と中央アジア探検―その時代性をめぐって―』（一九九八年、四、一三頁）、片山章雄「渡辺哲信伝」『吐魯番出土文物研究会会報』（第五〇号、一九九〇年、二七一頁）、片山章雄「大谷探検隊の足跡」（『季刊文化遺産』一一号、二〇〇一年四月、三二頁）がある。

64 その他、金子民雄「解説」（橘瑞超『中亜探検』、一九八九年）に、ヘディンの西本願寺訪問と大谷探検隊事業との関連についての記述がある（二四二～二四五頁）。

65 ヘディンは来日前、すでに、ロシア帝室地理学会から銀メダル（一八九二年）、ベルリン地理学会からカール・リッター銀メダル（一八九七年）、スウェーデン地理学会からヴェガ金メダル、（一八九八年）、英国地理学会から創立金メダル（同年）、フランス地理学会から創立大賞牌（同年）、フランス政府から第四等レジオン・ドヌール勲章（同年）、英国地理学会からヴィクトリア金メダル（一九〇三年）、ベルリン地理学会からナハチガル金メダル、キルチェンパウエル金メダル（同年）、ノルウェー地理学会から金メダル（同年）、アメリカ地理学会から金メダル（一九〇四年）、パリ地理学会から大賞牌（同年）を受けている。一九〇八年の来日時には、東京地学協会から金メダルを受け、勲一等瑞宝章を授与され、翌年にはベルリン地理学会からフンボルト金メダル、スウェーデン地理学会からヨハン・アウグスト・ワールベルグ金メダルを受け、インド帝国上級勲爵士を授与された。しかし、一九一二年にはロシア帝室地理学会、一九一五年には英国地理学会から除籍されており、一九一八年にはレジオン・ドヌール勲章を剥奪されている（金子前掲書、一九八八年、四〇八～四一一頁）。

66 新聞紙上にも、その様子は充分見て取れる。例えば『読売新聞』に、公式の東京訪問の直前にヘディンが非公式に東京を訪れた際、「世界の大偉人」を迎えるのに東京地学協会の会員らが出迎えただけであったことを、「市民は何たる冷淡ぞや」と非難する記事が見える（「ヘディン博士の入京」一一月一六日付）ことも、その認知度が高くなかったことを示すものであろう。また、少年向けの雑誌『冒険世界』所載「大探検家ヘデン博士の秘密国旅行」の、「ヘデン博士！ヘデン博士！！真実白状すれば未だ一般国民の耳に熟せざる名である」（「大探検家ヘデン博士の秘密国旅行」『冒険世界』第一巻第一二号、一九〇八年一二月五日発行、三四頁）という記述にも、彼について当初、ほとんど知られていなかったことがうかがえる。

67 この「ヘヂン博士の昨日」（『東京朝日新聞』一九〇八年一一月一八日付）は、「博士の講演を聞かんとして押掛けたる東京帝国大学生は会場満員の為に入場するを得しず《［ママ］》て十六日には場外にて大騒動を惹起したる程なり（中略）入場券を出したるに互相の如き騒動こそなけれ忽ち千余枚を竭したり」と報じている。また『大阪朝日新聞』が東京でのヘディンを取り巻く状況について、「昨今東京で持て囃されてゐるヘディン博士」（「天声人語」『大阪朝日新聞』一九〇八年一一月二二日付）と伝えていることからも、当時の歓迎の様子が推察できよう。

68 ヘディンの拝謁の経緯、拝謁の模様などについては、金子前掲書（一九八二年）二二一〜二二八頁に詳しい。

69 例えば『万朝報』では、ヘディンに関して一貫してこのような表現が使われている。以下記事名を示す。「ヘヂン氏の講演」（一九〇八年一一月五日付）、「大探検家来朝」（一九〇八年一一月九日付）、「ヘヂン氏入京期」（一九〇八年一一月一一日付）、「スエン、ヘデイン氏」（一九〇八年一一月一一日付）、「大探検家来る」（一九〇八年一一月一三日付）、「ヘヂン氏の入京」（一九〇八年一一月一四日付）、「ヘヂン博士接迎式」（一九〇八年一一月一六日付）、「活ける冒険小説」（一九〇八年一一月一七日付）、「公人私人」（一九〇八年一二月一日付）。

70 ヘディンの学術的業績については他に、「ヘヂン博士接迎式」（『万朝報』一九〇八年一一月一六日付）、「スエン、ヘヂン」（『東京朝日新聞』一九〇八年一一月一二日付）、「ヘデイン博士」（『大阪朝日新聞』一九〇八年一一月二八日付社説）等の記事に報じられている。

71 日本力行会については本書では主として、島貫兵太夫『力行会とは何ぞや』（一九八〇年）、日本力行会『日本力行会創立五十年史』（一九四六〜一九四九年）、日本力行会創立百周年記念事業実行委員会、記念誌編纂専門委員会編『日本力行会百年の航跡：霊肉救済・海外発展運動の展開、国際貢献』（一九九七年）を参照した。

第三章

大正期におけるチベットへの関心と青木文教『西蔵遊記』

第一節　大陸への関心とチベット

一　新聞報道に見るチベットへの関心の変化

第二章で検討した一九〇〇年代から一九一二年前後までの、大量のチベット情報が新聞・雑誌に現れた時期を経て、大正期に入ると、少なくとも新聞紙上には、チベット情報についてある変化が見て取れる。その一つは、チベットをめぐる日本人の動静の扱われ方に見られるものである。明治期には、入蔵した日本人の帰国、つまりチベットに入ったことをはじめ、チベット事情を含めて全般がニュースになったのに対し、大正期に入ると、記事にされるのは、入蔵の企図、すなわちチベットへ行こうとすることのみとなった。

入蔵者の帰国を報じる記事は、一九一二（明治四五）年の矢島保治郎に関する一件のみで、それ以降は見られない。入蔵者に関する記事は、チベットからの帰国ではなく、別なものがトピックとなるようになった。例えば矢島について『読売新聞』を見ると、約一ヶ月ラサに滞在した彼の第一回入蔵からの帰国時（一九一二年三月）には、すでに述べたように体験談が記事になっている。しかし、ラサで七年を過ごした第二回入蔵からの帰国（一九一九年一月）時には、入蔵日本人としては当時最も長くラサに滞在し、かつチベット人女性を妻として、その間に生まれた子供も共に帰国したという、他の入蔵者にはない経歴を持っていたにもかかわらず、とりあげられていない。大正期の『読売新聞』において矢島が記事となるのは、このチベット人妻ノブラーの死亡を報じる一九二三（大正一二）年三月一七日付のもののみである。

この変化は、入蔵者の見聞という、チベットについての最新情報に報道の関心が持たれなくなっていたことを示すものの一つだと思われる。チベットが日本といかに隔絶した、いかに危険な場所であるか、入蔵がいかに困難を伴うものであるか、これらについての既知情報以上に、報道的な価値のあるものとは見なされなくなっていたと言えよう。だからこそ、彼らがチベットで何を見聞したかではなく、チベットを目指すそのことに、報道する価値が見出されるようになったと思われる。このことを裏付ける事柄の一つは、明治期にみられた、チベット事情紹介の体裁をもつ記事が、大正期において激減することである。大正年間において、チベット関連記事そのものが、全く見られなくなったわけではない。例えば前章でも参照した『読売新聞』CD-ROM版では、「チベット」という語の検索結果として挙げられる記事数が、創刊一八七四（明治七）年以来一九四五（昭和二〇）年までの間、一九一二（明治四五／大正元）年に最多となり（七二件）、一九一九（大正八）年にも第五のピーク（三六件）を迎えている。しかしこれらの記事はほぼ、チベットをめぐる各国の動きを伝えるニュースであって、河口帰国やヘディン来日の際に見られたような、チベット事情の紹介記事ではなかった。チベット事情特集に相当するものは、一九一二（明治四五／大正元）年と一九一九（大正八）年に、「西藏問題」の解説としての時事評論的な記事が、各一件ずつ見られるだけで、まとまった量の特集としては、それ以外は全くないと言っていい。このことは、チベットがどのような場所であるかという具体的な情報に興味が持たれなくなっていることを示唆している。

本章で後述するが、明治期においてチベットへ強い関心を示していた仏教者たちもまた、大正期には、チベットの現状への興味を失っていた。彼らをチベットに引きつける最大の要因であったチベット大蔵経は、すでにチベットの外に何部も持ち出されており、チベット研究はそれらの文献の研究へと集中していたため、当然のことながら、チベット現地には関心が示されなくなっていたのである。

更に、新聞報道にはもう一つの変化が起きている。明治期にはチベットに関連して言及されることの圧倒的に多かった「喇嘛教」、すなわちチベット仏教は、大正期に入ってチベット関連で言及されることが激減し、代わってモンゴル関連での記事での登場が増加した。ことに一九一五（大正四）年中国へ提出された、満州に引き続き東蒙古へも日本の特殊権益を認めさせようという二十一ヵ条要求をめぐって、日中交渉の帰趨が注目を集めるようになると、モンゴルへの関心が俄然高まり、新聞でモンゴル事情特集が多く組まれた。これらは「喇嘛教」特集ではなかった上に、「喇嘛教」への言及もそう多くはなかったが、これらの記事の中で「喇嘛教」は、モンゴル人の宗教として語られていくこととなった。『読売新聞』を「喇嘛教」という語で検索すると、明治期の四六件中チベット関連が三五件、モンゴル関連は三件であったのに比べて、大正期には八件中五件をモンゴル関連が占め、チベット関連は二件に過ぎない。次章において述べるが、更に、満州関連の記事での言及が、昭和期に入って大幅に増加していくことになる。「喇嘛教」が大陸情報の中で文脈を変えつつ語られていく一方で、チベットへの言及はますます減少していくこととなったのである。

二　大正期初等教育教材に見るチベット

教科書のチベットに関する記述も、大正期にはその記述量が減少した。初等教育の教科書は、第一章第一節で検討した文部省刊行教科書、文部省検定教科書以後、一九〇三（明治三六）年四月の小学校令によって教科書国定制度が導入され、翌年から各教科で国定教科書が使用されることとなった。これより太平洋戦争終戦の一九四五（昭和二〇）年までの期間、改訂が繰り返されつつ国定第一期から第六期までの六種の教科書が登場することとなる[*1]。

検定教科書から新たに国定教科書を編纂するにあたっては、児童の負担を軽減するために、教科書に盛られる情報の量が絞りこまれた。第一期国定教科書『小学地理』（使用年代一九〇三～〇六年）では、その直前の検定教科書『小学地理』に比べて記述量に大幅の減少が見られる[*2]。チベットについての記述は、同様に中国周辺地域として扱われてきた満州、モンゴル、新疆と一括され、「その北は、すなはち、蒙古にして、中部にゴビ沙漠あり。これを横ぎれば、北境に売買城あり、アジアロシヤとの陸上貿易場なり。沙漠は西にのびて、新疆に及ぶ。また、西南隅なる西蔵は、世界屈指の高原なり」（一三〜一四頁）を全文とするのみである。チベット事情が削除されたことに加え、アジア中央の高地について述べられる場合でも、チベット高原という地名は省かれた。中国の地域区分の一つとして「西蔵」の名称が登場することは、従来の教科書と変わらないが、その他の情報は、上掲引用中の「西蔵は世界屈指の高原なり」（巻三、一三〜一四頁）という一句を残して切り落とされている。

第二期国定教科書『尋常小学地理』（使用年代一九〇七〜一七年）になると、一九〇七（明治四〇）年に行われた小学校令改正に基づいて、更に情報量は削られることとなった。尋常小学校での世界地理は、満州、朝鮮と欧米諸国を主な内容とするものとなり、第一期国定教科書で記述量が増やされたペルシアやアラビアなどの西アジア、トルキスタンなどの中央アジアの国々に関する記述も省略された。またアジア総論に相当する部分が省かれたために、アジア中央の高地に関する箇所も消えた。中国に関する部分でも、「支那本部・満洲等の数部より成り」（『尋常小学地理』巻二、一九一〇年、四八頁）と述べられるにとどまり、中国の地域区分としても、チベットやモンゴルなどの地名は挙げられなくなった。従ってチベットについては、教科書のどこにも言及がないことになったのである。

しかし第三期国定教科書『尋常小学地理書』（使用年代一九一八〜三四年）では、アジア地域の総論に相当する「アジヤ洲」が改めて設定され、アジア中央の高地について言及されるようになり、「西蔵」という地名も再び挙げられるようになった。

> アジヤ洲の中央部は地勢極めて高く、中にパミル高原より四方に走れる大山脈あり。殊にヒマラヤ山脈は雄大なること世界に比なく、其の主峯たるエベレスト山は高さ凡そ三万尺、世界第一の高峯なり。中央部の諸山脈の間は西蔵《ちべつと》・蒙古《もうこ》等の広大なる高原をなす（『尋常小学地理書』巻二、一九一九年、五六頁）

中国の領域の一つとしても「国内は分たれて支那本部・満洲・蒙古・西蔵等の数部となる」（巻二、五九頁）と、チベットという名称が再び挙げられるようになった。しかし中国周辺の各地域については説明されず、チベットについての情報も何等提示されないままであった。この状態は第三期から第五期までの国定教科書において、二四年間維持されることとなった*3。

このようにチベットに関する記述が切り落とされていった過程はすなわち、大陸への日本人の関心が、満州と中国華北地方に集中していく過程であったとも言える。一九〇四（明治三七）年の日露戦争以後、日本の大陸政策は本格的に始動したとされている*4。日露戦争以後、列強各国との協調路線をとりつつ、満州での権益確立が進められた。日本人の中国在留人口は、日露戦争後の一九〇五（明治三八）年と、満州事変直前の一九三〇（昭和五）年を画期に増加を続けた。しかもその増加人口の大半は、満州、華北地域在留であった*5。上述のような時代背景のもとに、日本にとっての重要度で大陸情報が取捨選択された結果、教科書において新疆やチベット、西アジア地域に関する記述が切り落とされていったのだと思われる。

従って、大正期の国定教科書においてチベットが登場するのは、一九一八（大正七）年から一九三四（昭和九）年まで使用された第三期国定教科書『尋常小学地理書』においてのみということとなる。しかもチベットへの言及は、検定期教科書と同様に、アジア総論でアジアの地勢を学習する時のみに限られていた。その他にはわずかに、中国の地域区分を学習する際に、地名として触れられる可能性が考えられるにすぎない。いずれの場合もチベットという地名には、山脈名や高原名、地域名を地図上で確認しながら学習が進められる際に言及されたと思われる。従って使用された地図教材を検討することで、チベットに言及される授業がどのような内容であったかを、ある程度明らかにしうると思われる。

この時期使用された地図教材には、児童が個々に参照する地図帳と、大判の掛図*6とがある。児童用の地図帳には、各種の地名が地図上に記載されているが、例えば第一期国定教科書の地図帳である『小学地理附図』には、「西蔵」等チベットに関連する地名表記は見られない。しかし第二期国定教科書の地図帳である『尋常小学地理附図』では、「西蔵高原」、第三期の『尋常小学地理書附図』では、「西蔵高原」、「チベット」、「ラッサ」が地図上に記載されるようになった*7。これ以降第五期まで、児童用地図帳においてこの状態は維持される。一方で、教室の壁に掲げて使用される掛図においては、地名は一切記載されていない。従って、地域全体のおおよその地勢を示す場合に掛図が使用され、個々の地名については、児童の手許の地図帳が参照されたと思われる。

児童用の地図帳と掛図、いずれにおいてもチベットは、ヒマラヤやパミール、崑崙、モンゴルなどと一括されて、最高の高度を示す濃い茶色で塗り込まれている。児童全員の注視が促される状況で使用される掛図においては、配色のコントラストは児童用地図帳より鮮やかであり、その分この「世界の屋根」に相当する地域の濃い焦茶色が目を引く。従ってチベットという言葉は、「パミル高原」や「蒙古」、「ヒマラヤ」等という地名とともに、最高度を示すこの茶色に彩色された部分に結びつけて記憶される状況にあったと言える。チベットは他の地名とともに、その広大な領域に付属する地名の単なる一つであった。大正期の初等地理教育においてチベットが授業で登場する唯一の場面で、明治期に引き続き、チベットに希薄な印象しか持たれない可能性があったと言えるだろう。

三　東亜同文書院『支那省別全誌』に見るチベット

大陸に関する書籍は、チベットに関して見ると、二種に大別することができる。一方は、チベットを主要なトピックもしくは記述項目として取り上げている書籍群であり、他方はそうではないものである。第一章でとりあげた『清国通商綜覧』（一八九二年）も、チベットに関して言えば、この後者に属する著作であり、以後の大陸情報集の多くが、チベットに関してこのような記述態度を示した。このような著作の場合、トピックとして取り上げていなくとも、チベットに関連する情報を断片的に諸所の記述に含むものが、しばしば見受けられる。チベットに関心を持つ人々が入手するのが前者のチベット情報であったとすれば、後者のチベット情報は、チベットに特に関心を持たない人々が接触するチベット情報であったと言える。従って、後者のチベット情報は、より広範かつ多数の人々が接触したものであると思われる。

本節では、前者として、大正年代以降軍部の一部とのつながりを強めていく黒龍会[*8]が編集した『亞細亞大觀』(一九一八年)を、後者として、上海東亜同文書院[*9]から出版された『支那省別全誌』(一九一七〜一九二〇年)を取り上げる。『亞細亞大觀』、『支那省別全誌』はともに、『清国通商綜覧』と同様、大陸関係の情報を結集して編集されたものである。更に、『支那省別全誌』を編んだ上海東亜同文書院は、『清国通商綜覧』の編者根津一が院長を務める教育機関であり、また、『亞細亞大觀』は、『清国通商綜覧』と同様に、大陸浪人と呼ばれる民間人たちの大陸に関する見聞が利用されたものである。以上に述べた点を考えると、この二点の著作はいずれも、『清国通商綜覧』に後続する資料であると思われる。ここではまず『支那省別全誌』を取り上げる。

『支那省別全誌』は、一九一七(大正六)年から一九二〇(大正九)年にかけて出版された、全一八巻におよぶ大冊の書物である。これは、文献資料ではなく、実際に採集したデータを重視して編集されたという点で、『清国通商綜覧』と編集方針を同じくする。『清国通商綜覧』が漢口楽善堂の大陸浪人たちの見聞の集約であったように、『支那省別全誌』は、東亜同文書院に学んだ学生たちが行った、中国全土にわたる踏査旅行の報告を基礎として編集されたものだったからである[*10]。但し、全一八巻という規模からも容易に推察されるように、『清国通商総覧』に比べると、内容は大幅に拡充されている。

『支那省別全誌』はタイトル通り、省別に巻を完全に分ける構成となっている。『清国通商綜覧』における中国全体の概説に相当する部分は設定されておらず、またチベットについての巻も設けられていない[*11]。各巻は、例えばここで主に取り上げる第五巻四川省(一九一八年)の場合、歴史、行政、面積、人口、気候、外国との関係を含む政治的状況などを述べる「総説」、通商の拠点となっている各都市について詳述する「開市場」、商取引、物流についての「貿易」、主要各都市・部落別に情報を整理した「都会」、交通網についての「交通及運輸機関」、通信網についての「郵便及電話」、農水商工業について詳述する「主要物産及工業」、金融システムと度量衡について述べる「貨幣及金融機関」の各編に分けられ、更に各章、各節が設けられている。総頁数は一〇〇〇頁を越え、情報の充実ぶりがうかがわれる。

但し、『清国通商綜覧』においてチベット情報が記述される主な分野であった宗教、教育、風俗に関する情報は、『支那省別全誌』にほとんど含まれていない。従って四川省の巻においてチベットに関連する情報が登場するのは、「第四編　都会」と「第五編　交通及運輸機関」の、主にチベットと中国内地の交易状況に言及される部分である。「第四編　都会」は、近隣都市から当該都市へのルートと距離、人口、市内の状況、飲用水の品質、物価、そして取引品目、取引方法、取引量、値段、取り扱い業者などの商況が詳述される部分である。また「第五編　交通及運輸機関」では、四川省内のルート別に、人家の数、路程、交通手段、天候による通行の難易、沿道の土地利用等が詳しく紹介される。

「第四編　都会」において見られる、チベットに関連する情報はいずれも、チベットとの境界附近の各都市、各集落におけるチベットとの通商の実態を伝えるものである。チベットとの商取引の様子が、非常に零細なものとして断片的に言及される。例えば、インドとチベットを結ぶルートが開けたため、中国とチベットとの取引量が減少していることや（二二八頁）、チベット向けに作られる茶が、その原材料も製法も「之を茶と称し得ざる程」粗末なものであること（二〇四頁）などである[*12]。

これらの通商の拠点となる各都市、各部落についても、「物産と称する物殆ど皆無」（二三三頁）、「市況何等見るべきものなく」（二三四頁）という記述が続く。「城内は人家点在して何等活気なし、是れ城内附近に於ては生産無きに依る、甚だしきは城内に於ては一飯館、茶館を見出し能はず、客桟も極めて不潔なる一家あるのみ、之を以て見るも如何に僻地なるかを知るべし」（二二二頁）という記述がその典型的なものだと言える。その結果、この地域について述べる部分では、いずれもその辺鄙であることと、貧しく寂しい土地であることについての記述が連続することとなった。

更に、「第五編　交通及運輸機関」の「第二節　西蔵通路」では、チベットとの境界に近づくに従って険しくなっていく道路の様子が、様々なデータとともに克明に示された。例えば四川省の省都成都を出てまもない場所の道路は、「道幅三間許、屈折無く傾斜なし」（四五五頁）であるが、チベットとの境界に近い場所では「其の北岸絶壁上を通ずるものなり、特に南岸の絶壁は神割鬼削二、三千尺に及ぶ」（四六五頁）と記述されるに至る。その間、「道路の構造は敷礫道なれども雨天の場合に於ては泥濘と化す、道幅は三間余傾斜多く、交通機関としては轎子、馬あり而して旅客の為には馬を用ゆる事多し」（四六四頁）というように、道路の土質、交通手段、天候による通行の難易などが具体的に記述されている。ここでは、チベットへのルートについての詳細な説明が、そのままチベットへの接近の困難さを詳述するものとなっていると言える。

従って『支那省別全誌』では、チベットについて、『清国通商綜覧』と同様に、「西蔵咽喉の要害」の土地の貧しさが描かれることによって、その奥のチベットの風土の更なる厳しさと貧しさが示唆されるという、間接的な方法でチベット情報が示されたと言える。しかも『支那省別全誌』は、『清国通商綜覧』をはるかに凌駕する豊富な情報を以てその風土の厳しさと貧しさ、そこへ向かう道の険しさを克明に描き出していった。『支那省別全誌』には、『清国通商綜覧』で示された中国という枠の中のチベット像、すなわち、辺境の更に奥、といったイメージが、更に具体的かつ詳細に示されたと言える。『支那省別全誌』の記述がフィクションではなく、実地調査に基づいたものであったことは、このようなチベット・イメージに真実味を与えることとなったと考えられる。

四　黒龍会『亞細亞大観』に見るチベット

『支那省別全誌』においては、記述すべきトピックにチベットが含まれなかったのに対し、チベットをそのひとつとしているのが『亞細亞大観』（一九一八年）である[*13]。『亞細亞大観』が付録となる予定だった（「緒言」『亞細亞大観』、三頁）『亞細亞時論』が、黒龍会が自ら「亞細亞振興の急先鋒」[*14]と標榜する雑誌であったことを考えると、日本の勢力拡大という視角から捉えた当時の大陸事情としては、『亞細亞大観』の記述が、最も先鋭的なもののひとつであったことが推測される。

『亜細亜大観』は、『清国通商綜覧』や『支那省別全誌』のようなデータブックではなく、アジアについて、これを日本の利益と可能性に満ちた将来の版図として、いかに広大かつ豊饒であるかを喧伝する、いわば黒龍会のアジア・イメージを記述した書である。事実、内容を見てみると、『清国通商綜覧』や『支那省別全誌』、特に『支那省別全誌』に満載されていた数字的なデータは、『亜細亜大観』にはほとんどなく、いわば観念的な記述に終始していることが見て取れる。トルコから南太平洋までを含む非常に広い範囲が、「我文明を植ゑ付くべき地域」(『亜細亜大観』、七頁、以下頁数のみ示す)とされ、『亜細亜大観』の記述範囲とするところとなっている。中国一国に全一八巻という膨大な紙数をさいた『支那省別全誌』に、チベットについてまとまった記述がなく、わずか一冊で全アジアを網羅し紹介しようとする『亜細亜大観』にチベット事情が記述されていることに、当時、いかにチベットが遠隔の地と感じられていたかが見て取れよう。すなわちチベットは、「亜細亜」まで視野が拡張されてはじめて取り上げられる地域であり、それも、大陸進出に最も先鋭的な態度をもって臨んでいた黒龍会の、いわば仮想的現実というところまで、「亜細亜」が極度に拡大されてはじめて取り上げられることになるほど、日本から離れた、周辺的な地域と捉えられていたと言える。

『亜細亜大観』は、第一次世界大戦のさなかに執筆出版されたものであるが、同書においては、この第一次世界大戦が終結すれば「白禍」(六頁)、つまり欧米列強の更なるアジア進出が実現するだろうと、繰り返し主張されている。この「白禍」は、具体的には中国への侵略的行為として予想されている。「東洋の盟主」(八頁)である日本は、中国を助けてその防衛にあたらなければならない、とされる。この防衛構想においては、日本が多大な人命の犠牲をはらい資本を費やして手に入れた満州が中心におかれている。その満州から東蒙(モンゴル東部)、直隷省(河北省)にかけてが「白禍」に対する「最後の防御圏」(六二頁)、つまり失えば満州が危機に陥る地域とされ、更にその外側の外蒙(外モンゴル)と新疆が「第一防御圏」(同)、つまり有事の際最初に防衛すべき地域とされている。

この構想の中でチベットは、「満蒙回」(四九頁)すなわち満州、モンゴル、新疆の三地域と同様に、中国西北方面の防衛線上に位置づけられている。しかし、「満蒙回」と同じ防衛線上にはあるが、「満蒙回」が含まれる「防御圏」には挙げられていない。チベットは、「満蒙回」と同様に扱われつつ、同時にその「満蒙回」からはずれた、その外側の地域として認識されているのである。『亜細亜大観』においてチベットの位置づけは、非常に曖昧なものであると言えよう。

実際に、日本にとってのチベットの政治的位置について述べる、「西蔵の政治上の地位」において、チベットは、日本の国防に関係する地域ではなく、英国の防衛問題、すなわち英領インドの防衛において重要性をもつ地域として記述されている。日本とチベットの関係については、インドとチベットを「援助」（九六頁）していく役割に、英国より日本の方が適切であろうことが、あくまで将来の可能性として述べられるにすぎない。これが実現すれば、すなわち、現在チベットを支配している英国に日本が取って代わることができれば、中央アジア方面からのロシア・ドイツ勢力の流入を阻止し、「亜細亜大陸に於ける我利益圏を保護」（九六頁）することが可能となるとされる。しかしこのことに切迫した必要性は認められておらず、「今の所我国民は唯西蔵に対する我関係の重要なことを了解して置けばよい」（九六頁）のであり、結論として「万一の時英国が故障を云ふやうなことがあつたら、其時吾人は臨機の処置を取つたらよからう」（九六頁）とされるにすぎない。

以上の記述からは、当時チベットをめぐって存在する対立はあくまでロシア、ドイツ対英国というものであり、チベットを巡って発生する問題はこの三国間で解決されるべきものと見なされていることがわかる。「白禍」という言葉で『亜細亜大観』が主張する、欧米とアジアの対決図式はここには持ち込まれていない。従ってチベットをめぐる状況においては、「東洋の盟主」であり「全亜細亜の指導者」である日本は局外にあり、チベットと日本との直接の関わりは現在はないとされ、わずかに「万一の時」、即ち将来のわずかな可能性の中にのみそれが見出されているにすぎない。チベットをめぐる国際関係において日本は、あくまで局外者であるとされているのである。

このような位置づけが施された上で、第二章「支那」（ホ）節「チベット」において、チベット事情が紹介される[*15]。ここでは冒頭チベットが、「亞細亞の屋根である」（九二頁）ことから始まって、「西蔵はパミール高原と共に人類発生の揺籃」（九二頁）であり、「西蔵人は此の如く上古の風格を備へ、上古の習慣を保持してゐる」（九三頁）こと、「西蔵の地勢が外界と遮断されてゐる為め、他から入って来るものもなく、内にゐるものは亦之に慣れて他と交通するを好まない。其で世界の隠匿国―秘密国―になつてしまつて、智識が進まなかった」（九三～九四頁）ことが記述される。ここでは、チベットに関する説明の導入部分、すなわちまず第一に言及されるべき事柄が、チベットといえば世界一の高地であること、その自然の障壁故に「世界の秘密国」と化し、進化に取り残された人々が太古の状態を保ったまま生活している土地であること、とされていることが見て取れる。

その上で、チベットの歴史が説明される。この部分では、再び「太古人類発生の揺籃地」（九七頁）であることから始まって、現代までの概略が記述される。しかしここでの説明は、その三分の二弱が一九世紀以降の英国、ロシア、清とチベットとの関係についての記述に費やされている。チベットの歴史は結果として、大国の角逐に翻弄されている小国の歴史として記述されたこととなったと言えよう。これは、チベットと同様に清の強い影響下にある地域とされているモンゴルや新彊に関する箇所とは対照的な内容である。むしろ、チベットと同様に英国の事実上の支配下にあるとされるペルシャの歴史について、その半量の記述が近代に費やされているのと共通している。ここにも、「満蒙回」に連なる地域とされつつ、同時にそこからはずれた地域とも扱われる、チベットの存在感のあいまいさが見て取れよう。

「歴史」の次には、チベット人の生活習慣や宗教について述べる「風俗」の項目が続く。ここには、チベット人の身体的特徴の他に、男女別の服装、髪型、装身具の特色、住居の構造等が記述されている（一〇二～一〇四頁）。注目すべきは、チベットの婚姻制度が、「一婦多夫の習慣で、而もその夫は皆兄弟である」（一〇四頁）と説明され、「然し結婚後の結合は甚だ弱くて、妻は更に金持を選んで夫を棄て、夫は更に美人を求めて妻を捨てる者が多い」（一〇四頁）と結ばれていることである。「しかも」、と付け加えられ、結婚後の関係の不安定さが「甚だ」と強調されているところに、この文章の書き手がチベットのこの習慣に感じている違和感がうかがえよう。

これには、河口旅行談が発表された時期、複数の客をとることにあてて「西蔵芸者」という言葉が生まれたことと同様に、一妻多夫の習慣に否定的なイメージを抱く傾向が見て取れる。

この「風俗」において最も重点を置いて記述されているのが「宗教」である（一〇五～一〇九頁）。「風俗」の過半がこの「宗教」にさかれており、「宗教」の項目としては同じ中国の版図内とされる満州、モンゴル、新彊に比べて、最も多いページ数となっている。更に、「喇嘛教」説明部分としては、同様に「喇嘛教」がその地域の支配的宗教とされるモンゴルの章におけるものの二倍余りの分量に相当する。ここでは、「喇嘛教」という名称の由縁である「喇嘛」の意味、チベット仏教の権力構造と歴史を中心とした「喇嘛教の沿革」、僧侶の多さ、僧院の広壮であること、「オムマニペメフム」の真言[*16]と一般民衆のそれへの熱烈な信仰、僧侶の服装などが説明されている。そして「風俗」の最後には、「葬式」として死をめぐる儀礼が紹介されている（一〇九頁）。

以上の記述の中でまず目につくのは、チベット人を「野蛮人視して軽蔑するのは以ての外である」（九二～九三頁）等とされる一方で、チベット人が貧しい生活を送る未開の人々であることを強調する、上記引用中に言う「軽蔑」をほのめかす表現が各所に散見されることである。例えば、屋根の上に翻る経典を印刷した布旗を、「襤褸」（一〇三頁）と形容したり、ダライラマについて「随分大馬鹿が達頼になることがある」（一〇七頁）等とするものがそれにあたる。

しかしこの「軽蔑」に類する表現は、チベットに関する箇所にのみ見られるものではなく、満州やモンゴル、シベリア、アラビアなど、他の地域についての記述においても目にするものである。例えば、「支那（ロ）満洲」では、満州人の料理について、「材料は劣り調理法は拙い」（六八頁）等とし、彼らの粗末な住居について、風土に適したものとしつつ「然し一方から見れば、貧乏を表はしてゐるとも思へる」（六九頁）とも述べている。また「亞刺比亞」では、アラビア人の武器について、「剣は直刀と曲刀とあるが、何れも赤鰯」（二〇三頁）等とする表現がみられるし、「南洋新占領諸島」では、屋内に多数の家族が起居しているさまを「ごたごたに住ひしてゐる」（三五四頁）と形容している。

このような表現にうかがえるのは、アジアに住む人々をおしなべて、「未開」の中に一括してしまおうとする態度である。これは日本の勢力圏の中に広大なアジアを収めるという『亜細亜大観』の構想の前提として、是非とも必要な条件でもあったと思われる。なぜなら「未開」であればあるほど、それらの国々を「開発誘導して、文明に導かう」(三頁)とする日本の優越性と正当性が更に際立つこととなるからである。従って『亜細亜大観』では、アジア各地の人々が持つ多様な文化が単に、「文明」の側にはない、「未開」を示す物珍しい事象として取り扱われたと言えよう。チベットについて紹介された情報も、アジアの「未開」に多様性を加味するチベット的特徴として提示されたに過ぎないと言える。

以上のように、まず『支那省別全誌』では、チベットについて、日本とは直接政治的な影響関係のない地域であり、地理的にも非常に遠隔の地域である、といった従来の捉え方がそのまま維持され、それらが更に豊富な情報によって克明に裏付けられていったと言える。一方、『亜細亜大観』では、チベットに対する上述のような遠さの感覚が保持されつつ、チベットが中国の周辺地域の一つとして、「満蒙回」に連なる、「西北の方面」という範疇に、非常に曖昧にではあるが一括された。つまり大陸において日本が躍進していく方向が、まず満州、次にモンゴル、さらにその次は新疆とされ、チベットは、更にその先にある地域として捉えられているのである。「西北」がこののち昭和期に入って、中国戦線の命運を扼する重要な地域として定義し直されていくことを考えると、『亜細亜大観』の記述に、この「西北」の彼方にある地域というチベット・イメージの萌芽ともいうべきものが見て取れることは、注目に値する。その一方でチベットは、欧米列強に翻弄される愚かな小国の一つ、珍奇な習慣を持つ未開の国々の中の単なる一つへと変化していった。データブックである『支那省別全誌』の記述から排除される一方で、『亜細亜大観』のいわば仮想の中に見出されるということ自体、当時の距離感においてチベットに感じられていた遠さを如実に示していると言えよう。

更に『清国通商綜覧』において、中国本土の宗教として記述された「喇嘛教」は、『支那省別全誌』においては全く記述対象から切り落とされ、『亜細亜大観』ではチベットとモンゴルの部分において取り扱われた。これは「喇嘛教」の政治的影響力に注目する日本の視角が、明治期の「中国」から、「モンゴル」へと変換しつつあったことを示している。後述するが、これは以後昭和期において、更に「満蒙」へと移っていくことになる。

第二節　大谷探検隊とチベット

一　大谷探検隊の事業とチベット

明治末期から大正初期にかけて入蔵した河口慧海、青木文教（一八八六〜一九五六）、多田等観（一八九〇〜一九六七）、矢島保治郎の四人のうち、矢島以外がすべて僧侶であったことは、入蔵を志す日本人が明治期に引き続き、仏教界の人間を主としていたことを示している。さらにそのうち二人が大谷光瑞によって派遣された西本願寺の僧侶であったことには、日本とチベットとの接触の中心拠点が、以下に述べるように、東本願寺から西本願寺へと変化していたことを見て取ることができる。第一章で検討したように、日本仏教各派とチベットとの関係において、明治初年から一九〇〇年代まで積極的な態度を見せていたのは浄土真宗大谷派（東本願寺）であったが、これにかわって、一九〇八（明治四一）年からは、浄土真宗本願寺派（西本願寺）が登場してくる。なぜ東本願寺がチベット、この場合はダライラマとの交渉から手を引き、その後をなぜ西本願寺が、いわば引き継ぐ形になったのかは、未だに明らかではない[*17]。

浄土真宗本願寺派第二二代門主大谷光瑞（一八七六〜一九四八）は、一八九九（明治三二）年から一九〇二（明治三五）年まで二年間、ヨーロッパに滞在した[*18]。当時ヨーロッパでは、中央アジア探検に対する関心が急速に高まっており、各国の調査隊が陸続と繰り出され、その成果が逐一新聞や雑誌に報道されていた。この滞在中、光瑞は中央アジア探検に関する最新の情報を収集し、合わせて、中国文資料中の西域の地誌や求法僧[19]の旅行記を研究した。一九〇二（明治三五）年、彼は自ら探検隊を引率してロンドンを出発した[20]。これが後に大谷探検隊と呼ばれる一連の調査事業の始まりとなった。

大谷探検隊の活動が目的としたものは、のちに光瑞が執筆した『西域考古図譜』序文（一九一五年三月）に明確に示されている。それによると、一つには仏教東漸の経路などの仏教史上の諸問題を解決すること、更に、これらの地に残された仏教遺跡を発掘し、資料を収集して仏教教義上の疑問を解決すること、そして最後に、これらの地域に関する地理学や地質学、気象学上の諸問題を解決することである（『西域考古図譜』、一九一五年、三〜四頁）。これらを目的とし、以下の調査活動が実際に展開された。まず一九〇二（明治三五）年八月からは、中央アジア、インド、ビルマ、中国雲南を対象とする調査が実施された。これらが多くの場合、第一次大谷探検隊と呼ばれているものである。次に一九〇八（明治四一）年から一九〇九（明治四二）年まで、第二次大谷探検隊と通称される中央アジアとモンゴルの調査が行われた。更に第三次大谷探検隊と呼ばれる、一九一〇（明治四三）年から一九一四（大正三）年までの中央アジア、インド調査がある[21]。

大谷探検隊の事業の中で、チベットに関する活動がどのような位置づけにあったかについては、未だ曖昧なまとなっており、本節ではこの点を明らかにすることを試みる。従来、大谷探検隊という呼称は、中央アジア探検のみを指す場合と、その他のインド、モンゴル、チベット、インドシナ半島、中国などのいずれかを適当に含めて使われる場合、また東アジア全域の探検を総称していわれる場合など、まちまちな意味で使われてきた。従って、最も知られている中央アジアでの活動を狭義の大谷探検隊とすれば、広義の大谷探検隊には、一九一二（大正元）年から一九一六（大正五）年までの、本章第三節で取り上げる青木文教と、一九一三（大正二）年から一九二三（大正一二）年までの多田等観の、チベットへの派遣を含めることができると思われる。

更に、当時の隊員の具体的な動きも、これを裏付けるものである。入蔵者二人のうち青木は、入蔵以前においてすでに、ヨーロッパに派遣されて各地を視察し、さらにその前後は大谷探検隊のインドでの遺跡調査、日本で光瑞の連絡事務活動に参加していた[*22]。ヨーロッパでの勉学とアジア各地での現地調査という組み合わせは、光瑞の隊員教育の方針であったと推測されうるほど、大谷探検隊員に典型的に見られる履歴である。従って青木が大谷探検隊隊員として活動するための訓練を受けた人間であることは、ほぼ確実であると思われる。光瑞は、このような教育を施した上で、青木に、チベットとの交換留学生ツァワ・ティトゥーらの世話係であり、チベット語を彼らから学んでいた多田等観をつけ、チベットへ送り出した。この人選は、大谷探検隊の次の目標の一つとして、チベットに照準が合わせられつつあったことを示唆している。

探検事業終結以後の評価という点から見ると、チベットに関する活動の位置づけは明らかである。不完全ながら、大谷探検隊の調査記録の総括とされているのは、一九三九（昭和一四）年に出版された上原芳太郎編『新西域記』（全二巻）である。編者上原の序には、探検に実際に参加した隊員が健在のうちに記録をまとめなければ「彼の事蹟」が消滅する恐れがあるため、「関係文書は勿論、断簡零墨の類をも採収」して編集した、と出版当時の事情が語られている。この『新西域記』中には、青木の報告として、インドでの遺蹟調査に関する「龍樹菩薩遺蹟探査」、「釈尊入滅後の拘尸那竭羅の遺蹟に就て」の二編の他に、「西蔵入国記」が収められている。従って編者上原の見解において、上記の「彼の事蹟」、すなわち大谷探検隊の事業に、チベットでの調査も含まれていたと言える。更にこの書に付せられた徳富蘇峰の序文においても、「以上三回の探検以外に、随時随所に大谷光瑞師自ら踏査し。或はその門下を派したるもの、数ふるに遑あらず。その顛末は本書に掲ぐる」と記されている。従って『新西域記』編集時、すなわち探検事業の当事者によって総括が行われた時点において、最も知られた計三回の中央アジア探検以外の活動も、大谷光瑞の探検事業、つまり大谷探検隊に含まれると見なされていたと言える。以上のように、当時の隊員の動きと、一九三九年の時点での探検事業全体の総括の結果から見て、チベット調査が、大谷探検隊の事業の一環であったことは明らかである。更に、青木と多田の派遣をめぐる当時の状況からは、上述したように、チベットでの活動について、大谷探検隊の事業として更に大きく取り組まれるべき段階が想定されていたと推測される。

龍谷大学で大谷探検隊資料の研究にあたった井ノ口泰順は、「大谷光瑞とインド・チベット」（『季刊文化遺産』一一号、二〇〇一年四月）[*23]において冒頭、「大谷光瑞のチベットに対する関心を直接述べたものは見出すことができない」と切り出している（六二頁）。筆者も、大谷光瑞の著作において、彼が直接チベットについて何らかの見解を示している資料を発見することはできなかった[*24]。しかし筆者は、中国やインドに関する彼の記述を検討することによって、彼のチベットへの関心の有り様を探ることができると考える。

二　大谷光瑞とチベット

大谷光瑞による大谷探検隊派遣の意図は、仏教のあり方とは何かを調査することだったと思われる。これについての彼の探究には二つの方向があり、ひとつは『西域考古図譜』序文に示されたように仏教東漸の道をさぐり、その遺物を収集するといういわば過去の仏教についての探究であり、もうひとつは現在の仏教の実態の探究であった。大谷探検隊の成果では、中央アジアでの遺物収集のみがクローズアップされがちであったが、第二次隊派遣の際には、内モンゴルのチベット仏教、中央アジア居住のトルコ人のイスラム教などについて、光瑞が、その教義ではなく、これらの民族が宗教に対して「如何なる信念を持つて居るか」（橘瑞超「新疆探検記」『新西域記』下巻、一九三九年、八〇三頁）調査せよ、という指令を出していることに注意すべきである。これは、仏教に限られず、広く宗教と現地社会との関係を探るために出された指令だと思われる。この点を考えると、青木がチベットの国家機構や経済状況について詳細に調査していることは、注目に値する。他の大谷探検隊隊員にきめ細かい指示が光瑞から出ていたことを考えあわせると、青木のこのような調査は、光瑞の意向をふまえたものであったと見るのが自然であろう。青木の活動内容からは、光瑞が、チベット仏教がもつ仏典だけではなく、チベットにおける仏教と社会の関係に注目して、チベット研究の必要性を感じていたのではないかと推測される。

光瑞のこのような意向は、かなり前から見られる。例えば彼は、ヨーロッパ遊学に先立って一八九九（明治三二）年に、中国へ最初の外国訪問をしているが、その旅行記録である『清国巡遊誌』（一九〇〇年）の「親諭」で、日本の宗教指導者である自分が、隣国中国が欧米列強に蚕食されている現状を直接見聞することは、日本と日本仏教の将来を考える上で重要な意味があるという見解を示した（一九九七年、一八〜二五頁）。ここに、宗教と社会との関係を重要視する彼の態度が見て取れる[*25]。

さらに彼は、一九二二（大正一一）年に完成した、仏教関係での主著である『見真大師』中で、一般社会と宗教（仏教）の関係について、「世間道」を仏教の「最外皮」とし、巨木であれど樹皮がなければ枯死を免れられないように、人間もこの「最外皮」がなかったならば、病原菌がたやすく肉体を侵すことになる。そのように、「世間道」は仏教教義の真髄ではないにしても、人々の心を仏教へ向けようとすれば、この「最外皮」である「世間道」を維持しなければならない、と述べている（『見真大師』『大谷光瑞全集』第五巻、一九三五年、一一六頁）。ここに彼が、仏教と仏教を取り巻く人間社会との関係を重視している姿勢が明らかに示されている。従って、一九〇〇（明治三三）年の上掲『清国巡遊誌』、すなわち大谷探検隊の活動が始められる以前から、大谷探検隊の活動期を経て、一九二二（大正一一）年の上掲『見真大師』、すなわち大谷探検隊の活動終息以後に至るまで、この点において、彼の意向はほぼ一貫していたと考えられる。

以上に述べた、仏教のありかたについて、過去から現在に至るまでの仏教と社会の関連状況をさぐることが、チベットに大谷探検隊隊員を派遣する目的の第一であったとすれば、その第二は、現在の仏教を発展せしめるための、より完全な仏典の入手だったと思われる。この第二の目的も、他の地域の探検事業のそれと何らかわるところはなく一貫したものであり、探検事業終結後も、光瑞の活動に引き続き受けつがれていったものである。西本願寺をはじめ、日本の仏教界は、一九世紀ヨーロッパにおこったサンスクリット語、チベット語、パーリ語の原典解読による新しい仏教研究の流れに強い不安を感じていた。これらの研究がすすめば、漢文仏典に依拠して築いてきた日本仏教の教義の根拠を揺るがすことになりかねないからである。すでに西本願寺は、何人かの留学生をヨーロッパに送ってこれらの研究に参加させていたが、光瑞自身もロンドン滞在中に、大英博物館所蔵の梵文・蔵文経典と、京都から送らせた漢訳大蔵経との対照研究を試みている（白須浄真『忘れられた明治の探検家渡辺哲信』、一九九二年、一五二～一五三頁）。さらに第二次隊に対して、仏教の原典であるサンスクリット語で書かれた古文書を探すよう指令を出している。これらのことからも、彼の意図したところは明らかである。

チベットの仏典については、インドですでに失われたサンスクリットの原典そのものの存在も注目されていたが、最も重要視されたのは、サンスクリット原典のチベット語訳本であった。河口慧海も『西蔵旅行記』で、「西蔵語に訳された経文は文法の上から云うても意味の上から云うても支那訳よりも余程確かであると云ふ」（上巻、二頁）と述べており、この河口の言葉には、チベット仏典に対する当時の仏教者の見解が明瞭に示されている。事実サンスクリットからチベット語への翻訳はほぼ逐語訳と言うべきで、チベット語文に依拠すればサンスクリット原典の復元が可能であることもしばしばあった。従ってすでにインドでは失われてしまったサンスクリット原典を復元・補足するような場合には、漢訳経典とは異なった価値があるとみなされていた[*26]。

サンスクリット原典の重要性は、すでに光瑞の父光尊の時代に認識されていた[*27]。もちろん文献を入手するだけでは十分な研究は期し難く、チベット仏教そのものの理解が必要であるのはいうまでもない。西本願寺留学生として光瑞がチベットに派遣したのは青木と多田の二人だが、青木には寺院外での研究をさせ、多田には寺院内において学僧としての研鑽を積ませた。つまり青木か多田かどちらか一人ではなく二人を派遣したのは、この二つの目的、すなわち、仏教と社会との関連の状況を明らかにすることと仏典の入手を、より完全に達成するためであったと考えられる。

三　仏教界におけるチベットへの関心の変化

帰国後の扱われかたという点においては、青木と多田は、それ以前に行われた中央アジア探検の隊員たちとは対照的な結果となった。第一次隊、第二次隊、そして第三次隊のうち先に帰国した橘瑞超までは、いずれの場合も日本への帰還後、将来品の展覧、マスコミでの報道、旅行記等の新聞・雑誌記事連載、出版が矢継ぎ早に続いた[28]。特に橘瑞超の帰国当時は、大谷探検隊の成果と、将来における活躍への期待が、最も華々しく喧伝された時期であったと言えるだろう[29]。

しかし、一九一四（大正三）年になって、事態は急転した。二月、西本願寺の財政にかかわる疑獄事件が起き、五月には光瑞が門主を辞任した。これ以降帰国した隊員の扱いが、それ以前のものとは大幅に異なったことの背景には、この事件の影響があったと考えざるを得ない。特に、光瑞門主辞任の直後にあたる、第三次隊の吉川小一郎の帰国時には、大量の資料の将来にもかかわらず、同じ第三次隊の橘の帰国時のような展覧会や旅行記出版、新聞雑誌での様々な発表などの動きは見られなかった[30]。青木と多田のチベット調査に関しても、講演などがわずかに行われてはいるが、持ち帰った資料についての展覧会などが開催された形跡はほとんどない[31]。しかし、本節冒頭で取り上げた、新聞記事におけるチベットへの関心の変化を考えると、この取り扱われ方の差は、単に疑獄事件だけが原因だとは考えにくい。

仏教者のアジアへの関心の変遷は、例えば仏教新聞『中外日報』のアジア関係記事の目録「『中外日報』紙のアジア関係記事目録」（槻木瑞生『同朋大学仏教文化研究所紀要』第一七号、一九九七年、一～三七五頁）からたどることができる。この目録に収集された記事タイトルを検索すると、ここでも、チベットへの関心の有りように変化が観察される。「チベット」、もしくは「西蔵」、「蔵」がタイトルに含まれる記事のうち、チベット仏教事情を除くチベット事情に関する記事は、一九一二（明治四五／大正元）年以降現れていない。それと代わるように出現するのがチベット仏教経典もしくはチベット仏教研究に関する記事である。入蔵者たちは、これらに関わるいわば添え物のようなトピックとしてしか登場しなくなっている。

更に、当時のチベットへの関心の変化を象徴するような出来事が、『中外日報』紙上に報じられている。それは、チベット将来の大蔵経をめぐる、河口慧海と青木文教の、「大正の玉手箱事件」と呼ばれる論争[32]と、寺本婉雅が出版した『西蔵語文法』をめぐる河口と寺本婉雅、大谷大学の論争である[33]。

「大正の玉手箱事件」の当事者の一方となった河口慧海は、事件の二年前の一九一五（大正四）年九月、宿願であったチベット仏典の入手を果たし、二度目のチベット旅行から帰国、野口英世と並ぶ日本人の快挙だとマスコミに騒がれた（「邦人の二大事業」『東京朝日新聞』一九一五年九月八日付）。もう一方の当事者である青木文教は、すでに述べたように大谷探検隊隊員として、一九一二（大正元）年から一九一六（大正五）年までチベットに滞在した人物である。一九一七（大正六）年四月の青木帰国から二ヶ月半ほど経過した一九一七（大正六）年七月一五日、『中外日報』紙上に、「西蔵将来大蔵経の疑義」と題する記事が掲載された。「玉手箱事件」は、この記事から始まった。ダライラマ一三世の下賜品として河口が持ち帰った経典の帰属をめぐって、河口と青木が対立したのである。河口が持ち帰った経典のうちの一部は、大谷光瑞宛にダライラマが託したものである、と青木が主張し、それに対し光瑞宛の品物は書状をおさめた小さな木箱一つのみである、と河口が反論したと報じられた（「西蔵将来大蔵経の疑義」一九一七年七月一五日付）。青木はその旨が明記されたダライラマの親書を、京都帝国大学教授榊亮三郎の翻訳を付して公開したが（「西蔵大蔵経問題の真相」一九一七年八月一日付）、河口はそれを偽作と決めつけ（「青木氏の発表せる法王の親書に就いて」一九一七年八月七日付）、両者の対立は決着がつかないまま膠着状態に陥った。青木の側には、この争いを裁判によって解決しようとする用意をしていた痕跡が見えるが[*34]、年が明けて一九一八（大正七）年二月、青木が大谷光瑞の命によって東南アジアに派遣されたことで、事件にはひとまず幕を引かれることになった。正確には、一九一九（大正八年）一〇月、外遊から帰国した大谷光瑞に、河口が会見を拒否されるところまで持ち越されることになるのだが（「大正の玉手箱問題」『読売新聞』一九一九年一〇月一九日付）、結局、問題の小箱は公開されることなく終わり、経典は紆余曲折ののち東洋文庫におさめられた（江本嘉伸『西蔵漂泊』下巻、一六七頁）。この木箱を諷してこの争いは「大正の玉手箱事件」と呼ばれた。

この事件の結末は二つの点で注目に値する。一つは、結果として河口側の主張に十分な反論がなされなかった点である。もう一つは、河口が保管していたとされる小箱も開けられず、青木が提出したダライ親書へもそれ以上の吟味や評価が加えられることなく、真相がうやむやになった点である。

河口の主張が通される結果となったことの原因は、直接には、東南アジアへの派遣によって青木が手を引かざるをえなくなったためであると思われるが、背景には、河口が日本において、チベットに関するある種の権威として広く認められるところがあったことが反映していると考えられる。このことは、榊亮三郎が青木宛ダライ親書の翻訳にあたって、「我が国の西蔵学者なる者少く、偶まこれあるも、河口氏の威勢に恐るゝにや、容易に其の内容を公にせず（中略）余一人たりとも、青木氏の為に屈を伸べんとす」（「西蔵大蔵経と京都帝国大学」『中外日報』一九一六年八月七日付）と述べた言葉からもうかがい知ることができる。

研究者たちは積極的にこの事件に介入しようとしなかった。日本人入蔵者の一人であり、帰国以後大学で研究生活を送っていた寺本婉雅も、この争いは無意味であり、両者共に宗教者として反省があってしかるべきだ、とコメントするにとどまった（「西蔵大蔵経問題所感」『中外日報』一九一六年八月二二日付）。学界が積極的に介入しなかったことがそのまま、この論争における河口の主張の優勢が認められてしまった一因であることは否定できないだろう。それを許した背景には、すでに述べた仏教界におけるチベットへの関心の変化があると思われる。光瑞宛とされた小箱にも、ダライラマの親書にも、真相を究明するまで徹底的な調査がされず、経典の処遇にのみ議論が集中したこの事件は、仏教界においても、チベットそのものへの関心が抜け落ち、それに代わって「喇嘛教」の「仏典」に関する興味のみが残されている状態を示唆している。

一方、東本願寺の側にも、寺本婉雅の『西蔵語文法』をめぐって河口と論争が起きている。この論争は、帰国後大谷大学で教授として教鞭をとっていた寺本婉雅が一九二二（大正一一）年に出版した『西蔵語文法』について、同年の『中外日報』紙上において、河口慧海がその内容のずさんさを糾弾し、絶版を求めたものである。一連の記事は、「著者寺本婉雅氏に『西蔵語文法』の絶版を要求す（一）」（『中外日報』一九二二年一一月三〇日付）から始まった。以後、一二月三日まで、計四回、「著者寺本婉雅氏に『西蔵語文法』の絶版を要求す」という題を冠した記事が連載された[*35]。

河口の非難は痛烈である。河口は、チベット語の発音も知らずず会話もできない、チベット語に関しては素人も同然の寺本が文法書を編むなど、「めくらの垣のぞき」に等しいとし、この文法書が貢献するところは、チベット語の活字を日本で初めて作ったことぐらいだと痛罵した。更に、序文に寺本がラサの大寺院を巡ってチベット仏典を学んだ、とあることについても、「十日程ラツサに居た」だけで、その間宿所に身を隠し外出すらしなかったというのが事実であり、それは寺本自身も認めたことを暴露した。記事の最後は、一年くらい自分の所に来てその間違いだらけのチベット語を学び直したらどうか、という言葉で締めくくられている（『中外日報』一九二二年一二月三日付）。

この河口の挑発を、寺本側が受けて立つことはなかった。寺本が属する大谷大学のコメントとして、「度量を見せた谷大側」（『中外日報』一九二二年一二月二日付）、「西蔵語文法の批評の批評会　答弁の価値なしで結論」（『中外日報』一九二二年一二月九日付）が載るだけである。タイトルからも充分推察されるように、寺本自身は、河口の記事を単なる人身攻撃だとして、取り合わなかった。大谷大学も、この著作についての判断は、以後学界の研究者各位の判断にゆだねたい、とするのみで、あとは「真に堂々の論陣を張る学者の学術上の議論ならまだ一言なかるべからずでせうが」（一九二二年一二月二日付）と、河口の非難を取るに足りないものとして切り捨てている。

更に大谷大学側は、英国に行ったことがなくとも素晴らしい業績をあげる英文学者がいるように、「寺本が西蔵へ行つて居りやうが短いとかいふこと」は、そもそも問題ではないとし、最終的には河口が現在執筆中とする文法書を出版することが、すべての解決となる、としている。記事の最後は、文法書の出版にチベット語の活字がなくては不自由だろうから、件の活字を当方からお貸しします、という皮肉な言葉で結ばれている。

河口はなぜ、このように寺本を徹底的に非難しなければならなかったのか。一つのきっかけは、「仏典の西蔵訳　寺本教授等の偉業」という、『中外日報』一九二二（大正一一）年一一月九日付の記事にあると考えられる。この記事は、寺本の『西蔵語文法』の出版と、それに引き続くチベット仏典の翻訳の出版について、その学界への貢献を讃えた記事であった。上述のように河口はチベット語の文法書を準備中であり、いわば寺本に先を越された形となった。彼が寺本を非難する記事の冒頭、まず「実は僕の文典は半分程出来てゐる。然し仲々時日を要する仕事だからゆつくりやつてゐるのだ」と述べていることには、自分を差し置いて、寺本が何をしようというのか、という気持ちが彼にあったことがうかがえる（『中外日報』一九二二年一一月三〇日付）*36。

この論争の皮切りとなった記事「著者寺本婉雅氏に『西蔵語文法』の絶版を要求す（一）」（『中外日報』一九二二年一一月三〇日付）は、「世界の謎たるチベット、そのチベットの文法書も亦遂に学界の謎となるのであらうか」と締めくくられている。この「文法書も亦遂に学界の謎となる」という表現には、うやむやに終わった「玉手箱事件」の記憶がここに重ねられているのがうかがえる。寺本が、人身攻撃に反論すれば私的な感情の軋轢となってしまうだけだと、河口の非難に一貫して取り合わなかったことにも、「玉手箱事件」の影響が見て取れる。「玉手箱事件」のようななりゆきとなれば、寺本を教授として擁する大谷大学にとって、不都合な状況が生まれる可能性があった。このことから、寺本と大谷大学には、それを危惧し、回避しようとする心情があったのだと推測することは可能であろう。

以上に述べてきたように、「玉手箱事件」において光瑞が青木に充分な反論を許さず手を引かせたこと、また寺本や大谷大学の態度が、基本的に河口の激しい攻撃を受け流すだけだったことは明らかである。大谷光瑞や寺本婉雅、大谷大学がこのような態度をとったことには、入蔵者としての経験、チベット通としての社会的な認知のされかたに、彼我の非常な格差があったということ以外にも読みとれるものがある。それは、ここに関係した人々がチベットについて、河口と張り合うという手間暇をかけるだけの価値を認めていなかったということであり、まさしくこのことが、仏教界におけるチベットへの関心の退潮を示すものだと言えよう。そしてこの関心の退潮は、多田等観が前代未聞の数量と質を誇るチベット仏典とともに帰国した時に、よりはっきりと示された。

多田は一〇年という長い年月を、チベットでもトップクラスの寺院で修行に励み、チュンゼーという、チベット仏教の修行階梯における正式な学位を、日本人で初めて得た人物である*37。また、彼とダライラマ一三世との親交は、本章第三節に述べるチャールズ・ベルとダライラマとのそれにも比肩しうるほど密接なものであった。

彼が日本に将来したチベット仏典の膨大な点数にも、彼とダライラマとの親密な関係をうかがうことができる。ダライラマの後援なしでは、これほど広範囲にわたる入手は実現しなかったと思われるからである。多田の将来した文献はそれほど多数であり、かつ印刷が鮮明で欠落が少ないという良質のもので、その中には、チベットから初めて持ち出される貴重な資料も多かった（山口瑞鳳『チベット』上巻、一九八七年、一〇五頁）。

チベットでの経験とその成果、将来した仏典、この三点のどれをとっても、多田以前の日本人が達成したものをはるかに越えるものであったことは、現代においてチベット研究者の見解の一致する所である*38。ところが、多田の帰国当時、彼を派遣した当人である大谷光瑞にも、西本願寺にも、それに対する積極的な迎え入れの態勢を整えた様子は見られない。それどころか、「非常に冷たく扱われた」と多田自身が語っていたのを、東京大学において彼の教え子であったチベット語学者北村甫が聞いている（多田等観『チベット滞在記』、一九八四年、二二六頁）。彼が将来した仏典の一部は結局西本願寺に入ったが、それについて展覧会などが行われた形跡がないことはすでに述べた通りである。

本節ですでに述べたように、青木と多田のチベット派遣は当初、大谷探検隊の事業の更なる発展段階と目されていたと思われる。しかし、彼らがチベット滞在を終えて帰国した当時の日本では、一般の人々においても、研究者や仏教者においても、すでにチベット本土への興味が失われてしまった後だった。多田が、チベットの僧院で本格的な修行を一〇年積むという希有な経験を持っていたにもかかわらず、彼の旅行記に相当するものは結局、帰国後六一年もたたなければ出版されなかったのである。これを、その年のうちに二冊も旅行記が出された大正初年における橘瑞超の帰国時と比較すると、その差は歴然としており、チベットへの関心の退潮をより明確に示してもいると言えるだろう。

第三節　一九一七年青木文教「秘密の国」連載と『西蔵遊記』

青木文教[*39]『西蔵遊記』は、青木帰国（一九一七年四月二九日）直後から『大阪毎日新聞』に、「秘密の国」と題して六月九日から一〇月一九日まで連載されたものに、「出蔵記」を附して、一九二〇（大正九）年一〇月出版されたものである[*40]。青木は生涯においていくつかチベットに関する著作を出版したが、チベットでの彼の活動成果の最初の集大成ともいうべきものが、この旅行記『西蔵遊記』である。

この著作において注目すべき点は、著者青木に、当時の日本人のチベット・イメージに対する問題意識があったと思われることにある。このような意識はまず、帰国直後の東京地学協会本会での講演（一九一七年六月一四日）に見られる。

西蔵を昔の如く単に僧侶が物好きに行つて見るとか探検家が地理上の探検に行くと云ふ国と見ずに、もう少し生産的に西蔵を探検して此国を開発すれば或は金鉱などが意外に驚くべき大金鉱を発見するやうな見込がないことはない、全く探検が出来ないやうな国ではありませぬ、単に西蔵と申しますとどうも秘密の魔国のやうな感想を起す其感じを取除いて、もう少し西蔵は生産的の方面に誘導させる国であると云ふことをご承知願ひたいと云ふのが、私の今晩の講演に付きまして諸君に御願ひ致しまする希望でございます（青木文教「西蔵視察談」『地学雑誌』三四七号、一九一六年、二七頁）

彼が講演中で述べているところの、「昔」チベットに「物好き」でいった僧侶や、地理的調査のために入った

「探検家」に、河口慧海やヘディンが含まれることは明らかである。青木は、「昔」のチベット、すなわち河口やヘディンの時代の彼らが語ったチベットと、現在のチベットとは違う、と強調しているのである。

最新のチベット事情について、日本の専門家に報告するという意義を持ったこの講演の結びに、青木が、当時の人々が一般に持っていたチベットに対するイメージについて言及したことには、彼がこのことを重大な問題と捉えていたことの一端が示されている[41]。引用の言葉には、僧侶や探検家にだけ価値がある「秘密の魔国」、すなわち、それ以外の一般の人々には無縁の地域というイメージが当時広く流布していたことがうかがえる。

『西蔵遊記』本文においても、彼は当時のチベット・イメージを問題視する態度を頻繁に見せている。例えばチベット事情を詳述する前に、「「現今の西蔵」なる概念を今少しく拡張して置かねばならぬ」（『西蔵遊記』、一九二〇年、一五九頁、以下書名と頁数のみ示す）としているが、この言葉は、既成のチベット・イメージが、これから紹介しようとする最新のチベット事情の前提としては不適当であるという彼の見解を示している。この『西蔵遊記』が、単なるチベット旅行記ではなく、日本人のチベット・イメージに対する最初の問題提起として位置づけられるべき側面を持っていることに注目し、本節では『西蔵遊記』を取り上げて検討する。

一　河口慧海『西蔵旅行記』と『西蔵遊記』

『西蔵遊記』以前に、書籍として出版されていた日本人によるチベット旅行記としては、河口慧海の『西蔵旅行記』（一九〇四年）、『能海寛遺稿』（一九一七年）の二点がある。しかし能海は、第一章ですでに述べたように、入蔵途上、チベットと清の境界地域で消息を絶っているため、当然のことながら彼の記述はチベット内地に及ばず、国境周辺に限られたものであり、またチベットの文物に接触した期間自体も短い。従って事実上チベット滞在記と言えるのは、『西蔵遊記』出版以前においてはひとり河口の著作のみであった[42]。『西蔵遊記』は、日本人によるチベット滞在記としては、河口に続く第二のものであったと言える。

しかし、『西蔵遊記』の内容は、この河口慧海の『西蔵旅行記』とは多くの点で異なっていた。その一例としては、河口の『西蔵旅行記』が、新聞記者に口述したものをまとめたものであり、読者を引き込む生き生きとした語り口がそのまま生かされているのに対し、青木の『西蔵遊記』は、あくまで書かれた文章として推敲を経たものであったことが挙げられる。また、それぞれの構成も、青木の『西蔵遊記』が、「入蔵記」、「西蔵事情」、「出蔵記」の三編に分かたれ、更にこの各編が各章で構成されるようになっているのに対し、河口の『西蔵旅行記』では、この大―中―小の項目が作られてはいるものの、その大部分は話の筋を表すキーワードが、話中からそのまま抜き出されているにすぎない。

両者にこのような違いが生じた要因の一つに、青木の『西蔵遊記』の基礎となった、報告書もしくは日記のようなものの影響が考えられる[*43]。大谷探検隊の隊員は、調査記録の作成を義務づけられていた（山田信夫「解題」、『新西域記』別冊、一九八四年、二四～二五頁）。河口慧海も日記をのこしているが[*44]、青木ら大谷探検隊の隊員に課せられた報告書というのは、単なる日記体のものではなく、記録すべき調査項目や記録項目が詳細に規定されたものであった。

大谷探検隊隊員たちの調査の実践と報告書の作成の手引き書とも言うべきものが、大谷光瑞口述「旅行教範」である[*45]。これは探検や旅行の際の注意点を三〇六項目にわたって書き出したもので、例えば「第五部　調査要領」には、地形、気候、動植物、産業、交通、人情風俗、宗教などの調査について、どのようなデータをどのように記録すべきか、「第一編　総則」、「第二編　天然」、「第三編　人工」の三編三九項目にわたる詳細な指示がある。青木がラサ滞在中に、一日二回気象観測を行い、詳細に記録していることも、この「旅行教範」の指示の一端をうかがわせる。青木のチベットにおける旅行日誌に類する記録は、その大部分が発見されていない。しかし、部分的に残されているメモ等[*46]を見る限り、それらの記述はこの「旅行教範」の指示通りのものであると言える。このような数字的なデータが河口の旅行記には著しく欠けていると、当時内藤湖南に指摘されていたことは、前章ですでに述べた通りである。従ってこの点からも青木の旅行記は、『西蔵旅行記』と対照的な記述となるべきものであったと言える。

更に、「玉手箱事件」での河口とのいきさつが、河口の旅行記と自著とを対照する意識を強めた可能性がある。青木の旅行記の新聞連載は「玉手箱事件」のさなかであり、それに手を加え、『西藏遊記』としてまとめたのはそれ以降、事件から身を引いた時期に重なっている。河口の『西藏旅行記』と青木の『西藏遊記』、この二つの著作の特徴の著しい対照には、この時期の彼の心情の反映も考えられる。河口の旅行記に対する意識は、『西藏遊記』に付されたサンスクリット学者榊亮三郎の跋文にもうかがえる。榊は、「玉手箱事件」において、青木の主張の正当性を保証し、河口から激しくなじられた人物である[47]。榊は冒頭、「西藏遊記は、邦人の手に成れる最初の西藏実録なり」（榊亮三郎「跋西藏遊記」『西藏遊記』Ⅰ頁）と言い切っている。先行する河口の有名な旅行記があるにもかかわらず、いわばそれを無視して、青木の『西藏遊記』を「邦人の手に成れる最初の西藏実録」としたことには、河口の記述に正確さが欠けるとした当時の学界の見解をふまえているとしても、その背景に「玉手箱事件」の影響があることを見て取ることができるだろう。

以上の事情から、青木の『西藏遊記』が河口の『西藏旅行記』と著しくその形式を異にしていることも首肯しうる。

二　『西藏遊記』に描かれたチベット

『西藏遊記』においては、河口旅行談で取り扱われた事象について、ある時は別の視点から記述し、ある時は対照的な情報を提示するといった態度が見られる。それは特に、河口旅行談において注目を集めた「危険」、「堕落」、「グロテスク」、「淫靡」といった要素を持つ話題について観察される。例えば、河口の『西藏旅行記』との最初の差異が見られるのは、入藏について記述する部分である。この部分は、河口旅行談において、チベットへの接近のむずかしさが最大限アピールされる箇所でもあり、入藏に伴う危険についての記述が連続した。

これは、外国人入国に対する警戒が非常に強まっていた時期に入蔵した河口の体験談としては当然の内容であった。一方青木にはダライラマの入蔵許可証があり、イギリス側の警戒を突破してチベットに入って以降は、ダライラマの手厚い援助を受けた。また、河口には単独行せざるを得ない旅程があったのに対し、青木には最後まで彼に奉仕する同行者があった。加えて河口が遭遇した、強盗に荷物を奪われたり巡礼に命を狙われたりといった危難は、青木の記述には見あたらない。従って、河口の冒険談を引き立てていた悪漢や堕落僧は、青木の記述には登場しない。『西蔵遊記』において描かれるチベット人像はいずれも、「仏神を信じ、慈悲に富み、同情心の厚い温順なる国民」（二七五頁）というものであった[*48]。青木は、チベット人を残酷な野蛮人とする従来の見解は、仏教伝来以前のチベット人か、もしくは現在僅かにいる非仏教徒の性質を見て誤解したことによるものだろうと述べている（三一八～三一九頁）。

このチベット人の、おだやかで信仰に篤く、慈悲深い性質を、青木は高く評価し、「温和なる性情」、「戦争を悪み平和を愛する種族」等と、『西蔵遊記』中繰り返しこれに触れている。特に、ここでチベット人の外国人排斥が日本の尊皇攘夷になぞらえられていることには、過去のチベットにおける外国人排斥に正当性を付与する姿勢が見てとれよう[*49]。

一方、チベット人の欠点として青木は、向上心の欠如とも言える怠惰をあげている。発展の余地が十分あるにもかかわらず、チベット人は現状の改良に興味を持とうとしない、と彼は非難し、これを怠惰と呼んでいるのである。この点は河口と共通している。しかし河口との差異は、青木がこの怠惰を、仏教の因果応報を曲解した「迷信」に由来するものであって、チベット人の天性ではないと念を押して否定していることにある。青木の言う「迷信」は、医療や気象などについての科学的知識と、仏教の正しい解釈という、二種の正しい知識の獲得、つまり教育によって克服し得るものであった。この点は河口の、「意想外の豪傑が出て（中略）このチベット国興隆の策を講じたならば―夢のような望みかもしれんが―」（『西蔵旅行記』下巻、一九〇四年、二一〇頁、以下巻名と頁数のみ示す）という記述とは対照的なものとなったといえる。

更に青木は、このチベット人の怠惰が、他方では社会の安定を作り出したことを肯定的に評価してもいる[*50]。彼はこの状態を、「生存競争の烈しくない呑気な西藏の社会」（三四五頁）とし、更に第二編「西藏事情」の最後において、「拉薩ほど呑気で愉快な社会は今日の世界にはあるまい」（三七四頁）と述べ、曾遊の地ロンドンやベルリンよりもすばらしい「理想郷」と位置づけるに至るのである。

チベット仏教についても、河口の旅行記には前章で検討したように、ともすれば否定的ともとれる描き方をされた部分が多かった。チベット仏教を信奉するチベット人たちが、いかに腐敗した仏教徒であるかを示す記述が目につくこともその一例である。河口は持戒堅固な高僧など、善良な仏教徒にも言及はするが、それらは腐敗した仏教徒へのそれに比較すると非常に少ない。また、登場したとしても、河口自身が彼らと同等かそれ以上に僧侶として見事な行動をとるため、彼らの善良な部分が際立つことにならないのである。それに対し、河口が腐敗した仏教徒と対決する箇所では、河口の生命の危機という状況の緊迫と相まって、彼らの腐敗が、戒律を頑なまでに堅持する正義感にあふれた河口とは対照的に語られるため、読者に強い印象を与えた可能性がある。

教義に関する部分でも河口は、チベット仏教の「旧教」について、「肉欲」を「菩提性」と崇め（下巻、七一頁）「男女合体した所の仏体」（下巻、七四頁）を礼拝する「邪統派」（下巻、七三頁）と断じた。更に「新教」についても、「其真実の内容から云ひますと勿論正統派の仏教を現はして居りますが併し表面だけみると矢張り邪統派の像を用ひて居るものですからドウも笑止しいやうに思はれる」（下巻、七五頁）と批判した。チベット仏教に対する彼のこのような見解は、青木と同時代のチベットを見聞して書かれた『第二回チベット旅行記』においても変化していない[*51]。

これについて青木の『西藏遊記』は、「旧教」に言及はするが、僧侶の酒色云々については「耽溺に陥り易い快楽」（二六六頁）と表現されるのみで、河口旅行記のようにその詳細を特に描写することはしない[*52]。あくまで過去における流行が、チベット仏教史の一過程として淡々と触れられるのみである。『西藏遊記』の中で、仏教についてまとまって述べられるのは、第九章「西藏の宗教」である。この章は第七章「西藏の国柄」、第八章

「西藏政府の組織」の後に配置されていて、政治や行政のしくみを説明し、それがいかに仏教と緊密な関係にあるかをのべた上で、仏教をあらためて整理する、という構成となっている。この章での記述は、「腐敗」などという強い言葉こそ使用されていないが、非常に批判的な調子を帯びている。チベット仏教が批判されるのは、それが国家に何等貢献していない「活動の能力のない死せる宗教」（二七〇頁）であるという一点である。そして、仏教について述べたこの章を、青木は以下のように結んでいる。

或る人々はラマ教は一種特別の宗教で、妖術を弄する奇怪の秘密教であるとの観念を懐いて居る、無論西藏密教の旧派の一部には妖術的の宗旨がないではないが、現在西藏の国教となつて居る仏宗は、大乗の顕密二教を併用せる純正仏教の一派で、決して特殊奇怪の宗教ではない。従つてラマ僧といふも決して妖術師ではない、其の字の本義が示す様に仏教の高僧を指し、広義には普通の平僧にも適用せらるゝ語であることを知らねばならぬ（二七四頁）

上掲の文中にある「妖術を弄する奇怪の秘密教」、「妖術師」などといった言葉は、チベット仏教や僧侶に対して、当時まさしくそのようなイメージが持たれていたことを示すものである。これらのイメージを問題視する青木の態度は、ここにも明示されていると言える。

「旧教」に対し、短い言及のみで詳細には触れなかったように、チベットの珍奇な風俗習慣のうち、グロテスクもしくは淫靡と受けとめられざるを得ないものの代表例ともいえる鳥葬や一夫多妻の習慣についても、同様の扱いをしている。従って読者に与えるであろう印象を考えた場合、河口旅行談との間に歴然とした差が生まれたのは当然であると言える。

以上のような記述に加え、『西藏遊記』の内容を検討する上で重要だと思われるのは、文中に豊富に添付された写真である。これらの大部分は、彼自身がチベット滞在中に撮影したものである。日本人が撮影したチベットの写真としては、青木以前にすでに、成田安輝が撮影した四〇枚の写真があり、そのうち二四枚が一九〇四（明治三七）年の『地学雑誌』に発表されている*53。しかし成田はラサに入る直前にカメラを紛失したため、当然のことながらラサの写真は持ち帰らなかった。青木が『西蔵遊記』をはじめとする自身の著作で使用した写真は二〇〇枚を越え、そのうち青木の撮影によるもの、もしくは彼自身が被写体となっているものは八四点を数える。従って、成田の場合とは枚数において比較にならないほど多かった上に、チベットに対する関心において重要な焦点の一つとなっていたラサの実情を、日本人として初めてカメラに収めてきたものでもあった。これらの写真がこの当時のチベットを撮影したものとして貴重であるのはいうまでもない。

『西蔵遊記』には青木撮影によるものも、そうでないものも含め、一五一点の写真が使われており[*54]、その数は他の入蔵者の旅行記と比較してみても、群を抜いて多い[*55]。従って、河口のチベットが、口述の冒険談として再現され、さらに挿絵として視覚化されたチベットであったなら、青木の旅行記におけるチベットは彼自身の筆による文章と写真に写し取られたチベットであったとも言える。以下、青木の『西蔵遊記』において青木の記述の各所に挿入された写真が、どのような役割をはたしたのかを検討する。

『西蔵遊記』に使用された写真には、歴史的遺物などの建築物、道路をはじめ、街路や店、家の中での人々の様子、祭りなど、人々の平時の生活を撮ったものが多い。特に、彼自身の撮影にかかる、チベットの人々の肖像写真は、それ自体の数が多いだけではなく、被写体が衣紋を整え、ポーズをとった形で撮影されている写真がほとんどであることが特徴である[*56]。青木以前のチベット旅行記中の写真、例えばウォデルの写真の被写体となったチベット人たちに、緊張した硬い表情が多いのに比べ、青木の写真の中の彼らは、日本人が肖像写真を撮られる際と同様に、微笑みさえ浮かべた、おだやかな表情で写真におさまっている。

その他にも例えば、様々な服装の様々な人々が狭い街路を行き交うラサで、「最も繁華」な中心街であるパルコルを紹介する部分では、パルコルを俯瞰した写真（一八八頁）が挿入されている。遠景に山並みの見える、二、三階建ての建物が立ち並ぶ円周のように湾曲した街路を、人々が思い思いに歩いているのが小さく見える。建物には窓が並び、街路に面した場所には上に布製とおぼしき屋根を張った露店が幾つも見え、ラサ市民の平和な買物風景がそこに写しとられている。また、チベット人の飲食、特に「支那料理」について説明する部分では、

「支那風の応接室」で茶を飲む二人の男性の写真が添えられている（三二七頁）。室内の装飾は豪華で、卓上には花が飾られている。談笑している二人の服装も立派である。ラサの上流階級の生活のひとこまを撮影した写真と思われる。また、ダライラマについて説明する部分には、いかめしい服装で玉座についたダライラマ一三世の写真が添えられているが（三六二頁）、青木が最後に拝謁する場面では、「私服を着けたる達頼法王」と題された、簡素な椅子にくつろいだ表情で腰掛け、微笑んでこちらを見ているダライラマ一三世の写真が挿入されている（三七六頁）。

以上に見るように、『西蔵遊記』の写真において再生されたのは、チベットの平穏な日常生活であったと言える。河口旅行談に添えられた挿絵との相違は、実にここにあると思われる。河口旅行談の挿絵は、河口当人の口述に基づくとはいえ、画家が作り出したものであったことを考えれば当然のことながら、河口の冒険の様々な場面のクライマックスと目される瞬間を切り取って表現したものであり、大部分の挿絵には、冒険談の主人公である慧海自身が描き込まれ、その慧海を中心に、冒険談を面白く引き立てることを基準として、情報が取捨選択され意匠が施されていた。その結果、そこに描かれたチベットは、危険と苦難に満ちた非日常の世界の、最も劇的な瞬間として再生されたものとなった。

一方、『西蔵遊記』に挿入された写真には、当然のことながら、青木の姿は滅多に登場しない。彼自身が被写体となっているわずかな写真でも、それはいわば姿勢を整えて撮った肖像写真にすぎない。挿絵に描かれた河口の姿を動的なものであるとするなら、この肖像写真の中の青木自身の姿は、非常に静的なものであり、この対照はこの二つの著作の違いを象徴するものでもあったと言える。

結果として、読者に与える印象において、両者の間に格段の差が生じたのは当然であろう。そのような差は、例えば『西蔵遊記』の、「八、物騒な入蔵路」の部分に挿入された、「鉄索の吊橋」の写真に具体的に見ることができる（四五頁）。ここは、「両岸は懸崖をなし濁流滔々、瀑布となつて瀉ぐ所に鉄索の吊橋が架せられてある、山間の僻地に似合はしからぬ良い橋である」（四六頁）と説明される部分である。しかし、同じようにうずまく濁流を描写するにしても、そこに架かっている「良い橋」が示されるのと、その濁流に主人公が飲み込まれもがいている光景とでは、読者に与える印象に自ずから差があるのは当然である。

また、ヒマラヤ越えの部分には、「雪嶺と氷結せる渓流」と題する写真が挿入されている（六五頁）。ここは、「数哩の前方に削いだ様な山壁が屹立して、行手を遮るものゝ如く、左右の峯々は皚々たる積雪を戴き、吹き下す寒風は肌を刺し坐ろに旅の哀れが嘆たれる」場所であり、青木は「歩くと直に眩暈と頭痛を催し、苦痛堪へ難く、動もすれば反吐しさうになる」（六二頁）という、高山病の症状に苦しんだ。しかしこの部分でも、挿入された写真にあるのは、遠い山並みとその上に聳える美しい雪山、そして手前に流れる大きな川といった、広々とした風景だけである。河口のヒマラヤ越えで描かれたような、吹雪に巻き込まれ遭難する河口、氷の河を半裸で渡る河口などに擬すべき、苦難に耐える青木の姿はない。

時には、記述されている事柄とは全く関連のない写真が挿入されている場合もある。入蔵途中のネパール領内で青木は、中国人ではないかという嫌疑をかけられた。当時、中国はチベットと交戦中であり、中国人がチベット国内で発見されれば、その場で虐殺されても不自然ではない状況にあった。中国人と疑われることには、彼の身に非常な危険を招く恐れがあったのである。青木は、ネパール人の口から、「支那人」という言葉が発せられたのを聞いて、「電気に感じた様に聴神経が震動した」（三七頁）。しかしこの緊張感がみなぎる場面に添付されているのは、「子ポール美人」と題する、美しい衣裳を着けた女性が椅子の上でポーズをとりこちらに微笑みかけている写真である。

更に、「二五、婦人の位置」、「二六、一妻多夫主義」において、チベットでは「婦女を社会の低き位置に見棄てる」（三四一頁）というべき状態にあることが強調された。これは、「西藏では一般に云へば妻の権力が非常に強い」（下巻、一二頁）とした河口旅行談とはかなり印象が異なるものである。河口旅行談のこの部分が好奇的な関心を集めたことはすでに述べた。しかし『西藏遊記』においてこの二つの節の間に挿入されているのは、女性の地位や一妻多夫とは一見して全く関係のない、「上流児童の服装」と題した、端正な衣装を身につけた二人の子供の写真である。写真や文章の量に制約がある新聞連載と違って、紙面に余裕がある単行本において、このような選択が行われたということには、青木が意図的にこの写真を挿入した可能性が示唆されている。青木は、扇情的な場面にあえて、関係のない写真を挟み込む選択を行ったのではないかと推測されるのである。

以上に述べてきたように、『西蔵遊記』の写真は主に、チベットの人々の日常生活を再現したものであり、これらの写真によって読者の前に提示されたチベットは、チベットの人々のおだやかな日々のいとなみそのものであったと言える。しかしそれらの写真が伝える内容が日常であればあるほど、河口旅行談が持っていた「魂飛び肉躍らしむ」、「空前の大活劇」（『大阪毎日新聞』一九〇三年六月四日付）といった冒険物語の色合いは、当然のことながら薄まった。従って一般読者が、河口旅行談が表現していたようなスリルあふれる場面を期待していたとすれば、『西蔵遊記』の写真は当然のことながら、それに十分に応えうるものではなかったと思われる。

三　『西蔵遊記』への反響

『西蔵遊記』において、現在のチベット事情を理解する基盤とするべき「現今の西蔵」のイメージが、まず改められるべきであるとされたことは、すでに述べた。捉え直しが必要とされているのは、「西蔵の国際上の地位」および「対外感情」の二点においてである。この二点が論じられている部分は実際には、チベットの「鎖国」やチベット人の排外的な性質等、チベットの閉鎖性についての記述となっている。「西蔵の国際上の地位」は、政治上に見る閉鎖性、すなわち主にチベットにおける「鎖国」とそれをめぐる各国の動きを述べたものであり、「対外感情」は、チベット人の性質上の閉鎖性、すなわちチベット人の排外的な感情について説明したものである。この二つの部分に変化があることが、『西蔵遊記』では以下のように強調されている。

すなわち、清、イギリス、ロシアの三国がお互いを牽制しつつ、チベットに政治的介入をしつづけた状況は現在、イギリスの巧みな外交により覆されてしまっており、更にチベット人の「対外感情」の面では、更に著しい変化があったという。仏土であるチベットに異教徒が踏み込めば土地の神聖がけがされ、住民は永劫の苦しみに落ちると信じていたチベット人は現在、「白人崇拝主義」（三一九頁）ともいうべき状態にあるとされる。もっとも忌避されていた「白人」が、現在いかに好感を持たれているかが述べられることで、チベットの閉鎖性が記述される場合に必ずといっていいほど言及されていた外国人排斥は、明確に否定されていると言える。

更に、チベットの交通や通信における時代の変化が述べられることで、閉ざされた国チベットというイメージは重ねて否定されることとなった。『西蔵遊記』では、ラサ—インド、日本間の通信について詳述された後、「余りに便利過ぎて感興が薄らぐこともあつた」と付け加えられ、更に「昔は外人禁制の秘密国、たとひ蒙古人種である所の日本人が扮装して入蔵するも瞬時も油断ならぬ危険界であったのに比べると、今は天国の楽境と選ぶ所なく（中略）十年前の入蔵者にはこの種の愉快は夢にも得られなかつたであらう」（三七二〜三七三頁）と記述される。文中の「十年前の入蔵者」が河口を指していることは明らかである。この段の小題には、「便利な秘密国」という言葉が使用されているが、この表現にも、チベットの現在の状況が、河口旅行記に描写された時期のそれとは異なることを強調しようとする姿勢が見て取れる。しかし、一九〇三〜〇四年のヤングハズバンド・ミッション以後進んだ、チベット国内—英領インド間の交通路における宿泊施設や通信設備の整備等、チベット国内の変化を考えると、ここで言われる「便利な秘密国」は、決して誇張とは言えないと思われる。

『西蔵遊記』において上述のように、「十年前」のチベットと、「今」のチベットとの、このような違いが強調されたことの背後には、『西蔵遊記』における、青木のもう一つの目的ともいうべきものの存在が推測される。青木には、チベットに対する何らかの積極的な対応を日本人に促そうという意図があったのではないだろうか。それを示唆する例の一つは、「異教異種の外人たりとも決して妄に排斥するべきでないといふことを悟り、延いて対外感情に一大革新を来し、寧ろ外人の入蔵を希望するが如き反対の現象を生じた」（一七五頁）という記述に続く、「同教徒、同人種の日本人を歓迎すべきは推して知るべきである」（一七五〜一七六頁）という言葉である。更に、『西蔵遊記』中の、チベットがイギリスと日本に助力を求めている、とした部分には、以下のような記述が続いている。

之に対し英国は各種の条約に抵触しない範囲に於て巧に勢力の扶殖に努力して居るが我国の当局者は徹頭徹尾チベットに関係することを避けやうとし、同国よりの交渉、依頼等に対しても回答すら与へない（二七六頁）

ここで、イギリスと日本の両政府の対応が対照的に記述されたことには、日本政府に対して青木が感じている、ある種のもどかしさが反映されていると思われる*57。彼はラサ滞在中、ダライラマと西本願寺、もしくは参謀本部などの陸軍関係との連絡事務にもあたっていた。チベットからの働きかけに思うように反応しない日本政府への歯がゆさを、彼が切実に感じていただろうことは、『西蔵遊記』にも、また陸軍参謀本部に提出されたものの控えとして一九一四（大正三）年にラサで書かれたと思われる青木の手稿「調査事項報告第壱号」、「調査報告第弐号」（以下「報告第壱号」、「報告第弐号」と記す）*58の記述の各所にもうかがわれる。

それに対し、学界、財界、仏教界の人々に、チベットへの何らかの積極的な行動を促す態度は、『西蔵遊記』に先立つ、帰国直後の二つの講演での言葉に、より明瞭に見て取れる。本節冒頭に挙げた、地学協会で一九一七（大正六）年六月一四日に行われた講演は、「もう少し西蔵は生産的の方面に誘導させる国であると云ふことを御承知願ひたい」（青木前掲「西蔵視察談」、二七頁）という言葉で締めくくられている。また、母校仏教大学で同年六月二二日に行われた講演も、「吾人入蔵者にとりては実に絶好の機会で個人として宗教団体とてし《「ママ」》条約に触れない範囲内にて入蔵し以て諸種の文物を研究するには今をゝいて他にない（中略）諸君は実業家の発展と相ひまつて以て大いに西蔵研究されんことを願ふ」（青木文教「現今の西蔵」『六條学報』一八九号、一九一七年、七一頁）という呼びかけで結ばれている。

更に『西蔵遊記』の中に、日本人の積極的な動きを阻害する恐れのある、否定的な情報が見られないことにも、そのような意図の存在がうかがわれる。前掲「報告」には、チベットにおける各国勢力に関して、在蔵人数、兵力等とともに、チベット人がその国に抱いている感情が、プラスのものもマイナスのものも詳細に記されている。

特に対日感情については、以下のように詳細に記述されている。

例えば、青木は、自分が接触したのが、ダライラマをはじめとするチベット人上流社会であり、それらの限られた人々に対する印象であることを断りつつ、チベット人が日本人について以下のように感じていると述べている。すなわちチベット人は、日本人は穏やかで才知に富む勤勉な国民であり、また清潔を好む習癖を持っていると、好意的に捉えている一方で、日本人について、個人行動が多く忠告や提案をすることには優れているが、行動力に欠けると感じているという。チベット人が本当に望んでいるのは、青木のような調査や助言をする人間ではなく、資金を提供し鉱山の開発や運営を実際に進める「実用ニ供セシムルノ人」(「報告第壱号」、三六頁)である、と青木は述べている。更に青木は、それまで彼が行ってきた「方策ヲ授クル事」をやめ、「『物品』ヲ与フルト云フ児戯的政策」をとらざるを得ないと慨嘆している(同、三七頁)*59。

しかし『西蔵遊記』には、上述した「報告」に見られる内容、すなわち、チベット人が日本人について、行動力が欠けていると考えていることや、技術や助言よりいわば即物的な援助を求めている、とする記述は一切見あたらない。つまり、『西蔵遊記』には、この点において否定的な印象を読者に与えかねない情報は含まれていないと言えるのである。この「報告」と『西蔵遊記』の相違は、執筆の時期が異なるということだけではなく、読み手が誰であるかを考慮した上での執筆姿勢の差によるものとも考えられる。

既に述べたように青木が、日本人のチベットへの行動を広く促すという姿勢を持っていたことを考えると、『西蔵遊記』においては、このチベット人の対日感情という一点に限って、日本人のチベット進出への意欲に逆行するような情報が削除された可能性があると推測される。河口の入蔵当時に比較してチベット現地の状況が変化していたことに加え、青木が持っていたこの姿勢によって、『西蔵遊記』におけるチベットはますます、河口旅行談に見られた「秘密国」色の薄いものとなっていったと言えよう。

上述してきたように、『西蔵遊記』に語られた青木の旅は、河口のそれのような、「空前の大活劇」とはならなかった。その中の青木の姿も、次々に降りかかる危難を鮮やかに切り抜けていく主人公からはほど遠いものであった。そしてチベットも、秘密に満ちた冒険の舞台とは描かれていかなかった。むしろ、これらのイメージとは非常に異なる方向に、『西蔵遊記』の記述が整理されていた可能性があったことは、すでに検討した通りである。加えて、チベットに於ける状況の変化、すなわち政治的な安定や交通・通信施設の整備等により、結果として『西蔵遊記』のチベットは、冒険の舞台としての魔法の国とはならなかった。チベットは他の未開とされる土地と同じように、実際に人間が活動し得る世界に属する土地、そして朝鮮半島や中国と同じように日本人進出の可能性を充分持つ土地として描かれたと言える。

しかし当時において実際に、青木の旅行記に期待されていたものは、以下に述べるように、河口の旅行談に類する、いわばその続編とも言うべき冒険物語であったと思われる。例えば青木の『大阪毎日新聞』の連載予告（一九一七年六月九日付）は冒頭、「ヒマラヤ嶺北の西蔵は依然世界の大秘密国として固く門を鎖し他国人の入るを許さず」と切り出し、日本人の中にも入蔵を志すものがあったが、河口慧海以外は失敗していること、その河口の旅行記を連載して『大阪毎日新聞』が読者の「大喝采」を博したことに触れた上で、「風物の珍、境遇の奇を描きて読者をして坐ろに身大秘密国に遊ぶの感あらしむべく」青木旅行記を提供すると述べている。また、『西蔵遊記』出版の広告（『六條学報』二二七号巻末、一九二〇年一〇月）でも、著者青木が「遠く雪山の峻峰を越え、世界の秘密国たる西蔵に入り」得たこと、そしてこの書が、「一般読者には興味多き奇聞異説」であり、歴史、地理、宗教等の研究者には「絶好無比の参考資料」となるであろうことが謳われている。研究者には貴重な参考資料であることが言われつつ、しかし「一般読者」に対して、「興味多き奇聞異説」が宣伝文句とされていることに、青木のチベット旅行記に期待されていたものの反映を見ることができる。

だとすれば、上述のような内容を持つ『西蔵遊記』への反響は、河口旅行談に及ばないものであって当然であったと推測される。この推測の裏付けとなるものの一つは、以下に述べるように、青木の新聞連載が途中でうち切られていることである。『大阪毎日新聞』における青木の連載は、「第二編西蔵事情」の末尾をもって最終回となっている。連載開始時の予告では、全体の構成、即ち第一編「入蔵記」、第二編「西蔵事情」、第三編「出蔵記」のみではなく、各編の章立てと章タイトルまで広告されていた。この段階で青木には、第三編最終章「ダージリンの回顧」まで書ききるつもりがあり、彼はかなり明確にこの連載を構想していて、それに基づいて新聞社のこの予告が出されたと考えていいだろう。にもかかわらず、青木の連載は第二編終了をもって打ち切られている。連載最後の回には、「紙面の都合により掲載せず」とのコメントが付せられているのみで、打ち切りの理由は明示されていない。

打ち切りの理由と考えられることの一つには、前節で検討した「大正の玉手箱事件」の影響があるだろう。青木の連載の始まりは事件以前であり、打ち切りは、河口と青木の対立が周囲を巻き込んで深刻化していく時期に当たっている。青木の連載が実現した『大阪毎日新聞』は、『時事新報』とともに、他の新聞社をおさえて、河口慧海の第一回チベット旅行の旅行談連載権を得た新聞社である。上述した広告に予告されていたように、青木の側に第三編最終章まで準備をした形跡があるにもかかわらず、第二編で連載が打ち切られたのには、河口側の意向が何らかの形で、『大阪毎日新聞』の方針に影響した可能性が指摘できる。

しかし、河口側の事情の影響がたとえあったとしても、青木の連載に、河口旅行談の連載時に匹敵する読者の反応もしくは支持があれば、打ち切りという事態にはならなかったと思われる。だが、河口の場合、第一回、第二回入蔵ともに複数の新聞連載記事となったのに比して、青木は『大阪毎日新聞』のみ[*60]、しかもそのただ一本の連載も、三編中の一編が割愛された形で連載打ち切りとなった。このことからは、連載当時の読者の反響が河口のものよりも小さいものだったことを推測し得る。

青木の連載に対する反応がはかばかしくなかったことには、すでに第一節に述べたように、当時の日本社会において全般的に、新しいチベット情報にあまり関心がもたれていなかったことも影響していると思われる。第一回入蔵の旅行記が非常な人気を得た河口でさえ、青木と同時期に入蔵した第二回のチベット旅行の旅行記はすぐに出版されなかった。彼の第二回チベット旅行についての新聞連載は、一九六六（昭和四一）年に至って漸く、遺族や知人の手でまとめられたのである[*61]。

新聞連載から三年後の『西蔵遊記』出版時には、どのような反響があったのか、それについて、上述した新聞連載打ち切りに関するもの以外には、論拠とするに足る資料を発見するに至らなかった。但し、これまでの検討によって、状況の一端は明らかにしうると思われる。まず、青木が帰国した直後講演した東京地学協会は、講演時は講演記録を機関誌『地学雑誌』に載せたにもかかわらず、筆者が確認した限りでは、『西蔵遊記』出版前後の『地学雑誌』に、『西蔵遊記』についての言及はない*62。同様に、青木の母校仏教大学も、青木の帰国当初講演会を催し、講演記録を機関誌『六條学報』に載せているが（前掲「現今の西藏」、六三〜七一頁）、『西蔵遊記』出版時には、その広告を一頁を割いて載せてはいるものの、広告以外の言及、例えば新刊図書の解説や、学界近況記事などでの紹介は、今のところ見あたらない。

さらに地学協会以外の学界、すなわち仏教学、東洋史学などを専門とする研究者たちの反応が、皆無に近かったことは、青木について記述した東洋史学者佐藤長、チベット学者山口瑞鳳、文化人類学者佐々木高明などの一致するところである。京都で青木にチベット語の手ほどきを受けた佐藤は、「青木が帰朝した頃の日本の学界には、チベット学者を容れる余地はなかった。あれほどの経験と実力、それに人柄のよさをもちながら、日本の学界が彼を用いられなかったのは惜しみても余りあることであった」と述べている（佐藤長「解説」『西蔵遊記』、一九九〇年、三八二頁）。また、晩年の青木が東京大学で教鞭をとった際、教えを受けた山口も、『西蔵遊記』出版当時について、「青木が「遊記」を書き上げた時（大正九年）も、学界は殊更興味を示すことはなかった。「チベット学」は時期尚早だったのである」と記している（山口瑞鳳「解説　青木文教師」『秘密国チベット』、一九九五年、三二九頁）。更に、青木の履歴についてまとめた佐々木は、当時の学界の無反応ともいうべきこの状態を、同じ西本願寺のチベット留学生であり、帰国後東京大学や東北大学で活動し、学界で高い評価を受けた多田等観と比較して以下のように分析している。

佐々木は、青木と多田におけるこの待遇の差は、結局は将来した文献類の質と量によって決まったとしている。多田等観は、質的にも優れた、大量の仏典を日本に持ち帰ってきた。帰国後も、彼宛にダライラマから、世界的にも貴重な価値を持つ新版の仏典が届けられている。青木には、この多田の経典のような、当時の研究者の目を否応もなくひきつけるものがなかった。佐々木は更に、青木が志向した仏教以外の部分を対象とするチベット研究が、チベット仏教の文献研究に関心を集中させていた当時の研究者たちの志向したものとは離れていたことが、青木に対するいわば黙殺に近い不遇の原因であるとしている[*63]。

もう一点、『西蔵遊記』出版時の日本におけるチベット・イメージをさぐる上で注目すべきだと考えられるのは、『西蔵遊記』に示された、当時のチベット・イメージを問題視する態度が、『西蔵遊記』出版後二〇年以上を経て発表された彼の諸著作においても、変化していないことである。例えば『西蔵文化の新研究』（一九四〇年）では、以下のように指摘している。

由来我国は専門の学術界に於てすら、西蔵学を軽視する傾向が著しく、その研究資料の如きも、殆ど支那と欧西の所伝とに過偏し、西蔵固有の文献や実状を度外するが常である。尤もその理由としては言語修習の不便と、現地調査の困難と、財政関係の問題などが指摘されてはゐるが、実際はそれよりも寧ろ旧来の方法を以て足ると信ずる保守的または退嬰的観念の然らしむるところで、畢竟西蔵認識の欠如を物語る以外のものでないと思ふ（「序言」一頁）

また、二年後の一九四二（昭和一七）年の著作『西蔵の民族と文化』においては、チベットに対して「野蛮人が跋扈」し「沃怪《[ママ]》的な喇嘛僧の出没」する「秘密境」という「誤想」を抱くことは以前よりは減少したとしつつ（四五頁）、以下のように懸念を表明している。

今何を以てかやうな警告的言辞を敢て弄さねばならぬかといふに、元来我国では極少数者を除いて官民一般に西蔵に対する認識が著しく欠如してゐることゝ、甚だしきに至つては根本的に誤想を懐くものも少くない為め猥りに本問題の性質を軽視し、或は全然これを無視することから不測の禍を招く恐れがあるからである（四四〜四五頁）

更に、戦中から戦後にかけてまとめられたと思われる『西蔵全誌』[*64]にも、「西蔵の場合はその国柄だけに誰もが誤まった概念を懐く傾向にあることは事実である。本誌執筆の目標とするところは一にその正しき概念の獲得にある」と記述されている。いずれの著作においても、その出版の目的が「特異の国西蔵に対する概念の明瞭化」（前掲『西蔵文化の新研究』、三頁）等とされていることは、当時のチベット・イメージをめぐる日本の状況を、彼が依然として問題視していたことを示している。更に言えば、ここから、青木の『西蔵遊記』が、日本人のチベット・イメージに対して大きな影響力を持たなかったことを、読み取り得るとも考える。

四　チャールズ・ベル『西蔵　過去と現在』と『西蔵遊記』

青木と多田、そして入蔵は二回目となる河口と矢島がチベットに入ったのは、一九一二（明治四五）年から一九一四（大正三）年にかけてのことであった[*65]。チベットは、一九一一（明治四四）年の清朝崩壊を契機として、一九一二（明治四五）年、独立を宣言していたが、依然として「鎖国」状態が継続されていた上に、英領インドとの国境を英国が封鎖していたため、外国人のチベット入国が困難であることには、従来と変わりがなかった。従ってこの当時、チベットに入ることが許されていた外国人は事実上、シッキムに駐在する英国の代表者たちに限られていたと言える。その中でもデイビッド・マクドナルド（一八七〇～一九六二）とチャールズ・ベル（一八七〇～一九四五）[*66]は、その職務から得た豊富な見聞を生かしたチベット研究を行ったことで名高い。彼らの著作は、「チベットを西洋人にとってより身近な存在にした」[*67]と、現代においても高く評価されている。

そもそも英国には、第一章第三節で扱った東洋学、宗教学、仏教学の視点からチベットについて著述を行った人々の他に、このベルやマクドナルドのように、ヒマラヤ周辺地域での滞在経験に基づいてチベットに関する著述を行った人々の一群があった。その多くは、軍人または英領インド政庁の官吏であり、彼らの著作は、現代においても、当時のチベットの、正確で信頼に足る記録であると見なされている[*68]。

その中でもまず挙げられるのは、ヤングハズバンド・ミッションに参加したウォデルである（注54参照）。彼はこのミッション以前から、チベットに接するインドの国境地帯でチベット研究を続けており、現在においてもチベット仏教研究の古典とされる『チベットの仏教』(*The Buddhism of Tibet*, 1895) を書いた。彼によって書かれたヤングハズバンド・ミッションの記録としては、『ラサとその神秘』(*Lhasa and Its Mysteries*, 1905) があり、これも優れた報告書として、現代に至るまで一定の評価を得ている*[69]。一九一一(明治四四)年のヘディン来日の際に、チベット探検の参考書として紹介された諸文献の中に、これが含まれていたことに、当時においてこの著作が高く評価されていたことの一例を見ることができる*[70]。

ヤングハズバンド・ミッションの記録として出版された書物には、参加した軍人や新聞記者の書いたもの、英国政府が出した公式報告書などがある*[71]。これらの出版物は、チベットについて大量の情報を提供することとなった。特に、第一章第二節で述べたように、一八九〇年代から探検家たちの垂涎の的になっていた「禁断の都」ラサに、一八九〇年代以降では初めてヨーロッパ人が踏み込んだこととなったため、このミッションによってもたらされたラサの詳細情報は話題を呼んだ。

しかし、これらの書によって送り出された大量の情報に見られるラサのイメージは、以下に述べるように、従来の「禁断の都」イメージと変わるところはなかった。そのことは、英国軍のラサ遠征をいちはやくロンドンに伝え、最も早く旅行記を出版して一世を風靡した『タイムズ』特派員パーシヴァル・ランドン(一八六九〜一九二七)の記述にもうかがえる。彼は、ラサの空に聳えるダライラマの居城ポタラ宮について、「長い間この建造物は、それを描いた小説や詩を通して、神秘に包まれた存在となっていた。しかし、実際のポタラ宮は、そうしたすべての小説や詩をはるかに越えている」と描写し、ラサを、ロマンティックなオーラを放つ、美しい景観に恵まれた「楽園」と表現した (Landon, *Lhasa*, 1905, pp.190-191)。ウォデルも、チベット仏教については、悪魔崇拝にふける堕落した仏教、という従来の見解を変えなかったが、その彼でさえ、そのチベット仏教の本拠地である「禁断の」都ラサと、そこに聳えるポタラ宮の神秘的な雰囲気に魅了されてしまったことでは、ランドンと同様であった (Waddell, *Lhasa and Its Mysteries*, 1906, pp.330-332)。彼らがポタラ宮殿やラサに受けた感動によって、禁じられた都市ラサの持つ神秘のベールは、それが魅力的であったがゆえに、さらに強調される結果となったことは否定できない。彼らの記述によってラサは決定的に、「世界一高い山々が形作る巨大な雪の帯に隠れた楽園」、「禁断の」、「聖なる」、「神秘的な」都市となったと言えるだろう（Landon, pp.190-191）。

ウォデルから続く、これら英国人のチベット見聞記の蓄積は、チャールズ・ベルの著作群によって一つの大成を見ることとなった。特に、一九一〇年以降の、英国との関係がかつてないほど良好になった時代のチベットを、最もよく知る人物とされたのがこのベルであり、このことについては、当時から現代に至るまでチベット研究者たちの見解の一致するところである[*72]。ベルの著作は当時において、最も信用度の高い、最も影響力を持ったチベット情報であったと言える。

この時期入蔵した日本人たちにとって、チベットと英領インドとの国境を管理するこれらの英国人官吏たちとの折衝は避けられないものだった[*73]。青木文教も、当時英国の対チベット外交の現地責任者であったベルや、チベット駐在の官吏であるマクドナルドと接触している。例えば、出蔵途上に書かれた青木のメモには、ベル家のお茶会に招かれたという記述があり[*74]、『西蔵遊記』には、青木が帰途ギャンツェの英国駐在部で、マクドナルドと親しく会話を交わしている様子や（三九四〜三九七頁）、ベルと複数回会見していることが記述されている（四五四〜四五五頁）。ベルやマクドナルドと青木はまさに、同時代のチベットを見ているのである。

本節では、青木の『西蔵遊記』と同時代のチベットを見聞した人物であり、青木とも接触があって、しかもその著作が当時大きな影響力を持っていたことに注目し、ベルの著作を取り上げる。その中でも、『西蔵遊記』と最も出版年が近く、英国人がチベットをどう捉えてきたかが、通時的に示されている点に注目して、代表作とされる『西蔵　過去と現在』（*Tibet Past and Present*, 1924）[*75]を主な考察対象とする。この考察によって、青木の『西蔵遊記』の特徴がより明瞭になると考えるからである。

この書は題名の通り、「過去と現在」のチベットを記述したものであり、従ってチベット事情は、時代をおって説明される。主題とされるのは一貫して、「西蔵問題」、すなわち、チベットがどのようにあるべきか、より具体的に言えば、どの国の影響下にあるべきか、という問題であり、チベット情報はこの問題についての記述を通して提示されることとなった。従って、英国政府がチベットに、インド北境を護る緩衝地域としての役割、更に第一次世界大戦後には、共産主義に対する堅固な防壁としての役割をのぞみ、チベットをその意味で英国の影響下に確保しておくために、どのように英国が動いてきたのか、その通時的概観が記述の最も大きな軸となっている。その中では、①チベットが国際社会において無力な存在であること、②英国と英国人の「公正」さ、③チベットの国内事情が旧態依然であること、の三点が特徴的な記述となっている。

第一点については、公正で強力な英国、老獪な中国などの対極にチベットが置かれ、結果として、公正でも強力でも老獪でもないチベットの無力さが際立たせられていくこととなった。英国がチベットに、中国その他の国の支配から、英国の影響下へと自律的に脱出して来られる政治的、経済的な力を期待している(『西蔵　過去と現在』田中一呂訳、一九四〇年、二一八頁。以下頁数のみ示す)ことが、ことあるごとに示され、それと同時にそれを実現しえないでいるチベットの無力な姿もまた繰り返し記述されることとなった。このことが、『西蔵　過去と現在』において一貫して、チベットが無力な国であるという印象を読者に与え続ける結果となったと言えよう。

英国とチベットの関係は、ベルがチベットを英国外務省の「シンデレラ」(四〇二頁)と呼んだことに象徴される。ベルは、英国が、チベットとの友好関係を尊重する態度を国際社会に誇示する一方で、チベットが求めていた実質的な援助は何一つ与えてこなかったとする。そればかりか英国は、チベットの動きを阻害する振る舞いさえ見せたという。ベルは、軍備援助に関するチベットの再三にわたる要請に応えるどころか、英国が、既存のインド—チベット間の武器輸入ルートさえ断ち切ってしまったことを例に挙げている。「シンデレラ」とは、英国外交に翻弄されるチベットのこのような姿を、継母の虐待に耐える童話のシンデレラ姫に擬したものである。

『西蔵　過去と現在』では、このような英国の態度に乗じて、中国が巧みにチベットを唆し続けていく様子が、第一点についてのもう一つの記述の軸となっている。チベットと諸外国との外交関係のうち、ベルが最も重要視したのが、中国との関係であった。例えば彼は、中国とチベットが政治的にいわば敵対関係にあっても、チベット人の生活様式の中に中国のものが多く取り入れられていることに、蔵中関係の緊密さの一端を見ている。また、茶をはじめとする、中国から輸入される衣服や食品、奢侈品などがチベット人の生活に不可欠なものであり、チベットからは、中国本土で珍重される薬草などが輸出されていることに注目し、この通商関係自体が中国とチベットとの深い関係を示すものであるとしている。そのことは、彼があえてチベット人の口を借りて、この段の説明を以下のように結んでいることからもうかがえよう。「支那官吏に何も期待はかけないけれど、支那商人だけは諸手を挙げて歓迎する」（三二八頁）。

しかし関係の緊密ぶりを指摘しつつ、その一方でベルは、チベットにおける中国人の姿を、否定的に描いていく。ベルは中国人を、「元来神経質な上に無稽な事実を以て非難を浴せる天才的国民」（三〇一頁）とし、チベット人に対して常に傲岸不遜で、時に残虐な方法でチベット人に圧迫を加えると述べている。このような捉え方は随所に見られ、例えば中国外交について述べた箇所でも彼は、中国人は甘言と恫喝を巧みに使い分けてチベット人を思うままに操っている、と述べている。

第二点の、英国と英国人の「公正」は、このような否定的な中国人像と対照的に提示されている。例えばベルは、中国人が、チベット人を徹頭徹尾劣等民族と見なしているとする。彼らは、チベットを理解しようと努力することを一切せず、チベット語を学ぶことや、チベットの風俗習慣について知識を持つことを恥と見なしている、と述べている。その一方で彼は、チベットに滞在する英国人は可能な限りチベット語、それもラサ語を習得すべきであり、チベット国内ではチベットの習慣に従うべきだと主張した（三八九頁）。英国人であるベルのこのような発言は、彼がさきに提示した中国人の傲岸不遜な態度が記述されていくことで、結果として、英国人がいかに公正で良識的であるかを際立たせることとなった。しかしこの根底には、アジア人自身には幸福を得る能力がないと決めつけ、英国の統治こそがアジアに最善のものを与えるものであるとする彼の確信がある。ベルはその例として、自身が長年政務官として統治に関与した英領シッキムを挙げ、英国の統治は、シッキムを更に富んだ国にして、シッキム人に返すこととなった、と断言している（二六〇頁）。

ベルは、チベットにおいても、英国の良心的な行動が大いに功を奏したとしている。その第一の例が、ヤングハズバンド・ミッションであり、この時、英国軍は負傷したチベット兵を保護し、軍資として徴発したものには充分な対価を支払った。また、中国人のように、寺院を破壊したり、チベット当局に「不必要」な「干渉」(一〇七頁)をしたりもしなかった。このような英国人の態度がチベット人を深く感動させ、チベット国内で一気に英国への好感が高まることとなった、とベルは述べている。

以上のように、『西蔵　過去と現在』では、チベットと、英国、中国二国との関係が記述の軸となっているが、「西蔵問題」に関わって登場するのは、この二国のみではない。ベルは、チベットが外交的関心を持っている国として、ロシア、日本、ネパールなどを挙げ、それらの国々とチベットとの関係を詳述している。そのように、チベットの各国への関心を示した上でベルは、英国がチベットにとって、他の国々とは比較にならないほど特別な存在であることを、たびたび強調した。それは、英国に対するチベット人の格別な好感、という形で、随所に描き込まれている。チベットで最も人望がある外国人が、中蔵国境の町ダーチェンルー駐在の英国領事であることが言われるのも、その一例である(四〇〇頁)。

『西蔵　過去と現在』において数多く披露される、英国に対するチベット人の好感の最たるものは、チベットの最高権力者であり生きた仏であるダライラマの、ベルに対する非常な好意である。例えばベルは、ダライラマへの彼の依頼が拒絶されることがなかったと断言している(二七六頁)。彼に対するダライラマの好意についての記述は非常に多いが、代表的なものの一つが、欧米人としては初めてダライラマの招請によってラサに滞在した一九二〇(大正九)年の時のものである。ベルによれば、彼と同時期にラサを訪問した中国使節は、甚だ礼を欠く身体検査なしにはダライラマへの拝謁を許されず、しかもその拝謁も二回のみであった(三一六頁)。それに対し、ベルの方は、頻繁に拝謁を許され、しかもその際には、ダライラマが自ら立って迎えに出てくるほどの歓迎ぶりであったという。彼は、ダライラマの正月の祝賀会にも招待された。この祝賀行事に欧米人が出席するのは前代未聞のことであった。

ベルに対するチベット人の好意を示す最も象徴的な記述は、当時チベット社会の上下を通じて、ベルが前世でチベット人であったと頻繁に噂されていた、というものである。しかもそのうわさ話では、チベット人だった前世においてベルは高位の僧侶であって、臨終にあたって、次は強国に転生してチベットを救うと遺言した、と言われていたという。ここに示されたチベット人の好意は、尊崇というレベルまで最大限に引き上げられた形で語られているのである。しかしベルは、このチベット人たちの英国への好感も、閉ざされた国チベットを本質的に変えることはなかった、としている。

第三点の、チベット国内事情の旧態依然ぶりは、主に、①「鎖国」、②キリスト教への反感、③チベット人とチベット仏教が「未開」であること、の三点から記述されていくこととなる。第一点のチベットの「鎖国」について、その様子を示すものとしてベルが紹介する内容は、従来のチベット関係書と変わらない。それは、サラットチャンドラ・ダースがチベットに潜入した事件について、ダースに関係したチベット人が残酷な刑を受けなければならなかったこと（九三頁）や、外国人入国を許せば仏教が破壊されキリスト教が強制されるだろうと、中国政府が人々を煽動していたこと、キリスト教の宣教師たちが、しばしば虐殺されていたこと（一四四頁）等であり、これらはいずれも、ベル以前のチベット関係書が必ず言及する事柄であった。

「現在」つまり当時のチベットについてベルは、以前には考えられないほど外国人の身辺は安全になり、行く先々で丁重なもてなしを受けるようになった、と書いている（二四五頁）。しかし同時に、今でもチベット人は、外国人の探検について、疑心暗鬼であることに変わりがない、と注意を促してもいる。外国人の探検には、チベットにとって不吉な何らかの目的が隠されており、外国人の立ち入りはその地の神や霊を怒らせるものと、チベット人は考えている、と彼は述べている。英国人に対しても、チベット人は表面的には手厚い歓迎の態度を見せているが、本心では喜んでいない、と指摘した（三九五頁）。

「現在」のチベットにおいて変わっていないとされるのは、それだけではない。キリスト教への反感も変わってはおらず、欧米人に仏教を強いないかわり、キリスト教の国内布教も断固として拒否していることに、それははっきり見て取れるとする。彼はその原因の一端を、東チベットにおける中国軍の残虐行為に帰している。東チベットにおいて、キリスト教の教会は、中国軍の保護を受けていたからである。そこにチベット人が、キリスト教の活動に中国人との共通の利害を連想する原因があり、チベット人のキリスト教への反感は、そこにも胚胎しているとベルは言うのである。結果として、『西蔵　過去と現在』の記述は、そこに盛られている情報こそ新しいが、従来のチベット人観、すなわち外国人を敵視しキリスト教をかたくなに拒否するチベット人というイメージを踏襲したものとなっていると言えよう。但しその一方でベルは、キリスト教を信仰することはしないが、チベット人がキリスト教やヒンドゥー教などの他宗教をいずれも「結構な教」と見ていることに言及し、チベット仏教を「寛容な宗教」であるとも評価している（三九〇～三九一頁）。

このように、それまでのチベット関係書と共通する内容は、『西蔵　過去と現在』に一貫してみられるものである。ベルは冒頭、従来のチベット関係書が提示したイメージを整理しているが、それは、人類が通常居住する世界よりもはるかに高い場所に位置し、それを囲繞する世界で最も高い山々と、厳しい「鎖国」政策によって護られた近づきがたい孤立した土地、「想像を縦にする事が出来」る国（一頁）というものであった。そしてこのようなイメージは、『西蔵　過去と現在』において、「辺陲の山岳重畳たる広袤」（三七二頁）、「アジア中央部の仙人国」（二五五頁）というように、繰り返し現れる。

チベット人についても、従来のチベット人像がそのまま再生されている。すなわち、世界で「最も頑迷」（一四三頁）で、ただならぬ「潜勢力」（一八六頁）を秘め、「直情的で元気で、生来ユーモアを解せられる鋭い力」（一九七頁）を持ち、中国人より「遙かに雄々し」く、「体力から云つても精神力から云つても強い」（三一九頁）、「優柔不断」（一九八頁）で、「時間に束縛されてゐる事を願はない」（二〇五頁）、「地理学的科学的目的といふ名目の意味は判らない」（二七六頁）人々というものである。

変化が見られないという点では、チベットの習慣やチベット人社会、チベット仏教についても同様である。チベット社会は、ヨーロッパ中世を彷彿とさせる「封建時代」（二一八頁）にあり、ダライラマを筆頭とするラサ勢力と、パンチェンラマをいただくタシルンポ勢力の暗闘を典型とする政治的陰謀が渦巻いている、と記述されている（一三〇頁）*76。その「未開」を示すものとして、チベットの遅れた医療の話、すなわち、病気の時は僧侶か呪術師が呼ばれ、悪霊退散の呪いをするだけで薬を用いないことなどが紹介されているのも、従来のチベット関係書と軌を同じくするところである*77。この他、チベットの習慣についても、やはり従来のチベット関係書と同様に、野蛮で遅れたチベットを示すものが多く、例えば、人間の生き血を満たした壺と、生け贄となった少年少女の死骸が納められている、山の上にどす黒くそびえ立つ不気味なチョルテン（仏塔）の話（一一三頁）などの血なまぐさい挿話がそれに相当する。

チベット仏教についても、チベットが受容した仏教は、インドにおいて、魔術と神秘主義的な仏教にとってかわられたのちの仏教であって、釈迦が開いた純粋な仏教ではなく、夾雑物が様々に混じり込んだ後の堕落した仏教である、とする記述が見られる（四一～四二頁）。これは一八八〇年代の仏教書以降、チベット仏教に対して変わらず持たれてきた見解であり、ベルの記述がそれをふまえたものであることは明らかである。『西蔵　過去と現在』では、その教義の魔術的な部分の具体例として、チベット仏教の宗派の一つ、黒帽派の殺敵魔法が紹介されている（一九〇頁）。

チベット仏教がこのように特徴づけられる一方で、このチベット仏教が、チベット人にいかに熱烈に信奉されているか、更に言えば、いかにチベット人を支配しているかが、様々に記述されていることも、従来のチベットに関する記述と変わりがない。例えばベルは、仏教伝来以前のチベット史に不明な点が多いことを、チベット人が宗教という視点を通さなければ、歴史に興味を持つことができないためであると解釈している。また、「非常に聡明で、しっかりした常識を具えた」（八四頁）チベット人であっても、こと仏教への信仰に関しては、迷信をなんの意義もなく受け入れている、という記述もある。ここには、チベット仏教をチベット人の理性の明晰さを曇らせる原因であるとするベルの見解が示されている。『西蔵　過去と現在』では、チベット仏教がチベット人の生活にいかに抜きがたく根を張っているものなのか、その支配力の強固さが、否定的に捉えられ描かれていっていると言える。

また、チベット人を未開の闇に抑圧しているというチベット仏教の負のイメージを象徴する存在であった「ラマ僧」についても、従来の文献で示された通り、「外国の力を蒙ると、宗教も自身も脅威をうける事を看破してゐるので、特に敵視するの傾向がある」（二八三〜二八四頁）、「潜在的危険を蔵するに至るもの」（二九二頁）であるとされた。更に、彼等が「見さかひもない行動をとる」（二八一頁）人々である、とするダライラマ一三世の言を引用し、この「ラマ僧」の負のイメージを更に強調した。ベルは頻繁に、ダライラマ一三世から直接聞いた言葉を、自身の主張に援用する。これは、ダライラマ一三世に親しく接した唯一の外国人と自他共に認めるベルにして初めて使用可能である記述方法と言える。ベルの著作が、チベットを実際に見聞した英国人のものとして、チベット情報の量と質において、当時から現代に至るまで非常に高い評価を得ていることは前述した通りである。ベルの著作でチベット・イメージがこのように示されたことの影響は、ベルへの高い評価を考えると、非常に大きなものであったと言えよう。従来のチベット・イメージはむしろ、ダライラマの言の引用を添えて再提示されることで、より補強されていったと言える。

ここまでのベルの記述を、ほぼ同時代の著作であると言える青木の『西蔵遊記』と比較すると、いくつかの共通点が見える。例えば、ベルがチベット人を「交際好きで丁重」としたことは、『西蔵遊記』に示された、「仏神を信じ、慈悲に富み同情心の厚い温順な」国民、「辞礼に巧み」で「呑気」な人々といったチベット人像と共通するものである。本書において最も注目すべきと思われるのは、ベルが、チベット人が好戦的な野蛮人であると人々が簡単に思いこんでしまう状況が現在あると指摘し、報道機関が事実と異なる報道をしないように、注意しなければならない、と提言していることである（四〇頁）。これは、『西蔵　過去と現在』の最終章「補足的提言」において、チベット問題についてなされた二つの提言のうちの一つである。この章が、今後の英蔵外交にとって重要だと思われるチベット事情をまとめたものであることから、この報道対応の問題は、チベット問題において彼には最も切実に感じられている問題点の一つであったと言えよう。チベットが、野蛮で残酷な人々の住む場所として取り扱われる傾向があることを、青木、ベルの両者ともに重視していることは、英国においても、日本においても、この傾向が共通したものであったことを示唆している。

一方、両者に対照的な点もいくつか見られる。例えば、ベルが繰り返し強調するチベットと中国の関係の緊密さについては、青木はあまり重要視していない。青木はチベットが、一九一三年の独立宣言によって、「支那の羈絆を脱した」（『西蔵遊記』、二四五～二四六頁）と述べ、少なくてもラサ周辺では、中国勢力が一掃されたとしている。中国とチベットとの貿易についても、貿易の内容そのものについての記述はベルと変わらないが、ベルと異なるのは、中国への依存が特に指摘されていない点である。チベットの外交関係を扱うにあたって、青木が重視しているのは、むしろロシアとの関係であった。

中国の勢力が一掃されたとする青木の記述には、一九一三（大正二）年に中国軍を撤退させ独立宣言を出した、反中国的気運の盛り上がったその当時のラサに、彼が滞在していたことが反映されていると推測される。一方『西蔵　過去と現在』の中国を中心に据えた記述は、チベットをはじめとするヒマラヤ周辺諸国に関係する事項について、ベルが長く中国当局と交渉してきたことの影響があると考えられる。

加えて、ベルと青木がそれぞれに持つ文化的な背景も、両者の記述の違いの一因であると思われる。『西蔵遊記』には、「支那排斥の思想は極度に達しているが支那料理のみはますます流行し」（三二八頁）という言葉があるが、これには、「支那料理の流行」が、中国色が一掃されていると見る青木の判断に影響を与えるほど重要なものではなかったことがうかがえる。ベルがチベットと中国の関係の緊密さを感じた、生活様式の中での中国的要素は、青木にとっては特に注目すべきものではなかったことがここからわかる。ベルと青木の差はその点で、当然生ずべきものであったと言えよう。

ベルと青木の記述を比較した場合、最も大きな相違点は、チベットがいかに閉ざされた国であるか、いわばチベットの閉鎖性に関する箇所と、チベット仏教についての捉え方に見られるものであると言えよう。青木がチベットの現状を「白人崇拝主義」（『西蔵遊記』、三一九頁）と言い、一方でベルが、チベット人は本心では外国人の入蔵を歓迎していない、としていることは、すでに述べた通りである。彼らが見たのはほぼ同時代のチベットであるにもかかわらず、このような記述の差が生まれたのは、自国の人々に、チベットとの関係についてそれぞれどのように働きかけようとしているか、以下に述べるように両者に違いがあることによると考えられる。

ベルの『西蔵　過去と現在』にしろ、青木の『西蔵遊記』にしろ、自国に対してチベット人が特に好感を持っていることが強調されているのに変わりはない。ベルについてはすでに述べたが、『西蔵遊記』にも、日本人は同人種同宗教であるがゆえに、チベット人には最も歓迎される外国人であるはずである、とする記述がある（一七五～一七六頁）。またダライラマにもチベット人一般にも、青木が非常に厚遇されたことを繰り返し強調している。このような記述は、両人ともに、自身の国とチベットとの将来における発展的な関係を望んでいたがゆえに出現したものと思われる。

しかし、両者において、その希望の持ちようには温度差がある。青木がチベットへの日本人の積極的な進出を望み、はかばかしい対応をしない日本政府に厳しい視線を向けていたと思われることは、すでに述べた。『西蔵遊記』において青木が、「白人崇拝主義」（三一九頁）といい、「今日のチベットは英国の独舞台」（一七四～一七五頁）と述べたことには、この英国の進出ぶりを羨望する心情が反映しているのを見て取れよう。一方『西蔵　過去と現在』では、英国外交のチベットへの態度の冷たさを「シンデレラ」と揶揄したことに、ベルの英国政府に対する批判的な視線をうかがうことはできるが、ベルは基本的に、このような政府の態度を当然のこととして支持している。対チベット外交にあたってきた人間としては、当然だと言える。彼としては、インドの防御壁としてのチベットを無視しないように、英国国民に注意を喚起するだけで充分であり、たとえそれが英国人であっても、ある特定の限られた関係者以外の人間がチベットに入ることを望ましく思っていなかった。『西蔵遊記』と『西蔵　過去と現在』における、「閉ざされた国チベット」に関する対照的な記述は、このような事情から生じたものであると思われる。

仏教についての両者の記述の違いは、更に明瞭である。ベルがチベット仏教を、神秘主義と魔術に堕落したのちのインド仏教を受容したものであり、魔術的な要素を多く含むものである、と繰り返したのに対し、青木は、チベット仏教に従来から持たれていた、神秘主義的な仏教、魔術的な仏教というイメージをきっぱり否定した。ベルの記述は、むしろ、チベット仏教の「旧教」に、「邪統派」という表現を使用した河口の記述と共通するものである。

チベット仏教に対してベルや河口に魔術的もしくは神秘主義的なものを感じさせた具体的事物としては、男女交合を模した歓喜仏や、激しい苦行、超能力を持つ修行者などが挙げられる。チベット仏教は顕教と密教を併修するインド仏教直伝の大乗仏教であり、戒律を厳守する。しかし、密教の修習階梯において歓喜仏が登場するのはのは事実であり、また、密教の奥義を究めた高僧の中には、常人には持ち得ない能力を得たものも多数あるとされる。更にチベットには、教団を離れ独自に苦行に励む伝統も現代に至るまで存在している[*78]。河口やベルが魔術的なものとした事柄は、そのあり方に多少の差異こそあれ、河口や青木、ベルの滞在当時のチベットに存在していたことは事実であると思われる。このような記述の差は、何をチベット仏教の最も顕著な特徴としたか、その把握と注目のありようの相違から生まれたものではないかと思われる。

仏教に関連する記述において、ベルと青木に最も大きな違いが見られるのは、シャンバラについての部分である。青木の『西蔵遊記』には、チベットの北西に位置するとされるこの伝説上の国に関する記述はない。しかし、ベルの『西蔵　過去と現在』では、シャンバラがカシミール北部に位置する外部の人間には決して発見することのできない神秘の国であることが、ダライラマの言として紹介されている（二〇一～二〇二頁）。ベルはシャンバラについてこれ以上詳しく書かないが、ここでシャンバラの説明に、ダライラマ一三世の言葉が添えられていることには、シャンバラというトピックに、無視しがたい重みをベルが感じていたからだと考えていいだろう。チベット事情の概説書として最新の、そして最も権威があったと思われるベルの著作において、シャンバラに言及があったこと自体に、欧米における、シャンバラへの強い興味がうかがわれる。

「秘密国」チベットが、河口旅行談において、血湧き肉躍る冒険におあつらえ向きの背景として描かれていったことはすでに述べた。一方、河口と同時代の目撃談であるヤングハズバンド・ミッションの諸報告は、チベットを禁じられた国、特にラサを、禁じられた神秘の都市として捉えた。青木と時代を同じくするベルの著作においても同様に、チベットは、世界で最も高い山に囲まれた世界の果てにある、隠者のように暮らす人々の国として記述されていった。チベットがそのように描かれる一方で、シャンバラにも言及され、しかもそれが常人には近づき得ない隠された秘密の地とされたことは、次章で述べるが、その後一九三〇年代になって隠された理想郷「シャングリ・ラ」が英国のチベット・イメージの中に登場することを考えると、注目に値する。英国人の著作の中で「秘密国」チベットが、河口旅行談が描いたような冒険の背景ではなく、普通の人間の能力では感知しえない隠された土地シャンバラ、すなわち「シャングリ・ラ」へと変容していくその前段階が、ここに見いだせるからである。

以上本章で検討してきたように、大正期に入ると、大陸情報の関係書においては、『支那省別全誌』に見られたように、チベットが日本とは直接、政治的な影響関係のない地域であり、地理的にも非常に遠隔の地域である、といった従来のイメージが、豊富な情報によって克明に裏付けられていったと言えよう。その上でチベットは、満州、モンゴル、新疆と進んでいくであろう日本の大陸進出の、更にその先の地域として捉えられ、『亜細亜大観』に見られたように、「西北の方面」という範疇に、非常に曖昧にではあるが含められるようになった。

更に、明治期にチベットへのアプローチに積極的だった仏教界において、研究者たちの関心が、専らチベット語文献の研究に向けられるようになり、当然のことながら、チベット現地の情報に注意が払われる度合いは、明治期に比べ著しく低くなった。その結果、最も詳細なチベット情報である河口旅行談の内容が、訂正や情報の付加を施されないままになるという状況を生みだした。

このような状況の中で一九二〇（大正九）年に刊行された青木文教の『西蔵遊記』は、従来のイメージ、特に河口の『西蔵旅行記』の記述に見られた怪奇で危険な国チベットというイメージを意識した上で、新しいチベット情報を提供したものであった。『西蔵遊記』のチベット人は、河口旅行談に描かれたような残虐な強盗でも男色にふける破戒僧でもなく、仏教を篤く信仰する穏やかで礼儀正しい人々であり、彼らが信仰する「喇嘛教」も、河口の記述にあったような堕落した仏教ではなく、インド仏教の正統に連なるものであるとされた。また、外国人を殺害するような激しい排斥は跡を絶ち、現在のチベット人は非常に友好的である上、交通機関や通信手段の整備によって、チベットは昔時の秘密国ではない、と記述された。更に、青木撮影の豊富な写真によって、河口旅行談の挿絵に描かれた冒険の舞台チベットとは大きく異なる、チベットの人々の穏やかな日常の営みが紹介された。

しかし、このような内容を持つ『西蔵遊記』への反応は著しく鈍かった。このことは、上述したような、学界におけるチベットへの関心のありようの変化に加え、学界とは無縁の一般の人々が、チベット旅行記に、河口旅行談と同様の、『西遊記』にも擬されるべき内容を期待していたことも、その原因の一つであると考えられる。『西蔵遊記』の出版広告の宣伝文に、「奇聞異説」という表現が使用されたことは、チベットについて、「奇聞」であり「異説」であることが、読者にアピールする要点であったことを示すものであった。ここに、能海寛横死報道やヘディン来日報道によるチベット情報の流布を経て、河口旅行談のチベット・イメージが典型的な参照例となっていたことを見て取れると言えよう。

その一方で「喇嘛教」に変化が見られた。明治期に見られた怪奇で淫靡な宗教というイメージに加え、モンゴルの宗教として記述される中で、二つの新しいイメージが出現した。すなわち、「喇嘛教」をモンゴル人の純朴さの淵源とする肯定的なイメージと、モンゴルの首都、現在のウランバートルである庫倫《クーロン》の豪華な宮殿に后妃を多く従え君臨する最高活仏、というイメージである。特に後者については、出家者である僧侶の頂点にある活仏が、俗世の栄耀栄華を極めている、とされたことによって、修道生活に似つかわしくない腐敗が「喇嘛教」に存在することが暗示されていたと言える。この「喇嘛教」については、次章で詳しく述べる。

注

1　本章において取り上げる大正期の国定教科書は、以下を参照した。第一期については、文部省『小学地理』（巻三、巻四、一九〇三年）、第二期については文部省『尋常小学地理』（巻一、巻二、一九一〇年）、第三期については文部省『尋常小学地理書』（巻一・一九一八年、巻二・一九一九年）。更に、海後宗臣編『日本教科書大系　近代編』第十六巻（一九六五年）所載「小学地理」（三五〇〜三九〇頁）、「尋常小学地理」（三九二〜四二六頁）、「尋常小学地理書」（四二八〜五二〇頁）を合わせて参照した。

2　記述量が削減されているのは、アジア総論（一七％減）、満州（三〇％減）、モンゴル（五〇％減）、チベット（七五％減）、新疆（九七％減）、香港（八六％減）、東インド諸島・フィリピン・ボルネオ（一四％減）で、中国周辺地域に関する記述の減少が目立つ。全体的に情報量がしぼられている中で、記述量が増やされている地域もある。それは、シベリアや、ロシア領トルキスタン、トルコ、ペルシアなど、英国やロシアと関係の深い国や地域の記述である。主に産業や通商の現状、例えば拠点となる都市や通商路などについての情報と、英国やロシアによる支配の厳しさに関する説明が増やされている。

3　第四期、第五期国定教科書においても、以上の二点でチベットに言及がされることは変わらず、ヒマラヤについての記述が更に形容に富んだものになったという点以外は、以下に引用するように、記述もほとんど同じものといえる。以下は第四期、第五期国定教科書該当部分の全文である。「中央部は土地が極めて高く、パミル高原を起点として、ヒマラヤ山脈をはじめいくつもの大山脈が諸方に走って本洲の主な分水嶺になつてゐる。中でもヒマラヤ山脈は雄大無比の大山脈で、主峯のエベレスト山をはじめ八千メートル以上の高い山々がたくさん立連なり、四時氷雪をいたゞいて大空高くそびえてゐる。これ等の諸山脈の間には西藏・蒙古等の広大な高原がある」（海後宗臣編『日本教科書大系　近代編』第十六巻、地理（二）、一九六五年、五四六頁）。

4　これについては主として北岡伸一『日本陸軍と大陸政策』（一九七八年）を参照した（一頁）。

5　これについては戸部良一『日本陸軍と中国』（一九九九年）を参照した（三七頁）。

6　佐藤秀夫「歴史・地理掛図解題」（『文部省掛図総覧』、佐藤秀夫、中村紀久二編、一九八六年）によれば、文部省による掛図の刊行は、第一次一九〇七（明治四〇）年〜一九一三（大正二）年、第二次一九一四（大正三）年〜一九二六（昭和元）年、第三次一九二七（昭和二）年〜一九二九（昭和四）年、第四次一九三五（昭和一〇）年〜一九三九（昭和一四）年の計四回で、第六期国定教科書『初等科地理』の時期には発行されていない。その理由を上記解題は「戦局の激化・敗戦という状況の変動によって中絶されてしまったものと推測することができる」としている（六頁）。とすれば、教室では改訂前の『尋常小学地理書』時代の掛図がそのまま使用されていたと推測できる。

7　第一期の児童用地図帳である文部省『小学地理附図』において、チベットがその表示範囲に入っているのは、「第一図　東半球図　西半球図」と「第十四図　世界交通全図」であり、第二期の文部省『尋常小学地理附図』では、「第二十図　東半球」と「第二十二図　世界交通」、第三期の文部省『尋常小学地理書附図』では、「第十八図　アジヤ洲・アフリカ洲・オーストラリヤ」、「第二十一図　世界交通図」、「第二十二図　世界総図」である。

8 黒龍会は、一九〇一（明治三四）年二月三日、内田良平（一八七四〜一九三七）を代表として結成された。対露開戦を叫ぶ同志を糾合し、世論を盛り上げて政府に働きかけることを目的として作られた団体であったが、対露開戦が実現した後も、積極的に政府や軍部の大陸政策に協力し、活動を続けた。黒龍会は、軍部の一部と密接な関係を保ち、日本の大陸進出政策を鼓吹したという点では、同様の民間団体の中でも突出した存在であった（升味準之輔『日本政党史論』第三巻、一九六七年、一九〇〜一九一頁）。

9 東亜同文書院は、漢口楽善堂を組織運営した荒尾精の志を継いだ、彼の盟友根津一によって創立された。荒尾は人材養成のための学校「日清貿易研究所」を一八九〇（明治二三）年に開設し、一八九一（明治二四）年には根津に、『清国通商綜覧』を編集させたことはすでに第一章第一節で述べた。資金不足や日清戦争の開始などの事情によって、同研究所は一八九四（明治二七）年、閉鎖されたが、この日清貿易研究所をモデルとして、一九〇〇（明治三三）年上海に開かれたのが東亜同文書院であった。以下東亜同文書院については、藤田佳久『東亜同文書院中国大調査旅行の研究』（二〇〇〇年）、滬友会編『東亞同文書院大学史』（一九五五年）、東亜同文書院大学学生調査大旅行指導室『東亜同文書院大学東亜調査報告書』（一九四〇〜四二年）を参照した。

10 東亜同文書院では第五期生から、学生による中国国内の調査旅行が正式なカリキュラムに組み込まれるようになった。この調査旅行は、学生が数人のグループに分かれ、三ヶ月から半年の時間をかけて徒歩で中国各地を調査するもので、調査対象とされた地域は東南アジアや中ソ国境、カムチャッカ半島にまで及んでおり、調査報告は卒業論文として提出された。藤田前掲書によると、第四〇期までに実施された彼等の調査旅行コースは、藤田の確認分で六六二コースあり、全体としては七〇〇コース近くにのぼると推測されている（二八二〜三四二頁）。これらの情報を集成し、一般の利用に供するために編まれたのが『支那省別全誌』である（「支那省別全誌序」『支那省別全誌』第五巻、七頁）。東亜同文会について精査した翟新は、『支那省別全誌』について、経済情報を中心とした広範な調査に基づくデータが活字化されたことで、当時の日本の社会的需要に応じることとなり、その結果中国情報として重要な地位を得たと評価している（『東亜同文会と中国』、二〇〇一年、二一九〜二四五頁）。

11 同じ中国周辺地域、例えば新疆については、第六巻（甘粛省）に、「付新疆」として説明部分が設定されている。モンゴルについては、チベットと同じく設定されていない。

12 その他にも、例えば、チベットとの取引の仲介をする「阿家」について（二二六〜二二七頁）、羊毛について（二二八頁）等の記述がある。

13 『亞細亞大観』は当初、この黒龍会発行の雑誌『亞細亞時論』一九一八（大正七）年新年号付録として、一〇〇ページほどの分量で出版される計画であった。しかし、アジア全体を網羅するにはページ数不足という理由から、当初予定の付録ではなく、単行本として内容が大幅に拡充され、同年六月八日に刊行された。同年七月二七日には、シベリア出兵をにらんで、早くも再版の広告が出されている（『読売新聞』一九一八年七月二七日付）。『亜細亜大観』は、現在確認した範囲では、第三版まで出版されており、更に一九三一（昭和六）年一一月一七日には、内容が大幅に拡充された新編の『最新亜細亜大観』が出版された。

14　黒龍会出版部編輯『亜細亜大観』（一九一八年）の巻末広告による。

15　第二章「支那」の構成は、（イ）「支那本部」、（ロ）「満洲」、（ハ）「蒙古」、（ニ）「新疆」、（ホ）「西蔵」となっている。チベットの「産業」については、満州、モンゴル、新疆などと並列して中国本土についての説明部分に含められている。その記述は計五七文字で、「植物は至つて少く、茶の如きも輸入を仰いでゐる。随て物産は牛、羊、犛牛及その皮及革並に牛酪と、鉱物、宝石類に過ぎない」（「西蔵の産物」一七～一八頁）という、非常に短いものである。ここで最も詳細に述べられているのは新疆で（計三七八字）、チベットに関する記述は最も簡略なものとなっている。

16　「オムマニペメフム」は、一般に「観音」と呼称される尊格の六字真言である。チベットは「観音」の国であり、ダライラマは「観音」の化身とされているため、数ある仏教の真言の中でも、この真言はチベット人にとって最も身近なものとなっている。

17　これについては、近年、白須浄真氏が外交資料の調査を進めており、一部はすでに発表された（白須浄真「一九〇八（明治四一）年八月の清国五台山における一会談とその波紋—外交記録から見る外務省の対チベット施策と大谷探検隊」『広島大学大学院教育学研究科紀要　第二部（文化教育開発関連領域）』第五六号、二〇〇七年、五五～六四頁）。

18　これについては主として、片山章雄「大谷光瑞の欧州留学」（『東海大学紀要　文学部』第七六輯、二〇〇一年）を参照した（一七五～一九四頁）。

19　ここで言う「求法僧」とは、法顕（三四〇?～四二〇?）や玄奘（六〇〇～六六四）等、仏教の原典を得るためにインドへ赴いた僧侶たちのことを指す。彼らは、法顕の『仏国記』や玄奘の『大唐西域記』のように、詳細な旅行記を残している場合もあり、それらの旅行記は当時を知る貴重な記録となっている。大谷光瑞は前述二点の他、義浄（六三五～七一三）の『南海寄帰内法伝』等を研究したという（白須浄真『忘れられた明治の探検家渡辺哲信』、一九九二年、一五二～一五三頁）。

20　これについては主として、片山章雄「一九〇二年八月、大谷探検隊ロンドン出発」（『東海大学紀要　文学部』第七五輯、二〇〇一年）を参照した（九九～一一八頁）。

21　これらの事業については、一九一三年に大谷家の負債問題が表面化した際、大谷探検隊の活動がその元凶の一つとされたこともあって、第二次世界大戦後まで、まとまった研究はされてこなかった。しかし、一九四八（昭和二八）年に龍谷大学に大谷探検隊資料が寄託されたことを機に、同大学において将来品についての再評価となる研究が始まり、その成果は、西域文化研究会『西域文化研究』全六巻（一九五八～一九六三年）となった。更に一九九〇年代になって、例えば、白須前掲書（一九九二年）、本多隆成『大谷探検隊と本多恵隆』（一九九一年）などのように、隊員個人の活動に焦点をあてた研究が現れ始めた。これらの研究は、大谷探検隊について、発掘品のみではなく、事業全体の意味を見直そうとする動きの始まりであったと言える。二〇〇二年には龍谷大学において、「大谷探検隊一〇〇周年記念シンポジウム」が開かれ、青木文教、野村禮譲の資料が展示された。以降龍谷大学においては、大学所蔵青木文教資料の分析が開始されている（三谷真澄「龍谷大学所蔵青木文教師収集資料について」『仏教学研究』第六〇・六一合併号、二〇〇六年）。

22 青木のこの時期の活動について、現在明らかであるのは、青木が仏教大学（現龍谷大学）を中退して直ちにマレー半島、インドでの仏蹟調査へと出発し、ダージリンでダライラマに拝謁したのち、ヨーロッパへ向かい、ロンドンで教育制度について視察を始めたことである。また橘瑞超『中亜探検』（一九八九年）に付された金子民雄「解説」によると、第三次隊の事業計画が、英国王立地理学協会の機関誌『地理学雑誌』一九一〇年四月号の「月報」欄に予告されているという（二六一～二六二頁）。その中に青木と思われる人名が、調査要員の一人として挙げられている。実際には、この第三次隊は、報道計画とは全く違うものとなり、青木の参加もなかった。しかし、活動の計画段階において青木の名が挙げられたことは、探検隊員相当、もしくは候補としての扱いを青木が受けていたことを示唆している。更に、第三次探検隊員吉川小一郎の報告「支那紀行」（『新西域記』）において、一九一一年九月一七日付部分に、「偶々日本より書信着す。青木文教氏の書信中に、猊下の命令書あり。之を頂戴す」（下巻、一九三九年、五七九頁）とあることは、これも、探検隊の日本での活動に青木が参加していたことを示すものである。

23 『季刊文化遺産』は（財）島根県並河萬里写真財団発行の雑誌である。一一号は、「シルクロードと大谷探検隊」と題する、大谷探検隊の特集号であり、監修の杉村棟龍谷大学教授はじめ、上山大峻、長沢和俊などの研究者が寄稿している。

24 但し、一八九九（明治三二）年の中国訪問の記録『清国巡遊誌』（一九〇〇年）に、一八九九（明治三二）年四月一八日、大谷光瑞が北京の「天清号」という「西蔵経典印刷所」を訪問し「西蔵経典」を「査閲」したこと、同月二四日チベット仏教寺院雍和宮を参観し、「喇嘛僧正」と会談したことについての記事が見られる（教学参議部編纂「清国巡遊誌」『幕末明治中国見聞録集成』第一四巻、一九九七年、二八〇頁、二九五～二九九頁）。当時清においてチベット仏教が熱心に信仰されていた宗教の一つであったことを考えると、大谷光瑞のこの旅行が清の実情を視察するという目的を持つのであれば、当然の行動であったと思われる。なお、この箇所において、チベットに関する大谷光瑞の見解を示す記述はない。更に、昭和期に入って出版された『大谷光瑞興亜計画』（一九三九～一九四〇年）、『印度地誌』（一九四二年）所載の鉄道計画案について述べた部分に、チベット域内の敷設計画が含まれているが、同様にチベットについての見解を述べる部分はない。

25 更に、一九〇三年、欧州からの帰国時の言葉に、社会と宗教の関係についての、彼の問題意識を見ることができる（「本派本願寺の前途」『日出新聞』一九〇三年三月一五日付）。また、大谷光瑞に国家と宗教の関係を重要視する態度があったことは、すでに柴田幹夫「大谷光瑞初めての外遊」（『東洋史苑』第五〇号、一九九八年）に指摘されている（九一～九二頁）。

26 これについては主として、佐々木高明「青木文教師とそのチベット将来資料」（長野泰彦編『国立民族学博物館蔵青木文教師将来チベット民族資料目録』国立民族学博物館研究報告別冊一号、一九八三年、一七六頁）、スネルグローブ、リチャードソン『チベット文化史』（奥山直司訳、一九九八年、八四～八五頁）を参照した。

27 これについては、上山大峻「大谷光瑞師の仏教観」（『東洋史苑』五〇号、一九九八年）を参照した（三八頁）。

28 例えば、第一次探検では、これを率いていた光瑞が一九〇三（明治三六）年三月に帰国すると、五月には西本願寺において将来品が公開され、新聞や雑誌にも報道された。翌年早々には、インドで撮影した写真を収めた写真集（本願寺室内部編『印度撮影帖』一九〇四年）も出版された（一九〇四年一月）。第二次探検でも、隊員の帰国（一九〇四年五月）後直ちに、京都博物館で将来品が公開されている（同年同月）。また大谷光瑞と旧知の間柄にある小川琢治や内藤湖南などの京都帝国大学の学者たちが、第二次隊の持ち帰った資料を紹介、研究した。以上、第一次から第三次までの隊員をめぐる動きについては片山章雄「大谷探検隊の足跡」（前掲『季刊文化遺産』一一号、二〇〇一年、三〇～三三頁）を参照した。

29 第三次探検の際も、前半の探検活動を担当した橘瑞超が一九一二（明治四五）年六月に帰国するとすぐ旅行記が出版された。しかもこの時は、同年八月に『新疆探険記』、同年一二月に『中亜探検』と、二冊出版されている。また新聞や雑誌にも連載が載り、講演にも注目された。ヘディン来日時と同様に、少年雑誌に橘の探検が取り上げられていることからも、その注目度の高さがうかがわれる（『冒険世界』第五巻第一〇号、一九一二年八月、八七～九〇頁）。

30 自身も西本願寺の僧侶であり、また龍谷大学学長をつとめた上山大峻は、第三次隊員吉川小一郎本人からこの間の事情を、「北京まで帰った時に電報が来て、『探検隊のことはおまえが全部一人でやったという事にしておけ』と指示された」と聞いたという。このことは、疑獄事件当時の状況を端的に示していると思われる。上山はこれについて、疑獄事件で本願寺の財団の公金使い込みが問題となっていた時でもあり、とにかく西本願寺としては、探検事業に大谷光瑞が関与していない、という形をとりたかったからであろうと推測している。そしてこのような状況について、「命がけで探検に行った人たちに、後で充分な手当てがなされていない、評価がされていない」と感想を述べている。上山はまた、二〇〇一年の時点で龍谷大学においても、大谷探検隊資料の全容が未だ把握されていないことに言及している（長沢和俊、上山大峻「大谷光瑞と探検隊」前掲『季刊文化遺産』一一号、二〇〇一年、一四～二五頁）。

31 龍谷大学所蔵青木文教資料中の小倉捨次郎宛青木文教書簡には、帰国直後を回顧して、青木の将来品の展覧会に、徳富蘇峰が訪れた、という記述が見える。しかし、この展覧会の開催時期等は現在のところ不明である。

32 河口慧海と青木文教の論争については、江本嘉伸の『西蔵漂泊』（一九九四年）に最も詳しい。本書では「玉手箱事件」について、『中外日報』の他、同書下巻第十六章を参照した（一三八～一六七頁）。

33 これについては、高山龍三『河口慧海―人と旅と業績―』（一九九九年、一四七頁）の他、金子民雄「解説」（『寺本婉雅著作選集』第四巻、二〇〇五年、一〜一八頁）に言及があり、本書ではそれらを参照した。

34　これについては、中江彰がチベット学者山口瑞鳳に一九九三年に行ったインタビューの録音テープ「山口瑞鳳先生に聞く」による。テープを貸与して下さった中江彰氏のご好意に改めて感謝申し上げます。

35　この他、『中外日報』における関係記事としては以下がある。「著者寺本婉雅氏に『西蔵語文法』の絶版を要求す（二）」（一九二二年一二月一日付）、「著者寺本婉雅氏に『西蔵語文法』の絶版を要求す（三）」（同年一二月二日付）、「度量を見せた谷大側」（同年一二月二日付）、「著者寺本婉雅氏に『西蔵語文法』の絶版を要求す（四）」（同年一二月三日付）、「西蔵語文法の批評の批評会　答弁の価値なしで結論」（同年一二月九日付）。

36　高山龍三は、このとき河口が執筆中であったチベット語文法書は、一九三六（昭和一一）年出版の『西蔵文典』だったと推測している（高山前掲書、一八二頁）。

37　多田以降においても、現在に至るまで、日本人でこの学位を得たものは、管見ではない。本書において、多田のチベットでの修行生活については、多田等観『チベット滞在記』（一九八四年）を参照した。これは、多田の口述を牧野文子が聞き書きしたものをまとめたものである（チュンゼーの授与については同書六六頁）。多田に関してはこれ以外に、二〇〇五年八月に出版された多田明子、山口瑞鳳編『多田等観』に、帰国までの年譜（一九〜三三頁）、「入蔵記」（一九九〜二二二頁）がおさめられている。

38　例えば多田前掲書（一九八四年）巻末「座談会・多田等観先生を語る」がある（一九九〜二二二頁）。これは、チベット語学者の北村甫、チベット学者の山口瑞鳳、仏教学者大鹿実秋による座談会の記録である。

39　青木文教に関する研究としてはまず、佐藤長「解説」（青木文教『西蔵遊記』中公文庫、三七三〜三八三頁）のように、青木に師事したチベット学者たちが、彼の著作に付した解説の形をとるものがある。履歴に関するものとしては、佐々木前掲論文（一九八三年）等がある。青木関連資料についてのものには、国立民族学博物館所蔵資料に関しては、長野編前掲書、長野泰彦、高本康子編『国立民族学博物館青木文教師アーカイブ　チベット資料目録』（二〇〇八年）、龍谷大学所蔵資料については、三谷前掲論文（二〇〇六年）等がある。

40　新聞連載は、写真の枚数が四〇枚と少ないのを除いては、全体の構成や使用されている語句などに『西蔵遊記』とかわるところはほとんど見られない。『西蔵遊記』においては、わずかに単語が補足されているのと、各項目の区切りや章立てが二三変えられているのみであって、大幅に削除された部分や、付加された部分はない。

41　一般に流布していたこのようなチベット像についての指摘は、青木に限られるものではない。例えば、青木の新聞連載の翌年である一九一八（大正七）年、渡辺海旭が欧米の仏教研究を概観した中で以下のように述べている。「西蔵といふと大正の今日でも、多少教育あるものすら全然吾々と没交渉な一種の魔術国で、其経典とか宗教といふものは唯奇怪不思議の骨董品の如く考へるか、先普通の様だ」（「欧米の仏教」『渡辺海旭論文集』、一九三六年、一三〇頁）。

42 河口と同時期、一九〇一（明治三四）年一二月八日から二五日までラサに潜入した成田安輝の旅行日記は、戦後になって雑誌にその一部のみが発表された（「進蔵日誌」『山岳』六五、六六号、一九七〇年、一九七一年）。河口に次いでラサに入った寺本婉雅も、帰国後、仏教やチベット語に関する著書は出したが、旅行記は未整理のままに放置され、没後ようやく遺族の手によって出版されたにすぎない（『蔵蒙旅日記』、一九七四年）。矢島については、昭和になって『読売新聞』の「辺境を探る」シリーズのひとつとして発表された矢島保治郎「辺境を探る」『読売新聞』シリーズ十八～廿四（一九四〇年七月一四～一七、一九、二〇、二二日付）、同年の読売新聞社編『支那辺境物語』、戦後の矢島保治郎『入蔵日誌』（一九八三年）の三種があるが、いずれも彼の旅行の一部を述べたものに過ぎない。

43 青木の日記は未だ発見されていないが、日記が存在したことは明らかであると思われる。すなわち、青木はのちに、自身のチベット滞在について語った際、「日記を見ると私は九月二十四日にこの村を発ってゐる」（青木文教「西蔵の思ひ出（四）」『亜細亜大観』第三輯第十二回、ページ番号なし、発行年月日なし、一九二八～一九三五年に発行されたものと推測される）と述べている。従って、少なくともこの記事を執筆した時点では、彼の手元に「日記」があったことは確実であると言える。

44 例えば、二〇〇四年末にも、河口慧海の日記の一部が遺族の家で発見されたことが報じられている（「チベット学の祖波乱の日記東京で発見」『朝日新聞』二〇〇四年一二月二四日付）。これは二〇〇七年に『河口慧海日記』として出版された（奥山直司編、講談社学術文庫）。

45 大谷光瑞口述「旅行教範」『大谷探検隊資料』中田篤郎移録、解説、一九九五年。現在龍谷大学に残されている「旅行教範」は、青木の筆であるとも言われているのであるが、詳細は明らかにされていない。中田篤郎は、「旅行教範」は、第一次探検から光瑞が帰国してから第二次探検出発以前にかけてのどの時点かに執筆されたものと推定している。

46 入蔵に関する記録としては、国立民族学博物館「青木文教師アーカイブ」中にいくつかの資料がある。すなわち、アーカイブ番号五五、五六「手稿」、アーカイブ番号三「ノート」、アーカイブ番号六〇「メモ」である。五五、五六についてはすでに長野泰彦、高本康子校訂、青木文教著「西蔵調査報告」（『国立民族学博物館研究報告』三〇巻三号、二〇〇六年、三四九～四一九頁）として翻刻が発表されている。また三、六〇についても同様に「チベット日誌」として、『国立民族学博物館研究報告』に二〇〇九年度中に発表予定である。

47 これについては、「榊文学博士に呈す」（『中外日報』一九一七年八月一二日付）、「榊博士文字を造る　博士は他を誣告する人なり」（同紙一九一七年九月一四～一六日付）を参照した。

48 これについては、本節で後述する英国のシッキム政務官チャールズ・ベルも、同様の見解を述べている。ベルは、彼らが「饗応の応酬が好き」で、「上は王子から下は農夫まで、苟も激昂する事もなく、本質的に鄭重な国民で気品のないものはない」としている（ベル『西蔵　過去と現在』田中一呂訳、一九四〇年、二七五頁）。

49 一九四二（昭和一七）年に出版された青木の著作『西藏の民族と文化』では、この点が更に詳細に説明されている（三五〜三六頁）。

50 チベット社会のこの安定については、チベットをフィールドとする社会人類学者中根千枝も、リンチェン・ドルマ・タリン『チベットの娘』（三浦順子訳、一九九一年）の「解説」に、人民解放軍のチベット侵攻以前のラサに関して、「寺院勢力の強い、閉ざされた社会では、当然のことながら、その中世的価値観が存続し、比較的恵まれた主都ラサの生活は、季節的にめぐってくる華やかな仏教行事やさまざまな楽しい催し、友人たちの集い、語らいの中に過ぎていった」と記している（五二六頁）。リンチェン・ドルマ・タリン（一九一〇〜）は、チベットきっての大貴族ツァロン家の娘としてラサに生まれた人物である。『チベットの娘』はタリンの自伝であり、二〇世紀前半のチベット社会が活写されている。

51 例えば、第一回旅行の際の旅行談においても話題を呼んだ「チベットの秘密仏教」について、やはり「全く仏教道徳に背反している」と言い切り、具体的な例を挙げて、それがいかに荒唐無稽な論理を持つものであるかを詳細に述べている。例えば、大罪とされる「正法の根本たる菩提心を失う」とは、精液を失うことを指すこと、また罪人を殺さずに長生きさせるのは、罪を徒に重ねさせることであり、このような人間を殺すのは救済なのであって、殺さないのは却って菩薩の菩提心に欠けるとされること等が記述される。最後は、「日本にはかかる尊き仏教はあるまいから、国に還ったら、よろしくこれを喧伝せよ、などいうに至っては噴飯に値する」と総括される（河口慧海『第二回チベット旅行記』、一九八一年、九六〜一〇六頁、「入蔵記」『東京朝日新聞』一九一五年一〇月二日付）。

52 しかし青木が、河口が度々触れたような僧侶の堕落等の「腐敗」を目撃していなかったわけではないと思われる。本文で後述する資料であるが、青木が一九一四年ラサで書いたと見られる「調査事項報告第壱号」には、チベットの僧侶が「諸罪ヲ犯シテ省リミズ」という状況にあることが記述されており、これに対し「戦慄措ク能ハズ」と感想を述べている（前掲青木書、二〇〇六年、三五九頁）。そしてこのような見解は前掲渡辺海旭「欧米の仏教」にも見られる（一三五頁）。渡辺は以前からこのような見解をもっており、それは一八九五（明治二八）年四月二五日号の『浄土宗学友会報』において、「高尚の教義は之を高閣に束ねて、徒に卜筮幻術の雑技に走り、唯安逸を求めて弘教の策を講ぜず。法規潰廃、教運否塞して、敢て之を顧みるなし。今に当りて第二の札克巴を出すなくんば。西藏の仏教は遂に亡びん哉」と述べていることからもわかる（「西藏仏教一斑」『渡辺海旭論文集』、一九三六年、二四一頁）。

53 これらの写真は、ダージリンからラサに入る直前までの沿道沿いの風景を撮影したもので、「成田安輝氏拉薩旅行写真集」と題し、写真毎の短い説明文とともに掲載された（『地学雑誌』一八三〜一八六号、一九一一、一九一二号、いずれも一九〇四年）。また、掲載の初回『地学雑誌』第一八三号には、小川琢治による解説がある（小川琢治「成田安輝氏拉薩府旅行」、一九三〜一九四頁）。

54 『西藏遊記』所載写真一五一点中一二六点に、「著者原画」、「著者所蔵」、「外著複写」、「マクドナルド氏寄贈」、「光瑤画伯寄贈」、「ツァロン氏寄贈」、「ツェリン氏寄贈」といった付記がある。「著者原画」の写真は八四点あり、青木撮影、もしくはネガを彼が所有していたと見られるものである。「著者所蔵」の写真は一二点であり、青木の将来品が被写体となっているものである。「外著複写」の写真は一五点である。『西蔵遊記』では、「外著」の典拠は明示されていないが、すべてダージリンでチベット研究を行った英国人ウォデル（Laurence Austine Waddell, 1854-1938）の *Lhasa and Its Mysteries*（1906）からの複写と思われる（以下その出典を、同書所載頁を「〜頁」、前掲 *Lhasa and Its Mysteries* 所載頁を「p.〜」で示す。五七頁;p.112、八三頁;p.234、一一五頁;p.290、一七一頁;p.152、二二一頁;p.392、二八五頁;p.176、三〇六頁;p.168、三八一頁;p.308、三八三頁;p.314、三八六頁;p.306、三九三頁;p.280、四一三頁;p.122、四一六頁;p.96、四一七頁;p.92、四四五頁;p.66)。

「マクドナルド氏寄贈」には七点ある。この「マクドナルド」は、一九〇五〜二五年にチベット国境において通商事務官を務めたデヴィッド・マクドナルドであると思われる。『西蔵遊記』や、帰国の際書かれた青木のメモ「出蔵記」には、マクドナルドとの写真交換や、当時英国の対チベット外交の現地責任者であったチャールズ・ベルの招待等に触れる記述がみられる（『西蔵遊記』、三九四〜三九七、四五四〜四五五頁、「出蔵記」二月二三日、二六日、三月四日付部分）。ベルについては後注66を参照されたい。更に、『西蔵遊記』その他において、ベルとの写真交換等に触れる記述はないが、英国ピット・リバー博物館所蔵のチャールズ・ベル・コレクション中に、「著者原画」中の一枚と同一と思われる写真がある（The Tibet Album: British Photography in Central Tibet 1920-1950, http://tibet.prm.ox.ac.uk, 番号 1998.285.282.1）。これも、青木とベルとの交流を示すものの一つと推測される。なお、「出蔵記」は国立民族学博物館青木文教師アーカイブ中の資料である（前掲アーカイブ番号六〇「出蔵記」）。この「出蔵記」は同館より二〇〇九年度中に出版される予定である。

「光瑤画伯寄贈」には三点ある。この「光瑤画伯」は、日本画家石崎光瑤（一八八四〜一九四七）であると思われる。彼は一九一七年にヒマラヤを訪れたが、その際、出蔵直後でダージリンに滞在中の青木の助言を受け、青木宅に宿泊したことが、その旅行記『印度窟院精華』（一九一九年）に見える（一八、二四頁）。この『印度窟院精華』所載以外の、石崎家所蔵未発表写真の中には、後に前掲青木『亜細亜大観』に発表されたものが一点含まれる。当該写真は、富山県［立山博物館］編『石崎光瑤幻灯用彩色硝子板作品（印度行記）』（二〇〇〇年、一八頁）と、青木文教『亜細亜大観』第四輯第三回、「十、ダーヂリン（四）」にそれぞれ掲載のものである。このことも、石崎と青木の間の写真についてのつながりを示すものであると思われる。

「ツァロン氏寄贈」には、三点がある。この「ツァロン」は、ダライラマ一三世に抜擢され、軍司令長官、大臣を務めたツァロン・ダサン・ダドゥル（一八八五〜一九五九）と思われる。彼の妻の一人リンチェン・ドルマ・タリンによれば、写真を趣味の一つとしており、自宅には暗室も設けられていたという（タリン前掲書、一九九一年、一五八頁）。『西蔵遊記』、「出蔵記」にはツァロンとの応接に触れる記述があり（『西蔵遊記』一二六〜一二八、三七七〜三七八頁、「出蔵記」一月二六日付部分)、青木との交流が推察される。「ツェリン氏寄贈」とされるものは一点である。現在のところ、『西蔵遊記』その他青木の記述に、この人物に関する情報は見えず、特定には至っていないが、あるいは「出蔵記」二月七日部分に言及される「旧友 Dorji Tsering」かとも推測される。

その他、説明文等は付されているが、出典に言及がないものが二五点ある。この中には、「現在の達頼喇嘛法王」(『西蔵遊記』、三六二頁)のように、マクドナルドの著作と共通する写真も含まれる(*The Land of Lama*, 1929, 巻頭)。マクドナルドと交換あるいは彼に貸与した写真の一例かとも考えられる。

55 例えば、河口慧海の『西蔵旅行記』、多田の『チベット滞在記』(一九八四年)には八点の写真があるが、『西蔵遊記』とは比較にならない数である。更に、日本人以外、例えばウォデル前掲書の八六点、ベルの *Tibet Past and Present*(1924)の四〇点と比べてもやはり多い。

56 青木撮影の写真には、本文中に述べた肖像写真の他に、家族の集合写真、記念写真風のものも何点かある。さらに背景となっている室内が写真ごとに違う。このことは、青木が撮影のためにそれぞれの場所に出向き、しかもそこで撮影のために場所をあつらえることができた可能性を示唆している。つまり、青木は撮影の際に、特定の場所に隔離されることなく、各家庭に迎え入れられたことになる。青木が「無料撮影の写真師として忙殺された」(三七一頁)と述べていることと、以上の人物写真の特徴や、青木の持っていた写真技術の価値を思い合わせると、当時ラサの上流社会で、青木に肖像写真の撮影を依頼することが流行したのではないかと推測される。

57『西蔵遊記』以降の記述にも、彼は度々このような心情を見せている。例えば、『西蔵の民族と文化』(一九四二年)でも、当時の国際情勢下における日本政府の決断に理解を示しつつも、「方法さへ宜きを得たならば他を憚る必要なくして、或る種の経済的利益の獲得と、文化的勢力の扶植とに於て、絶好の機会を掴み得たことは一再に止まらなかった」(四六頁)と述べている。

58 この手稿は、青木文教に師事した中根千枝氏が、生前の青木から譲渡された資料中にあるもので、現在は国立民族学博物館に所蔵されている(「青木文教師アーカイブ」、アーカイブ番号五五、五六)。本資料の翻刻は前掲青木「西蔵調査報告」(二〇〇六年)。

59 このことについてはベルも同様の記述をしている。チベット人が「入国を歓迎する人士といへば」、「軍事または国事の顧問」、または「難工事の完成」等様々な問題を、チベット人に替わって実際に処理してくれる人物であると、ベルは指摘している(ベル前掲書、三九五～三九六頁)。

60『中外日報』には、「西蔵から帰つた青木文教氏談」(一九一七年五月二一～三日付)と、「日蔵仏教同盟　大谷光瑞氏の事業」(上)(下)、一九一七年六月二九～三〇日付)があるが、連載と言っても、それぞれ二回のみの記事に過ぎない。従って、一九〇三年の河口帰国当時の状況をふまえ、青木の「旅行談連載」と見なすことができるのは『大阪毎日新聞』のみであると判断した。

61 講談社学術文庫から一九八一年に出版された『第二回チベット旅行記』の解説川喜田二郎「事実とロマン」によると、『東京朝日新聞』連載の「入蔵記」と、『東方仏教』に一九二六（大正一五）年から一九二七（昭和二）年まで連載された「雪山歌紀行」が、一九六六（昭和四一）年に『第二回チベット旅行記』として金の星社から出版されたという（『第二回チベット旅行記』、二七七〜二七八頁）。

62 河口慧海の『西蔵旅行記』についても、筆者が確認した限りでは、『地学雑誌』は沈黙している。但し一九〇九年マドラスで同旅行記の英語版である『チベットの三年』(*Three Years in Tibet*) が出版され、その批評が翌年三月発行の「倫敦地学雑誌」に載せられた際、その記事を雑報欄の新刊紹介で翻訳し紹介している（「新刊紹介」『地学雑誌』第二五八号、一九一〇年、八〇頁）。

63 これについては、佐々木前掲論文（一九八三年）を参照した（一七三〜一八三頁）。

64 『西蔵全誌』は、国立民族学博物館青木文教師アーカイブ中に含まれる資料の一つで、手稿として残されている（アーカイブ番号三二一—三七一）。資料には執筆年月日の記載はないが、序文には一九四六年とある。この資料については、長野泰彦、高本康子校訂『西蔵全誌』として、二〇〇九年に出版予定である。

65 矢島が一九一二（明治四五）年六月、青木が一九一二（大正元）年九月、多田が一九一三（大正二）年九月頃、河口が一九一四（大正三）年一月にチベットに入っている。

66 チャールズ・ベル(Sir Charles Bell)は、カルカッタに生まれ、英領インド政庁に勤務、一九〇〇（明治三三）年、療養のため滞在したダージリンとカリンポンでチベット文化の研究を開始した。一九〇四（明治三七）年のヤングハズバンド・ミッションでは、インド・チベット間の鉄道敷設ルートの調査を担当、一九〇六〜〇七（明治三九〜四〇）年はシッキムの政務官代理を、一九〇八〜一八（明治四一〜大正七）年は政務官を務め、英領シッキムの管理とチベットやブータンとの外交事務にあたった。この間、ダライラマ一三世の格別の知遇を得、ヨーロッパ人としては初めて、チベット側の招請によってラサに滞在するという経験をしている。

67 現在のフランスにおけるチベット学の第一人者とされるフランソワーズ・ポマレの評価である（ポマレ『チベット』今枝由郎監修、後藤淳一訳、二〇〇三年、九八頁）。

68 例えばチベットの政治史をまとめたアメリカの政治学者グルンフェルドは、当時の資料のうち、最も信頼できる確実なものとして、パーシヴァル・ランドンの *Lhasa: An Account of the Country and People of Central Tibet and of the Progress of the Mission Sent There by the English Government in the Year 1903-04* をはじめとする、一九〇三〜四年のヤングハズバンド・ミッションに関する著作と、ベルの著作を挙げている（「はじめに」グルンフェルド『現代チベットの歩み』八巻佳子訳、一九九四年、viii頁）。

69　例えば、現代イギリスを代表するチベット学者であるスネルグローブとリチャードソンによって一九六八年に編まれた『チベット文化史』(*A Cultural history of Tibet*) は、この書を、「自らの見聞を述べた優れた報告書」と評価している（スネルグローブ、リチャードソン前掲書、一九九八年、三一六頁）。

70　『地学雑誌』第二四六号（一九〇九年）にその資料リストが掲載されている（八〜一二頁）。また、大正期においても、前掲渡辺海旭「欧米の仏教」の記述に、ウォデル『チベットの仏教』についての、「恐く現在に於ける最完全と称し得べき一般的著書」という、高い評価を見ることができる（『渡辺海旭論文集』、一五〇頁）。

71　これらに関しては、前掲の資料の他に、ピーター・ホップカーク『チベットの潜入者たち』（二〇〇四年）を参照した（二三五〜二三六頁）。

72　例えばベルの著作について、前掲スネルグローブ、リチャードソン『チベット文化史』は、「チベット事情とチベットの人々に関する、実体験に基づく報告として、すべてのうちで最も重要なもの」という評価を与えている（三一六頁）。また、少々時代を遡った一九三七年にも、「多年にわたりチベット政府と接触をし、一九二〇〜二一年にほぼ一年間、ラサに滞在するという幸運をもったチャールズ・ベル卿」（F・デ・フィリッピ「編者序文」I・デシデリ『チベットの報告』一、一九九一年、一六頁）という記述がみられる。

73　多田等観もベルに対面している（多田前掲書、一九八四年、一四八頁）。河口や矢島の旅行記には、ベルとマクドナルドの名前はないが、他のイギリス人官吏の名が見られる。

74　前述の国立民族学博物館所蔵青木文教師アーカイブ中の資料である（アーカイブ番号六〇）。

75　C. Bell, *Tibet Past and Present*, Oxford, 1924.　本論ではこの著作の日本語訳本である前掲ベル『西蔵　過去と現在』（一九四〇年）を使用した。

76　両ラマ勢力間の確執については、青木とベルでは見解が異なる部分が見える。ベルは「東洋人の常」として、ラマ当人ではなく、その勢力下にある人間が、いわばラマの威を借りて勢力争いをしているとしつつ、「タシ＝ラマは又拉薩の西蔵当局をも恐れられてゐた」（ベル前掲書、二二九頁）とも述べる。一方、青木は、「世人は往々この二法王の権力争奪を云為するが、未だ其の軋轢の事実を指摘し得る人はない」（『西蔵遊記』、二五九頁）とのみ述べている。

77　但しその一方で、「現在」のチベットでは、西洋医学が大いに歓迎され、英国の軍医が活躍していることにも触れられている（ベル前掲書、四〇一頁）。

78　チベット仏教については、主として、立川武蔵編『講座仏教の受容と変容』三（チベット・ネパール編、一九九一年）を参照した（一二一〜六九頁）。

第四章

第二次世界大戦終戦までのチベット・イメージ

第一節　「大東亜」とチベット

一　第二次世界大戦終戦までの昭和期初等教育教材に見られるチベット

昭和に入って以降、初等教育の地理教科書において、チベットに関する記述には、ほとんど変化が見られない[*1]。一九一八（大正七）年から一九三四（昭和九）年にかけて使用された第三期国定教科書『尋常小学地理書』において、「アジヤ州」総論が改めて設定され、アジア中央の高地と、中国の構成領域が説明される際に、チベットという地名が再び挙げられるようになったことは、前章第一節ですでに述べた。しかしこの間、チベットを含む中国周辺各地域の詳細については、満州とモンゴルについて説明されるだけで、チベットについての情報は何等提示されないままであった。この状態が第三期から第五期までの二四年間維持されたことも、前章同節で述べた通りである。

変化が訪れるのは、一九四一（昭和一六）年、小学校が国民学校へ再編された際である。地理は「国民科」に編入され、教科書も一新された。それが第六期国定教科書『初等科地理』（一九四三年）[*2]であり、世界地理の教授項目は、日本を中心とした「大東亞」の地理へと編成しなおされ、教科書にはこの「大東亞」世界が展開されていくこととなった。『初等科地理』では、従来の教科書とは異なり、地球についての説明やヨーロッパや南北アメリカ、アフリカなどに関する記述が削除された。それらのかわりに提示されたのが、日本を中心とする「大東亜」であった。児童は、第四学年において郷土の地理、五年において日本の地理、そして六年において外国地理として「大東亜」の地理を学ぶこととなった。

「大東亜」は、「主として満洲・支那・南方諸地方・シベリヤ・インド・インド洋・西アジヤ・太平洋・濠州等を含む地域」であり、「わが国土・国勢を理会する上に直接に必要」な地域、「現下の情勢においてはわが国民一般が深き認識を持たなければならない地域」と定義されている*3。そして、「大東亜」についての学習目標は、「わが国土の展開としての大東亜、いはば国生みの延長とも見られる大東亜について、日本を主体としての地理的把握をめざし、以てわが国土を正しく認識せしめるとともに、皇国の世界的使命の自覚を得しめる」ことであり、「大東亜建設の理想に照し、日本中心の大東亜を一体と見て、そのなかの各々が如何なる地域であるかといふことを見究めて考察を進め」、「わが国と関係づけ、また大東亜の一翼として、各地域を認識せしむること」とされている（『初等科地理　教師用』下、一九四三年、二七〜二八頁）。従ってこの『初等科地理』に至って、第一期国定教科書以降消えていたチベット事情が、約四〇年ぶりに再登場したことは、チベットも「大東亜の一翼」を構成する地域として認識されたことを示している。

チベット事情の再登場の理由のひとつは、世界地理で扱う範囲が、「大東亜」へ縮小された結果、「大東亜」各地域の記述に割り当てられる情報量が増加し、チベット事情にさく余地が生まれたことであろう。また、『初等科地理』が持つ戦時体制下の教材としての性質の反映も考えられる。太平洋戦争開戦以降、日本政府はアジア南部へも積極的な進出政策をとりはじめ、それにつれて、北方の脅威ロシアに加えて、アジアにおける英国勢力とも敵対することとなった。この情況の変化によってチベットが、英国の重要拠点であるインドの後背地として、また日本の勢力範囲である中国を脅かす敵勢力が浸透した地域として捉え直された結果、教科書の記述範囲に含まれるようになったと思われる。

チベットはまず「支那」の中の、四川省に関する説明部分に登場する。四川省は、『初等科地理　教師用』に、「今日なほめざめない支那人の集まつてゐるところとして注目せしめる」（二〇七頁）とある通り、日本に抵抗する蒋介石の重慶政権の根拠地として取り上げられている。『初等科地理』では、日本と中国は戦争をしたこともあったが、今ではほとんどの中国国民が日本を支持するようになっていると繰り返し説明される。例外として日本に敵対する人々もあるが、それは中国が多民族国家ゆえに、もともと「まとまりにくい国」（「初等科地理」『日本教科書大系　近代編』第十七巻、五六頁、以下頁数のみ示す）であるためだと記述される。四川省は、その少数の例外である、日本の敵がたてこもる地域として認識されるようになっている。

このように、四川省を敵の本拠地として捉えた上で、チベットには、「成都は、この盆地の一中心地で、西康省やチベット方面への入口に当ります」（七七頁）と言及される。四川省関係部分におけるチベットへの言及はこの箇所のみである。『初等科地理　教師用』において極力、地図や模型を使用した「具体的直観的」（下巻、四〇頁）指導を心掛けるように指示があることを考えると、この四川省の記述を取り上げた授業では、成都や四川省と、西康省、チベットとの位置関係が地図上で確認されたと思われる。以上に述べたように、『初等科地理』の授業においてチベットが最初に登場するのは、名称としても地図上の位置としても、敵の本拠地を更に越えた奥地としてであったと言えよう。

次にチベットに言及されるのは、同じく「支那」の中に設けられた小項目「《外蒙古・新疆・チベット》」においてである。ここではチベット事情が記述される。以下はその全文である。

チベットは、その東方の青海《せいかい》地方とともに大きな高原をなし、南には、高いヒマラヤ山脈がインドとの境に横たはつてゐます。高原は四千メートルもあり、気候も大陸性をあらはし、羊や、やくが飼はれてゐるほかは、農産はあまり採《と》れません。住民はラマ教の信者《しんじゃ》で、インド方面からはいる英国の勢力のもとに、まづしい生活をしてゐます。大きなラマ教寺院《じいん》のあるラッサは、チベットの中心都市です（七九頁）

この部分について、『初等科地理　教師用』は、「大きな高原であること、英国の勢力のはいつてゐること」（一〇七〜一〇八頁）、の二点を、ここで児童に理解させるべき要目として指示している。地図による学習の際も、チベットが、「高い高原の地方であることを地図で指導しその特色（注《〔ママ〕》）を解説する」（一一六頁）ことと、「英領インドに接してゐるため、英国の重圧を受けて来た地方であることに気づかせる」（一一六頁）ことが指示されている*4。

ここにおいて、高地であることの他に、チベット人が「英国の重圧」のもとにあることが、重要な情報として新たに付け加えられているのがわかる。これはチベットと同列の項目である「外蒙古」において、ロシアの支配によってモンゴル人が苦しい生活をしているとする記述*5と全く軌を一にするものである。同じモンゴルでも、日本の勢力下にあるとされる「蒙彊」すなわち内モンゴルについては、このような記述はない。このことは、『初等科地理』において、アジア各地にどんな特徴が付与されるかに、日本の勢力の浸透の度合いが影響していることを示している。

チベットが言及される最後となるのは、「インドとインド洋」の、「千古の雪をいただくヒマラヤ山脈は、インドとチベットの間に、ほぼ東西に長く、天をくぎってそびえてゐます」（八五頁）という箇所である。『初等科地理　教師用』では、ヒマラヤ山脈が「世界の屋根」（下巻、一三五頁）であること、その中にあるエベレストが世界最高峰であることの二点が、児童の学ぶべき要点とされている。どちらも、ヒマラヤ山脈の高度を児童に認識させようとする点で共通している。ヒマラヤがいかに高い場所であるか、ヒマラヤ山脈の雪峰の写真、挿絵等がともに示される。「チベット」という地名は、このような状況の中で提示され、それは結果として、チベットが非常な高度を持つ土地である、という情報が、繰り返されることとなったと言えよう。

以上検討して来たように、第二次世界大戦終戦までの昭和期における初等教育地理教科書では、チベットに関する記述が、一九四三（昭和一八）年の前後で大きく異なることとなった。一九四三（昭和一八）年までのもの、すなわち国定教科書第三期から第五期までの教科書では、チベットは中国の地域区分の一つ、またはアジア中央の高地を構成する地名の一つとしてその名称のみ言及された。このわずかな言及の場において、チベットという地名がいずれも、何かの一部としてのみ示されたことは、チベットに関して、パミール高原、ヒマラヤ山脈などという周辺の複数の地名と、漠然と一体視されるイメージが醸成される素地があったことを示している。この状態は、大正期を経て、昭和期に至っても、初等教育の段階において変化がなかったと言えよう。

国定教科書第六期の『初等科地理』に至って、世界第一の高地を構成する一高原、そして中国の一地域という この文脈が踏襲されたまま、チベットには更に、日本の勢力を脅かす敵が跳梁する地域という意味づけが加えられることとなった。その結果、土地の不毛という自然環境についての条件の他に、英国の支配下にあるという政治的条件が付け加えられ、チベットは二重の意味でその貧しさを強調されることとなった。また、チベットが最初に、敵の本拠地四川省の背後に位置する地域として、地図上で確認されることには、本章で後述するように、太平洋戦争中の日本においてチベットについて見られる、敵地の彼方にある土地、という捉え方と軌を一にするものが読みとれる。ここには、敵地の彼方という捉え方が、チベット情報に接触する初期の段階から、チベットに付与されるイメージの重要な側面となっていたことが示されていると言えよう。

二　『最新亜細亜大観』に見るチベット

大正期に出版された『亞細亞大觀』(一九一八年)は、一九三一(昭和六)年、内容を大幅に拡充した『最新亜細亜大観』として再び出版された。この年は周知の通り、軍部の一部の独走がクーデター事件の相次ぐ発覚という形で顕在化し、右翼テロが過激さを増した結果、浜口雄幸首相がその最初の犠牲者となった年であった。また、大陸で日本の権益に脅威を与える出来事が続く中、満州事変が勃発し、年末に向かって戦線が急速に拡大していった年でもある。『最新亜細亜大観』は、右翼団体がその過激な活動を急速に活発化させていくこの時期に、そのような団体の一つである黒龍会が出版した書であり、同時に、日本国民の目が満州の戦局に釘付けとなり、大陸への関心が高まっている時に出版されたものであった。従って同書に、大陸への進出に関しての、当時の最も先鋭的な見解の一つが示されていると考えられることは、大正期に出版された『亞細亞大觀』と同様である。ここでは、大正期に描かれたアジア像がどのように変貌し、そしてその中でチベットがどのように描かれていったかを検討する。

『亞細亞大觀』と比較すると『最新亜細亜大観』には、以上に述べた情況を背景とする変化がいくつか見られる。そのうち最も嘱目すべきものは、『亞細亞大觀』において、「亞細亞人の亞細亞」と表現されたものの範囲が、大陸での戦線の拡大に比例するように拡張されていることである。『最新亜細亜大観』には、『亞細亞大觀』にはなかったエジプト、ニューギニア、オーストラリア、ハンガリー、フィンランド、エストニアが、アジアと密接な関係を持つ、不可分の地域として取り上げられている。

次に注目すべき変化は、チベットについてのものである。『最新亜細亜大観』において、チベットが、「満蒙回」、すなわち満州、モンゴル、新疆の外側に接する地域として捉えられていることは、『亞細亞大觀』と変わりがない。「亞細亞」地域に対する関心の焦点が満州に据えられ、「満蒙回」が、満州を保全するために重要な地域とされていることにも変化はない（『最新亜細亜大観』、一五二～一五三頁、以下頁数のみ示す）。記述の変化は、日本を取り囲む敵勢力についての認識が変わったことによる。『亞細亞大觀』においてチベットは、英国の「保護国」同様の状態にある、とされるだけで、敵の勢力圏とも日本の勢力圏とも認識されていなかった。しかし、『最新亜細亜大観』では、チベットは、すでにソ連の勢力圏に併呑されてしまった外モンゴルと同様に、敵勢力である英国の北上に飲み込まれつつある地域、と捉え直されている（一四四頁）。チベットは、敵地に準ずる場所に変化しているのである。

またチベットをめぐる諸事情が、『亞細亞大觀』では英領インドの防衛問題として論じられていたのに対し、『最新亜細亜大観』では、中国の南部、揚子江流域の問題として語られているのも、変化の一つである。チベットをめぐる状況は、日本の国益に直結する「中国問題」の一部として捉えられているのであり、このような見方は、チベットに関してはあくまで日本を局外者としてきた大正期の『亞細亞大觀』とは、明らかに異なるものである。チベットが英国の影響下にあることは、「支那の背面に於ける防備」（二〇二頁）が破壊されたことを意味し、「東洋の平和を甚しく脅かすもの」（二〇二頁）であり、なおかつ、中国揚子江沿岸に進出しようとする英国の企図を明瞭に示すものであるとされる。それゆえに、チベットの状況は、日本としては大いに警戒を要するものである、と論じられている。

しかし、『最新亜細亜大観』において日本とチベットの距離は、以下に述べるように、むしろより開いたと言える。『亜細亜大観』で、チベットと日本の関係が「重要」（九五頁）なものであるとされていたにもかかわらず、『最新亜細亜大観』では、それが単に「興味のある問題」と書き換えられたことに、この距離の開きが示されている。チベット問題は、『亜細亜大観』で述べられたような、ヨーロッパ列強間の問題とはされず、「英支間に於ける西蔵問題」（二〇四頁）、つまり英国と中国の間の問題と明言された。日本が最重要視する中国問題が関連してくるにもかかわらず、チベット問題が中英間に限られるものとされていることには、『最新亜細亜大観』においてチベットに感じられる遠さがより強まっていることが、明瞭に示されていると言える。

チベットに対するこの遠さの感覚は、他の部分にも見て取れる。『最新亜細亜大観』において各国事情の核心部分と思われる「政治上の地位」の項目*6に注目すると、チベットに関しては、この項目に費やされる記述量が『亜細亜大観』当時より減少しているのがわかる。これは、チベットと同様に中国の版図内とされるモンゴルや新疆と比較しても、またチベットと同じように「満蒙回」隣接地域とされる中央アジア、シベリア等と比べても、大幅な減少となっている。

一方、チベット情報の内容そのものは、『亜細亜大観』の記述が、ほとんど手が加えられずにそのまま残されている。例えば、「風俗」の箇所で説明されるチベット事情についても、漢字表記などに多少の変化が見られるにとどまる。大きな変化としては、まず、『亜細亜大観』にあった、チベット人を野蛮人と決めつけることは適切とは言えない、などとする表現が消え、以下に述べるように、反対に、貧しさ、遅滞、蒙昧を強調する表現が付け加えられたことがあげられる。『亜細亜大観』で「上古の風格を備へ、上古の習慣を保持してゐる」（九三頁）と肯定的に表現されたチベット人の生活は、『最新亜細亜大観』では、貧しさや遅れそのものとして捉えられているのである。

例えば、冒頭の「政治上の地位」では、『亜細亜大観』にはなかった、チベットの風土がいかに貧しいか、気候がいかに厳しいかを強調する記述が、まとまった量付け加えられている。まず、チベットの国土について、その大部分が、「本来人類の居住には甚だ不適当」な「無人の荒野」であり、それゆえに「到底高等なる文化を建設する余裕」がないとされる。その上、「迷信の強い喇嘛教」のために「生産的活動」は「貧寒ならしめる外はなく」、更にチベットの社会自体についても、「社会組織が不良」であるため、「道徳的乃至知識的の向上が期待されない」と述べられる。更に、チベットの位置について、高原であるために地理的に孤立しており、そのことが「一層此の国を蒙昧の域に彷徨せしめる結果となつてゐる」とされた（一九八～一九九頁）。

上述したように、チベットに付される形容は、『亜細亜大観』での「世界の隠匿国―秘密国―」というものから、「蒙昧の域」へと変化している。『亜細亜大観』において、「秘密国」という形容が付されていたのはチベットだけに限られる。しかし『最新亜細亜大観』では、チベットにこの表現が使われなくなっている一方で、「中央亜細亜」を「秘密境の如き存在」（二二三頁）、「一種の秘密国」（二九一頁）、更に「ネパール」を「一箇の秘密国」（五四二頁）と表現している。「秘密国」というチベットにのみ使用されていた表現、いわばチベット独自の特徴と言えるものが失われ、「蒙昧の域」という漠然とした、日本が進出するべき「未開」の地一般の、更にその一部という位置づけのみがチベットに残されているのが観察される。

この変化が最も典型的に見られるのは、『最新亜細亜大観』で新しく付け加えられた、チベットの最高権力者ダライラマに関する記述である。紹介されるのは、ダライラマがチベット全土は勿論、周辺の中国西康省、青海省、ブータンを含む広範囲に事実上の支配者ともいうべき勢力をもつこと、そして現ダライラマが目指すところがチベット独立であるといったことである。この中で描かれるダライラマ像が、非常に否定的なものであったことは、阿嘉呼図克図報道において活仏の阿嘉が蒙昧な人間とされることでチベット人一般の更なる蒙昧が暗示されたことを考えると、注目に値する。チベット人の指導者であるダライラマが愚かな人間とされるなら、その指導下にあるチベット人たちは更に愚かである、と読み手に受け取られる可能性は否定しきれない。例えば、ダライラマが目指すチベット独立は、「政治的野心」と呼ばれ、ダライラマの外交は、「ご都合主義の範囲を出」ない、「巧みに英支両国の勢力を利用して西蔵の安全を図りつゝ自己の勢力を張るに汲々としてゐる」にすぎないものとされる（二〇二〜二〇三頁）。ここではダライラマは、野望に満ちた、しかし定見を持たないために目先の策謀に溺れる、愚かな支配者として描かれている。但しこれはダライラマに関してのみ見られる捉え方ではなく、モンゴルの活仏に関する記述でも同様である。モンゴルの部分に提示された、ロシアの煽動にいともたやすく乗り、易々と籠絡されるという否定的な活仏像には、生活程度の低い貧しい、上の引用に言われるところの「道徳的乃至知識的の向上が期待されない」愚昧な人々という、冒頭に提示されたチベット人像と共通する特徴が見いだせる。このような特徴は、例えばタイやペルシャ、エジプト、トルコなどの国王もしくは権力者についての記述には見られない。ここには、遅れた地域と愚昧な支配者という図式が、地域ごとの差異には顧慮されず、日本が将来併呑すべき地域に、おしなべて適用されているのが見て取れる。チベットが「満蒙回」の延長であることが、ここにも示されていると言えるだろう。

以上のように、具体的なチベット事情として紹介された内容に変化がないにもかかわらず、野蛮であり遅れた地域であることにのみ言及がふえたことには、日本が指導すべき「未開」もしくは後進の地域の一角へと、チベットが埋没していっていることが示されている。他の「未開」の地域と一括して捉えられるようになったことで、チベットの印象はますます消極的なものへと変化していると言えよう。

三 『新修支那省別全誌』に見るチベット

『新修支那省別全誌』（東亜同文会支那省別全誌刊行会編、一九四一〜一九四六年）は、『支那省別全誌』と同様に、上海東亜同文書院の学生たちの踏査報告に基づいて編まれた中国情報集である。『新修支那省別全誌』は当初、二二巻で出版される予定であった。予約募集の公告にも、「全廿二巻」と明示されている（「新修支那省別全誌予約募集」『読売新聞』一九四一年一〇月一〇日付)。実際には太平洋戦争の激化によって、出版は第九巻までで打ち切りとなった。しかし、発刊された巻を見てみると、『支那省別全誌』よりも情報量が格段に増え、内容が充実しているのがわかる。

一九一七〜二〇(大正六〜九)年の『支那省別全誌』出版から、一九三一(昭和六)年の満州事変勃発までの間は、明治末期に開始された東亜同文書院学生の踏査旅行が最も充実した時期と評価されている*7。一九一八(大正七)年に学院内に支那研究部が開設され、第五期卒業生であり経済地理学者でもあった馬場鍬太郎がここで学生の活動を統括したことが、このことに大きく影響していた。学生の旅行はテーマがより明確になり、分野ごとの詳細なデータが組織的に蓄積されていった。そのことは、例えば四川省の巻が、『支那省別全誌』では一冊であったのが、『新修支那省別全誌』では二冊構成となり、内容が大幅に拡充されたことからもわかる。『支那省別全誌』においてチベット情報が記述されたのは、四川省のチベット境界附近の地域についての部分であるが、その後中国国内の行政編制に変化があり、この地域は一九一〇年に新設された西康省に組み入れられた。そのためこの地域は、『新修支那省別全誌』では、第九巻青海・西康省の巻*8で取り上げられることになった。

この青海、西康両省は、『新修支那省別全誌』において、「現在重慶政権が西北開発の中心対象とし、或はその前衛者たらしめてゐる諸省」である「西北辺疆諸省」の一部と位置づけられている(『新修支那省別全誌』第九巻、一頁、以下頁数のみ示す)。満州と中国北部に接する「西北」は、ソ連、中国共産党、中国国民党など、日本にとっての敵勢力下にある地域であった。この「西北辺疆諸省」の中で、この巻の出版が最もおそかったことは、この二つの省が、「西北辺疆諸省」のうち、日本にとっての重要度が最も低い地域であり*9、日本から最も遠くに位置づけられる地域であったことを示していると言えよう。

同時に、青海省は「西蔵及び蒙彊の動向により重大なる影響を受ける立場に置かれて」(二頁)おり、西康省は「漢蔵二民族の抗争止まず、これに英吉利帝国の勢力が絡まりて所謂西蔵問題の中心地」(二頁)となっているとされる。両省におけるこのような状況は日本として非常に憂慮すべきものとされ、例えば青海については、事態の深刻さが「具眼の士や愛国者」（二六二頁）に以前から指摘されている通りであるにもかかわらず、当局は根本的な施策をとるに至っていない。従って、このままでは「第二の西蔵となり、第二の外蒙」（二六二頁）となる可能性が非常に大きい、と危惧されている。つまり、敵勢力の手に落ちる危険に最も直接的にさらされている地域として、青海、西康両省は位置づけられているのである。

その上で述べられるチベット情報には、まず、『支那省別全誌』において記述された、チベットに近づくにつれて険しさを増す道路の様子がある。これについては、『新修支那省別全誌』の記述においてもほとんど変化はない。所によっては『支那省別全誌』の文章そのままの記述も見られる。全体的な情報の充実にもかかわらず、この部分に関して、質的にも量的にも変化がないということは、この地域について、実地調査による新しい情報がはかばかしくは蓄積されなかったことを示唆している。

むしろ『新修支那省別全誌』では、以下に述べるように、「険しい」イメージは希薄となっている。例えば、『支那省別全誌』の「絶壁は神割鬼削二、三千尺に及ぶ」（四六五頁）などという表現は、『新修支那省別全誌』では見られなくなった。また『支那省別全誌』にはなかった自動車道路の整備などについても、例えば、チベットへ通じる川康公路という自動車道路が、四川省内においてはすでに整備されていることが伝えられている。更にその先、西康省内の区間においては、「山嶽峻険にして工事容易ならざるものがある」としつつ、現在「工事の進行に努めてゐる」と記述されている（四五四頁）。これは、隣接する青海省、甘粛省へ向かう川青公路、川甘公路について、このように「山嶽峻険」など難工事を示唆する表現が見当たらないにもかかわらず、「未だ着工してゐない」（四五五頁）とされるのとは対照的である。これらの記事によっても、『支那省別全誌』のチベットへ通じるルートについての記述にあった道の険しさ、通行の困難に関する表現が、より緩和されたものとなっていると言える。

チベットに関する部分において、『支那省別全誌』と『新修支那省別全誌』との最も大きな差異と言えるのは、チベット仏教事情が詳述されることである。四川省の巻では、特に宗教に関する項目はたてられておらず、第二巻「第六編　歴史及名勝」において観光情報として、峨眉山の寺院に短く触れられるのみである。しかし、第九巻青海・西康省では、どちらにおいても省の宗教を説明する部分が設けられている。しかも青海省記述部分ではその大部分、西康省ではすべてが、「喇嘛教」すなわちチベット仏教についての記述にあてられている[*10]。宗教についての記述が、四川省のように漢族が圧倒的多数を占める地域を扱う巻には見当たらず、青海・西康省の巻において特に設けられていること、そしてその宗教の中でも「喇嘛教」に焦点をしぼって説明がされていることから、「喇嘛教」関係の情報が、この巻においていかに重視されていたかがうかがえる。

両省ともに、最も紙数が割かれるのは、強大な教勢を誇る「喇嘛教」の寺院内部の実態についてである。特に、その豊かな資産と収入については、地域経済の「一枢軸」（二六〇頁）として詳述される。例えば青海省のチベット仏教関連部分では、寺院の経済的な豊かさが、信徒からの寄進、寄付の募集、小作料の徴収、物品売買による利益という四点から分析されている。寺院への寄進がいかに莫大なものであるかについては、例えばモンゴル人やチベット系の住民が、活仏を拝して祈祷を願うために、生涯かけて作り上げた財産を惜しげもなく寄進することや、死者の財産もやはり当人の冥福を祈るために寄進されること、寺院内の費用が不足の場合もしくは特別な予算が必要な場合には、喇嘛僧が経済的に余裕のある地域を訪ねて信徒たちに様々な品物を「仏の賜品」（二六〇頁）として贈り、信徒たちからそれらの品物の「三―四倍ないしは四―五倍程度」（二六〇頁）の価格の家畜を受け取ること等が説明されている。また、寺院には通常広大な所有地があり、寺院で自作する以外は農民たちに貸し下げ、収穫物で小作料を受け取ることになっていること、そしてその小作料の総高は、寺院における通常の支出を賄うに足る額があるのが普通であること等が記述されている。寺院で行われる商売については、学問修行に専念する僧侶はほんの一部であって、大部分の僧侶は農業や商品の売買などに携わっていること、特に青海の寺院が、武器や織物などをラサに運んで売り捌き、ヤクや香料、サフランや毛織物などを仕入れて戻ってくるといった交易で、「高率の収益」（二六〇頁）をあげていることが紹介されている。また寺院が高利貸の役目をも負っていることにも触れ、「非常の高利を以て人民に貸付けてゐるが、人民は喇嘛の呪詛を恐れて期限には必ず返済し未返済に終ることは決してない」(三六〇頁)と伝えている。ここでは、土地からあがる収益が、余さず寺院に取り込まれてしまうさまが、詳細に描き出されていると言えよう。

このように豊かな財産と大きな権力を持つ寺院については更に、その運営組織と僧侶の修学の実態、生活状況などが詳細に紹介されている。寺院を実質的に支配している上層部の僧侶については、特に詳しい記述が見られ、例えば青海省における活仏レベルの僧侶、すなわち宗派全体にわたって影響力をもつ有力な僧侶について、称号の種別、人数、所属寺院などのデータが明記されている[*11]。しかし寺院の現況としてまず指摘されるのは、僧侶の堕落が甚だしく、学問が衰退の一途を辿っていることである。活仏や学位を持った高位の学問僧を除いては、飲酒や賭博、肉食に耽って破戒をほしいままにしているものも多く、「兵力を恃んで政権を操縦し、民衆を使嗾して兵乱を起し政府に反抗する等、社会に流す害毒の尠少でない」と記述されている(三五二頁)。ここで「喇嘛教の現状」と総括されたものが、「喇嘛教」の腐敗の様を語る記述であったことに注目される。そしてその腐敗の最たる例とされたのが、政府への造反活動の蔓延であったことは、小栗栖の『喇嘛教沿革』や河口の『西蔵旅行記』に伝えられるチベット仏教僧の堕落の様相と、著しく相違するところである。

「喇嘛教」の実態として指摘されるもう一つの状況は、寺院と現地住民の生活との密接な関係である。「殆ど総べて」(三五四頁)の家から出家僧が出ており、「各家の代表によつて宗教的集団が結ばれ、社会が組織せられて」(三五八頁)いることが、その最大の要因とされている。僧侶は出家後も、それぞれの実家と緊密な関係を維持し、家族は僧侶を経済的に支えている。僧侶は実家と寺院を頻繁に往復し、甚だしい場合は実家で異性と「同棲生活」(三五八頁)を営み子をもうけることさえある、と記述される。

更に、家族内での出家者の有無に関係なく、青海、西康両省における生活習慣そのものが、寺院と密着したものであることが指摘されている。青海や西康では、子供が生まれれば喇嘛僧に命名を依頼し、結婚についても喇嘛僧の託宣を乞い、病気や何らかのトラブルに見舞われた時は除厄を、播種や収穫などの際にはそのための吉日を喇嘛僧にまず問うのが普通であることが紹介されている。このように「出生・死亡・結婚・疾病・農耕を問はず悉く喇嘛の指導を受け」（三五四頁）なければ、順調に生活が営めない習慣となっており、従って僧侶はますます「民衆の畏敬・愛敬を蒐め」（三六〇頁）る存在となっていることが記述されている。

人々の生活面だけでなく、精神面においても、「喇嘛教」の影響は甚大であるとされる。例えば青海省の部分では、日本でも広く読まれた中国の新聞記者長江の旅行記『中国の西北角』（一九三八年）から塔爾寺巡礼のくだりを引用して、以下のように説明している。

青海随一の名刹であり、チベット仏教最大の宗派ゲルク派の開祖ツォンカパのゆかりの寺院である塔爾寺には、チベット、モンゴル各地から巡礼が集まってくる。彼らは長いときは十数年、少なくとも数年かかって塔爾寺にたどりつく。この寺に唯一度参拝するためだけに、全財産を擲つ人も珍しくはない。中途で旅費が尽きた場合は、故郷に帰って資金を作って出直すという。人々の信仰がこのように熱烈であることには、「蒙蔵民族の偉大さを見出すことが出来る」が、「又かゝる精神をこんな所に使ってしまふのは、あまりに無駄」であるとも言える（二五二頁）。清朝は統治政策として、漢人には八股文を、モンゴル人、チベット人には喇嘛教を奨励したが、これは「完全に宗教による愚民政策」（二五二頁）であった。

このように引用した上で、『新修支那省別全誌』は最後に、この長江の記述を、「青海における蒙蔵民族の精神生活と喇嘛教との関係の概要が察知される」（二五二頁）ものと位置づける。ここには、『新修支那省別全誌』が「喇嘛教」を、もともとは「偉大な精神」すなわち優れた精神的素質を持つモンゴル人やチベット人を、骨抜きにしたあげく「愚民」ともいうべき状態に陥れた元凶として捉えていることが、如実に見て取れる。

「喇嘛教」の影響力については、政治的な面からも詳述されている。青海・西康両省は中華民国の版図内にあり、行政は中華民国政府による。しかし上層から下層に至るまで、社会全体が僧侶と密接な関係を持ち、「喇嘛教」を尊崇しているため、僧侶上層部は事実上、「政治・経済・治安の各部面に於いて絶大なる権力を有する支配者」（二六三頁）である。従って、「地方の勢力者たる土司も亦治下の行政に関して常に喇嘛の意見を徴するのであって、康南に於ける大喇嘛寺の如きは政権を完全に掌握して政府も施す術なき実状である」（三六一頁）。ここでは結果として、多数の「愚民」に対する「喇嘛教」の影響力の強大さが繰り返されることとなっている。

『新修支那省別全誌』では、「喇嘛教」、すなわちチベット仏教が、中国西北地域に対する日本の戦略という文脈に即して捉え直された結果、「政治・経済・治安の各部面に於いて絶大なる権力を有する支配者としての役割を担当している」（二六三頁）新たな注目点として浮かび上がったと言えよう。総説でも四川省でもなく、西康・青海省の巻でチベット仏教事情が記述されたことには、敵勢力に併呑される危機に直面している地域として西康青海両省が注目され、それゆえにこの地方の統制の要としてチベット仏教に関心が持たれていったことが読みとれる。ルートの険しさを述べる記述が、『支那省別全誌』の内容そのままに放置された観があるのに比べると、「喇嘛教」への注目度の上昇は際立ったものがあると言えよう。

しかし、「喇嘛教」への注目や関心のこのようなあり方は、チベット仏教がますます、チベット以外の場所の宗教、モンゴルや満州、「西北」の宗教として語られていっていることを示している。それはつまり、「喇嘛教」がチベットと切り離されていくことでもあった。『新修支那省別全誌』では、逞しいが清朝の愚民政策に懐柔された無知な人々が「喇嘛教」に耽溺する姿と、「喇嘛教」がこれらの人々を強力に支配している様子が繰り返し描写されると同時に、「西北」の宗教として「喇嘛教」が捉え直されていくことで、チベットと「喇嘛教」との関係が見えにくくなる結果となったと言える。

第二節　小説に見る「喇嘛教」イメージ

一　チベットの宗教から「満蒙」の宗教へ

「喇嘛教」という呼称は、かつて流布された「誤解と猟奇趣味の対象」（松本史朗「チベット仏教の教理と歴史」長野泰彦、立川武蔵編『チベットの言語と文化』、一九八八年、二五〇頁）としてのチベット仏教のイメージを連想させる可能性があるという理由で、現在においては使用が避けられることが多い。この「誤解」と表現される「喇嘛教」イメージの形成には、どのような経緯があるのか、その軌跡を辿ると、まず、太平洋戦争終戦までの昭和期に、一つの画期を見出すことができる。なぜなら、現代においてチベット仏教を専門とする研究者たちが、上に述べたように、「誤解」と非難しているイメージ、特に否定的なイメージが、多数の日本人が接触可能な媒体において詳細に表現されていくのがこの時期であるからである。複数の小説に、「喇嘛教」が重要な要素として取り入れられたのが、やはり当該期であることにも、その一端を見てとることができよう。本節においては以上の点に注目し、山中峯太郎（一八八五〜一九六六）の小説「万国の王城」、その続編「第九の王冠」と、新聞記事の記述をあわせて検討する。

この時期、新聞という、より多数の日本人が接触可能な媒体において、「喇嘛教」はどのように記述されていたのか。そもそも、明治以降の日本において「喇嘛教」は、第二章で取り上げた阿嘉呼図克図報道に見るように、チベット情報の一部として記述されていた。例えば、『読売新聞』CD-ROM版を「ラマ教」と「喇嘛教」で検索すると、明治期は計四六件であり、そのうちの四二件、約九〇%をチベット関係記事が占める*12。

しかし大正期になると、「喇嘛教」に言及する記事は、その過半数がモンゴル関係のものとなった。大正期の『読売新聞』における「喇嘛教」関係記事八件のうち、チベット関係は二件、モンゴル関係は五件、満州関係は一件である。モンゴル関係の記事が多くなった背景には、一九一五（大正四）年一月に中国に提示された、南満と東部内蒙古における特殊権益の保証を最重点とする、いわゆる二十一ヵ条の要求の影響が考えられる。これについての中国との交渉の帰趨に国民の関心が集中していた時期、すなわち同年一月から五月までの間に、新聞紙上でのモンゴル特集の多くが組まれているからである。例えば、その中の一つ、当時モンゴル事情の権威とされていた文化人類学者鳥居龍蔵の筆になる「東蒙古と云ふ処は」は、二十一ヵ条要求の焦点となっている「東部内蒙古」事情の紹介記事であり、同年四月二七日から二九日まで計三回連載された。また、特集記事とは言えないが、モンゴルを主題、話題とした記事や、満州現地の様子を伝える旅行記などが多く見られ、それらの記事の中で「喇嘛教」は言及されていくこととなった。つまりこの時期「喇嘛教」は、モンゴル・満州情報の中で取り扱われていたと言える。

昭和に入ると、「喇嘛教」情報の取り扱いに更なる変化が見られる。一九三一（昭和六）年の満州事変勃発から、翌一九三二（昭和七）年の満州国成立までの間、「満洲国の誕生に刺激されて国民の満蒙に対する注意が俄に喚起され」（「人類学者の立場から見た蒙古探検」『読売新聞』一九三三年一〇月二八日付）、新聞紙上でも「満蒙」特集が多く組まれた。その中には、大正期には姿を消していた「喇嘛教」に関する宗教特集が、「満蒙」の宗教特集の記事の中に複数見られる。「喇嘛教」はその中で、満蒙において重要な地位を占める宗教として再登場し、「喇嘛教」情報は、「満蒙」情報の一部として取り扱われた。ここにおいて「喇嘛教」は、「満蒙」の宗教としても語られるようになったのである。そして以後、現地でのモンゴル人支配の方策の一つとして、この「喇嘛教」の政治的な取り扱いについての議論である、いわゆる「喇嘛教問題」が浮上していくこととなる。

「喇嘛教」関係情報の取り扱いの変化に従って、記事の内容にも変化が観察される。明治期の記事に見られた「喇嘛教」像、すなわち活仏転生制度や男女交合像などに象徴される不可思議な教義を持ち、遠くシベリアにまで至る広大な地域で強大な教勢を誇る宗教、という「喇嘛教」は、大正期には主にその奇怪さと淫猥という点が強調されていくこととなった。例えば、『読売新聞』一九一八（大正七）年六月一六日付の、「奉天」と題する満州見聞記では、「喇嘛教」は、「秘密の国西蔵に生れて、まだあまねく世人に知られてゐない淫猥にして神秘な宗教」と表現されている。「ラマ教の古塔」が草に覆われている様子は「すさまじい獣の膚のやうに毛深いもの、その窓の形は「唖者の口」などと形容され、「喇嘛教」信仰に基づくモンゴルや満州の人々の生活は、「千年来の（中略）怪奇を極めた生活」と表現された。このような記述には、「喇嘛教」にグロテスクな印象を受けたことを強調する態度がうかがえよう。また「淫猥」な宗教という「喇嘛教」イメージは、例えば、黒龍会の内田良平が一九二一（大正一〇）年のいわゆる「白蓮事件」の際、柳原白蓮の不倫を非難して詠んだ、「足ることを知らぬ淫婦の歓喜天逆しまに読むラマの経典」という歌にも典型的に示されている（内田良平『黒龍澗人歌集』一九八七年、五〇頁）。

更に大正期には、「喇嘛教」に関連する情報がモンゴル情報として読み直されるにあたって、いくつかの新たな情報が付け加えられた。その一つは、モンゴル人を「喇嘛教に心酔せる至善樸々人」（「第一は東蒙の土地売買」『読売新聞』一九一五年六月一五日付）等とする、「喇嘛教」の信仰ゆえに、モンゴル人が温厚篤実、純粋で決して人を傷つけることをしない、という情報である。このモンゴル人イメージは、以後のモンゴル関係記事に繰り返し見られる。例えば前掲の鳥居龍蔵「東蒙古と云ふ処は」（『読売新聞』一九一五年四月二八日付）には、「蒙古人と云ふと未開野蛮、外人さへ見つければ取つて喰べさうな様な気がすると云ふ人もあるが、彼れ等はラマ教の信仰上決して人を害さない、故に之れ迄純粋の蒙人部落では外人の殺害されたと云ふ事は絶無なのである」という記述がある。この記事では、副題にも「天幕張りの純粋蒙人は正直で親切で純朴で人を害さない」、冒頭の小見出しにも「支那人の狡猾にして貪婪、正直極まる蒙古人」とあり、モンゴル人がいかに「正直」で「純朴」であるかが強調された記述となっている。

この他に、大正期に新しく「喇嘛教」情報として語られるものとしては、外モンゴル第一の都市「庫倫」(現ウランバートル)の活仏に関するものがある。一九一四(大正三)年一二月二七日に、この「活仏」の「宮殿」が炎上したというニュースが伝えられた際、記事中に、「秘蔵の宝物珍品」、「活仏王」、「侍臣宮女」、「方二里に亘り善を尽し美を尽し殆んど理想派の絵に見るやうな完麗を極めたもの」(「活仏の宮殿炎上す」『読売新聞』一九一四年一二月二七日付)という表現が見られた。これは、「活仏」が、まるで王侯のように俗世の栄華を享楽していることを暗示するものであり、この贅を極めた生活を送る活仏というイメージは、本節で後述するように、昭和期に「喇嘛教」イメージの負の部分が具体化する焦点となっていく。その前段階とも言えるイメージがすでに大正期に出現していることは、注目に値する。

昭和期に入ると、更に変化が現れる。第一には、「喇嘛教」が、日本人の正義と、日本と敵対関係にある国、特にソビエト連邦の不正義を語る材料とされていくことである。典型的であるのは、日本の支配が及んでいる地域、例えば満州国においては、人々の「喇嘛教」信仰が手厚く保護されているが、外モンゴルのような、ソ連の影響下にある地域では、厳しい弾圧が加えられている、とする報道である。

例えば、一九三二(昭和七)年三月一日から『読売新聞』に連載された、河口慧海筆の「新興の曼殊師利国」(全六回)は、満州国成立を、現地の人々が「異常な歓喜」をもって熱狂的に歓迎している、と報じている。この熱狂の理由は、日本の保護下に入ることによって、「彼等の精神的食糧」である「喇嘛教」の信仰に対する安全を保証されたことによるとされている。これと対照的に語られるのは、日本の保護の範囲外であり、ソ連政府が触手を伸ばしつつある外モンゴルの状況である。そこでは「喇嘛教」が弾圧され、いわばモンゴル人の「精神的虐殺」が行われているに等しい、とされる(以上「新興の曼殊師利国(一)」『読売新聞』一九三二年三月一日付)。日本の敵のこのような蛮行は、これ以後も報じられ続け、例えば一九三八(昭和一三)年にも、ソ連が外モンゴルにおいてチベット仏教を弾圧し、そのため、モンゴル人たちが日本の影響下にある内モンゴルに次々に脱出してきている、というニュースが伝えられている[13]。

このように「喇嘛教」に寛容な日本の態度が語られる一方で、「喇嘛教」の絶大な政治的経済的影響力は、「満蒙」における日本の宣撫工作に重大な影響を及ぼす要素とされつつ、同時に、腐敗と堕落の広範囲にわたる蔓延として、否定的に捉えられていった。明治・大正期には、その教勢の強大さに言及されるにすぎなかったが、昭和に入って、日本の大陸進出を正当化し、国民をそれにむかって鼓舞しようとする文脈[14]の上で捉え直された結果、「喇嘛教」の持つ大きな影響力は、現地の人々を無知蒙昧の救いがたい状態に押さえつけている張本として、殊更に強調されていくこととなった。

そこで語られる「喇嘛教」は、大正期に見る「淫猥にして神秘な」（「奉天」『読売新聞』一九一八年六月一六日付）怪奇な形象を具えた宗教、というイメージを踏襲し、それを腐敗と堕落という否定的な方向へ、更に詳細にするものであった[15]。その一つの典型的な例となっていくのが、前述の「庫倫の活仏」である。大正期の、「贅を尽くした生活を送る活仏」というものに加え、新たに、「好色な活仏」という側面が付け加えられ、クローズアップされていく。例えば、前掲『読売新聞』所載「新興の曼殊師利国」に、「庫倫の活仏」がロシアの女優を妃に望んでチベットのダライラマに反対され、それが両者の軋轢の原因となった、と報じられているのも、その一例である[16]（「新興の曼殊師利国（完）」『読売新聞』一九三二年三月六日付）。

外モンゴルの中心都市である庫倫には、モンゴル二大活仏の一人である哲布尊丹巴呼図克図《ジェブツンダンパフトクト》が代々君臨していた。従って、報道中において「庫倫の活仏」と言われる場合、哲布尊丹巴を指すと考えるのが妥当であろう。前掲の「新興の曼殊師利国（四）」は、以下のように「庫倫の活仏」について述べている。

> 満蒙旅行記などを読んだ人々は云ふ。新教に属する庫倫（クフロン）の活仏（ゲゲン）は皇后皇女をもち、後宮三千の美女を蓄へて世界の栄華を擅にして仏教僧侶の清浄生活などは夢にもないと誌してある（一九三二年三月五日付）

河口はこの「後宮三千」等といった見方が非常に極端な見方であると、いったんはそれを否定している。しかし、その次の回に彼は、チベットのダライラマと「庫倫の活仏」との確執を以下のように説明した。

庫倫の活仏は露国よりの贈物として露国帝都の女優を妃として受けることになつてゐたので、法王は活仏に対してそれは法を亡ぼし国を滅ぼすの原因であるから、断然止めなさいと忠告したので、大に活仏（ゲゲン）の忿怒を激発して、それ以後は両者の間に大なる溝が出来たのであつた（一九三二年三月六日付）

活仏の宮殿における女性の存在は、大正期には「侍臣宮女等」などと表現されたにすぎなかったが、昭和期では、河口の記事中に「妃」などとあるように、明らかに活仏の性生活に奉仕する存在とされている。河口のこの記事は、「後宮三千の美女」を否定してはいるものの、ロシアの美女を我がものにすることに執着する活仏、という活仏像を提示することで、結果的に別な形によって、好色な活仏というイメージをより具体的に表現したこととなったと言えよう。

また、主にモンゴル地域において先導的な役割を果たした民間団体善隣協会が刊行していた雑誌『蒙古』に、日本人の「喇嘛教」への関心について、「一般人士がこの問題にふれる場合、その多くは、まづ喇嘛教寺院の奇怪な仏像、喇嘛僧の放縦な生活に注意し、それから出発してゐる」（青木富太郎「喇嘛教問題私見」『蒙古』一九四〇年一月号、一三三頁）とあることは、当時「喇嘛教」に、「奇怪」かつ「放縦な」イメージ、すなわち怪奇で淫靡なイメージが重ねられていたことを、如実に示している。

このように「喇嘛教」に対する日本人の寛容な態度が語られる一方で、「喇嘛教」は、「満蒙」における宣撫工作に重大な影響を及ぼす要素としても捉え直されていくこととなった。しかしそこで語られる「喇嘛教」は、大正期に見る「淫猥にして神秘な」怪奇な形象を具えた宗教、というイメージを踏襲し、それを更に詳細にするものであったといえる。

二　山中峯太郎『万国の王城』と『第九の王冠』に描かれた「喇嘛教」

この「喇嘛教」の、モンゴル人をがんじがらめにしている腐敗した宗教という負のイメージが、十全に具象化された例の一つと言えるのが、山中峯太郎[*17]の小説「万国の王城」と「第九の王冠」である。この点において、同様に「喇嘛教」が舞台装置の一つとして使用された小説、例えば、明治期のブースビー『ニコラ博士』(*Doctor Nicola*, 1896)を翻訳・改作した南陽外史『魔法医者』(一八九九年)[*18]や、大正期の森下雨村「西蔵に咲く花」(『少女の友』、一九一七〜一八年)[*19]等とは、明らかに異なる。

従来、山中峯太郎の作品は、太平洋戦争、日中戦争当時の日本のナショナリズムを鼓吹したものと見る点で、諸研究はほぼ一致している[*20]。更に、すでに指摘されている、この当時山中峯太郎という作家が持った人気と影響力[*21]を考えると、この両作品は、ナショナリズム喧伝の観点から構成された「喇嘛教」像がどのような形象を持ったのか、それを最も詳細に見ることのできる資料の一つであると言える。

「万国の王城」と「第九の王冠」は、それぞれ、一つの物語の前編と後編に相当する。前編にあたる「万国の王城」は、大日本雄弁会講談社の少女向け雑誌『少女倶楽部』に、一九三一(昭和六)年一〇月から翌年一二月まで連載され、その後一九三三(昭和八)年に、大日本雄弁会講談社から単行本初版が出版された。その続編である「第九の王冠」は、同じく『少女倶楽部』に一九三三(昭和八)年一月から一二月まで連載され、一九三五(昭和一〇)年に、実業之日本社から単行本が出版された。この二つの作品が発表される直前の一九三一(昭和六)年三月、山中は『敵中横断三百里』の単行本を大日本雄弁会講談社から出版しているが、これは一〇万部を突破するベストセラーになり、その後も版を重ねた[*22]。それと同時期に、日本人本郷義昭の活躍を描いた「亜細亜の曙」が、同じ大日本雄弁会講談社の少年向け雑誌『少年倶楽部』に一九三一(昭和六)年一月から一九三二(昭和七)年七月まで連載され、彼の作品中最も人気のあるものの一つとなった[*23]。

特に前編の「万国の王城」は、「亜細亜の曙」の連載中に、いわば同時平行的に書かれたものであり、従って山中の作品に注目があつまり、人気が急上昇しているまさにその時に発表された作品であると言える*24。加えて、モンゴルを舞台にしたこの作品の連載は、一九三一（昭和六）年九月の満州事変から翌一九三二（昭和七）年三月の満州国成立までの、「満蒙」に対する国民の関心が高まりを見せた時期にまさに重なっている。本書では、以上のことをふまえた上でこの二作品を取り上げ、「喇嘛教」像がその中でどのように構築されていっているかを検討することとしたい。

「万国の王城」と「第九の王冠」は、日本で育てられたモンゴルの英雄チンギス・ハーンの末裔が、大陸に渡り、日本人の少女や日本陸軍の軍人の協力を得て、モンゴル人民を苦しめている大敵活仏尊者《ゲゲンホクト》を倒すという物語である。以下あらすじを、「万国の王城」、「第九の王冠」より引用しつつ述べる*25。

「極東の英傑」として欧米にもその勇名を知られる北條元帥は、かねてから日本の国防におけるモンゴルの重要性を痛感していた。そのため、チンギス・ハーンの子孫であり、王位の象徴である黄金の玉璽の継承者、「タタール王子」を、赤子のうちに引き取り、日本へ連れ帰った。元帥は数年後世を去るが、「龍彦」と名付けられたタタール王子は、北條元帥の息子として成長し、元帥の娘美佐子とともに、モンゴル再興を目指すこととなる。大陸へ渡った二人は、義軍を率いる老モンゴル人トルハトや、陸軍少佐上杉健夫に出会い、彼等とともに、敵である活仏尊者の本拠地庫倫の大宮殿に潜入した。様々な危機的状況をくぐり抜け、彼らは活仏を追いつめていった。大宮殿の炎上に力を得たモンゴル人たちが、独立を叫んで武器をとったため、庫倫市内は大混乱となり、その中をロシア軍に守られながら、活仏は逃走した。続編の「第九の王冠」では、この後、龍彦と美佐子がこれを追い、地底に隠されたモンゴルの旧都までたどり着いて、モンゴル人の若者たちと力を合わせて死闘のすえ活仏を倒すまでが語られる。物語の最後は、モンゴル帝国の始祖チンギス・ハーンが実は日本人で、「万国の王城」はモンゴルではなく、日本の王城を意味することが明かされて大団円となる。

以上のようなあらすじの中で、モンゴルは「国亡き涙に咽ぶ」状態にあり、日本人にはモンゴル人たちに対する「救ひの使命」が課せられていることが、繰り返し語られていく（同第一〇巻第八号、一四五頁）。その「救ひ」は、具体的には、モンゴルの「独立」を、日本人の手によって実現することである。この「独立」は、モンゴル人のためのみならず、「日本帝国のために、亜細亜の平和のために、（中略）永遠の平和と正義のために」（「万国の王城」『少女倶楽部』第一〇巻第一〇号、二〇二頁）不可欠なものと位置づけられる。

モンゴルの「独立」に、日本人の手助けが必要とされるその理由は、日本とモンゴルそれぞれの民族が持つ特性に帰せられている。第一に、この両民族の相違点、すなわち、モンゴル人は無知で無力であり、その一方で日本人は、モンゴル人にない知恵や力を具えていることが、対比的に記述される。例えば、無力なモンゴル人のイメージは、以下のように表現されている。

これが世界を征服した成吉斯汗大王の蒙古人、その子孫の言葉であらうか。軍隊は解散され、国民は虐げられ、領土は奪はれて、自由もなく、幸福もなく、生活に苦しみ、野より野へ、さまよひ歩く多くの蒙古人、滅された国のみじめさ！弱い国民は、かうして滅び行く（同、二〇二頁）

モンゴル人を見て、チンギス・ハーンの子孫とは思えない、とする感想は、「万国の王城」、「第九の王冠」にのみ見られるものではなく、むしろこの当時のモンゴルを見る日本人の記述に典型的なものでもある[*26]。過去のチンギス・ハーンの栄光と比較することで、現在のモンゴル人の惨めさが、結果的により際立つことになったと言えよう。

また、モンゴル人に生まれながら、日本人として育った主人公龍彦が持つ美質がすべて、日本人の持つ長所とされているものであることにも、モンゴルの無力が示されていると言えよう。危地にあっても快活で気高く、勇気を失わない気質、人を魅了してやまない爽やかな眼眸や声音といったものは、この両作品において、その多寡は別として、登場する日本人が等しく具える性質であり、日本人以外の登場人物には与えられていない。龍彦と美佐子はこれらの性質を最も多く持っており、彼等のこの美質ゆえに、烏合の衆であったモンゴル人たちが糾合され、いくつかの危機的状況を乗り越えて活仏を倒すことができたとされる。つまり、モンゴル人自身による独立の実現が不可能であることが、このような美質の先天的な欠如もしくは不足ということによって、ここでも示唆されているのである。

しかしその一方でモンゴル人は、純朴で信義にあつく、逞しい身体を持つ人々として描かれている。加えて、「瞳の光が、支那人より日本人に似てゐる」（同第一〇巻第一号、一四一頁）というように、狡知に長け利にさとく節操がない中国人に比べ、民族的な性質として日本人と共通するものを持つことが随所で暗示される。この共通点こそが、両者の間のかけがえのない親近性として、モンゴルを救うべきは日本という主張の第二の根拠となっているのである[*27]。この親近性は、血縁関係もしくは義兄弟になぞらえられる。例えば、「何者とも闘ひたい強い気はいが、頭の上から足もとまで、すごくあふれてゐる」（「第九の王冠」『少女倶楽部』第一一巻第四号、一九九頁）モンゴル人フオングは、共に戦う上杉少佐を「智慧のある兄き」（同、二〇二頁）と呼ぶ。自分の手に負えない事態が出来すると、彼は、「オイ、兄きを呼んでこい」（同頁）と言い、その都度上杉の指示を仰ぐのである。ここに、日本人とモンゴル人が、兄弟のような親近性を共有する非常に近い関係をもち、かつ日本人がモンゴル人に慕われ崇められる優位にあることが示されている。このいわば擬似的な血縁関係は、物語の結末において、チンギス・ハーンが日本人であることが明かされ、正真正銘の血縁関係に置き換えられるに至る。

「喇嘛教」は、日本人とモンゴル人が力を合わせて戦う強大な敵であり、モンゴル人を縛り付けている強力な迷信として登場する。作品中には、「乙女の頭の骨を、盃にして酒を飲み、これを『聖杯』と言ふ野蛮な習はし」（「万国の王城」『少女倶楽部』第一〇巻第七号、一五九頁）を持つ、「呪文を唱へて魔術を使ふやうな、いかにも奇怪な、凄い悪魔の教」（同第一〇巻第五号、一六二頁）と表現される。

この「喇嘛教」がどのように「野蛮」で、「奇怪な、凄い悪魔の教」であるのかが具体的に示されているのが、庫倫において「喇嘛教」の頂点に立つ活仏についての記述である。最初に語られるのは、モンゴルの支配者としての活仏の姿である。彼は全モンゴルに君臨し、大勢の侍臣にかしずかれる贅沢を極めた生活を送っている。その一方でロシアに操られその手先となってモンゴルの人々を苦しめている。彼が自分の権力を脅かすものとして恐れているのは第一に日本であり、第二に、活仏打倒と「大蒙古王国」の再興を目指す「蒙古独立青年党」である（同第一〇巻第四号、二二二頁）。活仏は四方に密偵を放って、この二つの勢力を厳しく監視し、弾圧を加えている、とされる。

次に登場するのが、様々な魔術を使う、「魔人」（「第九の王冠」『少女倶楽部』第一一巻第五号、二七〇頁）としての活仏である。彼は敵を呪殺するため、毎月七日間ずつ密行をする（「万国の王城」『少女倶楽部』第一〇巻第七号、一六九頁）。また、蒙古の奥地の沙漠にのみ生息する、「巧みに人間の心を見分ける霊感をもち、しかも人の血を好むと言はれる」（同、一五六頁）魔獣「紅猫」を飼い慣らし、自在に操っている。

「魔人」活仏と同時に提示されるのが、好色な活仏というイメージである。昭和期の新聞記事において見られた「後宮三千」（「新興の曼殊師利国（五）」『読売新聞』一九三二年三月五日付）の美女に囲まれ、ロシアの女優を妃に望んだ「庫倫の活仏」像は、ここにおいて更に具体化されることとなった。その一つの例が、将来は龍彦の伴侶としてモンゴル王妃となるべく育てられた美佐子に関する記述である。彼女は凛としたまなざしを持つ、気高く美しい少女であるが、庫倫の城門でその美貌を監視に見とがめられ、活仏のもとへとさらわれてしまう（同第一〇巻第四号、二三二頁）。また、炎上する大宮殿から脱出する際も活仏は、「黒髪に黄金と珠の飾り眩ゆく」、「緑絹の美しい女性」を引き連れていた（同第一〇巻第一一号、二〇四頁）。これらの記述には、活仏が、女性を物のように収集し愛玩する好色な人間であることがほのめかされている。

活仏が君臨する庫倫の大宮殿は、活仏像が持つ特徴を更に拡大、強調する方向で、「喇嘛教」が具体化された結果生まれたものであると言える。庫倫の大宮殿は広大で奥深く、壮麗な建物が続く中に大小の奇怪な形の塔がそびえている「世界の迷宮」（同第一〇巻第五号、一六二頁）である。建物の中には、「秘密の宝」をおさめた「玉宝殿」（同第一〇巻第八号、一五六頁）や、呪殺などの密儀が行われる「呪の塔」（同第一〇巻第七号、一六九頁）がある。無数の建物を繋ぐ廊下は複雑に入り組んでいて、迷路のように入ったものを迷わせる。廊下や扉は、活仏の最も好む「毒々しい」（同第一〇巻第五号、一六三頁）赤と黄色の縞模様で埋め尽くされ、どこまでも続く扉は得体の知れない仕掛けでみな堅く閉ざされている。

宮殿には殺人や拷問のための設備や道具も数多く備えられていた。例えば、庫倫城門で拉致された美佐子は、鉄板で囲い込まれた部屋に閉じこめられ、「ラマの聖水」と称する毒液を飲むよう脅される（同、一六八頁）。建物の外には、「何ものをも爛らせる」毒針や毒矢で武装したラマ僧が警戒し、「子牛のごとき蒙古の猛犬」が徘徊している（同第一〇巻第七号、一七五～一七六頁）。龍彦らが乗り込んだ正殿の内部にも、黄と紅の「毒幕」（同第一〇巻第九号、一六六頁）が、十重二十重にはりめぐらされ、その中に前述の魔獣「紅猫」が潜んで、活仏を守っている。更に壁には、「毒ガス」（同第一〇巻第七号、一七二頁）の噴射装置が、また床には「恐るべき陥穴」（同第一〇巻第一二号、二〇五頁）が隠されていた。そしてこの中で、「二万数千人」のラマ僧が、「正しくない密教」を修行している、とされる（同第一〇巻第五号、一六三頁）。

物語冒頭の、北條家一同が墓参する東京護国寺の場面と、活仏との対決の舞台である庫倫大宮殿の場面とを比較すると、以上のような「喇嘛教」のイメージの特徴はより明確になる。護国寺の墓参は、北條元帥の墓前に元帥夫人、龍彦、美佐子の姉登志子、美佐子の四人が詣でるものである。「心澄みゆく秋爽やかな九月二十三日、秋季皇霊祭の日」、「東京小石川の護国寺の奥、深い森の前に、今は苔むしながら、おごそかに立つてゐる」、「御影石の高いお墓」の前に彼らは佇み、「持つて来た山百合の花束」を供える（同第九巻第一〇号、二一三頁）。彼らの背後の「墓地の路には、お墓まゐりの人々が、花束や水桶をさげて静かに往来」（同、八頁）している。秋の晴朗な天気、清らかに澄み、香の薫りが混じった大気、塵ひとつなく掃き清められた寺の境内と、そこを厳かつ和やかな面もちで行き交う人々、そして御影石や山百合の清楚な色彩など、すべて、簡素さや明るさ、清らかさを連想させる要素でこの場面は組み立てられている。清明な印象で統一されたこの護国寺での場面と、「血のような真紅」等というどぎつい色彩に塗り込められ、毒ガスなどの穢濁に満ちた、夜の闇の底に不気味なラマ僧や魔獣が蠢く大宮殿の光景は、まさしく対極をなすものであると言える。

「喇嘛教」の毒々しさ、どぎつさは、物語の冒頭に日本人の宗教の持つすがすがしさを描写する場面がおかれているだけに、よりその対照が際立つ結果となっている。この対比は、登場人物たちについても当てはまる。「万国の王城」において、日本人たちに枕詞のように付される形容は、「凛とした」、「気高い」というものであり、活仏に対しては、「毒々しい」という表現が繰り返されている。この「凛として気高い」と「毒々しい」の対置は、そのまま、当時の日本人が「喇嘛教」を見た場合の彼我それぞれに抱くイメージを現していると言えよう。

以上に見てきた両作品の記述には、それまでの新聞記事に見られたイメージと、多く共通するものが見られる。例えば、特徴的な性質として、中国人には「狡猾」、モンゴル人に「素朴」、日本人に「勇猛」などを見て取る態度は、すでに大正期から、新聞紙上に見られるものである[*28]。「喇嘛教」像に関しても、例えば、作品中の活仏尊者と、新聞紙上における「庫倫の活仏」像に、好色であること、贅を極めた生活を送っていること等の共通点を見出すことができる。また、「喇嘛教」を、「正しくない密教」とする捉え方には、明治期から既に見られる、チベット仏教をすなわち「密教」とする捉え方と、日本に伝えられ守られてきた密教とは異なる、ゆがめられた教義を持つものとする、両様の捉え方が重なっているのを見ることができる。

桑原三郎は、山中作品において「前半は事実で、途中から嘘になるというレトリック」が用いられていると指摘している（桑原三郎『少年倶楽部の頃―昭和前期の児童文学―』、一九八七年、二四八頁）。本書で取り上げた両作品では、この「レトリック」において、「事実」というよりは、いわば巷説ともいうべきものが多く使用されていると言える。例えば、人間の頭蓋骨で作られた杯が、チベット仏教の儀礼に使用されることは事実であるが、それに少女の頭骨を用いるとした点は、この巷説ともいうべきものに含まれるだろうと思われる。同様の記述としては、金子光晴が「一九三〇年頃」の上海滞在を回想して書いた『どくろ杯』に、彼の知人が「男をしらない処女の頭蓋骨」を二つ割りにして作った蒙古の「どくろ杯」を目にする話がある（金子光晴「どくろ杯」『金子光晴全集』第七巻、一九七五年、九四頁）。この金子の記述には、当時日本人の間に、モンゴルにこのような習慣があるという風説のようなものが存在していたことがうかがえる。また、最後に明かされるチンギス・ハーンが日本人であったという結末も、源義経がモンゴルに渡ったという巷説をふまえたものであったことは、すでに指摘されている（池田浩士『大衆小説の世界と反世界』、一九八三年、二二五頁）。

「万国の王城」、「第九の王冠」両作品における「喇嘛教」像は、新聞紙上などに現れていた、当時に広く共有されていたいくつかのイメージをふまえて、それにいわば肉付けするように、構成されていったものと考えられる。その上でなお、大陸における日本および日本人の行動が美しく描かれれば描かれるほど、「喇嘛教」はその敵として、邪悪で醜いものとして表現されざるを得なかった。「万国の王城」と「第九の王冠」には、「喇嘛教」の邪悪なイメージ、すなわち、無知ではあるが愛すべき純朴な民をたぶらかす、残虐な慣習と毒々しい教義をもつ強力な宗教として完成されたものの一つを見ることができると言えよう。

このような「喇嘛教」イメージは、舞台をモンゴル以外の場所とする小説においてもやはり見られる。例えば一九四〇（昭和一五）年に発表された小栗虫太郎（一九〇一～一九四六）の「天母峰《ハーモ・サムパ・チョウ》」[29]の記述にも、「喇嘛教」が記述される際、「万国の王城」と「第九の王冠」で使用された、どぎつい色彩と穢濁、好色な活仏という道具立てが使用されている。

この小説は、「支那青海省の南部チベット境い」（「天母峰」『人外魔境』、一九七九年、八三頁、以下ページ数のみ示す）にある、常に雲に包まれて姿を現さない高峰「天母峰」に、日本人折竹が挑む物語である。この小説で「喇嘛教」が具体的に描写されるのは、この「天母峰」へのルート中「人界の終点」とされる、「バダジャッカの喇嘛寺」の場面においてである（八四頁）。この寺院では、「天母峰」が仏の在す浄土としてラマ僧たちに日々礼拝されている。折竹らはここで、最後の準備をし、活仏の祈祷を受ける。この祈祷についての描写が、この小説において唯一「喇嘛教」を記述する部分となっている。

この祈祷の儀式は、「むせっぽい香煙や装飾の原色」に満ちたものであり、かつ、儀式中折竹の道連れであるドイツ人少女ケティに起こった変事、すなわち、「だんだんケティは眩暈のようなものを感じてきた。すうっと、眼のまえのものが遠退いたと思うと、ケティはそれなりぐたりと倒れた。気が付くと、瑜伽《ナルヨル》、秘密《サン・ナク》修験の大密画のある、うつくしい部屋に臥かされていた」という出来事は、この祈祷が怪奇な魔法であることを示唆するものである（九六頁）。

更に注目すべきなのは、活仏が「耳飾塔《エーゴ》や緑光瓔珞をたれたチベット貴婦人、尼僧や高僧」（九六頁）を引き連れて現れることである。ここには、この「チベット貴婦人」が、活仏の妃であることが暗示されている。また、活仏の自室にケティ一人が移され、横たわるケティに向かって活仏がひれ伏し、「毘沙門天《ヴイシュラヴナ》の富、聖天《カネシャ》の愉楽を、おう、われに与えたまえ」（九六頁）と唱える場面は更に示唆的である。なぜなら、ガネーシャは、日本の民間信仰では性的快楽を司る象頭の歓喜天として広く知られており、ここでこのガネーシャの愉楽が願われていることには、活仏とケティとが性的な何かによって結びつけられていることが暗示されているからである。

更に、この祈祷によって引き起こされたケティの変容も、この儀式にまつわる性的なものの存在を暗示している。ケティは、この祈祷をきっかけに、「のへのへと笑み妄言をいう」醜い白痴から、「神々しいまでに照り映える」、「生き観音《ミシチ・カンキン》」に変化した（九六～九七頁）。彼女のこの変容が、性的に異性を魅了する意味での変化であったことが、周りの男たちが「ケティを雄のように追いはじめた」（九六～九七頁）ことから見て取れる。この記述は、儀式においてケティにこのような変化をもたらす何かが行われたことをほのめかすものであると言えよう。「万国の王城」と「第九の王冠」で見られた、「喇嘛教」を淫猥な宗教とするイメージが、ここにも端的にあらわれていると言える。

また、日本人折竹が「天母峰」の伝説が持つ謎を解明しようとする理性と勇気を持つのに対し、チベット人がそれをただ盲目的に伏し拝むだけしかできない存在として描かれていることにも、「万国の王城」において見られた、モンゴル人を圧迫している「喇嘛教」と、それに抑圧されている無力で蒙昧なモンゴル人、そしてその膠着した状況を打開する能力を持つ日本人というものと同じ図式が見て取れる。更に小栗の別の小説「成吉思汗の後宮」（『モダン日本』、一九三八年）にも、「喇嘛教」がモンゴルの桎梏として端的に言及されているのを見ることができる。小栗の小説に見るこれらの記述は、「万国の王城」と「第九の王冠」に描かれていた「喇嘛教」の特徴、すなわち遅滞と怪奇と淫靡が、「喇嘛教」を想起させるものとして広く共有されていたことを示しているものであると言えよう。

三 「シャングリ・ラ」のラマ僧院

山中の「万国の王城」、「第九の王冠」とほぼ同時期に、英国において、チベットを舞台にした小説としては最初のものの一つと目されている、ジェームズ・ヒルトン（James Hilton, 1900-1954）の『失われた地平線』(*Lost Horizon*, 1933)[*30]が発表された。すでに考察した「喇嘛教」イメージの特徴をより明瞭に把握するために、本節ではこのヒルトンの小説を取り上げて検討する。この小説に描かれたチベットの隠された谷「シャングリ・ラ」は、神智学が標榜した、太古の智慧が保存される、普通の人間では知覚できない場所をどこかに秘蔵する地域というチベット・イメージに、更に具体的な形を与えることとなった。

この小説は、一九三三年に初版が出されているが、ベストセラーとなったのは、著者ヒルトンの文名を一躍高らしめた『チップス先生さようなら』（一九三四年）出版後の、一九三六年の再版であった（「あとがき」『失われた地平線』増野正衛訳、一九五九年、三二一頁）。翌年映画化され、第一〇回アカデミー賞を二部門受賞、その後一九七三年にも再び映画化された。これらの小説やハリウッド映画によって、「シャングリ・ラ」という言葉は広く知られるようになり、特定の場所を指す地名ではなく、「理想郷」、「楽園」という意味の普通名詞になった[*31]。

シャングリ・ラの由来とされているのは、チベットの仏典『カーラチャクラ・タントラ』に記述されている、未来王国シャンバラである。すでに一八六三年のシュラーキントヴァイト『チベットにおける仏教』(*Buddhism in Tibet*)において、その名が紹介されているのを見ることができる(p.47)。その後ベルの『西蔵　過去と現在』においても、ダライラマの言を引いて、このシャンバラがカシミール北部にある神秘の国で、外部の人々には決して発見できない国であると説明されていることは、前章ですでに述べた通りである。

『失われた地平線』は、インドの国境付近の町で暴動が起き、そこから脱出するイギリス人たちの乗った飛行機がチベット人によって乗っ取られ、それによって彼らが、チベットの奥地にあるシャングリ・ラと呼ばれる美しい谷に拉致される物語である。飛行機に乗っていたのは英国人領事と副領事、同じく英国人の「東方伝道会」会員の女性、アメリカ人男性の四人である。着陸時の衝撃により、飛行機を操縦していたチベット人は死亡するが、彼等四人は無事に保護され、シャングリ・ラの谷のチベット仏教寺院で行き届いた世話を受ける。そこには、地上ではすでに失われてしまった文化遺産が保存されており、不老長寿の秘術によって、通常の人間の二倍、三倍の寿命を保った人々が瞑想の日々を送っていた、というのが物語のあらすじである。

シャングリ・ラについてはまず、一般の人間にはほとんど接近不可能であることが記述されている。この小説の最初の二割の部分は、この困難を表現する描写で埋められている。しかしここで描写された困難は、神智学が提示したイメージにあった、一般の人間に不可知であるという意味のものではなかった。シャングリ・ラを囲む険しい山地は「何百マイルも」（七五頁）広がっており、シャングリ・ラまでの飛行は、「狂気の沙汰」、「悪夢」（九〇頁）、と表現されるほど厳しいものであったが、あくまでもその困難さは、「装備を十分にととのえた探検隊にでも出入りが困難な場所」というように、超常能力ではなく、普通の人間の能力が前提とされている。

次に語られるのは、シャングリ・ラの持つ様々な美しさである。シャングリ・ラは、「幻覚」とも、「全く異様な、ほとんど信じられない光景」（九二頁）とも表現されるほど美しい谷であり、その周りに広がる悪夢のように険しい山地とは対照的な、「周囲から隔離された楽園」（二四六頁）であった。物語が主にチベット仏教寺院の中で進行するため、シャングリ・ラの美しさは主に、寺院内の光景の美しさとして語られる。例えば、寺院内の部屋には、「宋朝の花瓶や精緻な漆器」（一三六頁）が飾られ、窓の向こうには「たとえようもなく美しい」蓮池が広がり（一三三～一三四頁）、その向こうから、「ハープシコードの銀のように澄みきった単調な音色」（二四四頁）が流れてくる、という。シャングリ・ラの美は、調度、什器や音楽、個々の人間が持つ美質など、様々なものによって描写されるが、その一方でこれらの美はお互いに完全に調和しているとされる。それらの美の間にある人間は、あるいは視覚、あるいは聴覚など、感覚器官で陶然とこれらの美の個々を感受しているうちに、それらの美の根底にある、強度に統一的ななにかに支配されていくこととなるという（二四四頁）。シャングリ・ラの美に調和を与えているのは、これら美しい調度や庭、音楽に共通して具わる「死滅を拒む芳香」であり、「不易の生命」である（一三六頁）。この永続性の根源となるものがシャングリ・ラの美の「核心」とされる「謎めいた神秘的な雰囲気」であった（一三八頁）。

シャングリ・ラの美についての描写のうち、最も象徴的であるのは、シャングリ・ラに住む美しい少女に関する記述である。彼女は満州王家の娘であり、婚約者である「トルキスタンの王子」（一三五頁）のもとへ向かう途中で遭難し、シャングリ・ラの人々に救われたとされる。彼女の美しさにも、青磁や漆器などに付与されたのと同様の「死滅を拒む芳香」、「不易の生命」（一三六頁）が存在することが、以下のように暗示されている。

大体、彼女の年齢でさえも推定するのが困難だった。まさか三十過ぎということもあるまいし、かといって十三以下だとも考えられないが、しかし、なにか奇妙な感じで、そうした三十以上とか十三以下とかいった考えられそうもない推測を、全然不可能なこととして除外してしまうわけにも行かぬようにも思われるのだった（一五三頁）

実際には彼女は六〇歳を越える年齢であった。しかし、シャングリ・ラに救われた一八歳当時の容姿が、未だに保たれているとされるのである。彼女は副領事と恋に落ち、彼と共にシャングリ・ラを脱出することとなる。しかし、彼女の美と若さは、シャングリ・ラを離れたために失われ、年齢相応の老婆へと変化してしまった。シャングリ・ラの美は、シャングリ・ラにあるかぎりは「不滅」であるが、シャングリ・ラと切り離された途端に失われてしまうことが、この満州人少女の挿話を通して明示されていると言えよう。

シャングリ・ラが秘蔵する美しいものの数々は、戦争の惨禍から人類の遺産を守るために、シャングリ・ラに集められたものであるとされる。シャングリ・ラでは、世界が亡ぶ最終戦争が予見されており、「書物も絵画も音楽も、二千年の歳月を通じて貯えられた、微小で繊細で防御のすべを持たぬすべての宝物が、かのリヴィウスの失われた典籍のごとくに失われ」るだろう、と英国人の主人公は聞かされる（二一六頁）。シャングリ・ラはその隔絶された環境条件によって、この未曾有の戦乱からそれら一切の「優美な遺物」を保護・維持し、かつ「新しい世界が必要とするに相違ないところの叡智を追求」することを使命とする場所なのである（二一七頁）。

それゆえに、寺院内には、およそ地上に存在したものであれば総てとも言いうるほど広い範囲から、文化財が収集され、集積されている。「俗界の美術館や金満家たちが垂涎するだろうような多くの宝物」、例えば「美しく真珠の微光を放っている宋朝の青磁、千年以上もの永い歳月にわたって秘蔵された淡色彩の絵画、仙境の冷やかに美しい光景が、精緻に描かれているというよりむしろ管弦楽風に編曲されていると言いたい漆器類など」が数多く保管されている（二一九頁）。保存されているのは、美術品や書籍ばかりではなく、例えば音楽についても、「ヨーロッパの偉大な作曲家の作品は残らず」取り揃えられており、「ラマ僧」たちの中には、楽器の演奏に長じた人々もいるとされている（二三四頁）。これらの宝物に、失われた「北京の夏宮」（二一六頁）、即ち一八六〇年のアロー戦争の際英国軍に焼き払われた北京の王宮の庭園円明園のイメージが重ねられていることには、地上ですでに失われたものが、シャングリ・ラにはまだ存在していることが強調されているのを見ることができる。

『失われた地平線』において、中心の舞台となるのは、チベット仏教の僧院であるが、この小説においてチベット仏教についての記述は、僧院の美についての記述に比較すると極めて少なく、しかも、実際のチベット仏教の教義内容とは全く係わりのない事柄となっている。『失われた地平線』においてチベット仏教に関連する事柄として記述されるのは、シャングリ・ラのチベット仏教寺院の「ラマ僧」たちが、美の保存と後代への伝達という重大な使命を担っていること、そしてそのためにチベット仏教の秘術を用いて彼らが不老不死となっていることの二点である。従って、「ラマ僧」といっても、シャングリ・ラの「ラマ僧」たちは仏教の修行に没頭するのではなく、これらの美を保存し磨き上げていくことに毎日を費やしている人々として記述されている。更にシャングリ・ラでは、まず見習いとして寿命延長の過程を経て一〇〇歳前後まで到達しなければ、「ラマ僧」として入門を許されないとされる。実際のチベット仏教の入門に、このような規定もしくは習慣が存在しないのは言うまでもないことである。

また、この「ラマ僧」と呼ばれる人々の中には、チベット人はほとんど含まれない。『失われた地平線』において、シャングリ・ラの小さな社会の中でも最も上層に位置する「ラマ僧」が、特に選ばれた、特殊な人々であり、そのいわば選別は、以下に述べるように、多分に人種的、民族的な出自によるものであることが、「ラマ僧」への適性を述べた部分に明快に示されている。例えばチベット人は一〇〇歳まで到達することが少なく、また中国人も予備段階で挫折するものが多い。日本人もあまり適性をもたない。「ラマ僧」としての適性に最も優れ、高い能力を発揮するのは、ヨーロッパ人とアメリカ人とされる（二〇五頁）。事実、『失われた地平線』で、英国人の主人公が出会う「ラマ僧」はみな白人であり、寺院の頂点に立つ「大ラマ」は、一七三四年にここに移り住んだ、ルクセンブルグ生まれのカトリック教会カプチン会の修道僧であった。チベット仏教の寺院でありながら、チベット人としては、下働きの人々しか登場してこないのである。

『失われた地平線』において最も注目すべきことは、シャングリ・ラがチベットに設定されているという点である。例えば、シャングリ・ラの美として紹介されるものは、宋朝の青磁や漆器など、中国由来の美しさ、もしくはショパンの楽曲など、ヨーロッパ由来の美しさであり、チベットのものではない。美しい少女もチベット人ではなく、満州人であった。チベット仏教寺院が舞台であるにもかかわらず、チベット仏教についてほとんど記述がないのは、上述した通りである。それにもかかわらず「シャングリ・ラ」はチベットの「ラマ教寺院」とされているのである。

ここには、神智学協会の創始者の一人であるブラヴァツキーのアパートが「ラマ僧院」と呼ばれたのと同じ状況が見いだせる。彼女の部屋に置かれた雑多な東洋的な家具や装飾品などは、直接チベットにかかわりを持たないものが多かった。そしてそこにいる人間も、チベット人ではなかったし、チベット仏教の僧侶でもなかった。しかし、その場所は、ブラヴァツキーという選ばれた人間が東洋の神秘と交感する場であるために、「ラマ僧院」という名称が与えられていた。『失われた地平線』において注目すべきことは、シャングリ・ラにおいて、僧院が持つ様々な美の「核心」に「神秘的な雰囲気」がおかれたことである。神秘との接触に「ラマ僧院」すなわちチベット仏教の修習の場という名称が使用されたのと同様に、シャングリ・ラがシャングリ・ラたる根本要件と言えるこの「神秘的な雰囲気」に、最も現実感を与えるのがチベットという地域であったと言えよう。『失われた地平線』において、チベットに関係するものとして必要とされたのが、この「神秘的な雰囲気」のみであったことは、ひるがえって言えば、この小説においてチベットに求められた要件が、この「神秘的な雰囲気」ただ一つに集約されていたことを示している。

この集約は、『失われた地平線』においてチベット仏教の教義の具体的内容として、不老長寿以外は紹介されていないことにも見て取れる。しかも、この不老長寿は、シャングリ・ラの「神秘的な雰囲気」が人間にいかに強力に作用するか、その一例として記述されているにすぎない。したがって、『失われた地平線』では不老長寿が、あたかも「ラマ教」の中心的教義であるかのように読者に印象づけられる結果となった。その一方でこの不老長寿については、「ラマ教」の教義や実践と関係が薄いことがほのめかされてもいる[*32]。つまり、それまでチベットが語られる場合必要不可欠の要素であったチベット仏教さえ、『失われた地平線』では、その存在感が非常に希薄なものとなったのである。チベット的な事物として必要とされたのが、「神秘的な雰囲気」ただ一つであったことが、ここに明示されていると言えよう。

この不老長寿が、シャングリ・ラ内部だけで保持可能なものであって、シャングリ・ラを出ると、その効力がたちまち失われることには、シャングリ・ラが、何百マイルと続く険しい山地によって、通常の人間世界と隔絶されているだけではなく、通常の時間の流れからも切り離された土地であることが示されている。ビショップが論文“Not Only a Shangri-La”(2001)において述べている、「地球上のあらゆる地域をおおっているように見える規制された時間と空間の網の目の外にある土地」(p.208)というチベット・イメージが、ここに読みとれる。『失われた地平線』ではこのイメージを基礎にした上で、隔絶した環境にある孤立した谷と僧院、その僧院に捧持されている不死の秘術、その秘術を実践する超能力を持つ「ラマ僧」、西洋人を魅了する現地の美しい女性、純朴なチベット人たち、西洋の文明を高く評価し英語を流暢に話す現地人などを組み合わせてシャングリ・ラが構成された。

このシャングリ・ラは、以後欧米において、最も顕著なチベット・イメージとなった。ビショップが、一五世紀から現代に至る欧米人のチベット・イメージの変遷を俯瞰して、「チベットは一貫してシャングリ・ラとしてイメージされてきたのではない」（同、p.204）と述べたことには、かえって、このシャングリ・ラのイメージが、欧米人のチベット・イメージの中でいかに支配的なものになっていったかがうかがい知られる。

『失われた地平線』において、「神秘的な雰囲気」は、「喇嘛教」の最大の魅力とされたが、「万国の王城」と「第九の王冠」においては、それは打破されるべき旧弊、もしくは迷信に過ぎないものとして描かれた。日本人が「喇嘛教」を語る場合には、この迷信を打破していく過程が日本人の活躍として語られていったのである。『失われた地平線』においてシャングリ・ラをシャングリ・ラたらしめた「神秘的な雰囲気」は、「万国の王城」や「第九の王冠」との最大の差異を生むものとなったと言えよう。

第三節　旅行記の中のチベット

一　長谷川伝次郎『ヒマラヤの旅』に見るチベット

本節ではまず、一九二七～一九二八年にインドからヒマラヤを旅した長谷川伝次郎（一八九四～一九七六）の『ヒマラヤの旅』（一九三二年）を取り上げる。長谷川は、首都ラサに入り長く滞在した河口慧海や青木文教と違って、ラサから遠く離れたヒマラヤ周辺地域を何週間か旅したに過ぎない。しかしこの『ヒマラヤの旅』は、一九四〇（昭和一五）年に『読売新聞』紙上に発表された矢島保治郎の「辺境を探る」を除けば、第二次世界大戦終戦以前の昭和期に発表された唯一のチベット旅行記でもある。

大判の美しい写真が多数収められたこの『ヒマラヤの旅』が、一九三二（昭和七）年の出版当時、日本の登山家の間にヒマラヤ・ブームを起こしたことは、日本の登山史において常に言及されるところである[*33]。見聞記によって日本人登山家にヒマラヤを紹介したという点では、これに先立って、いずれも、ダージリンからヒマラヤに入った、石崎光瑤（一八八四～一九四七）の『印度窟院精華』（一九一九年）、鹿子木員信（一八八四～一九四九）の『ヒマラヤ行』（一九二〇年）がある。しかし両者ともに、ヒマラヤを越えてチベット内地に足を踏み入れることはなかった。従ってチベットに関連する記述も、わずかな言及のみにとどまっている。長谷川の『ヒマラヤの旅』は、これらに続く第三のものであったが、長谷川はヒマラヤを越えてチベットに入っており、『ヒマラヤの旅』には、チベットについてのまとまった記述を見ることができる。

この著作が定価一二円、二〇〇〇部限定で出版されたことは、経済的に恵まれた環境にある人々のみが読者として想定されていたことを示している[34]。従って同書は、ヒマラヤ・ブームのきっかけとなったといっても、登山家や、経済的に余裕のある人々という、限られた範囲に影響を与えたに過ぎないと言えよう。しかし、本節で同書を取り上げる理由は、チベットではなく、「ヒマラヤ」が主題として語られる場合のチベット・イメージを見ることができることにある。更に、この紀行文に描かれたヒマラヤやチベットに強烈な印象を受けた登山家たちが戦後再びヒマラヤに挑んだ時、彼等の登山記において、長谷川が描いたヒマラヤ像、チベット像が再現されていくことも、この著作に注目する理由である。

長谷川伝次郎は家具商を営む裕福な家に生まれ、一九二五（大正一四）年インドに渡り、翌年一月からベンガル州のサンティニケタン大学に留学、美術部に籍をおいてインドの古美術研究に打ち込んだ。一九二七（昭和二）年夏、『ヒマラヤの旅』に記述されているカイラス山への旅に出発する。一九二九（昭和四）年に帰国してのちは、家業の家具デザインその他に励む傍ら、満州国政府の招待による満州各地の撮影（一九三九年）、李王垠の委嘱による京都桂離宮、奈良法隆寺の撮影（一九四一、一九四四年）など、写真家としても活躍した[35]。

写真集に旅行記が付された形式のこの著作は、チベット仏教、ヒンドゥー教の聖地であるチベットのカイラス山を訪ねた旅と、インドのカシミール地方の中心都市スリナガルでの滞在、カラコルムの高峰ナンガ・パルバット偵察の三つの部分から成る旅行記である。チベットについての記述が見られるのは、このうちカイラス行の部分である。ブティアとよばれる人々[36]が住むヒマラヤ南麓で、インド人の友人マサジーとともに、長谷川はチベット行きの準備をすすめた。彼が滞在を非常に楽しんでいる様子がありありとうかがえる、このヒマラヤのインド、ネパール側についての部分には、この地域の美しさに賛嘆する記述が続く。例えば、彼はマサジーと連れ立って白樺の林に出かけ、雪峰を仰ぐ、花が咲き乱れる窪地を発見する。そこで彼らが、「甘い香気と眼のさめる様な花に顔を埋めて居ると、羊や山羊が、鈴を鳴らしながら草をあさりにやって来た」（『ヒマラヤの旅』、二五頁、以下頁数のみ示す)。長谷川が「世にも美しい」(二七頁)と表現するこの眺め、すなわち、上空に聳える白いヒマラヤの雪峰、その麓を縁取る緑の森、花が咲き乱れる丘とその間に見え隠れする人家や畑、といった風景は、このヒマラヤ南麓を通過する旅程の間、繰り返し描写される。

この美しい自然に恵まれた土地で営まれるブティアの人々の生活もまた、美しく和やかなものとして描かれた。例えば、長谷川は笛を吹きつつ歩く男性を川の対岸に見かけて、「あの笛の音はうら若い男のものではない。過去を捨てゝ現在に安んじて居る音だ。喜び味つて居る音だ。一歩一歩が彼の世界なのだ。生活なのだ」(一四頁)と記述している。

ブティアの人々についても、「白い髭の温容なブティアの老人」(一二頁)のように、穏やかで優雅な挙措の人々という描写が多い。特に、長谷川が最も多く紙数をさいた人物であるブティアの富豪の未亡人、クマール・デビー夫人の、暖かくかつ毅然とした人柄についての記述は、その典型的なものだと思われる。彼女について長谷川が記述するのは、例えば、以下のような事柄である。ある朝、長谷川らが滞在している修道院に、一人の旅の苦行僧が現れた。その貧しげな様子に、修道僧たちは不快感をあらわにしたが、クマール・デビーは礼儀正しく客として迎えた。一方、この苦行僧は食物を運んでいった彼女に向かって、修道僧らが西洋式の生活をしていることについて激しく非難した。しかしこれにも彼女は静かに、他人の短所をあげつらうあなたの行為は修道者にふさわしいといえるか、とだけ応えた。長谷川は彼女に受ける印象を、「世を捨てた聖女」(三四頁)と表現している。クマール・デビーは、彼女の助言通りに行動した長谷川らが、人夫が集まらないために前進できずにいると聞くと、遠路をおして駆けつけた。彼女は長谷川に会うなり、「私の言葉からあなた方がかうも長い事難儀をして居られるかと思ふと心から悲しくなります」と詫び(二六頁)、自ら近隣の村々をまわって、長谷川らのために人々を説得した。

また、彼女の姉で、別の町に嫁いでいるシュルマ・デビーも、生き生きと描かれるブティアの一人である。彼女もまた、長谷川らを暖かく迎え、何くれとなく行き届いた世話をした。ヒンドゥー教徒の僧侶たちに長谷川が妨害された時も、「彼女は心から同情し慰めてくれた」（三七頁）。優美で細やかな心情を持つこれらブティアの女性像は、後に紹介されるチベット人女性についての記述と好対照をなすものである。

長谷川らは、美しく牧歌的なブティアの人々の居住地域を離れ、いよいよヒマラヤを越えてチベットを目指す。この旅行記において、チベットに関連する情報が最初に登場するのが、チベットに入っていこうとするこのヒマラヤ越えの部分である。次々に紹介されるのは、いずれも、チベットの旅が危険であることを示す情報である。長谷川らは、ブティアの老人からはチベットに入った西洋人が殺された話（一二頁）を聞かされ、同行する予定だったヒンドゥー教の僧侶には、チベットは「殺伐な無警察状態」にあるので、「出発迄に銃を手配するから是非携行してくれと」懇願される（三五頁）。また、日本人はスパイに間違われる危険があるなどとも忠告されている（三六頁）。

更に、ヒマラヤ越えの厳しさは、長谷川らの予想を越えたものであった。

心臓が痛い。頭蓋骨で鼓動がする。（中略）昨夜から元気のない、若い人夫は恐怖に足を震はせて居る。僕のすぐ後から危い腰附でついて来たが、渓の急斜を横に足場を切つて居ると、突然後から抱き附いた。危い！どつちか一人足を辷らせれば二人共おしまひだ。辛くも安定を取り戻した。叱りつけては見たものゝ文句を云つて居る場合でない。早く通過せねば何時崩れ落ちるか解らない（三一頁）

上記の引用以外にも、彼らが生命の危機に何度も直面したことが記述されている。河口旅行談と同様に『ヒマラヤの旅』においても、チベットは、命に関わる重大な、そして多くの危険を乗り越えなければ到達できない土地として語られたと言えよう。

ヒマラヤ山脈を越え、チベットにたどり着いた長谷川らの目に映ったのは、ヒマラヤ南麓のブティアの世界とは対照的な光景であった。険しいヒマラヤ襞を刻んだ白く輝く山の麓を緑豊かな森が埋め、その間を澄んだ泉やせせらぎ、畑や牧場が点綴する「優雅な景色」（四〇頁）が広がる、ブティアの人々がのどかに暮らす「人里」（六五頁）であった南麓と大きく異なり、チベット側は、「見渡す限りの砂と石ころの大高原」（四六頁）であり、南側のブティアの居住地域と全く異なる様相を持つ土地として記述される結果となった。ヒマラヤの南側と北側では差があって当然であるが、『ヒマラヤの旅』においても、ヒマラヤ北側のチベットが、たるべき景色をこんなにも美しくするものであらうか」（四一頁）と賛嘆している。現実の自然環境においても、樹木のない荒寥心地である。僕は嘗て此の様に心を打たれた景色を見たことがない。空気の清澄と云ふことは、頁）と記述された。長谷川はこのチベットの景観を「どこ迄も雄大な悠久な景色」（四〇頁）と表現し、「只々夢たのだが、チベットの陽光は「眼を射る強い光線」（四四頁）であり、月の光も、「凄き迄に輝いて居た」（四二「四辺人寰を認めない」（四五頁）世界であった。太陽の光も、ネパール側では「和やかな日光」（二七頁）であっ

『ヒマラヤの旅』において、チベット側がブティア世界と際立った対照を見せるのは、風景描写においてだけではない。彼らがチベットで出会った人々についての描写も、ヒマラヤ南麓の温和なブティアの人々や、ヒンドゥー教寺院の傲慢だが繊細な僧侶たちについてのそれとは全く異なる。チベット人についてまず言われるのは、「彼等の不潔」（五七頁）である。長谷川は、チベット人たちの顔を、「洗つた事のない様な」（四一頁）黒い顔と表現し、続けて「生れてから死ぬまで水浴も温浴もしない彼等の不潔を思つた」（五七頁）と記述している。次に言及されるのは、チベット人の無知である。彼はこれをむしろ無邪気さのように表現している。例えば、チベットの町に到着して、そこに常駐する役人から使者が差し向けられて来た時、長谷川はこの使者のチベット人を以下のように描写している。「使者は我々の訪問時間を打合せ、暫く石油ストーブを不思議さうに眺めながら話し込んで帰つて行つた」（四二頁）。「石油ストーブ」という「文明」の利器を「不思議さうに眺め」ているというチベット人の描写には、河口のように「文明」の側に立って彼等の無知をあげつらう態度は観察されない。しかし長谷川は、建物の屋根を「原始的なドーム造り」（四一頁）、厨房の様子を「総て原始的な用具ばかりが陳んで居た」、町の店先で見かけた商品を「原始的な鍋」（四四頁）というように、チベットで見かけるものについて「原始的」という表現を頻用している。これは、ブティアの人々の生活の特徴の第一が、「自然に密着である」（一七頁）と記述されたのと、やはり異なる捉え方となったと言えよう。

またチベット人についての長谷川の記述において、「剽悍」という言葉が枕詞のように使用されていることも特徴的である。例えば、ヒマラヤ越えの際、長谷川らのキャラバンの荷運びを指揮した若いチベット人キッチュは、チベット人の中で唯一名前を挙げて記述される人物であるが、「頭髪を鉢巻にした剽悍な黒光りのする額」(三六頁)をもった敏捷な若者、と表現されている。彼の「剽悍な」性質の発露を記述する箇所はいくつもあるが、例えば雪解け水が溢れる激流を横断する場面の、「キッチュは忽ち裸になつて驢馬の口を持つて流れに引づり込んだ。下流に押し倒されようとする驢馬を、流れの下手から渾身の力を込めて突つぱりながら、驚くべき手練を見せてとうとう一ツ一ツ渡してしまつた」(三九頁)という記述がある。長谷川らがチベットで雇ったヤク使いのチベット人たちについても、横なぐりのみぞれの嵐が襲来して、長谷川やインド人たちが半死半生の状態にあったにもかかわらず、「平然とヤックを追つて」(五八頁)いた、と記述されている。

このような「剽悍」な性質を長谷川が見て取っているのは、若い男性や兵士だけではない。例えばすれ違った遊牧民の女性についての、「ヤックを追ふ女の、男の様な蛮声を聞き流して行く」(五一頁)という記述がある。「蛮声」という表現は、ブティアの女性については全く見られなかったものである。ブティアのいわば上流社会に属するデビー姉妹と、遊牧民のチベット人女性では、その生活環境にも非常な懸隔があり、この長谷川の記述は当然とも言えるが、『ヒマラヤの旅』に紹介される現地女性に関する表現としては、結果として、非常に対照的なものとなった。殺伐とした気質の、剽悍なチベット人というイメージは、ここにもはっきり現れていると言えよう。

このチベット人の殺伐として剽悍な性質は時に、チベットが強盗や殺人などが頻発する危険な土地であることと結びつけて語られている。例えば、チベットに入ってまもなく、長谷川のキャラバンはチベット兵に危うく襲撃されそうになった。長谷川は何人ものブティアがチベット兵に殺されていることに言及し、以下のようにその緊迫した情況を表現した。「兵が盗匪に早変りするのだ。彼等は奪掠の前に、必ず殺す。殺して置いて、その所有物を掠め去るのである」(四五~四六頁)。チベットは『ヒマラヤの旅』において、誰が、どこで強盗に襲われて命を落としたか、などというわさが、生活情報として頻繁に行き交う土地（五〇頁）として語られている。これは河口旅行談にも見られる情報であり、河口が長谷川と同じ地方を通過していることを考えると、事実そのような危険な状況があったと見るべきであろう。結果としてチベットに関する描写は、若い男が川岸を笛を吹きながら歩いていく場面に象徴される、ブティア世界の牧歌的な描かれ方とは、著しく異なったものとなったと言えよう。

荒野を抜けた長谷川はチベット人の町に到着した。そこで彼は、あたりに漂う「不思議な太鼓の響とバタの燈明と焼香とがいり交つた異臭」や、「室内の空気迄も彩つてあるかと思はせる」極彩色に埋め尽くされた部屋、「怪しい形相姿態」の大きな金色の仏像、「種ケ島」を抱えた「乞食の様な」護衛兵、豪華な民族衣装を着た弁髪の役人、「五百羅漢の様な」チベット僧等を目撃した。注目すべきなのは彼が、ここでの印象を総括して、「グロテスクな御伽の国」（四四頁）と表現していることである。『ヒマラヤの旅』において、チベットの自然が凄絶な荒野とされながら美として捉えられていた一方で、チベット人の生活世界は、はるか昔の習俗が生きている別世界、しかも怪奇なものに満ちた別世界とされているのである。「御伽の国」チベット、すなわちチベットの厳しい気候風土、剽悍で逞しく朴訥な人々、怪奇で原始的なチベット人の生活世界は、美しく牧歌的なブティアの世界とは、非常に対照的なものとなった。そしてこの両者は『ヒマラヤの旅』において、登山家深田久弥が言う「ヒマラヤの雄大と壮麗」（深田久弥『ヒマラヤ登攀史』、一九六九年、二〇四頁）に添えられ、ヒマラヤを引き立てる重要な要素であったと言えよう。ここに、ヒマラヤが語られる場合にチベットがどのように捉えられるか、その原型を見ることができると思われる。

二　大陸関係書の出版ブーム

一九三七（昭和一二）年に日中戦争が始まると、中国、満州、モンゴル、シベリア、中央アジア等、すなわち

「大陸」に関する著作の出版が急増した。当時の日本人の眼にも、この大陸関係書出版の増加は顕著なものと映っており、例えば、中国学者として高名な石田幹之助（一八九一～一九七四）は、一九四二（昭和一七）年に出版されたその著書『欧米に於ける支那研究』において、以下のように述べている。

支那事変以来、支那本土は勿論、蒙彊・外蒙・新彊・西蔵などその辺境地方に対しても、我が国民の知識欲は頓に旺盛となり、これに応ずべく、その方面に関する書物もかなり多く上梓を見た（四一〇頁）

当時二〇歳代だった諏訪多栄蔵（一九一一～一九九二）や望月達夫（一九一四～）などの登山家たちの回想にも、日中戦争から太平洋戦争までの時期に、「大量の西域関係の図書が出版」された、あるいは「大陸関係の書物が数多く出され」た、という言葉が見える*37。また、この「大陸」を専門とする研究者以外でも、例えば、ポーランドの旅行家オッセンドウスキーの有名な満州、シベリア旅行記を翻訳した神近市子（一八八八～一九八一）が、「最近急にその数を増しつゝあるアジヤの内地に関する著書」と、一九四〇（昭和一五）年当時の状況を表現している（「まへがき」オッセンドウスキー『動物と人と神々』、一九四〇年、一頁）。この大陸関係書の出版増加は、出版物に対する当局の規制の影響で、時局に迎合する書籍、すなわち、日本の大陸進出を海外雄飛として宣揚するための書籍が結果として多くなったからとも言えるが、上掲の言葉から考えて、幅広い範囲にわたる人々にそれと認められた、ブームとも表現しうる現象であったと思われる。石田は以下のように続けている。

それに伴つて今迄は専門家の間にしか知られなかつたこれら諸地方の探検家などの名も急にクローズ・アップされて一般国民の前に現はれるやうになつた（中略）訳本の良否は別問題として、かかる傾向は歓迎されていゝと思はれる（石田前掲書、四一〇～四一一頁）

石田が名を挙げているのは、プルジェワルスキー、スタイン、ヘディン、ヤングハズバンドなどである。これらの探検家による旅行記はそれまでも、欧米では勿論、日本でも専門の研究者の間では盛んに読まれ、高く評価されていた。しかし、日本語に翻訳されたのは、この時がほぼ初めてであったと言える*38。従って、大陸関係書出版ブームは、内陸アジアの旅行記の翻訳ブームでもあったと言える。石田が指摘するように、これらの翻訳によって、明治以来初めて、英語やドイツ語の原書を読む能力を持つ専門家もしくは研究者以外の、一般の日本人が、これらの旅行記に触れることができるようになったのである。

更に、蒋介石政権をめぐる日中戦争の局面の帰趨に国民が注目していたという状況が、大陸への関心の盛り上がりに拍車をかけたと思われる。日中戦争開戦時には、日本の武力の前に早晩屈服すると思われていた蒋政権が抵抗を続け、戦線は拡大した。膠着する戦局の打開策として、蒋政権を支援する米英ソの援助物資輸送路、いわゆる援蒋ルートの遮断に注目されるようになった。援蒋ルートにはビルマ、仏領インドシナからのルートと、中央アジアからのルートがあり、前二者については日本軍はその遮断に成功していた。しかし後者、中央アジア経由の通称西北ルートは機能し続け、その結果日本と敵対する国々の活動する敵地として、この西北ルートの背景地である「支那西北」もしくは「西北」と呼ばれる地域が、人々の視界に浮かび上がってきたのである。「西北」という言葉は多くの場合、広くモンゴル、新疆、寧夏省、甘粛省、青海省、西康省を一括する、もしくは漠然とこれらの地方のいくつかを指す名称として使用されていた。チベットは、この「西北」に含まれる場合もあれば、そうではない場合もあった。

この「西北」地域に対する国民の注意を喚起し、同時にこの地域についての知識を供給する読み物として、すでに述べたヘディンなどの旅行記が翻訳されていったと思われる。事実、モンゴルを専門とする東洋史学者後藤冨男（一九〇九〜一九七六）は、一九三八（昭和一三）年、「支那西北辺疆紀行解題」と題し、「一般向」の内外の旅行記を紹介し、この地域への「関心と理解を高めることが必要であるとすれば、地理書、統計などに拠るよりも、先人の旅行記をのぞくことが最も捷径であり、且つ生きた印象が得られる」（一〜二頁）と述べている。加えて、これらの旅行記は、「探検記としての冒険的興味」（ヘディン『絹の道』橋田憲輝訳、一九四四年、四頁）に応えるものでもあったと言えよう。

注目されるのは、このような需要、すなわち、現地の情報を手っ取り早く得られ、かつ、スリルに満ちた冒険談を楽しめる読み物としての需要に応えるために翻訳されたものの中に、チベット関連の文献が多く含まれることである。海外において著名なチベット関係書、例えばベルやヘディンの著作についても、繰り返すが、日本語訳本が出版されたのはこの時期が最初である。また、河口慧海の『西蔵旅行記』の改訂版（山喜房仏書林、一九四一年）も、この時期に出版されている。これらチベット関係書の出版は、「大陸」もしくは「西北」への関心の中で、チベットに改めて注目する動きがあったことを示唆している。

その一方で、この「大陸」もしくは「西北」の中で、チベットがどのような位置づけにあったのか、という問題を考える時、注目すべきと思われるのは、すでに述べたように、この「西北」の範疇にチベットが含まれるか含まれないか、一定していないことである。例えば、前掲の一九三八（昭和一三）年「支那西北辺境紀行解題」には、「所謂この『西北辺境』の後に、「（西蔵を含めて）」という言葉がわざわざ添付されている。このことは「西北」と言った場合に、ここに含まれるか含まれないのか、そのぎりぎりの線上にチベットがあったことを示している。

これには、実際に地図上のチベットの位置を中国の「西北」と表現するのが適切かどうか、疑問が持たれることにもよると思われるが、何より、大陸における日本の視野の基点が満州にあったことが影響していると考えられる。例えば一九四二（昭和一七）年に出版された、ジャーナリスト金久保通雄の『支那の奥地』という著作には、「アジアの盟主をもつて自ら任ずる日本民族の関心は、満州から蒙古へ、そして支那辺疆へと拡げられ」（「序」、一～二頁）とする記述が見える。ここには、日本人の活動地域である満州を起点として、そこからモンゴル、そして「西北」へと中国の辺境を見渡していく姿勢が観察される。これは、すでに検討した『亞細亞大観』や『最新亜細亜大観』などに見られるものと同一のものである。このような姿勢を以て大陸を見た場合、この「西北」に領域を接するチベットは、漠然と「西北」に含められ得たのだと思われる。

このような見方を更に具体的に示しているものに、第二次世界大戦期にモンゴルで生活した経験を持つ福田隆繁（一九一八～）の回顧録『モンゴルを駈ける青春』（一九八九年）がある。ここに、以下のような記述がある。

当時蒙古にあった日本青年の間で好んで歌われた詩に次のようなものがある。

一、悠々たりや大黄河　流れは千石に変らねど
興亡流転の史秘めて　亜細亜の悲曲奏で行く
一、亜細亜平和の尖兵と　清き理想と抱負もて
草を枕の幾月か　肥馬に鞭打つ幾千里
一、アルタイ嵐の吹きすさぶ　寧夏、甘粛、青海と
支那西北の大秘境　扉開くは何時の日ぞ（五九〜六〇頁）

ここにうたわれた「支那西北の大秘境」、すなわち、寧夏省、甘粛省、青海省の登場順は、満州から西北を見渡す視線をそのまま浮かび上がらせている。満州からモンゴルを経由し、青海省を通過したその先に、チベットは位置している。当時の「西北」における、日本と敵対関係にある国々の活動は、日本人の世界である「満蒙」の存立を脅かすものとして、西北地方にたちこめる「妖雲」などと表現されていた*39。従ってチベットは、その「西北」に立ちこめる「妖雲」の向こうに隠された地域だったと言える。

三　スヴェン・ヘディン『チベットの遠征』の翻訳

この大陸関係書の出版ブーム当時に出版された旅行記の中で、チベットはどのように描かれていったのか、本節では、日本人のチベット旅行記の他に、すでに述べたように翻訳の旅行記がこの時期一般向けに多く出版された点に注目し、翻訳された外国人の旅行記も取り上げる。翻訳の旅行記としては、同じ原作から三種もの訳本がほぼ同時期に出版され、子供から大人まで広く読まれたと推測しうることから、ヘディンのチベット旅行記『チベットの遠征』(*A Conquest of Tibet*, 1934) の翻訳を取り上げる。ヘディンの著作が、日本において集中的に翻訳されたのは、既に述べたように、この出版ブームにおいてが初めてであり、一九三八〜四四（昭和一三〜一九）年の七年間で一五点にのぼる。これ以後において彼の著作の日本語訳は、一九六四（昭和三九）年まで待たなけ

ればならないことを考えると、この時期の集中的な出版は、ヘディンの旅行記に対して日本人の関心が高まった最初の時期として、嘱目すべきものであると言えるだろう。この時期出版されたヘディンの旅行記の訳本は、第三次探検終了以降の活動の記録、特に新疆地方を自動車で探検し、現地の戦争状態が生き生きと語られる第四次の旅行記に集中しており、八点におよぶ[*40]。これは、当時「西北」の現況への関心が高まっていたことを示すものでもあり、事実、これらの訳本の多くには、翻訳出版の目的として、西北援蒋ルートを擁する地域についての国民の理解促進が掲げられている。この地域への関心の集中ぶりは、第一次から第三次までの、中央アジアとチベットの探検に関して、第一次の一般向け旅行記である『アジアの沙漠を越えて』が訳されたのみで、第二次探検の旅行記である『チベットの冒険』や、ヘディンの旅行記の中で最も名高い第三次探検の旅行記『トランスヒマラヤ』は訳されていないことにも、充分うかがい得ると言えるだろう。

チベット関係のヘディンの著作のうち、この時期に翻訳されているのは、一九三四（昭和九）年出版の『チベットの遠征』（*A Conquest of Tibet*）である。ヘディンは探検の後に毎回、学術的な報告書と一般向けの旅行記の二種を出版しているが、この旅行記は、後者に該当するもので、しかも第一回から第三回までの彼の探検行のうちチベット探検部分のみをまとめたいわば簡略版ともいうべきものである。この時この著作の日本語訳本として出版されたのは、高山洋吉訳『西蔵探検記』（一九三九年）、吉田一次訳『西蔵征旅記』（一九四二年）、田中隆泰訳『禁断秘密の国』（一九四三年）の三点であった。この昭和期のブーム当時に出版されたチベット関連文献の中で、一つの著作に三種もの訳本があるのは、ヘディンのこの旅行記に限られる。

三種の中で最も遅く、一九四三（昭和一八）年に出版された、田中隆泰訳『禁断秘密の国』の、「解説」に、当時ヘディンの著作にどのような関心が寄せられていたのかを、端的にうかがうことができる。田中は、チベットを紹介する書物として、あるいはヘディンの旅行記としては、この著作より優れたものが多くあるとしつつ、しかしこの本は、ヘディンの「あの不屈不撓の火の如き敢闘精神」が最も発揮されているのを見ることにおいて、他の追随を許さないものであると述べている（二一〜二三頁）。

この「不撓不屈の火の如き敢闘精神」が重要視されたことは、チベットという場所が現実にどういうところであるかにではなく、ヘディンが障害に屈せずチベットを「征服」していくところに興味が持たれていたことを示していると言えよう。これについて、第二章で取り上げた一九〇八（明治四一）年のヘディン来日報道の際の報道内容と比較すると、変化が見られる。第二章で述べたように、一九〇八（明治四一）年の時点では、ヘディンの「洽博にして深邃なる学殖」と、「俊邁にして旺盛なる気力」（「ヘ博士請待会」『大阪朝日新聞』一九〇八年一一月一五日付）の二点が、広く人々を惹きつけた要因となっていた。一方、この大陸関係書翻訳ブーム当時においては、この「洽博にして深邃なる学殖」という点が、ややもすれば抜け落ちているのが観察されるのである。例えば上掲の田中の「解説」では、「現今の日本が求めてやまないもの」が、「自己の信奉する学のために文字通り生命を捧げて敢闘する偉大なる魂」であるとされる一方、チベットに関するヘディンの「学殖」には、一切言及されていない。それどころか田中は、「昔から禁断の国を以て名の高い西蔵の紹介としては、本書よりも更に組織的な詳細な良書が他にいくらもあるであらう」（一頁）と、むしろチベットに関する書物としては、この著作が他に劣るものであることをにおわせている。ここには、ヘディンの知識、すなわちチベット情報そのものにではなく、ヘディンの「気力」の偉大さが様々に披露された「敢闘」の数々に関心が示されていることがうかがえる。

この時翻訳された『チベット遠征』の三種のうち二種が、スウェーデン語版や英語版を更に簡略化したドイツ語版レクラム文庫の訳であったことも、当時の日本におけるチベットへの関心の有り様について、上述した事情を裏付けるものであろう。ここには、チベットに関する情報については、簡略版であっても読者の要求に十分に対応できる、もしくは簡略版でも事足りるものとされていたことが示されている[*41]。

チベット情報の詳細より、内容にヘディンの「敢闘精神」のありようが語られていることに重きがおかれたことは、河口旅行談に見られたような、チベットを冒険談の舞台とする捉え方の再現であったとも言える。更に、一般向けの実用書や子供向けの読み物を主に出版していた青葉書房で、その出版物としてヘディンのこの本が選択されたということは、ヘディンの探検記が、敢闘精神の勝利の物語、偉人の立志伝として読み直されていることを明らかに示している。チベットは、冒険の舞台としてだけでなく、立志伝の背景としての役割も担うようになっているのである。本節では以上の点に注目し、『チベット遠征』の訳本のうち、主にこの青葉書房の『禁断秘密の国』を取り上げ、随時『西蔵探検記』、『西蔵征旅記』を参照して検討することとする。以下（ ）内頁数は、特に書名を表記しない限り『禁断秘密の国』の頁数を示すものである。

これら三種の訳本いずれにおいても、チベットは一貫して、「神秘な謎のやうな国」（二〇八頁）、すなわち、神秘的で怪奇な場所として提示されている。この神秘的かつ怪奇なチベットを演出する役割を負うのは、主に「喇嘛教」である。例えば、チベットの土地のいたるところに「精霊」が宿っていて、人々はそれらを恐れながら生きている、ということが、「喇嘛教の教義」として繰り返し語られる。更に、「喇嘛教」に関しては、「恐ろしい」（二九四～二九五頁）鳥葬や、「確かに往時はこの儀式に人血を用ひた」（二七〇頁）と思われる、「昔の人身御供」（二六九頁）の習慣を彷彿とさせるタシルンポの新年祭など、血なまぐさく不気味な挿話が紹介されている。

「喇嘛教」の特徴として繰り返し述べられるもう一つのものは、この奇怪な宗教にチベット人が身も心もから め取られている様子である。その最たる例は、「超人的な信仰の強さと意志の力」（二九七頁）をもって、極端な苦行に打ち込むチベット仏教の修行者たちに関する記述であろう。この修行者たちの生活は詳細に、しかも、湖水の中央で修行する「隠者」の例（四九～五八頁）と、塗り込めた穴の中で修行する「喇嘛僧」の例（三〇一～三〇八頁）と、二度にわたって説明されている。

旅行記においては、ヘディンがこれらの信仰に、時に幼稚さやいかがわしさを感じつつ、その一方で自身も通常では理解不可能な、奇怪な経験を何回もすることとなっていく様子が語られている。例えば、道案内のために雇った猟師アルダトが、無人の荒地で突然死んだ時、ヘディンらが知らせる前に、アルダトの家族はすでに彼の死を知っていた。夢の中でアルダトが死ぬのを見たというのである。彼はこのことについて、以下のように記述を締めくくっている。

私達から一部始終を聞かない先に、兄妹が話出すのを聞くのは全く気味の悪いことだつた。荒野には荒野の神秘がある、精霊は西蔵の山山をさまよつてゐる。死者の魂は知らない場所をさまよひ歩いて、最後に新たな宿、即ち物悲しい輪廻の連鎖のうちの新しき一存在様式を見つけるのである（六五〜六六頁）

また、人里離れた寺院で、ヘディンが仏像群をスケッチしていると、「突然仏像の相貌が変つた、そして皆一斉に顔と眼を私の方に向けた」（二九九頁）。風に吹かれた仏画が動いたにすぎなかったのだが、この寺院の不気味さについては更に、この「化物屋敷」（三〇〇頁）では夜に、「地獄の閻魔大王」（三〇〇頁）の恐ろしい顔が、寝床の上にのしかかってくるのを見られるかもしれない、という感想が付け加えられる。

しかしチベットの奇怪かつ神秘的な部分は、彼を魅了してやまないものとしても捉えられている。例えばヘディンは、新年の儀式で耳にした僧侶たちの声明を、「子守唄の如く、或は罌粟畑を渡る微風の如く、うつとりと眠りを催させる」、「妙なる心地に溶け入るやうな調べ」（二六二〜二六三頁）と表現している。また夜の勤行の光景は、「稀に見る魅力ある図絵」（二八八頁）のような美しいもの、それも、見る者を「神秘的な気分」（同）に引き込まずにはおかない、この上もなく美しいものとして記述されている。

このようにヘディンの旅行記においては、チベットの魅力が「夢のような」、「神秘的な」、「不思議な」、「恍惚とした」と形容されている。つまりチベットは、あり得ないこと、信じがたいことが起こる場所、夢の中の世界のような非現実的な場所として捉えられ、描写されていったのである。チベットの美しい景観に対して、「天国のやうな絶景」、「梵天の極楽」（三一八頁）といった表現が使われていることにも、その一端がうかがえる。

一方、これら夢見るように美しい「天国」チベットとは全く異なったチベットも記述される。それは主に、生と死の境を彷徨する探検の日常の厳しさを通して描かれたものであった。ヘディンの探検は、「大河の轟、猛烈な吹雪の怒号、それから仏陀を讃えてお寺で唱ふ頌歌の声が聞えてくるやうだ。戸外には涯しのない亜細亜が横たはつてゐて私の行くのを待つてゐる、地理学上の大秘密を蔵し、その寺院都市を有し、喇嘛僧や化身の神神のゐる謎の西蔵が。私の頭はまるで素晴らしい征服と奔放な冒険とが鎚で打出される鍛冶場のやうなものである」

（二一六頁）と表現されている。ここにあるように、彼のチベットでの探検行は、自然の猛威に打ちのめされつつ進む、危険に満ちた過酷なものとして語られた。彼の旅が頻繁に、「荊棘の道」（吉田『西蔵征旅記』、四頁）などと形容されていることにも、その過酷さは充分示されていると言えよう。ヘディンのキャラバンは、「月の表面同様」（二二頁）の荒野を進むもので、吹雪や暴風雨、厳しい寒さのために、家畜はもちろん、人間さえも、次々に倒れていった。現地人の盗賊の襲撃やチベット人の敵意などにも脅かされ続けた。これら旅の苛酷さについての記述を通じて、チベットが、「今日に至る迄依然として地球上の最も近づき難い、最も知られてゐない地方の一」（九頁）であることが立証されていったと言えるだろう。チベットは、「最も深奥の、最も野蛮な亜細亞、深遠な仏陀の、野驢の、犛牛の、党項の匪賊団の国」（四六頁）とヘディンが述べたその通りに表現されたと言える。

旅行記の中では、それらの困難に決して挫けず、輝かしい成果を得るヘディンの姿が活写されている。彼の苦闘についての記述を通じて描かれるのは、「危険な境遇に真逆様に飛込むことを瞬時も躊躇しなかつた」（七一頁）、「人力の及ぶ限りを尽す迄は、決して屈しまい」（三三〇頁）等という言葉によって表現される、ヘディンの不撓不屈の姿勢であった。例えば、チベット人たちが彼の前進を止めるために、彼を威したりすかしたり様々な手を尽くすのに対して、彼は「すげなく」（一九八頁）、「断然冷静に構へてゐて微笑しながら」（二〇二頁）、「仮令何万人召集されようとも、私達は一寸たりとも退かない」（一九八頁）と言い放つ。また、武力で押さえつけられ、後退を強制された時も、彼らを連行するチベット人の護衛隊を二度も出し抜き、目的としていた調査に成功した。この時の彼の喜びがいかに大きかったかは、この成功がチベットの「征服」と表現されていることにもうかがえよう（二三四〜二三五頁）。

彼のこのような活躍と成功を更に引き立てて見せるのは、探検行に登場する現地の人々の言動である。ここでは、外国人に対してアレルギー的な敵対感情をもつチベット人が、貧しい僧侶から最高活仏の一人であるパンチェンラマに至るまで、ヘディンとのふれあいの中で、次第にヘディンに魅せられ、ついにはヘディンびいきとでも言えるような好意を彼に対して持つようになる様子が、頻繁に記述されている。その中でも典型的な例と言えるのは、キャラバンに雇われた喇嘛僧シェレブについての記述である。シェレブは僧院の生活より、「神の自由な自然を騎行する」キャラバンの生活に、「明かによりいっそうの満足を見出してゐる」、とされる（七六頁）。シェレブは、キャラバン半ばで、ラサへの道案内をヘディンに依頼されたが、いったんは断った。しかし、ヘディンと生活をともにするうちに、ヘディンの感化を受けて人間本来の理性を取り戻しつつあった彼は、ヘディンの願いを拒否するのが自分にとって正しい行いなのかどうか悩み続けた。「彼は喇嘛僧としての義務と、私に忠実に仕へようとする希望との苦しい闘を闘ってゐるのであった」（七九～八〇頁）。結局シェレブは、外国人をラサに案内するという、「背教者、裏切者」（七九頁）と罵られても致し方のない行動を、あえて実行に移す決心をするに至るのである。

ヘディンの人格に魅せられ、好意を寄せるチベット人の最も顕著な例は、ダライラマに次ぐ権威を持つ活仏、パンチェンラマ（札什喇嘛）についての記述に見られる。当時ダライラマがモンゴルに蒙塵していたため、パンチェンラマは、チベットにおいて事実上最高位にある人物として登場する。その上で、このチベット最高の貴人の、ヘディンへの厚遇ぶりが詳細に語られる。最初の会見から、パンチェンラマがヘディンの人格に魅せられてしまう様子が以下のように記述されている。

歓談をしてゐるうちに次第にはにかみがすっかり消えていった、そして彼は、自分は私の心の友であるから、あらゆる僧院、あらゆる寺廟、講堂を私に案内するよう僧に言付けて置いたから、この寺院都市では何でも自由に見物し、写真を写し、スケッチをし、手帳に書留めて差支へないし、又誰にも決して私の邪魔をさせないと言はれた（二七四～二七五頁）

その後もパンチェンラマがいかに彼を丁重に扱ったか、また彼がパンチェンラマといかに親しい関係を結んだかが、ヘディンに対するパンチェンラマの配慮の数々についての記述によって示され続ける。その結果、チベット人たちが、「国中全体が札什喇嘛の友人であることを知つてゐる、不思議な外人に対して、迷信的な畏敬の念を抱いた」(三二一頁)と、ヘディンが言い切るに至るのである。

これらの記述は、ヘディンの偉大さが現地チベットの人々に及ぼす影響の大きさを語るものである。同時にそれらは、ヘディンがそれらの人々に比べていかに優れているかを示すものでもあった。チベット人は多くの場合、恐ろしいほど不潔で、頑健な体に蛮勇とも言える恐れを知らない果敢な性質を具えた、迷信ぶかい人々として描かれている。チベット人のこれらの特徴は、チベット人がヘディン、つまり欧米人といかに異なるか、その相違がいかに大きいかを強調するものとなっている。例えばヘディンはチベット人の遊牧民について、以下のような描写をしている。

顔には垢埃がこびりついて層をなしてゐたが、私はそれが羨しかつた。私はどんなにしても、これでいいといふ程汚くなれなかつたからである。私の皮膚は不相変西蔵人よりも綺麗で白く、それに又しても絶えず驟雨に洗はれた。シンギの女房は消防ポンプの筒先を彼女の顔にまともに向けたところで綺麗にはなるまい(一四三頁)

ここでは、ヘディンすなわち欧米人がいかに美しい身体をもっているか、反対にチベット人がいかに不格好で醜く汚い外見であるかが語られている。これはすなわち、欧米人とチベット人の間に横たわる懸隔が、乗り越えることのできない、先天的なものであることを示唆するものである。その最も顕著な例は、ヘディンが旅の途中に出会ったチベット人キャラバンについての記述であろう。

全部黒かつた、犂牛も人も犬も毛皮も銃も、磚茶を縫込んだ皮包までが歳月と塵埃のために黒くなつてゐた。この行列全体は地獄の群、悪魔の軍勢のやうであつた。彼等は私達を全然見向きもせず、只自分達の犂牛のことばかりに気を配つてゐたからこの人人は全くあの世の人たちのやうであつた(一五二頁)

欧米人とチベット人の差異は、あの世とこの世、しかも天国ではなく、地獄と現世の差に例えられるに至っている。チベットの風物が天国のように美しいとされる一方で、チベット人たちが「地獄の群、悪魔の軍勢」に擬されていることに注目される。ヘディンすなわち欧米人に比べると、チベット人の劣位は、「地獄」までその水準を引き下げなければ形容のしようがないほどであることが、ここに示されているのである。

これらの著作において記述されたチベットは、天国のような美しさと、地獄のような苛酷さ、醜さを併せ持つ非現実世界であったと言える。この中で示されたヘディンら欧米人の優位と、チベット人の劣位という図式は、後述するが、日本人の記述の中ではそのまま日本人とチベット人との対比に置き替えられていくこととなる。更に、ヘディンの旅行記において、その美しさゆえに別世界とされたチベットには、別世界であるがゆえにお伽話のような栄耀栄華が望める場所というイメージをも重ねられつつあった。本節では、このようなチベット・イメージを検討するために、同時期に『読売新聞』に連載された、二回の入蔵経験を持つ矢島保治郎による、「辺境を探る」を取り上げる。この連載記事に注目する理由は、ラサまで入った日本人のチベット旅行記としては、第二次世界大戦終戦までの昭和期に新しく発表された唯一のものであることにある。

四　矢島保治郎の新聞連載「辺境を探る」に見るチベット

「辺境を探る」は、中国周辺諸地域の旅行体験談を集めた連載記事である。このシリーズは、雲南省と、西康省の一部を扱う「南方地区」（一九四〇年六月二六〜二九日付）、内モンゴルの綏遠・寧夏地区を扱う「北方地区」（六月三〇日〜七月一三日付）、チベットを扱う「西方地区」（七月一四〜二二日付）、新疆を扱う「西北地区」（七月二三〜二八日付）の各章に分かれており、それぞれ別々の「話者」もしくは「語る人」が当該地区での自分の体験を紹介する形式となっている。この「話者」もしくは「語る人」となっているのは、チベット地区の矢島以外はすべて、中国で各種工作に当たってきた尉官以上の軍人である[*42]。

チベットについて「語る人」、矢島保治郎（一八八二〜一九六三）は、日露戦争に出征後、二回入蔵し、チベット人女性と結婚、妻子ともども日本に帰国したという経歴を持つ人物である[*43]。彼のチベット旅行に関してはそれまで、一時的に帰国した時に断片的な記事が出ていたが（「塵外の別天地」『読売新聞』一九一二年三月二〇日付)、旅行記がまとまった形で発表されたのは、この一九四〇（昭和一五）年の『読売新聞』の連載が初めてであった。この後、四〇年以上経って、浅田晃彦により一九八六（昭和六一）年に伝記が出されているが、旅行記は、この『読売新聞』の連載全体を収録した『支那辺境物語』（一九四〇年）を除いては、一九八三（昭和五八）年に金井晃編『入蔵日誌』として一部がまとめられたにとどまる。実質的に見て、一九四〇（昭和一五）年の『読売新聞』での連載が、矢島がその経験を語る初めての記述であったと言えよう。

矢島の記事は、二回目の入蔵、すなわちインド側からチベットに潜入した一九一二（明治四五）年の体験についてのものである。以下「　」内は記事中からの引用である。彼は連載の第一回を、チベット国境のヤトンで監視の英兵に見とがめられる場面から始めている。彼は夜の闇に紛れて脱出し、ほとんど単独でヒマラヤを越える。チベットの首都ラサへたどり着き、旧知の「豪商」に快く迎えられた。その家で過ごすうち、暇を持て余して作った地図がチベット政府の「参謀総長」の目に留まり、それがきっかけで矢島はチベット軍の訓練教官として働くこととなった。矢島と同じ資格のものには「英国のケンブリッヂ大学に留学して帰つて来た西蔵人」と、「ロシアにゐたことのある蒙古人」がいて、それぞれ英国式、ロシア式で訓練を行っていたが、ダライラマ臨席の閲兵式で出来を競ったところ、矢島の日本式訓練を受けた部隊が「圧倒的な出来栄え」で「大勝利」した。ダライラマの矢島への待遇はますます厚く、またその将来を見込まれてラサでも指折りの「豪商」の一人娘の婿ともなり、栄耀栄華の生活を送ることとなった。しかし日本人を敵視する英国の手がチベットに伸び、「矢島を殺害せよ」などという命令が繰り返しインドから来た。チベット政府内にも矢島を排除する動きが目立ち始めたため、彼は妻子を引き連れての帰国を決意した。しかし故郷に戻った後、チベット人の妻は故郷を恋い慕いつつ死に、息子も出征してしまった。連載は以下のように結ばれる。

今や全く天下にたゞ一人きりとなつてしまつた私は、再び白髪も染めて、西蔵へ乗り込みたいと考へてゐる。この年いつぱいにはこの家もたゝまう。老骨を埋むべき地も大ヒマラヤの彼方に当てゝ…。笑つてくれるな

——（「乞食姿で多田氏入国」『読売新聞』一九四〇年七月二二日付）

このようなあらすじの中で紹介されるチベット事情の大部分は、英国や蒋介石政府の陰謀によってチベットの権力中枢がいかに蚕食されつつあるかについてのものである。チベット情勢は以下のように要約される。「果たして西の辺彊、神秘境の西蔵は、英国とそして重慶の工作のなすがまゝに共倒れになつて行くか、或は西蔵人の望む独立が新しい世紀の光の中で新しい形で実現されて行くか、更にソ連の工作もあつて、変転きはまりない国際情勢の中に今後に残された大きな興味となつてゐる」（「奇習・法王の即位式」『読売新聞』一九四〇年七月二〇日付）。

上述したような、無力な小国チベットをめぐる各国の思惑について以外には、チベット事情はあまり多く語られない。わずかに紹介される情報の中で、最も多く記述が費やされているのが、「西蔵の絶対主権者」（「活仏に毒を一服」『読売新聞』一九四〇年七月一七日付）であり、「あらゆる辺彊工作の目標」（同上）であるダライラマと、その権力継承の詳細である。しかしそれらの記述は、ダライラマの周辺に張り巡らされているチベットの伝統や習慣、制度などがいかに「インチキ極まるもの」（同上）であるかを暴露する、という態度で一貫されている。例えば、転生という権力継承方式は、政治的な陰謀を糊塗するための稚拙な「八百長」（「奇習・法王の即位式」『読売新聞』一九四〇年七月二〇日付）であり、実権を握る摂政によって代々のダライラマがしばしば殺害されている事実は、ダライラマの神聖が実は著しくないがしろにされている実態を示すものであると説明される。

ヘディンの著作において描かれた神秘的で怪奇な、しかし魅惑的なチベットは、ここでは、矢島がその活眼をもってその虚偽を見破る材料としてのみ利用されていると言える。その最も顕著な例が、ダライラマ一四世の選出に関する記述である。この新ダライラマの選出は、「たゞ重慶政府の工作だけ」によるものであり、「結局、神秘らしいヴェールを一枚はげば、秘境西蔵を繞る英国とそして重慶にまで追ひ詰められた蒋政権の新辺彊政策のカラクリがチラリと望まれる」（「奇習・訪欧の即位式」一九四〇年七月二〇日付）のだと彼は断言する。「秘密国」チベットの怪奇な習慣は、人為的に作り出されたばかばかしい欺瞞にすぎず、日本人から見ればまるで子供だましである、とするところは、河口慧海の『西蔵旅行記』と見解と同じくするところである。またチベットについて、その魅力を主にヒマラヤの景観美に見い出し*44、ヘディンのようにチベットの人文的要素、すなわち宗教的、社会的な生活に関連する事象に価値を積極的に認めていないところも、河口と共通する。

この連載の軸となっているのは、チベット事情の紹介ではなく、機知と度胸が十全に発揮された彼の活躍と、チベットでの夢のような出世や恵まれた境涯についての記述である。彼の出世と幸福が頂点に達した時についての記述である第五回の記事「西蔵兵養成の大役果す」(一九四〇年七月一九日付)のうち、小見出し「達頼の信用一身に」が付せられた箇所を以下引用する。

いよいよ観兵式となつて、この三教官そろつて各部下の兵にオイツチニをやらせたところ、私の日本式が圧倒的な出来栄え、達頼喇嘛は「これがいゝこれがいゝ」と大よろこびで手を打つといふさわぎで大勝利ををさめた。これで私の達頼法王への信頼はいよいよ増しこんどは騎兵を作れといつて来る。これには困つた。私は歩兵軍だから歩兵の訓練だつたらなんとかやるが騎兵のことはてんで知らない。と云つてこの期に及んで知り申さぬでは面目がたゝん。えい、これも心臓—と、かねての見やう見まねでピカピカした騎兵旗を作り、これを持たせた騎馬の兵を達頼法王の行列の前と後につけ、「エイー、これが騎兵、すなはち前衛、後衛と申します」とやつてのけた。法王はいよいよよろこんで、朝な夕な「矢島矢島」と私を離さない

ここに、日本人が大活躍大成功する活劇という、河口旅行談と同じパターンが踏襲されているのが見て取れる。また、矢島の文章に、スリルや興奮を煽り強調する間投詞や感嘆符が頻繁に使用されていることも、河口旅行談が講談になぞらえられたのを連想させる。例えば前述のヤトンの場面は、『『しまつた!』私は舌をかんだ。英国の官憲が監視所らしい建物から飛び出して来て私を捕へてしまつたのである万事休す—」(「大ヒマラヤの麓」『読売新聞』一九四〇年七月一四日付)というように記述されている。

敵地に準ずる地域を、次々に降りかかってくる危険をかいくぐって旅をする筋立てになっていることは、このシリーズに登場する四者に共通するところであり、またその危険が、日本と敵対関係にある英米ソ中のいずれかの陰謀に由来するものか、現地民の無理解や敵意、盗賊などの暴力に由来するもの、もしくは自然の脅威によっ

てもたらされるものである、というところも四者全く同じである。これは当時、中国「辺彊」をめぐる記述に見込まれるべき特徴であったと言えよう。しかし、主人公の度胸と腕によって、荒唐無稽なほどに恵まれた境涯を実現する、という、主人公の出世譚になっているのは、矢島の記事のみに限られる。ここに、河口旅行談が、日本人の成功物語として読み直された形跡を明らかに見ることができよう。

長谷川の「御伽の国」は、チベット人兵士が担いでいた「種ケ島」銃に象徴されるように、遙か昔という、時間軸の上で現在と遠く離れた別世界という意味を与えられていた。また、ヘディンの旅行記でのチベットは、日常世界では起こり得ない不可思議な現象が発生する場所、という意味での別世界であった。この別世界に付与された、日常世界ではありえないことが起こるという意味は、矢島の旅行記に至って、日常世界ではありえないほどの栄耀栄華が望めるという可能性に、結果として読み替えられることとなった。おとぎ話の国であればこそ、信じがたい栄耀栄華が実現するのであり、それゆえにチベットにおける矢島の出世が荒唐無稽であればあるほど、チベットがおとぎ話の世界である度合いも高まったと言えよう。「満蒙」から「西北」へ、「西北」からチベットへと連続する「大陸」世界が展開された一方で、チベットは、「西北」によって断絶された、日本人が日常の生活を営む世界とは一線を画する別世界として捉え直されていったのである。

以上本章で検討してきたように、昭和期に入ると、チベットに関する記述には、「西北」という新しい文脈が出現した。満州事変以後、戦争によって「西北」が、日本人が自由に踏み込めない危険な敵地であることに注目が集まり、チベットは、この「西北」に時に含められ、時に含められない、曖昧な取り扱われ方をされた。このような状況の中でチベットについては、その風土の美しさが魅力的なものとして描写される一方、『最新亜細亜大観』や、第六期国定教科書『初等科地理』において見られたように、そこに暮らすチベット人の無知と愚かさ、生活の貧しさと惨めさが語られた。チベットは敵地である「西北」の彼方の別世界であり、矢島保治郎の旅行記に見られたように、別世界であるがゆえに、日本においては不可能な、夢のような境涯が実現できる場所として記述された。

更に、「喇嘛教」が、「西北」の人々の愚かさや無知、惨めさの元凶とされた。人々がどのように無知でみじめなのかは、「喇嘛教」がいかに人々を抑圧しているのかということによって語られ、その詳細は「喇嘛教」の権力中枢である活仏を中心に記述されていった。大正期に登場した、全モンゴルに君臨する庫倫の活仏は、昭和期に入って、活仏像の中でも最も典型的なものとなった。山中峯太郎の小説に見られたように、活仏の豪華な宮殿は、毒々しい色彩と欲望に満ちたものとして描かれ、活仏が宮殿の奥深くで数多くの家臣や官女に囲まれているというイメージは、好色な活仏が巨大な後宮を持ち、淫靡な生活に耽溺しているというように記述された。「喇嘛教」のグロテスクさは、毒や殺人術、魔法や呪いなどによって詳細に語られ、強調された。しかもこのような「喇嘛教」イメージは、満州や雲南省など、モンゴルとは別な場所に舞台をとる場合でも、必ず記述される「喇嘛教」の特徴となった。このような「喇嘛教」イメージは、同時代の英国において、チベット・イメージ形成に大きな影響を与えたとされるヒルトンの小説『失われた地平線』に見られる、不滅の美に満ちた神秘の教えというイメージとは対照的なものであった。英国において、非論理的な迷信でありつつ、神秘的な雰囲気に包まれた奇跡を実現する可能性を感じさせる宗教であった「喇嘛教」は、日本においては、欺瞞に満ちた取るに足りない迷信と捉えられていたと言える。

注

1 第四期、第五期国定教科書において、例えば「其の主峯たるエベレスト山は高さ凡そ三万尺、世界第一の高峯なり」が「主峯のエベレスト山をはじめ八千メートル以上の高い山々がたくさん立連なり、四時氷雪をいたゞいて大空高くそびえてゐる」というように、よりわかりやすい表現に書き換えられたという点以外は、ほとんど同一であると言える。

2 本節では海後宗臣編『日本教科書大系　近代編』第一七巻（地理（三）、一九六六年）所収「初等科地理」（六〜九九頁）を参照した。

3 教師用指導書『初等科地理　教師用』下巻、二一一頁。文部省『初等科地理　教師用』（上下、一九四三年）は主に、教師の指導目標を示す「教材の趣旨」、教材の運用法などについて指示をした「指導の要点」、地図・挿絵の解説、他の科目との関連などの参考情報が紹介される「指導上の注意」の三項目に分けて教授法について詳細な記述がされている。

4 地図については、児童用地図帳である文部省『初等科地図』下（一九四三年）の第四図及び第七図を使用するように指示されている。

5 ロシアによってモンゴル人が苦しい生活を強いられている、とする記述は以下のようなものである。「ロシヤの勢力がこの地方に及んでゐるため、ラマ教を信じてゐる蒙古人は、苦しい生活をさせられてゐます」（『初等科地理』『日本教科書大系近代編』第十七巻、一九六六年、七八頁）。

6 「政治上の地位」について、編者が、「編纂者が最も心血を濺いで記述した所」（一頁、「凡例」）と述べていることから、この書においてこの項目が中心的な位置におかれているものであることが見て取れる。

7 これについては、藤田佳久『東亜同文書院中国大調査旅行の研究』（二〇〇〇年）を参照した（二九八頁）。

8 この第九巻青海省・西康省の出版年は一九四六（昭和二一）年であるが、同巻「後記」によると、一九四五（昭和二〇）年春にはすでに印刷が完了していたという。事実、同巻冒頭の馬場鍬太郎の序文は一九四五（昭和二〇）年一月付である。しかし前掲「後記」には、同年五月末に戦災のため製本工程にあったものがすべて焼失し、その後疎開してあった紙型を使用して戦後再印刷され、出版されたとある。従って本書で参照した第九巻も一九四六年刊のものであるが、『新修支那省別全誌』全体が戦時下に企画され、執筆されたものであることを考えて、第四章で取り上げることとした。

9 ここに挙げられた「西北辺疆諸省」に該当する巻は以下の通りである。第六巻陝西省、第七巻甘粛省・寧夏省、第八巻新疆省、第九巻青海省・西康省。

10 第九巻青海・西康省は、第一巻・第二巻四川省のように、その内容が東亜同文書院学生の実践調査に基づいていると明記されていないため、このチベット仏教についての説明部分も、学生の調査結果以外の資料に基づいて書かれた可能性が高い。事実多田等観『チベット』（一九四二年）等の書名が文中で挙げられている。参考資料として言及される文献には、多田前掲書の他、顧執中、陸詒の「旅行記」（二四九頁）、陳賡雅『西北視察記』（二五〇頁）、長江『中国の西北角』（二五一頁）等の、中国の新聞記者の旅行記がある。

11 青海省についてはこの他、僧侶数、信徒数、門前町の戸数、祝祭日等が明記された寺院リスト、特に有名で、人が集まる寺院のリストが添付されている。

12 その他はモンゴル関係記事が三件七％、中国関係記事が一件二％となる。

13 例えば、「外蒙にのびる赤魔」（『読売新聞』一九三八年九月二〇日付）では、「支那事変の発生以来ソ連の外蒙赤化工作は頓に積極化し赤軍の強化、喇嘛教の弾圧に堪へかねた蒙古人は最近外蒙より内蒙に頻繁に脱出しつゝあるが数日前脱走せる某は喇嘛教に対する熾烈な弾圧を左の如く語つた」等と報じられている。

14 例えば、「独立の意志に燃えつゝある蒙古人の精神をしつかり理解し、把握して指導する」（寺本婉雅「喇嘛教の改革について」『蒙古』一九三九年一一月号、三三一～三三五頁）といった見解が諸所に見られる。

15 例えば、本文中に掲げた河口慧海筆「新興の曼殊師利国（四）」に付された「喇嘛教」寺院の写真の解説に、「写真は四□□白□太夾駅より十二里荒原の沙漠中にあるラマ僧一千人を有する莫□廟で前方の歓喜仏で異形変怪な偶像」という説明文が付されている。説明文はこれが全文であるが、この短い文において、数ある寺院の風物のうち特に男女交合像に注目し、それをクローズアップして取り上げた上で「異形変怪」と表現する態度に、「喇嘛教」から連想されるイメージが、淫靡で怪奇なものとなっていることが見て取れる。「喇嘛教」のトピックとして男女交合像が注目される傾向は、これ以後も続く。例えば「風聞帳」と題する『読売新聞』一九三八年九月二〇日付の記事にも、満州旅行で見た「ラマ教寺院」の印象を述べる際に、男女交合像が中心的な話題として取り上げられているのを見ることができる。このような風潮は当時においても指摘されており、例えば仏教学者長尾雅人は、一九四三（昭和一八）年にモンゴルを旅行した際の旅行記『蒙古喇嘛廟記』（一九四七年）で、「いたずらに喇嘛教を遠方から外面的に眺めて、何かそれを神秘的な奇怪なもの退廃的な民族の淫靡な宗教くらいに考え、ただ好奇的な対象となす」傾向があると述べている（長尾雅人『蒙古ラマ廟記』、一九八七年、一〇頁）。

16 このロシア女性との婚姻関係が事実であるか否かは不明であるが、当時在位していた第八代哲布尊丹巴呼図克図（一八七二～一九二四）については、飲酒と女色を愛した人物であったことが指摘されている（ハイシッヒ『モンゴルの歴史と文化』、二〇〇〇年、二九六～三〇三頁）。

17 本書では、山中の履歴について、尾崎秀樹「解説」、瀬名堯彦「年譜」（『山中峯太郎集』少年小説大系第三巻、一九九一年、五七五～六〇〇頁）の他、尾崎秀樹による評伝『夢いまだ成らず―評伝　山中峯太郎―』（一九八三年）を参照した。

18 本節では尾崎秀樹他監修『明治少年小説集』（少年小説大系第一巻、一九八九年）所収南陽外史「魔法医者」（三六三～四二六頁）を参照した。

19 この作品は『少女の友』第一〇巻一一、一三、一四号、第一一巻一、三、四、六、七号に掲載されたものである。

20 例えば、矢野意渓から出発し押川春浪を経て、山中作品において「ナショナリズム児童文学」が「完成」されたとする、上笙一郎「日本児童文学におけるナショナリズムの系譜―「浮城物語」から山中峯太郎へ―」（日本文学協会編『日本文学』第一〇巻第九号、一九六一年一〇月）の他、長谷川潮「ナショナリズムと児童文学」『児童文学の思想史・社会史』、一九九七年）等がある。

21 例えば二上洋一は、「少年小説の黄金時代を支えた山中峯太郎が、昭和初年代の少年に与えた印象の強烈さと、感動の激しさを無視することは、とうてい出来ない」と書いている（『少年小説の系譜』、一九七八年、一一四頁）。また山下恒夫は、山中作品について、「日中戦争、特に太平洋戦争期に小学生高学年から中学生だった世代に絶大な影響力」をもち、それがこれらの子供たちの「精神形成史」においていかに不可欠なものであったかを、もしそれをなかったことにするならば「ポッカリとあいた空洞部分が生じてしまう」と述べている（山下恒夫「中国第二革命からの帰還―山中峯太郎断章」『現代詩

手帖』第一九巻第一〇号、一九七六年九月、一二三頁)。

22 『少年倶楽部』が持つ背景を分析した桑原三郎『少年倶楽部の頃—昭和前期の児童文学—』(一九八七年)によると、『東京朝日新聞』一九三三(昭和八)年三月五日付に『敵中横断三百里』の広告があり、それに「大好評、百四十版」とあるという。初版が一九三一(昭和六)年であることを考えると、その売れ行き高の大きさがうかがわれる。

23 例えば続橋利雄は、回想の中で、その人気のさまを、「日本中が本郷義昭にとりつかれ、実在の人物のような印象で迫り、どこへ行っても彼の話でもちきりだった」としている(続橋利雄「『少年倶楽部』の小説における物語性の功罪—山中峯太郎の少年小説を軸として」『児童文芸』第四三巻第五号、一九九七年五月、一六頁)。

24 当時人気絶頂にあった山中の筆になるという一事からだけでも、「万国の王城」と「第九の王冠」が少年少女読者の関心をひいたことが推測できるが、それに加え、当時は少年少女雑誌全盛の時期であり、兄弟誌にあたる『少年倶楽部』の購読者が一〇〇万人に近かった(佐藤忠男「少年の理想主義について」二上洋一編『少年小説の世界』、一九九一年、一六頁)ことから、「万国の王城」が連載されていた『少女倶楽部』の読者数自体も多かったことが推測できる。その上、『少年倶楽部』、『少女倶楽部』両方を回読によって楽しむ読者も多かったことが、永嶺重敏『雑誌と読者の近代』(一九九七年)の「戦前の女性読書調査」(二五九〜二〇二頁)のデータから読みとれる。また、雑誌や単行本の連載、出版当時だけではなく、古本としてそれらが長く読まれたことも、すでに指摘されている(山中恒、山本明「一五年戦争下の少年軍事愛国小説」山中恒、山本明編『勝ち抜く僕ら少国民—少年軍事愛国小説の世界—』、一九八五年、五頁)。以上のことから、「万国の王城」がその掲載誌『少女倶楽部』の購読者に限らず広く読まれたことは、十分推測しうる。

25 本節では分析にあたって、『少女倶楽部』連載の両作品を使用し、併せて『万国の王城』(第四一版、一九三六年)と、『第九の王冠』(一九三五年)を参照した。

26 例えば、一九四二(昭和一七)年にモンゴルのチベット仏教寺院を訪れた経験をもつ文化人類学者石田英一郎の回想に、「百霊廟その他でみたグロテスクなラマ教の寺院と、そこにうごめく無気力で卑屈にさえ見えるラマ僧の姿が、およそジンギスカンの子孫のイメージとはほど遠いものに思えてならない」とある(石田英一郎「蒙古高原で考えたこと」『西域探検紀行全集　月報』一五、一九六八年九月二〇日、一〜三頁)。

27 このように、ある地域への日本勢力の進出が適正であることの有力な論拠の一つとして、彼我の人種や文化について、その共通項を強調する挙措は、明治以降の中国大陸に関する記述に繰り返し見受けられる。例えば、第一章で取り上げた『清国通商綜覧』(一八九二年)「緒言」にも、欧米と日本を比較し、欧米は中国とその「人情風俗」(三頁)を大きく異にするのに対し、日本と中国は共通点が多いとし、この関係を日清通商上の「天然関係の幇便」(八頁)と強調する記述が見えることは、すでに述べた。従ってこのような捉え方は、大陸への日本進出が語られる場合の常套的な表現であり、「万国の王城」、「第九の王冠」においては、モンゴルと日本、中国の関係にそれが使用されていると言える。

28 例えば、前掲鳥居龍蔵「東蒙古と云ふ処は」（『読売新聞』一九一五年四月二八日付）の、「支那人の狡猾にして貪婪、正直極まる蒙古人」という小見出しも、その例の一つである。

29 この作品は『新青年』一九四〇（昭和一五）年一月号に発表されたものである。同年、『有尾人』として他五編とともに単行本として出版された。「人外魔境」と呼ばれる一連の小説のうちの一編である。筆者は『人外魔境』（小栗虫太郎全作品六、一九七九年、八二～一〇二頁）を参照した。

30 『失われた地平線』が日本語に翻訳されるのは、第二次世界大戦後の一九五〇年である（『失はれた地平線』渡辺久子訳）。ただし映画のシナリオは、その一三年前、一九三七年にすでに翻訳されている（ロバート・リスキン編『失はれた地平線』飯田信光訳）。本書では『失われた地平線』（増野正衛訳、一九五九年）を使用した。

31 しかしその後もシャングリ・ラをどこに比定するかに関心が持たれている。候補に挙げられた場所には、中国雲南地方や、パキスタンのカラコラム山中のフンザ地方がある。二〇〇二年五月五日には、中国政府が雲南省の最北西部、迪慶チベット族自治州の一部を香格里拉（シャングリラ）県に変更し、観光客の本格的な誘致がはかられている。

32 例えば、シャングリ・ラ付近に接近した経験を持つ別のアメリカ人の話の中に、チベット仏教の僧侶たちが実践する苦行について言及する部分がある（『失われた地平線』、一九五九年、三〇八頁）。そこでは、この苦行が、文明人の常識では「納得しかねる」お粗末な論証しか持たない迷信に基づくものであるとされ、「そういう苦行は不老長生とは勿論あまり関係がないんだ。ただ彼らラマ教徒たちが、いかに陰惨な自己鍛錬の趣味を持っているかということを物語るだけでね」と結論づけられている。

33 これについては、主として深田久弥『ヒマラヤ登攀史』（一九六九年、二〇四頁）、酒井俊明「ヒマラヤを越えた日本人」その二（『帝塚山大学論集』五二号、一九八六年、二七～三二頁）を参照した。

34 例えば、一九三二（昭和七）年当時の米価を一石（約一四三キロ）八円二〇銭とすると、『ヒマラヤの旅』の価格は米二一〇キロにあたる。現代の米価を一〇キロ四〇〇〇円として換算すれば、八四〇〇〇円相当の書籍ということになり、高価なものであるといわざるをえない。

35 著書としては『ヒマラヤの旅』の他に、『印度』（一九三九年）、『仏蹟』（一九四一年）、『満州紀行』（一九四一年）などの写真集がある。

36 ブティアはボーティアとも表記され、インドとチベット、ネパールとチベットとの国境地帯に居住する、主にチベット系の人々である（梅棹忠夫監修『世界の民族』第九巻、一九八〇年、一四八頁）。『ヒマラヤの旅』では、ブータン系の人々で、宗教はヒンドゥー教、容貌はネパール人に似ているが、服装や装飾品はチベット人に近い、と説明されている（一六～一七頁）。

37 これらは、第二次世界大戦後、ヘディンやヤングハズバンドなどの旅行記が『西域探検紀行全集』（一九六六～一九六八年）として出版されるにあたって寄せられた、以下の回想の中に見える言葉である。諏訪多栄蔵「西域逸書」（『西域探検紀行全集　月報』九、一九六七年九月五日）、望月達夫「ある思い出」（『西域探検紀行全集　月報』一一、一九六八年一一月五日）。

38　ヘディンに関しては、一九一五（大正四）年に『独逸従軍記』（宮家寿男訳、一九一五年）、大正一五年に『北極と赤道』（守田有秋訳、一九二六年）があるが、これらはいずれも、彼の業績の中で最も広く知られている第一次から四次までの中央アジア、チベット探検に関する著作ではない。ヤングハズバンドには、『エヴェレスト登山記』（田辺主計訳、一九三〇年）があるが、やはりこれも中央アジアの探検記ではない。プルジェワルスキーについても、一九三七（昭和一二）年以前における翻訳は、管見では見あたらない。

39　例えば、ヘディンの第四回探検の探検記訳本の一つである『赤色ルート踏破記』（一九三九年）には、西北におけるソ連の活動が、「紅蓮の妖雲は日にその色調を濃くしつゝある」（高山洋吉「序文」、一頁）と表現されている。また、ウィルヘルム・フィルヒナー『科学者の韃靼行』（大陸叢書第四巻、指田文三郎訳、一九四〇年）には、同様に、蒋介石政権やアメリカ、ソ連勢力の西北地方における活動について、「未だ支那西北角には攘消すべき妖雲が刻一刻濃化しつつ」あると述べられている（「訳者序」、一頁）。

40　金子民雄がまとめた『ヘディン著作目録』（一九八一年）と、「ヘディン文献抄」（金子民雄『ヘディン伝』一九八八年、三九二〜四〇七頁）によれば、一五点の内容は以下の通りである。一九三八年の①『馬仲英の逃亡』（小野忍訳）、一九三九年の②『中央亜細亜探検記』（岩村忍訳）、③『赤色ルート踏破記』（高山洋吉訳）、④『北京より莫斯古へ』（高山洋吉訳）、⑤『西蔵探検記』（高山洋吉訳）、一九四〇年の⑥『ゴビの謎』（福迫勇雄訳）、一九四一年の⑦『独逸への回想』（道本清一郎訳）、⑧『リヒトホーフェン伝』（高山洋吉訳）、一九四二年の⑨『ゴビ沙漠横断記』（隅田久尾訳）、⑩『探検家としての余の生涯』（小野六郎訳）、⑪『西蔵征旅記』（吉田一次訳）、一九四三年の⑫『熱河』（黒川武敏訳）、⑬『彷徨える湖』（岩村忍、矢崎秀雄訳）、⑭『禁断秘密の国』（田中隆泰訳）、一九四四年の⑮『絹の道』（橋田憲輝訳）。このうち、第一次探検の旅行記は②、第二次、第三次探検の旅行記はなく、第四次探検の旅行記は①③④⑥⑨⑫⑬⑮、その他の著書が⑤⑦⑧⑩⑪⑭である。

41　高山洋吉訳『西蔵探検記』、吉田一次訳『西蔵征旅記』、田中隆泰訳『禁断秘密の国』の三点に、スウェーデン語版からの訳であり、日本語への翻訳の中では最も詳細なものであると言える金子民雄訳『チベット遠征』を加えて対照すると、ドイツ語版レクラム文庫からの訳である高山訳、田中訳には、金子訳における第二、八、九、一六章に相当する部分が欠けていることがわかる。

42　各章の筆者の履歴は以下のように紹介されている。「南方地区」の筆者である山県初男は、予備陸軍大尉であり、雲南地区での調査活動に従事した経験を持ち、駐在武官や省主席軍事顧問を務めたとされている。「北方地区」の筆者横田碌郎中尉は内蒙古地区での調査活動に従事しており、「蒙古連合自治政府嘱託」となった人物とされる。「西方地区」筆者の矢島保治郎については、入蔵の履歴のみが紹介されている。「西北地区」筆者は継屯少将であり、新疆地区での調査活動と、新疆省主席の軍事顧問として滞在した経験があると紹介されている。

43 矢島の履歴については研究の成果がまだ蓄積されておらず、矢島の生誕一〇〇年を記念して編まれた矢島保治郎『入蔵日誌』(金井晃編、一九八三年)の木村肥佐生「序文」(頁番号なし)と、浅田晃彦『世界無銭旅行者 矢島保治郎』(一九八六年)を除けば、既に触れた山口瑞鳳『チベット』上巻(一九八七年、九八~一〇三頁)、江本嘉伸『西蔵漂泊』下巻(一九九四年、八~三六、六八~七七頁)などが言及しているに過ぎない。本書では以上を参照した。

44 ヒマラヤの景観は、回タイトルが「満天輝く星の景観」とされ、一回分の三分の一ほどが費やされていることから、矢島の体験談のなかでも重要なトピックの一つと考えられる。ここでは以下のように描写される。「満天の星は澄んだ空気を透して、凄いまでに青く光る。星の一つ一つがその遠近がはつきり見てとれて、円い天空に、長短各種の糸で星を吊り下げたかのやうに思はれた。(中略)星も輝き月も光つて、満天青白いシヤンデリアの装ひに飾られた。その下に、ヒマラヤの真白な峰が、頭からのしかゝるやうに光つてゐる」(「満天輝く星の景観」『読売新聞』一九四〇年七月一六日付)。

終　章

日本における「チベット」

本書ではここまで、第一章から第四章において、明治から第二次世界大戦終戦までの日本におけるチベット・イメージの形成と展開について述べてきた。本章ではこれらの考察について総括を行った上で結論を述べることとしたい。

明治期において、チベットに関する記述には、以下に述べるように、日本人入蔵者が帰国する一九〇〇年代以前と以後で大きな差異が見られる。最も大きな違いは、一九〇三年の河口慧海のチベット旅行談以降の記述に見いだされる、チベットの風土を貧しいとする表現や、チベット人が無知ゆえにチベット仏教の重圧に甘んじているといった記述、またチベットを強盗が多く野蛮な地域、鳥葬などむごたらしい習慣を持つ地域などとする内容が、一九〇〇年以前には見られないことである。例えば、小栗栖香頂の『喇嘛教沿革』(一八七七年)や、初等教育教科書の『万国地誌略』(一八七四年)など一八七〇年代までの文献において、チベットについて述べられた内容は、入蔵路が非常に険しく、チベットの気候が厳しいこと、チベットが金銀宝石を産出する地域で、仏教が盛んであり、首都ラサには金銀をちりばめた豪奢な寺院が建ち並んでいることであった。

しかし「喇嘛教」についてはすでに前出の小栗栖『喇嘛教沿革』に、チベット仏教の僧院生活を堕落したものとし、かつ、その教義を密教とするという二点において、一九〇〇年代以後と共通する記述が見られる。チベット仏教の教義に密教のみを見るイメージは、偏ったものであると言わざるをえない。しかし、学識の豊かさで名高かった小栗栖のこの著書は、大正年代初めに至るまで、チベット仏教に関する信頼すべき著作の一つとされていたため、「喇嘛教」の僧院生活に堕落を見ることと、教義を密教とすることの二点、特に後者について、大正初期までのチベットに関する他の記述に根拠を与えることとなったと思われる。

一八八〇年代後半から一八九〇年代にかけての時期には、英国で出版された仏教に関連する文献や、英国やインドに留学した僧侶たちの見聞を通じて、日本の仏教者の記述、例えば『反省雑誌』や能海寛『世界に於ける仏教徒』などに、チベット情報が取り入れられるようになり、それに従って以下に述べるように、三つの新しいイメージが出現した。すなわち、チベットを未知の国とするイメージと、入蔵を「探検」、しかも緊急を要する「探検」と捉えるイメージ、そして「喇嘛教」について、厳しい戒律と難解な経典を持つ宗教であるというイメージである[*1]。特に入蔵については、同じ仏教者の活動であった一八七〇年代の東本願寺の海外事業が、入蔵を布教と捉えたこと、それも緊急性のない、あくまで将来において可能性があるにすぎないものとしていたこととは対照的である。但し入蔵に対するこのような認識の変化は、前述のように、地理的情報の不足している地域であるというチベット情報が入ってきたことと、一八九三（明治二六）年当時、郡司成忠の千島探検と福島安正のシベリア横断が世間の注目を集めていたという情況、さらに大乗非仏説に対する危機感が反映した結果であると思われる[*2]。

一九〇〇年代に入ると、一九〇一（明治三四）年の阿嘉呼図克図来日報道、一九〇三〜〇四（明治三六〜三七）年の河口旅行談、一九〇五（明治三八）年の能海寛横死報道、一九〇八（明治四一）年のヘディン来日報道など、まとまった量のチベット情報が新聞や雑誌に掲載される出来事が続いた。この時期の記述は、以上に述べてきたそれまでのチベットに関する記述とは異なり、チベットを貧しい土地、未開の小国とし、「喇嘛教」を迷信と捉えたものであった。例えば、一九〇〇（明治三三）年の初等教育教科書『小学地理』では、チベットが寒気と乾燥に苛まれる貧しい土地として記述された。これはそれまでの教科書にみられなかった表現であり、特に、豪奢な寺院が櫛比し、金銀宝玉を産出する土地という一八七〇年代の教科書に書かれた内容とは対照的なものであった。

このように、チベットを貧しい未開の土地とし、「喇嘛教」を迷信と捉えるイメージがより具体的に見られるのが、一九〇一（明治三四）年の、チベット仏教活仏阿嘉呼図克図来日をめぐる報道である。この報道ではチベットが、無力な未開の国であるがゆえに、ロシア、英国、清の三大国の思惑に翻弄されているとされた。また「喇嘛教」の教義が、「文明」人である日本人にはいかに理解不可能であるかが記述され、それによって「喇嘛教」がとるに足りない迷信であることが強調された。これらの記述は、「文明」国に住む人々は賢明でありそれゆえに豊かで、「未開」の国々の人々は無知ゆえに貧しい、という二項対立にチベットが当てはめられた結果だと思われる。このような記述は、日清戦争に勝利した日本人が、日本を「文明」国に、清を「未開」の国に準えた結果、モンゴルやチベットもそのまま、清と同様の「未開」に含められてしまったことから生まれたものであると言えよう。

上述のイメージが、以下に述べるように、体験談という豊富な情報によって、更に具体的に語られたのが一九〇三（明治三六）年から一九〇四（明治三七）年にかけての河口旅行談であった。チベットがどのように清や英国を頼ってきたかが語られたことで、大国に翻弄される無力な小国、というイメージがより具体化された。また、厳しい貧しい風土、というイメージについては、石が散乱する荒廃した畑地や、それを改善するすべを持たないチベット人の無能さなどが紹介された。「閉ざされた国」というイメージについても、地理的障害という点では、彼が命を懸けて挑んだヒマラヤ越えが詳細に語られ、人為的な障害という点では、チベット人がいかに排外的であるか、また強盗や殺人がいかに頻繁に起こるか、そして「鎖国」の禁制を破った人間に、いかに残酷な刑罰が科せられるか等豊富に実例を挙げて説明された。

「喇嘛教」については、「反省会」の記述にあった、豪奢な僧院で厳しい規律に従って修行する僧侶たち、というイメージとは非常に異なるものが見られる。紹介されたのは、「喇嘛教」を迷信とした阿嘉呼図克図報道に見られるような、否定的なイメージを更に詳細に説明するものが多かった。例えば、口に出すのもはばかられるほど淫猥な仏像が礼拝されていること、僧侶たちの生活が喧噪と乱倫に満ちていることであり、「喇嘛教」は日本仏教のような「正統」な仏教ではないと記述された。更にチベット人が、「蒙昧」で迷信を信じる傾向が強く、「半開」であるがゆえに、「喇嘛教」に支配されているとされた。河口の記述は、小栗栖が『喇嘛教沿革』で頻繁に指摘したチベット仏教寺院における修道生活の堕落を、更に詳細に説明するものとなったと言えよう。上述の情報に加え、入浴をしない不潔な習慣、死体を切り刻んで鳥に食べさせる鳥葬、一人の女性が複数の男性を夫にする一妻多夫の婚姻制度など、当時としては怪奇もしくは淫靡なものと受け止められざるを得ない事柄が、チベットでの見聞として語られた。

このような内容を持つ河口旅行談が、例えば一九〇三年五月二八日付の『時事新報』に見られるように、中国古典の冒険活劇『西遊記』に擬されたことは示唆に富む。すなわち、チベットに、妖怪変化が次々に現れる異世界というイメージが重ねられており、同時に、その異世界が孫悟空の奇想天外な冒険の舞台であったように、チベットが、想像がつかないことがおこる怪奇な、日本人の冒険の舞台であったことが示されている。一八八〇年代後半から一八九〇年代にかけて英文文献を通じて日本に入ってきたと考えられる、チベットが未知の国であるという情報は、河口旅行談によって肉付けされ、日本人の奇想天外な冒険を実現可能にする舞台「秘密国」を生み出したと言えよう。

日本において河口旅行談のチベット情報を荒唐無稽なものと見、その真偽を疑問視する人々が一部にあったことは、すでに第二章で述べた通りである。しかし、その一年後の能海寛横死報道は、チベットが危険な場所であるという一点について、河口旅行談が真実であったことを立証する結果となった。更に五年後のヘディン来日報道で、ヘディンの見聞として伝えられたチベット事情の内容は、一九〇三（明治三六）年五月二八日付の『大阪毎日新聞』に「西蔵奇聞」と表現された河口旅行談と軌を同じくするものであった。これも結果として、ヘディンが持つ名声や権威によって、河口旅行談の情報の信憑性を、いわば保証することとなったといえる。

一九一二年以降、すなわち大正期に入ると、明治期にチベットへのアプローチに積極的だった仏教界において、研究者たちの関心が、専らチベット語文献の研究に向けられるようになった。従って当然のことながら、チベット現地の情報に注意が払われる度合いは、明治期に比べ著しく低くなった。その結果、最も詳細なチベット情報である河口旅行談の内容が、訂正や情報の付加を施されないままになるという状況が生じた。

その中で一九二〇（大正九）年に刊行された青木文教の『西蔵遊記』は、以下述べるように、従来のイメージ、特に河口の『西蔵旅行記』の記述に見られた、怪奇で危険な国チベットというイメージを意識した上で、新しいチベット・イメージを提示したものであった。『西蔵遊記』においてチベット人は、河口旅行談に描かれたような残虐な強盗でも男色にふける破戒僧でもなく、仏教を篤く信仰する穏やかで礼儀正しい人々であり、彼らが信仰する「喇嘛教」も、河口の記述にあったような堕落した仏教ではなく、インド仏教の正統に連なるものであるとされた。また、外国人を皆殺しにするような激しい排斥は跡を絶ち、現在のチベット人は非常に友好的である上、交通機関や通信手段の整備によって、チベットは昔時の秘密国ではない、と記述された。更に、青木撮影の豊富な写真によって、河口旅行談の挿絵に描かれた冒険の舞台チベットとは異なる、チベットの人々の穏やかな日々の営みが紹介された。

しかし、このような内容を持つ『西蔵遊記』への反応は著しく鈍かった。このことは、上述した学界におけるチベットへの関心のありようの変化に加え、学界とは無縁の一般の人々が、チベット旅行記に、河口旅行談と同様の、『西遊記』にも擬されるべき内容を期待していたことが原因であると考えられる。例えば『西蔵遊記』の出版広告の宣伝文に、「奇聞異説」、「無比の珍書」という表現が使用されたことに、その一端が見て取れる*3。チベットについては、「奇聞」であり「異説」であることが、読者にアピールする要点であったことが、ここに示されている。このことは、能海寛横死報道やヘディン来日報道によるチベット情報の流布を経て、河口旅行談のチベット・イメージが有力な参照例となっていたことを示すものであると言えよう。

その一方で大正期において変化が見られたのが「喇嘛教」のイメージである。明治期に見られた怪奇で淫靡な宗教というイメージに加え、モンゴルの宗教として記述される中で、二つの新しいイメージが出現した。すなわち、「喇嘛教」をモンゴル人の純朴さの淵源とする肯定的なイメージと、モンゴルの首都、現在のウランバートルである庫倫の宮殿に君臨し、多数の后妃を従えて豪奢な生活をする最高活仏、というイメージである。特に後者については、出家者である僧侶の頂点にある活仏が、俗世の栄耀栄華を極めている、とされたことによって、修道生活に似つかわしくない腐敗が「喇嘛教」に存在することが示唆されたと言える。この活仏のイメージが、この後昭和期に入って、「喇嘛教」の腐敗が記述される場合の代表的なものとなっていくことを考えると、すでに大正期にその萌芽と言えるイメージが出現していたことは注目に値する。

一九二六年以降昭和期に入ると、チベットに関する記述には、「西北」という新しい文脈が出現した。日本の勢力が、満州から中国北部へ拡張されようとしている状況において、次なる進出対象として考えられていたのが、日本と敵対関係にあるソ連、中国、英国、アメリカの勢力下にある「西北」地域、すなわち、モンゴル、新彊、青海省、西康省であった。満州事変以後、戦争によって「西北」が、日本人が自由に踏み込めない、日本人にとって危険な敵地であることに注目が集まり、チベットは、この「西北」に時に含められ、時に含められない、曖昧な取り扱われ方をされた。

「西北」に関する記述の中でチベットについては、その風土の美しさが魅力的なものとして描写される一方、そこに暮らすチベット人の無知と愚かさ、生活の貧しさと惨めさが対照的に語られた。チベットとチベット人についてこのような描写がされたことには、以下に述べる事情が影響しているものと思われる。戦局が進むにつれて、『最新亜細亜大観』や、第六期国定教科書『初等科地理』において見られたように、「大東亜共栄圏」に含まれるアジア各地を「未開」と捉え、その「未開」の各国の救済に、戦争遂行の目的があると強調されるようになった。このような記述の中でアジア各地はおしなべて「未開」の地域とされつつ、日本の支配下にある地域は「未開」から脱出する可能性のある地域で、そこに住む人々は幸福な生活を送っているとされた。一方、そうではない地域、すなわち、日本と敵対関係にある国々の影響下にある地域の人々は、「未開」から脱出する希望のない、不幸な生活を送っていると記述された。チベットは当時、事実上英国の支配下にあると見なされていたことから、後者に分類され、その貧しさや惨めさが強調されることとなったと思われる。

更に昭和期において「喇嘛教」は、「西北」の人々の愚かさや無知、惨めさの元凶としても語られた。人々がどのように無知でみじめなのかは、「喇嘛教」がどのように人々を抑圧しているのかということによって語られ、その詳細は「喇嘛教」の権力中枢である活仏を中心に記述されていった。大正期に登場した、全モンゴルに君臨する庫倫の活仏は、昭和期に入り、そのような活仏像において最も典型的なものとなった。山中峯太郎の「万国の王城」や「第九の王冠」に見られたように、活仏の豪華な宮殿は、毒々しい色彩と欲望に満ちたものとして描かれ、活仏が宮殿の奥深くで数多くの家臣や官女に囲まれているというイメージは、好色な活仏が巨大な後宮を持ち、淫靡な生活に耽溺しているというように記述された。「喇嘛教」のグロテスクさは、毒や殺人術、魔法や呪いなどによって詳細に語られ、強調された。否定的な「喇嘛教」イメージは、明治期以来最も誇張された形となったと言えよう。しかも、このような「喇嘛教」イメージは、小栗虫太郎の「天母峰」において見られたように、満州や雲南省など、舞台をモンゴルとは別な場所にとる場合でも、必ず記述される「喇嘛教」の特徴となった。チベットに関する専門書ではなく、大衆小説の中の「喇嘛教」がこのような共通の特徴を持っていたことは、一般の人々の「喇嘛教」イメージに大きな影響を与えたと思われる。

このような「喇嘛教」イメージは、第四章ですでに述べたように、同時代の英国において、チベット・イメージ形成に大きな影響を与えたとされる[*4]ヒルトンの小説『失われた地平線』に見られるイメージとは対照的なものであった。そもそも、ヒルトンがチベットの奥地に隠された美しい谷「シャングリ・ラ」として描いた、チベット仏教の未来王国シャンバラは、第二次世界大戦終戦以前の日本では、単なる伝説、もしくはチベット人のご都合主義の産物とされ、ヒルトンの「シャングリ・ラ」についても特に注意は払われなかった。「喇嘛教」が描かれた同時期のこの二つの小説において表現された、グロテスクな形象で埋め尽くされたモンゴル活仏の宮殿と、不滅の美に満ちた「シャングリ・ラ」のラマ僧院に関する対照的な記述は、両作品における「喇嘛教」イメージの相違をそのまま示している。一方で欺瞞に満ちた取るに足りない迷信とされた「喇嘛教」は、一方では非論理的な迷信ではあるが、神秘的な雰囲気に包まれた奇跡を実現する可能性を感じさせる宗教として捉えられていたと言える。

以上本書で検討した、明治から第二次世界大戦終戦までのチベット・イメージの形成と展開には、二点の特徴を指摘することができよう。一点は、中国大陸に対する日本人の関心が清や満州、モンゴルなどに集中するたびに、チベットが、日本人のそのような関心において、周辺的な位置へ押しやられてきたことである。もう一点は、チベットに付される「秘密国」の意味が変化してきたことである。

第一点については、例えば、一八八九（明治二二）年の浦敬一の西域探査計画において、清に関する日本の利害という点から重要度を斟酌された結果、チベットが、旅中不都合なことがあれば調査対象からはずしうる、調査の緊急性のより薄い地域とされたことに、まず見て取ることができる。また、一九〇一（明治三四）年の阿嘉呼図克図報道の際は、満州の帰趨に関心が集中していた。この時、満州問題の当事者、すなわち、清、英国、ロシアが、「西蔵問題」の関係国であるとされつつ、この場合もチベットは、日本と直接関係をもたない地域とされた。大陸進出に最も先鋭的な態度を持っていた民間政治団体の一つである黒龍会の記述にさえ、以下に述べるように、チベットへの日本の積極的な関与を不要とする態度が見られた。例えば、一九三一（昭和六）年の黒龍会編『最新亜細亜大観』では、満州と中国を論じた箇所において、この二つの地域を日本の勢力下に維持するために、新疆、モンゴルの防衛が最も緊要とされ、チベットはそれに準ずる地域とされた（四四〜四五頁）。にもかかわらず、チベットの防衛問題は、あくまで英領インドの問題（二〇四頁）、すなわち日本の国防問題ではないとされているのである。矛盾とも言えるこのような記述には、チベットに対する認識がいかに曖昧であったかが示されていると言えよう。また、中国全域を扱う一九一七〜二〇（大正六〜九）年の『支那省別全誌』、一九四一〜四六（昭和一六〜二一）年の『新修支那省別全誌』において、チベットが中国の範疇に含められていながら、チベット事情は全く記述されていないことにも、上述の『最新亜細亜大観』と同様の、矛盾に近い認識が見て取れる。その一方で、明治期の『清国通商綜覧』から、昭和期の『新修支那省別全誌』までの、チベット事情を扱わない著作において、チベットと清の国境地帯の情報として、チベットに近づくにつれ交通路が険しさを増していく様子が詳述されたことは、チベットがいかに遠隔の地であるかが繰り返し伝えられる結果となったと言えよう。チベットは、矛盾を顧慮する必要が認められないほど関係の遠い存在として扱われ、辺地として語られ続けていったのである。

中国大陸への関心の変化は、「喇嘛教」に関する記述にも影響した。明治期に「喇嘛教」は、小栗栖香頂『喇嘛教沿革』や、能海寛『世界に於ける仏教徒』、河口旅行談等に見られるように、主にチベットの宗教として取り扱われた。その一方で、大陸政策を語る場においては、例えば『清国通商綜覧』や阿嘉呼図克図報道に見られるように、異民族統治に非常な効果を発揮する仕組みとして注目され、清の宗教という枠内で取り上げられた。大正期にはモンゴルの宗教として記述されるようになり、昭和期に入ると、満州や「西北」の宗教としても語られるようになった。「喇嘛教」に関連して語られる国や地域が、チベット、モンゴル、満州、「西北」と次第に増加・拡大していった過程は、チベットが、満州、モンゴルからヒマラヤに至る広大な領域の単なる一部へと変化する過程でもあった。大陸への関心の変化は、その度ごとにチベットを周辺に位置づけつつ、「喇嘛教」への注目を生み、さらにその「喇嘛教」への注目がチベットの存在感をより希薄にすることとなったと言えよう。この繰り返しによってチベットに対する印象が次第に曖昧になり、チベットは、中国や「西北」、中央アジアといったその時々に関心を呼んだ地理的名称に含まれる、いわば付属品にすぎない存在となっていったと思われる。

次に、第二点の特徴である「秘密国」イメージの変化について述べる。一八九三（明治二六）年前後の「反省会」の記述においては、「探検」がまだ行われていない未知の国という意味で、チベット人に「隠者民」（『世界に於ける仏教徒』、六〇頁）、チベットに「今日最闇ナル国」（同書、六二頁）などの表現が使用された。また、ラサについても、未知の仏典が残されているという意味で「中央亜細亜霊界の宝府」（一八九三年三月二七日付『反省雑誌』社説「仏門の福島中佐」、一頁）という表現が使われた。一八九〇年代後半に入ると、同様に未知であるという意味で、「秘密蔵」（「邦人の西蔵探検」『読売新聞』一八九八年一一月一五日付）等という表現が出現した。更に、第二章第一節ですでに述べたように、一九〇一年の阿嘉呼図克図報道に至って、「秘密国」という表現が使用され、以降この「秘密国」が枕詞のようにチベットに付されるようになった。

この「秘密国」チベットに、日本人独自の視点から具体像を与えたと言えるのが、河口旅行談であった。河口旅行談において紹介されたチベット事情は、多岐にわたる内容であったが、それにもかかわらず、新聞記事や雑誌において河口旅行談が要約された場合には、その内容は、チベットがいかに危険な場所であるか、そして当時としては淫靡、そして怪奇とされざるを得ない習慣を持つ国であることにしぼられていた。つまり、河口旅行談は、危険、淫靡、怪奇という三点に要約されて受容されたと言えよう。そしてこの三点に関する情報、すなわち、危険に関する情報は日本人の勇気と度胸を、一妻多夫や男女合体仏など、いわゆるエロティックなものは日本人の高潔さを、鳥葬やチベット人の不潔など、グロテスクなものは日本人の良識を非常に明快に示すものであった。結果として河口旅行談は、日本人の長所を存分にきわだたせる場所として「秘密国」チベットを意味づけることとなったと言えよう。

昭和期に入ると、このような意味の「秘密国」にも変化があった。矢島保治郎のチベット旅行記において、チベット事情ではなく、専ら彼の夢のような出世と恵まれた境涯に記述の重点がおかれたように、チベット旅行記は、日本人が中国大陸においていかに栄耀栄華を得たか、その成功の物語として記述された。チベットは、日本では望みえない立身出世が可能である場所、すなわち現状から脱却して夢のような境涯を実現することができる場所として捉え直されたと言えよう。その結果、チベット情報は、この成功を引き立てるもののみが紹介されることとなった。矢島の旅行記には、河口旅行談で紹介された広範かつ多彩な情報はもはや見られない。彼の記述の中で紹介されるのは主に、日本人の勇気と才覚がいかに必要であるかを語る、長く危険に満ちた入蔵の路程を説明する情報、日本や日本人がいかに優れているかを語る、チベット人がいかに無知でありチベットがいかに貧しく遅れた国であるかを示す情報であった。更に、そのチベット人の無知を示す恰好の材料として迷信「喇嘛教」が語られたが、この場合も記述の重点は、「喇嘛教」の詳細ではなく、迷信を喝破する日本人の見識の高さを強調することにあった。このような記述は、戦局が進む中で「大東亜共栄圏」の盟主としていかに日本がふさわしいかが述べられるうちに、日本人の優秀さを立証する事例の一つとして、チベットが使用された結果生まれたものであると考えられる。つまり、戦時下の日本において、アジアの他の地域に対する日本の優位を証明することの必要性が、いかに重要視されていたかがここに示されていると言えよう。

日本における「秘密国」イメージのそもそもの始まりとも言える、チベットが未知の場所であるという情報は、一八八〇年代後半から一八九〇年代にかけて、主に英国の仏教関連書を通じて日本に入ってきたと考えられることはすでに第一章第三節で述べた。しかし、その後、英国においては日本と異なるイメージが生まれた。一八八〇年代になるとチベットには、未知の場所という以外に、神智学協会によって、神秘的な不可知の智慧が存在する場所というイメージが付け加えられた。この不可知の智慧が隠された神秘的な場所というイメージは、ヒルトンの「シャングリ・ラ」によって、その典型の一つが完成されたと言えよう。しかも、「シャングリ・ラ」は、チベット以外の場所では存在し得ないものであった。これは同時代の日本においてチベットに付せられるようになった「西北」という言葉が、チベット以外の地域にも広く使用されるものであったのとは大きく異なるものであったと言えよう。英国においてチベットが持ちえた唯一の地域としての存在感は、日本における「西北」チベットには見られないものであったのである。

チベットは明治以降、日本人の中国大陸への関心によって、常に周辺に位置づけられてきた。その一方で、日本人の希望や願望を反映して、未知の国から日本人の冒険の舞台へ、そして夢のような境涯を実現できる現状打破の可能な場所へと変化してもきたと言える。しかし、一九〇〇年代以降、チベットが貧しく、遠く、危険な地域であり、文明から取り残された人々が住む場所であることは、繰り返し語られてきた。第二次世界大戦終戦以前の時期においてすでに、現代の「何々のチベット」という表現に見るような、遠くて寒い、危険で遅れたチベットといったイメージを見いだすことができると言えるのである。

注

1　すでに第一章第三節に述べたことであるが、例えば一八九三（明治二六）年三月二七日発行の『反省雑誌』の社説「仏門の福島中佐」（一～二頁）には、チベット仏教について、「冒険排難の業を喜び、遠捜深尋の気に富める彼欧洲の銀色人種すら、猶之を審かにせず、世界各国人の悉く知らんことを欲するところ」（一頁）、つまり世界的にみても未解明の部分が多々ある宗教であると記述されている。このように未知が強調される一方で、「峻厳なるラマ教の規律」、「渋艱なる西蔵の文字」（二頁）という表現も見受けられる。つまり未解明である、謎であるというイメージがあると同時に、未知であるはずのその戒律や言語に「峻厳」、「渋艱」といったイメージがすでに持たれていたことが示されている。そしてこの社説において入蔵は「西蔵探嶮《ママ》」（二頁）と表現されている。これはそれまでの『反省雑誌』に見られなかった表現であり、この社説以降、入蔵は「探検」と記述されるようになった。更に能海寛の『世界に於ける仏教徒』（一八九三年）は、地理学的情報のみならず、国情一般について不明な国という意味で、チベットを「世界中今日最闇ナル国」と述べている（六二頁）。これは、チベット仏教のみならず、チベットという国そのものに、未知であるというイメージが持たれていたことを示していると言えよう。

2 第一章第三節ですでに述べたことであるが、前掲『世界に於ける仏教徒』においては、探検を行うべき仏教国として、ネパールやカシミール、中国内地やビルマ、タイなどが挙げられ、その中でチベットが、最優先で探検されるべき地域とされている（五七頁）。その理由としては、チベット仏教が「印度ヨリシテ直伝セル」（六〇頁）ものであること、そして政治的、軍事的にチベットが、ロシア、イギリス、フランス、清の勢力が競り合う焦点となっており、戦争による壊滅的な被害が危惧されること、の二点が挙げられている。その上で能海寛は、チベット探検にすでに欧米人が取り組んでいることを述べ、仏教徒である日本人がこれを座視すべきでないとした（六一〜六二頁）。チベット探検についてのこのような見解は、一八九三（明治二六）年三月二七日付『反省雑誌』社説「仏門の福島中佐」にも見られる（一〜二頁）。従って入蔵をこのように捉える見解は、「反省会」において共有されていたものであると考えられる。また、欧米人ではなく、日本人が行動に出るべきであるということは、チベットにのみ言われていたことではなく、すでに一八九〇（明治二三）年七月一〇日付の『反省会雑誌』社説においてインド仏教の復興について同様の見解が述べられている。従って一八九〇年前後の「反省会」において、海外での日本人僧侶の活動について共通して持たれていた見解が、チベットにも当てはめられたものと考えられる。

3 これも第三章第三節にすでに述べていることではあるが、これらの表現は『六條学報』二二七号（一九二〇年一〇月）の巻末に収められた広告に見られる。

4 例えば、オーヴィル・シェルが、ヒルトンの「シャングリ・ラ」について、これがファンタジーとしてのチベットのイメージとしては典型的な例となったと述べている（Schell, *Virtual Tibet*, 2001, p.8）。また、ビショップは、一五世紀から現代に至る欧米人のチベット・イメージの変遷を俯瞰して、「チベットは一貫してシャングリ・ラとしてイメージされてきたのではない」（Bishop, "Not Only a Shangri-La", 2001, p.204）と述べた。この言葉は、チベット・イメージと言った場合、まず挙げられるのが「シャングリ・ラ」であることを示唆していると言える。欧米人のチベット・イメージの中で、「シャングリ・ラ」が、いかに支配的なものになっていったかが、このビショップの言葉からうかがい知られよう。

主要参考文献

凡例

一　文献は章ごとに示した。複数の章にわたって使用した文献については、重複することになるが、各章にそれぞれ示した。

二　日本語文献は著者（編者）名の五十音順、英語文献も同様に著者名のアルファベット順とした。

三　新聞記事、雑誌記事は本文中に挙げたもののみ掲載した。これらの記事は新聞、雑誌ごとにまとめて示したが、筆者名がある場合は、その筆者の著作に含めた。

■序　章

石川漣平編『東亜の先覚石川伍一と其遺稿』人文閣、一九四三年

色川大吉『チベット・曼荼羅の世界』小学館、一九八九年

榎本武揚「シベリア日記」『アメリカ彦蔵日記・遣米使日記・航西日記・シベリア日記』世界ノンフィクション全集14、筑摩書房、一九六一年

江本嘉伸『西蔵漂泊』上・下、山と渓谷社、一九九三・九四年

奥山直司『評伝　河口慧海』中央公論新社、二〇〇三年

小越平陸『黄河治水』政教社、一九二九年

木村肥佐生『チベット潜行十年』中公文庫、一九八二年

木村肥佐生「成田安輝西蔵探検行経緯」上・中・下、『アジア研究所紀要』、亜細亜大学アジア研究所、第八号（三三三～八七頁）、一九八一年、第九号（一三九～一九二頁）、一九八二年、第一〇号（一八三～二三八頁）、一九八三年

木村肥佐生『チベット偽装の十年』中央公論社、一九九四年

蔵前仁一『ゴーゴー・アジア』凱風社、一九八八年

グルンフェルド『現代チベットの歩み』八巻佳子訳、東方書店、一九九四年

笹目恒雄「秘境青海」『善隣協会月報』五八号、一九三七年、六九～七三頁

篠原徹編『近代日本の自画像と他者像』柏書房、二〇〇一年

シャカッパ『チベット政治史』三浦順子訳、亜細亜大学アジア研究所、一九九二年

スネルグローヴ、リチャードソン『チベット文化史』奥山直司訳、春秋社、一九九八年

高山龍三『河口慧海―人と旅と業績』大明堂、一九九九年

高山龍三『展望　河口慧海論』法蔵館、二〇〇二年

ダライラマ『チベットわが祖国』木村肥佐生訳、中央公論社、一九八九年

長沢和俊『日本人の冒険と探検』白水社、一九七三年

長野泰彦、立川武蔵編『チベットの言語と文化』冬樹社、一九八七年

成田安輝「進蔵日誌」上・下、『山岳』日本山岳会、六五号

（一～五六頁）、一九七〇年、六六号（一～三七頁）、一九七一年
西川一三『秘境西域八年の潜行』上・下、芙蓉書房、一九六七・六八年
西川一三『秘境西域八年の潜行』上・中・下、中公文庫、一九九〇・九一年
野元甚蔵『チベット潜行１９３９』悠々社、二〇〇一年
波多野養作『シルクロード明治の一人旅』創造出版、一九八五年
塙薫蔵『浦敬一』淳風書院、一九二三年
深田久弥『中央アジア探検史』白水社、一九七一年
福田隆繁『モンゴルを駈ける青春』ミリオン書房、一九八九年
房建昌「日本侵蔵秘史―日本有関西蔵的秘密報告和遊記」『西蔵研究』一九九八年第一期、四九～五五頁
薬師義美編『ヒマラヤ文献目録』白水社、一九八四年
薬師義美『雲の中のチベット』小学館、一九八九年
薬師義美編『大ヒマラヤ探検史』白水社、二〇〇六年
山口瑞鳳『チベット』上・下、東京大学出版会、一九八七・八八年
Bishop, P. *The Myth of Shangri-La: Tibet, Travel Writing and the Western Creation of Sacred Landscape.* London: Athlone Press, 1989.
——.*Dreams of Power : Tibetan Buddhism and the Western Imagination.* London: Athlone Press, 1993.
——.“Reading the Potala”. *Sacred Spaces and Powerful Places in Tibetan Culture : a Collection of Essays.* Toni Huber, ed. Dharamsala: Library of Tibetan Works and Archives, 1999. pp.367-385.
Dodin,T.& Rather, H., ed. *Imagining Tibet: Perceptions, Projections, & Fantasies.* Boston: Wisdom Publications, 2001.
Esposito, M., ed. *Images of Tibet in the 19th and 20th Centuries.* Paris: Ecole Française D'Éxtrême-Orlent, 2008.
Hyer, P. “Narita Yasuteru: First Japanese to Enter Tibet”. *Tibet Journal.* Autumn 1979, pp.12-19.
——.“A Half-Century of Japanese-Tibetan Contact, 1900-1950”. *Bulletin of the Institute of China Border Area Studies.* No.3, 1972, pp.1-23.
Kolas, A. *Tourism and Tibetan Culture in Transition: A Place Called Shangrila.* London: Routlegde, 2008.
Lopez, Donald S. *Prisoners of Shangri-La:Tibetan Buddhism and the West.* Chicago: University of Chicago Press, 1998.
Sato, H. “The Origins and Development of the Study of Tibetan History in Japan”. *Acta Asiatica.* No.64, 1993, pp.81-120.
Schell, Orville. *Virtual Tibet: Searching for Shangri-La from the Himalayas to Hollywood.* New York: Owl Publishing Company, 2001.
Tada, Tokan. “The Thirteenth Dalai Lama”. *East Asian Cultural Studies Series.* No.9, 1965.

主要参考文献

■第一章

アーノルド『大聖釈尊』中川太郎、浜口恵璋、狩野広崖訳、仏教図書出版、一九〇八年

飯塚勝重「能海寛と長江三峡行」『白山史学』第三四号、東洋大学文学部史学科研究室白山史学会、一九九八年、一八～三七頁

飯塚勝重「能海寛　求法の軌跡―東京修学時代の日記を中心に―」『研究年報』第三八号、東洋大学アジア文化研究所、二〇〇三年、三七四～三七頁

池田英俊編『明治時代』論集日本仏教史第八巻、雄山閣出版、一九八七年

石川舜台「光瑩伯の思出」『中外日報』一九二三年二月一〇日、一一日、一三日、一五日付

石川舜台『石川舜台選集』石川舜台老師頌徳記念会、一九四三年

石川漣平編『東亜の先覚石川伍一と其遺稿』人文閣、一九四三年

井上雅二『巨人荒尾精』佐久良書房、一九一〇年

禕理哲『地球説略』老皀館、一八六〇年

上田勝行訳『万国地図問答』文求堂、一八七六年

上原芳太郎「明治仏教秘史を読んで」『中外日報』一九二三年三月二七日付

大谷光瑞『西域考古図譜』国華社、一九一五年

魚返善雄「同治末年留燕日記」『東京女子大学論集』第八巻第一号（一一～五一頁）、同第二号（四五～八一頁）、一九五七年

江本嘉伸『西蔵漂泊』上、山と渓谷社、一九九三年

江本嘉伸『能海寛チベットに消えた旅人』求龍堂、一九九九年

岡崎秀紀編『島根の高校生　黄土地帯を越えて六盤山へ』島根県高校登山部寧夏国際交流　登山調査隊、二〇〇一年

岡崎秀紀「『能海寛研究』文献紹介」未発表原稿、二〇〇三年一月二四日付

岡崎秀紀「能海寛の英語学習と発信の経歴について」『石峰』第九号、二〇〇三年、七四～九二頁

奥山直司『評伝　河口慧海』中央公論新社、二〇〇三年

小栗栖香頂編輯『喇嘛教沿革』石川舜台、一八七七年

小栗栖香頂『北京護法論』小栗栖香頂、一九〇三年

小栗栖香頂『新注　ラマ教沿革』続群書類従完成会、一九八二年

小栗憲一『小栗栖香頂略伝』明治館、一九〇七年

オッペンハイム『英国心霊主義の抬頭』和田芳久訳、工作舎、一九九二年

小山一郎『東亜先覚荒尾精』東亜同文会、一九三八年

小山田与清『松屋筆記』国書刊行会、一九〇八年

オルコット『仏教問答』今立吐酔訳、仏書出版会、一八八六年

海後宗臣編『日本教科書大系　近代編』第一五巻、地理（一）、講談社、一九六五年

海後宗臣編『日本教科書大系　近代編』第一六巻、地理（二）、講談社、一九六五年

海後宗臣編『日本教科書大系　近代編』第一七巻、地理（三）、

講談社、一九六六年
柏原祐泉「明治期真宗の海外伝道」『仏教研究論集』清文堂出版、一九七五年、八三一～八四二頁
柏原祐泉『近代大谷派の教団』真宗大谷派宗務所出版部、一九八六年
潟岡孝昭「明治初年に於ける東本願寺翻訳局」『市立大学図書館協会会報』第三六号、市立大学図書館協会、一九六二年、一一～二六頁
学海指針社編『小学地理教員用』集英堂、一九〇一年
唐沢富太郎『教科書の歴史』唐沢富太郎著作集、第六巻、ぎょうせい、一九八九年
川崎信定「チベットの仏教と東アジアの仏教―その交渉関係を近藤重蔵著『喇嘛考』を通じて考える―」高崎直道、木村清孝編『東アジア仏教とは何か』春秋社、一九九五年、二八九～三一六頁
魏源『聖武記』北京、中華書局、一九八九年
魏源『海国図志』鄭州、中州古籍出版社、一九九九年
北岡伸一『日本陸軍と大陸政策』東京大学出版会、一九七八年
北西弘「明治初期における東本願寺の中国開教」『仏教大学総合研究所紀要』創刊号、仏教大学総合研究所、一九九四年、三三一～三四九頁
黒田茂次郎『明治学制沿革史』金港堂、一九〇六年
後楽園主人「西蔵仏教の起源」『伝燈』第七号（一六～一九頁）、第八号（一五～一六頁）、第一〇号（一三～一四頁）、第一一号（一三～一四頁）、一八九〇年七～一〇月
国定教科書共同販売所『新定尋常小学地理教授書』国定教科書共同販売所、一九一一年
小島勝、木場明志編著『アジアの開教と教育』法蔵館、一九九二年
小林一美「明治期日本参謀本部の対外諜報活動」滕維藻他編『東アジア世界史探究』汲古書院、一九八六年、三八七～四〇六頁
是石辰次郎『小学教授術地理科』金港堂、一八九三年
近藤守重「喇嘛考」『輪池叢書』三十五、写本、国立国会図書館所蔵
鹿野久恒編『傑僧石川舜台言行録』仏教文化協会、一九五一年
品田毅「わが国における明治以降の地理教科書および地理教育に関する研究」（その一・二）『筑波大学学校教育部紀要』筑波大学学校教育部、第一一巻（一四三～一五五頁）、第一二巻（二〇三～二一六頁）、一九八九・一九九〇年
釈妙舟編纂『蒙蔵仏教史』揚州、江蘇広陵古籍刻印社、一九九三年
Schlagintweit『西蔵の仏教』楠基道訳、永田文昌堂、一九五八年
白須浄真『忘れられた明治の探検家渡辺哲信』中央公論社、一九九二年
真宗大谷派宗務所『配紙・「宗報」等機関誌復刻版』真宗大谷派宗務所出版部、一九八九年
隅田正三『チベット探検の先駆者求道の師「能海寛」』波佐文化協会、一九八九年

隅田正三「『口代（くちがわり）』に見る能海寛の探検決意について」能海寛研究会第二二回定例学習会、一九九八年九月一二日付
隅田正三「チベット探検の先覚者「能海寛」の生涯と事績」『石峰』第六号、一九九九年、三一〜五一頁
セームクラーク『仏教論評』山崎久太郎訳、石川舜台、巻一、一八七七年、巻二、一八七八年
芹川博通『芹川博通著作集』第四巻、北樹出版、二〇〇七年
高西賢正編『東本願寺上海開教六〇年史』東本願寺上海別院、一九三七年
田中泰賢「エドウィン・アーノルド（**Edwin Arnold, 1832-1904**）の詩作品『アジアの光り』（*The Light of Asia*）について」『愛知学院大学教養部紀要』第四八巻第一号、二〇〇七年、一三〜三〇頁
多屋頼俊「石川舜台と東本願寺」法蔵館編集部編『講座近代仏教』第Ⅱ巻、法蔵館、一九六一年、一五三〜一七〇頁
趙翼『簷曝雑記』和刻本漢籍随筆集第九集、古典研究会、一九七四年
陳継東「一八七三年における日本僧の北京日記」『国際教育研究』二〇巻、二〇〇〇年、一四〜三三頁
陳継東『清末仏教の研究―楊文会を中心として―』山喜房仏書林、二〇〇三年
辻村志のぶ「石川舜台と真宗大谷派の東アジア布教―仏教アジア主義の形成―」『近代仏教』第一三号、二〇〇七年、三〇〜五〇頁
土屋詮教『明治仏教史』三省堂、一九三九年
デシデリ『チベットの報告』薬師義美訳、全二巻、平凡社、一九九一〜九二年
東亜同文書院滬友同窓会編『山洲根津先生伝』大空社、一九九七年
東京書籍株式会社附設教科書図書館東書文庫『教科書用図書目録』第二集、東京書籍、一九八一年
戸部良一『日本陸軍と中国』講談社、一九九九年
鳥居美和子『明治以降教科書総合目録』第一小学校篇、教育文献総合目録第三集、小宮山書店、一九六七年
寺本婉雅『蔵蒙旅日記』横地祥原編、芙蓉書房、一九七四年
仲新『近代教科書の成立』日本図書センター、一九八一年
仲新他編『近代日本教科書教授法資料集成』第一一巻、東京書籍、一九八二年
仲新他編『近代日本教科書教授法資料集成』第七巻、東京書籍、一九八三年
中西牛郎『宗教革命論』博文堂、一八八九年
中村紀久二『教科書の社会史』岩波新書、一九九二年
中村保『深い浸食の国』山と渓谷社、二〇〇〇年
中村元他編『近代仏教』アジア仏教史日本編、佼成出版社、一九七三年
南條文雄『懐旧録』平凡社、一九七九年
南條文雄、井上円了、村上専精述、清水金右衛門編『南條・井上・村上三博士仏教講演集』文明堂、一九〇二年
西田長寿『明治時代の新聞と雑誌』日本歴史新書、至文堂、

一九六六年
日本人チベット行百年記念フォーラム実行委員会編『チベットと日本の百年』新宿書房、二〇〇三年
根津一編『清国通商綜覧』日清貿易研究所、一八九二年
根深誠『風の瞑想ヒマラヤ』立風書房、一九八九年
根深誠『遙かなるチベット』山と渓谷社、一九九四年
能海寛『世界に於ける佛教徒』哲学書院、一八九三年
能海寛「進蔵通信」『東洋哲学』第七編第五号、一九〇〇年、二二八～二三四頁
能海寛「進蔵紀行」『東洋哲学』第八編第二号、一九〇〇年、一一七～一二〇頁
能海寛『能海寛遺稿』上・下、寺本婉雅編、京都能海寛追憶会、一九一七年
能海寛研究会『石峰』創刊号～第一四号、能海寛研究会、一九九五～二〇〇九年
野間清「日清貿易研究所の性格とその業績」『歴史評論』一六七号、一九六四年、六八～七七頁
畑中ひろ子「漢口楽善堂の人々」『明治大学大学院紀要』第二五集―三、一九八八年、三二九～三四一頁
羽渓了諦「明治仏教学者の海外進出」『現代仏教』一〇五号、一九三三年、九七～一〇八頁
塙薫蔵『浦敬一』淳風書院、一九二三年
土方幸勝『万国地誌略亞細亞諳射地図会釈』土方幸勝刊、一八七六？年
馮正宝『評伝宗方小太郎―大陸浪人の歴史的役割―』熊本出版文化会館、一九九七年
藤井宣正『修補佛教小史』島地大等修補、森江書店、一九二一年
藤田佳久『東亜同文書院中国大調査旅行の研究』大明堂、二〇〇〇年
古河老川「西蔵仏教の探検」『密厳教報』一三一号（七～一〇頁）、一三二号（八～一〇頁）、一八九五年
法雲山妙正寺『小栗栖香頂師百回忌法要記念　教法のため人びとのため―小栗栖香頂師の事績―』法雲山妙正寺、二〇〇四年
升味準之助『日本政党史論』第三・四巻、東京大学出版会、一九六七・六八年
万代剛「チベット行一〇〇年　能海寛の旅に学ぶ」『山陰中央新報』一九九八年一一月五日～二〇〇一年一二月二六日付
南方熊楠『南方熊楠全集』平凡社、一九七一～七五年
村上護『風の馬―西蔵求法伝―』佼成出版社、一九八九年
明治仏教思想資料集成編集委員会編『明治仏教思想資料集成』第四巻、同朋舎出版、一九八〇年
諸葛信澄「小学教師必携」「補正小学教師必携」仲新他編『近代日本教科書教授法　資料集成』第一巻、東京書籍、一九八二年、一三～四三頁
薬師義美『雲の中のチベット』小学館、一九八九年
薬師義美『大ヒマラヤ探検史』白水社、二〇〇六年
山縣初男『西蔵通覧』丸善、一九〇七年
山口瑞鳳『チベット』上巻、東京大学出版会、一九八七年

ユック『韃靼・西蔵・支那旅行記』上下、後藤富男、川上芳信訳、ユーラシア叢書三二巻、原書房、一九八〇年

吉田久一「日清戦争と仏教」笠原一男博士還暦記念会編『日本宗教史論集』下巻、一九七六年、三八三～四一五頁

ライス、デヴィス『菩提の花』桑原啓一訳、教典書院、一八八七年

龍谷大学三百五十年史編集委員会編『龍谷大学三百五十年史』通史編上巻、龍谷大学、二〇〇〇年

若林虎三郎、白井毅『改正教授術』普及舎、一八八三年

ワシントン『神秘主義への扉』白幡節子、門田俊夫訳、中央公論新社、一九九九年

渡辺海旭『渡辺海旭論文集』壺月全集刊行会、第二版、一九三六年

Arnold, E, Sir. *The light of Asia,or the Great Renunciation; Being the Life and Teaching of Gautama.* London: K. Paul, Trench, Trübner and Co., 1891.

Bray, J.“Nineteenth-and Early Twentieth-Century Missionary Images of Tibet”. *Imagining Tibet.* Thierry Dodin and Heinz Rather, ed. Boston: Wisdom Publication, 2001. pp.21-45.

Clarke, J. F. *Ten Great Religions: An Essay in Comparative Theology.* London: Trübner and Co., 1871.

Csoma, de Koros, Alexander. *A Grammar of the Tibetan Language.* Delhi: Sri Satguru Publications, 1996.

Eitel, J. Ernest. *Buddhism.* 2nd edition, London: Trübner and Co., 1873.

Lopez, Donald.S. *Prisoners of Shangri-La: Tibetan Buddhism and the West.* Chicago: University of Chicago Press, 1998.

Markham, Clements R. *Narratives of the Mission of George Bogle to Tibet and of the Journey of Thomas Manning to Lhasa.* London: Trübner and Co., 1879.

Masuzawa, T. *The Invention of World Religions: Or, How European Universalism Was Preserved in the Language of Pluralism.* Chicago and London: University of Chicago Press, 2005.

Prejevalsky, Nikolai M. *Mongolia. the Tangut Country and the Solitudes of Northern Tibet.* London: Sampson Low, Marston, Searle & Rivington, 1876.

Rhys Davids, T.W. *Buddhism: Being A Sketch of the Life and Teachings of Gautama, the Buddha.* London: Society for promoting Christian Knowledge, 1925.

Sato, H. “The Origins and Development of the Study of Tibetan History in Japan” *Acta Asiatica.* No. 64, 1993, pp. 81-120.

Schlagintweit, E., *Buddhism in Tibet, Illustrated by Literary Documents and Objects of Religious Worship.* Leipzig: F. A. Brockhous, London: Trübner and Co., 1863.

Sinnett, Alfred P. *Esoteric Buddhism.* Varanasi, Delhi: Indological Book House, 1972.

Turner, S. *An Account of an Embassy to the Court of the Teshoo Lama in Tibet, Containing a Narrative of a Journey through Bootan, and Part of Tibet.* London: Pall-Mall, 1800.
Waddell, L. Austine. *The Buddhism of Tibet or Lamaism: with Its Mystic Cults, Symbolism and Mythology, and in Its Relation to Indian Buddhism.* London: W. H. Allen & Co., 1895.
『教学論集』第六六編、第六七編、第七一編、以上一八九一年、第七六編、一八九二年
『中外日報』一九一三年三月二一日、二二日、二四日、二五日付
『反省会雑誌』(『反省雑誌』)一八八七年八月号、一八八八年一～四月号、六月号、一八八九年二月号、七月号、八月号、一八九〇年七月号、一一月号、一八九一年三月号、四月号、九月号、一八九三年三～七月号、一〇月号、一八九四年二月号、八月号、一八九五年一月号、一八九六年三月号、九月号、一〇月号、一八九九年二月号

■第二章

飯塚勝重「能海寛と長江三峡行―哲学館をめぐる能海寛と河口慧海」『白山史学』三四号、一九九八年、一八～三七頁
石田幹之助『欧米に於ける支那研究』創元社、一九四二年
伊藤剛「河口慧海の生涯と思想」上・下『中央公論』八四巻一二号（二八八～三〇九頁）、一九六九年、八五巻三号（二七二～二九五頁）、一九七〇年
岩村忍『東洋史の散歩』新潮社、一九七〇年
江口嘉伸『西蔵漂泊』上巻、山と渓谷社、一九九四年
奥山直司「河口慧海の思想」『印度学仏教学研究』第四三巻第二号、一九九五年、二四三～二四七頁
奥山直司「明治二十年代後半の黄檗宗と河口慧海―『明教新誌』の記事を中心に―」『井上円了センター年報』第八号、一九九九年、一〇一～一二七頁
奥山直司『評伝　河口慧海』中央公論新社、二〇〇三年
芋仙「西蔵と清朝」『史学界』第三巻八号、一九〇一年（八月九日）、七〇～七六頁
小栗栖香頂編輯『喇嘛教沿革』石川舜台、一八七七年
外務省編『小村外交史』原書房、一九六六年
片山章雄、白須浄真監修『大谷光瑞師と中央アジア探検―その時代性をめぐって―』大谷記念館、一九九八年
片山章雄「渡辺哲信伝」『吐魯番出土文物研究会会報』五〇号、一九九〇年、二七〇～二七二頁
加藤周一他編『対外観』日本近代思想大系一二、岩波書店、一九八八年
金子民雄『ヘディン研究』新生文化社、一九六九年
金子民雄『ヘディン著作目録』日本山書の会、一九八一年
金子民雄『ヘディン人と旅』白水社、一九八二年
金子民雄『秘められたベルリン使節』胡桃書房、一九八六年
金子民雄『ヘディン伝』中公文庫、一九八八年
河口正『河口慧海　日本最初のチベット入国者』春秋社、一

九六一年
河口慧海「西蔵新教の顕教義」上・下、第四号（一〜一一頁）、第五号（三〜一一頁）、一九〇三年
河口慧海『西蔵旅行記』上・下、博文館、一九〇四年
河口慧海『西蔵旅行記』山喜房仏書林、一九四一年
河口慧海「チベット旅行記」『世界ノンフィクション全集』六、筑摩書房、一九六〇年、三〜一八一頁
河口慧海「チベット旅行記」『世界ジュニアノンフィクション全集』一二、講談社、一九六二年、二二五〜二六六頁
河口慧海『チベット旅行記』西域探検紀行全集第七、白水社、一九六七年
河口慧海「チベット旅行記」『少年少女世界の名作』五〇、小学館、一九七三年、一六九〜一九六頁
河口慧海『チベット旅行記』旺文社、一九七八年
河口慧海『西蔵旅行記』覆刻日本の山岳名著、大修館書店、一九七八年
河口慧海『チベット旅行記』全五巻、講談社学術文庫、一九七八年
河口慧海『第二回チベット旅行記』講談社学術文庫、一九八一年
河口慧海『西蔵旅行記』明治シルクロード探検紀行文集成第一四・一五巻、ゆまに書房、一九八八年
河口慧海『河口慧海著作集』全一七巻、別巻一〜三、うしお書店、一九九八〜二〇〇四年
河口慧海『チベット旅行記』金子民雄監修、中公文庫、二〇〇四年
クンチョック・シタル、ソナム・ギャルツェン・ゴンタ、斉藤保高『実践チベット仏教入門』春秋社、一九九五年
黒龍会編『東亜先覚志士記伝』上巻、原書房、一九六六年
ジグメ・ナムカ『蒙古喇嘛教史』外務省調査部訳、生活社、一九四〇年
島貫兵太夫『力行会とは何ぞや』宝文堂出版販売、一九八〇年
シャカッパ『チベット政治史』三浦順子訳、亜細亜大学アジア研究所、一九九二年
釈妙舟編纂『蒙蔵仏教史』揚州、江蘇広陵古籍刻印社、一九九三年
正満英利「河口慧海についての一考察—得度の師希禅和尚の資料から—」『黄檗文華』一一七号、一九九八年、五〇〜五七頁
秦永章「二〇世紀前半期雍和宮蔵族高僧秘訪問日本始末」『北方論叢』二〇〇四年第二期、七八〜八一頁
秦永章『日本渉蔵史』北京、中国蔵学出版社、二〇〇五年
清国駐屯軍司令部編纂『北京誌』博文館、一九〇八年
真宗大谷派宗務所『配紙・「宗報」等機関誌復刻版』真宗大谷派宗務所出版部、一九八九年
スネルグローブ、リチャードソン『チベット文化史』奥山直司訳、春秋社、一九九八年
タイクマン『東チベット紀行』中国辺境歴史の旅三、陳舜臣編集、水野勉訳、白水社、一九八六年
高野巽『ヘヂン博士秘密国探険』小川尚栄堂、一九〇九年

高山龍三「河口慧海のみたチベット」『黄檗文華』一一七号、四一～五七頁、一九九五年
高山龍三『河口慧海―人と旅と業績』大明堂、一九九九年
高山龍三「国内の著作にみる河口慧海」一～八、『黄檗文華』一二〇号（三〇～四四頁）、一二一号（一二六～一四四頁）、一二二号（一六五～一八〇頁）、一二三号（二四三～二五八頁）、一二四号（六五～一〇二頁）、一二五号（二〇二～二〇七頁）、一二六号（二二〇～二四四頁）、一二七号（二四一～二六三頁）、二〇〇一～〇八年
高山龍三『展望　河口慧海論』法蔵館、二〇〇二年
橘瑞超『中亜探検』中公文庫、一九八九年
田中公明『詳解河口慧海コレクション』佼成出版社、一九九〇年
寺本婉雅「雍和宮短信」『無尽燈』第七巻第一号、五六～五七頁、一九〇二年二月発行
寺本婉雅「故能海寛君遭難の真相」上・中・下、『中外日報』一九二三年七月八日、一〇日、一一日付
寺本婉雅『蔵蒙旅日記』横地祥原編、芙蓉書房、一九七四年
東京地学協会「大探検家スエン、ヘデイン氏歓迎趣意書」、一九〇八年
東京地学協会編『地学論叢』ヘディン号、一九〇九年
東北大学文学部東洋・日本美術史研究室監修『東北大学所蔵河口慧海招来チベット資料図録』佼成出版社、一九八六年
内藤湖南「河口慧海師の入蔵談に就て」『大阪朝日新聞』一九〇三年六月二二日付
中村保「横断山脈に消えた能海寛」『石峰』第五号、一九九八年、一～五〇頁
南條文雄『懐旧録』平凡社、一九七九年
日本人チベット行百年記念フォーラム実行委員会編『チベットと日本の百年』新宿書房、二〇〇三年
日本力行会『日本力行会創立五十年史』日本力行会、一九四六～四九年
日本力行会創立百周年記念事業実行委員会、記念誌編纂専門委員会編『日本力行会百年の航跡：霊肉救済・海外発展運動の展開、国際貢献』日本力行会、一九九七年
根津一編『清国通商綜覧』日清貿易研究所、一八九二年
根深誠『遙かなるチベット』山と渓谷社、一九九四年
橋本光宝『蒙古の喇嘛教』仏教公論社、一九四二年
林暘谷編『大秘密国西蔵探険』又間精華堂、一九〇三年七月
深田久弥『中央アジア探検史』白水社、二〇〇三年
船津喜助編『燕京佳信』船津喜助、一九七八年
古河老川「西蔵仏教の探検」『密厳教報』一三一号（七～一〇頁）、一三三号（八～一〇頁）、一八九五年
プルジェヴァリスキー『蒙古と青海』上・下、田村秀文、高橋勝之訳、生活社、一九三九年
餅珍和尚「秘密中の大秘密国」『団団珍聞』（一）～（五）、一四三七号（一一頁）、一四三八号（一五頁）、一四三九号（一二～一三頁）、一四四〇号（一三～一四頁）、一四四一号（一二～一三頁）一九〇三年
ヘディン『独逸従軍記』宮家寿男訳、大倉書店、一九一五年

主要参考文献

〈ヘディン『北極と赤道』守田有秋訳、平凡社、一九二六年
〈ヘディン『馬仲英の逃亡』小野忍訳、改造社、一九三八年
〈ヘディン『中央亜細亜探検記』岩村忍訳、冨山房、一九三九年
〈ヘディン『赤色ルート踏破記』高山洋吉訳、育生社、一九三九年
〈ヘディン『北京より莫斯古へ』高山洋吉訳、生活社、一九三九年
〈ヘディン『西蔵探検記』高山洋吉訳、改造社、一九三九年
〈ヘディン『ゴビの謎』福迫勇雄訳、生活社、一九四〇年
〈ヘディン『独逸への回想』道本清一郎訳、青年書房、一九四一年
〈ヘディン『リヒトホーフェン伝』高山洋吉訳、慶應書房、一九四一年
〈ヘディン『ゴビ沙漠横断記』隅田久尾訳、鎌倉書房、一九四二年
〈ヘディン『探検家としての余の生涯』小野六郎訳、橘書店、一九四二年
〈ヘディン『西蔵征旅記』吉田一次訳、教育図書出版、一九四二年
〈ヘディン『熱河』黒川武敏訳、地平社、一九四三年
〈ヘディン『彷徨える湖』岩村忍、矢崎秀雄訳、筑摩書房、一九四三年
〈ヘディン『禁断秘密の国』田中隆泰訳、青葉書房、一九四三年
〈ヘディン『絹の道』橋田憲輝訳、高山書院、一九四四年
〈ヘディン『ヘディン中央アジア探検紀行全集』一―一一、横川文雄他訳、白水社、一九六四～六五年
〈ヘディン『ヘディン探検紀行全集』一―九、金森誠也他訳、白水社、一九七八～七九年
〈ヘディン『シルクロード』上・下、福田宏年訳、岩波文庫、一九八四年
〈ヘディン『スウェン・ヘディン探検記』一―九、横川文雄他訳、白水社、一九八八～八九年
〈ヘディン『さまよえる湖』上・下、福田宏年訳、岩波文庫、一九九〇年
〈ヘディン『チベット遠征』金子民雄訳、中公文庫、一九九二年
〈ヘディン『探検家としての我が生涯』山口四郎訳、白水社、一九九七年
壬生台舜「河口コレクションに就いて」『日本西蔵学会々報』二号、一九五五年、一～三頁
壬生台舜「河口慧海老師の生誕百年を迎えて」『日本西蔵学会々報』一三号、一九六三年、一～二頁
陸奥宗光『蹇蹇録』岩波書店、一九四一年
薬師義美『雲の中のチベット』小学館、一九八九年
山口瑞鳳『チベット』上・下、東京大学出版会、一九八七・八八年
山本武利『近代日本の新聞読者層』法政大学出版局、一九八一年
ユック『韃靼・西蔵・支那旅行記』上・下、後藤富男、川上芳信訳、ユーラシア叢書三二巻、原書房、一九八〇年
若松寛「ガルダンシレトゥ・フトクトゥ攷―清代の駐京フトク

トゥ研究―」『東洋史研究』第三三巻第二号、一九七四年九月発行、一七一〜二〇三頁

Hedin, S. *From Pole to Pole*. London: Macmillan and Co., 1914.

『大阪朝日新聞』一九〇一年七月一〇日、一一日、一七日、一八日、二三日、二四日、一九〇三年六月一一日、二三日、一九〇八年一一月二一日、二二日、二八日、三〇日、一二月六日、八日、九日付

『大阪毎日新聞』一九〇一年七月九日、一四日、一九〇三年五月二一日、二八日、三一日〜一〇月一六日、一九〇五年六月四日付

『国民新聞』一九〇三年五月三一日付

『時事新報』一九〇一年七月二四日、二六日、二八日、二九日、一九〇三年五月二五日、二六日、二八日、三一日〜一一月一日、一九〇五年七月二五日付

『宗報』一九〇一年一月一五日、五月二一日、六月一日、八月一日、一一日、二一日発行

『新仏教』第六巻第九号（口絵、六六四〜六七三頁）、一九〇五年九月一日発行

『太陽』第七巻第九号、一九〇一年八月五日発行

『中央公論』一九〇一年八月号、一〇月号

『中外日報』一九二三年七月八日、一〇日、一一日付

『伝燈』二四三号、一九〇一年八月一三日発行

『東京朝日新聞』一九〇一年七月一一日、一四日、一七日、二三日、二四日、二五日、一九〇五年七月二二日、二三日、二四日、二五日、一九〇八年一一月九日、一二日、一三日、一六日、一七日、一八日、二〇日、二五日、一二月一四日付

『東京日日新聞』一九〇一年七月一八日、二一日、二三日、二五日、二六〜八日、三〇日、三一日、八月一日、八日、一九〇三年五月三〇日、一九〇五年七月二二日、二三日付

『東洋哲学』第一二編第八号（五六四〜五六六頁）、一九〇五年九月五日発行

『二六新報』一九〇三年九月三日付

『仏教』一七四号、一九〇一年八月一五日発行

『文化遺産』第一一号、二〇〇一年

『冒険世界』博文館、第一巻第十二号、一九〇八年一二月五日発行

『読売新聞』一九〇一年七月二〇〜二三日、二八日、二九日、八月一日、四日、一六日、一七日、三〇日、一九〇三年三月二三日、六月三日、七日、一三〜一六日、一九〇五年七月二三日、八月二四日、一九〇八年一〇月八日、一一月九日、一三日、一六日、二五日付

『万朝報』一九〇一年七月三一日、一九〇五年七月二二日、二四日、一九〇八年一一月五日、九日、一一日、一三日、一四日、一六日、一七日、一八日、二一日、二五日、二六日、一二月一日、六日付

■第三章

青木文教「西蔵視察談」『地学雑誌』第三四四号（七〜一五頁）、

第三四六号（二〇～二八頁）、第三四七号（二二一～二七頁）、一九一六年

青木文教「現今の西蔵」『六條学報』一八九号、一九一七年、六三～七一頁

青木文教『秘密之国　西蔵遊記』内外出版、一九二〇年

青木文教『亜細亜大観』亜細亜写真大観社、一九二八～一九三五？年

青木文教「達頼喇嘛の死と西蔵問題」『世界智識』二月号、一九三四年、二四一～二四六頁

青木文教「西蔵研究の興味」『邊境支那』邊境問題研究所、一九三四年九月号、七二～八一頁

青木文教『西蔵文化の新研究』有光社、一九四〇年

青木文教「西蔵問題の重要性を論ず」『大乗』一九巻一二号、一九四〇年、四一～五二頁

青木文教「喇嘛教に関する諸考察」一・二『蒙古』一〇八号（二一～二五頁）、一〇九号（二一～二五頁）、一九四一年

青木文教『西蔵の民族と文化』高原社、一九四二年

青木文教「西蔵」支那問題辞典編集部編『支那問題辞典』中央公論社、一九四二年、五〇八～五一七頁

青木文教『西蔵問題』外務省調査局、一九四三年

青木文教『西蔵―西蔵遊記・西蔵文化の新研究』芙蓉書房、一九六九年

青木文教『秘密の国　西蔵遊記』中公文庫、一九九〇年

青木文教『秘密国チベット』芙蓉書房出版、一九九五年

青木文教「西蔵調査報告」『国立民族学博物館研究報告』三〇巻三号、長野泰彦、高本康子校訂、二〇〇六年、三四九～四一九頁

芦屋市立美術博物館編『モダニズム再考　二楽荘と大谷探検隊』芦屋市立美術博物館、一九九九年

池田英俊編『明治時代』論集日本仏教史第八巻、雄山閣出版、一九八七年

石崎光瑤『印度窟院精華』便利堂、一九一九年

井ノ口泰淳「大谷光瑞とインド・チベット」『季刊文化遺産』一一号、二〇〇一年四月、六二～六四頁

猪野健治『日本の右翼　その系譜と展望』日新報道、一九七三年

上原芳太郎編『新西域記』全二巻、有光社、一九三九年

上山大峻「大谷光瑞師の仏教観」『東洋史苑』五〇号、一九九八年、三〇～四五頁

上山大峻「『探検指図書』と『旅行教範』」『季刊文化遺産』一一号、二〇〇一年四月、三四～三五頁

上山大峻、長沢和俊「大谷光瑞師と探検隊―その原点と今日における意義」『季刊文化遺産』一一号、二〇〇一年四月、一四　～二五頁

内田良平『黒龍澗人歌集』黒龍会本部、一九三四年

内田良平研究会『国士内田良平』展転社、二〇〇三年

江上波夫編『東洋学の系譜』大修館書店、一九九二年

榎一雄「大谷探検隊の意義」（二四五～二五一頁）、「橘瑞超氏の沙漠漫遊記」（二五二～二七三頁）、「西北科学考査団の学術報告書」（二七四～二八四頁）「中央アジア旅行記」（三一

三〜四二八頁）『中央アジア史』Ⅱ、汲古書院、一九九二年
大谷光瑞『西域考古図譜』国華社、一九一五年
大谷光瑞『大谷光瑞全集』第五巻、大乗社、一九三五年
大谷光瑞『大谷光瑞興亜計画』一〜九、大乗社、一九三九〜一九四〇年
大谷光瑞『印度地誌』有光社、一九四二年
大森史子「東亜同文会と東亜同文書院」『アジア経済』第一九巻第六号、一九七八年六月、七六〜九二頁
小川琢治「成田安輝氏拉薩旅行」『地学雑誌』一八三号、一九〇四年、一九三〜一九四頁
海後宗臣編『日本教科書大系　近代編』第一六巻、地理（二）、講談社、一九六五年
片山章雄「大谷探検隊関係記録拾遺」一〜五『東西交渉』井草出版、一九八五秋号（ページ番号なし）、一九八五年冬号（五九〜六三頁）、一九八六春号（ページ番号なし）、一九八六年夏号（ページ番号なし）、一九八六年冬号（三〇〜三六頁）
片山章雄、白須浄真編『大谷光瑞師と中央アジア探検』大谷記念館、一九九八年
片山章雄『近代アジア・日本関係における大谷光瑞の足跡資料の基礎的整理』三島海雲記念財団平成一〇年度学術奨励金による研究成果報告書、一九九九年
片山章雄「一九〇二年八月、大谷探検隊のロンドン出発」『東海大学紀要　文学部』第七五輯、二〇〇一年、九九〜一一八頁
片山章雄「大谷探検隊の足跡」『季刊文化遺産』一一号、二〇〇一年、三〇〜三三頁
片山章雄「大谷光瑞の欧州留学」『東海大学紀要　文学部』第七六輯、二〇〇一年、一七五〜一九四頁
金子民雄「解説」『寺本婉雅著作集』第四巻、うしお書店、二〇〇五年、一〜一八頁
唐沢富太郎『教科書の歴史』ぎょうせい、一九八九年
河口慧海『西蔵旅行記』上・下、博文館、一九〇四年
河口慧海『第二回チベット旅行記』講談社学術文庫、一九八一年
河口慧海『河口慧海日記』講談社学術文庫、二〇〇七年
北岡伸一『日本陸軍と大陸政策』東京大学出版会、一九七八年
教学参議部編纂「清国巡遊誌」『幕末明治中国見聞録集成』第一四巻、ゆまに書房、一九九七年、一一〜三二一頁
グルンフェルド『現代チベットの歩み』八巻佳子訳、東方書店、一九九四年
高野静子『蘇峰とその時代　よせられた書簡から』中央公論社、一九八八年
黒龍会編『東亜先覚志士記伝』上・中巻、原書房、一九六六年
黒龍会出版部編『亜細亜大観』黒龍会出版部、一九一八年
滬友会編『東亞同文書院大学史』滬友会、一九五五年
佐藤長「京都における青木先生の二人の弟子」『西蔵学会会報』第四号、一九五七年、二一〜三頁
佐藤長「郷土の学者　青木文教先生」月報『安曇川』一九五八年七月一日号、一頁

主要参考文献

佐藤秀夫、中村紀久二編『文部省掛図総覧』東京書籍、一九八六年

品田毅「わが国における明治以降の地理教科書および地理教育に関する研究」(その一～二)『筑波大学学校教育部紀要』筑波大学学校教育部、第一一巻(一四三～一五五頁)、第一二巻(二〇三～二一六頁)、一九八九～九〇年

柴田幹夫「大谷光瑞初めての外遊」『東洋史苑』第五〇号、一九九八年、八五～一〇五頁

白須浄真『忘れられた明治の探検家渡辺哲信』中央公論社、一九九二年

白須浄真、服部等作、三谷真澄監修『大谷探検隊一〇〇周年記念シンポジウム「チベットの芸術と文化」学術資料展　青木文教資料　野村禮譲・能海寛資料　観水庵コレクション』龍谷大学学術情報センター、二〇〇二年

白須浄真「一九〇八(明治四一)年八月の清国五台山における一会談とその波紋—外交記録から見る外務省の対チベット施策と大谷探検隊」『広島大学大学院教育学研究科紀要第二部(文化教育開発関連領域)』第五六号、二〇〇七年、五五～六四頁

杉山二郎「大谷探検隊による西域調査の意義と成果」『東京国立博物館図版目録・大谷探検隊将来品篇』東京国立博物館、一九七一年、九～三七頁

スネルグローブ、リチャードソン『チベット文化史』奥山直司訳、春秋社、一九九八年

西域文化研究会『西域文化研究』全六巻、法蔵館、一九五八～一九六三年

滝沢誠『評伝内田良平』大和書房、一九七六年

多田明子、山口瑞鳳編『多田等観』春秋社、二〇〇五年

多田等観『チベット』岩波新書、一九四二年

多田等観「ラッサ時代の青木文教さん」『西蔵学会会報』第四号、一九五七年、一～二頁

多田等観「青木文教先生を讃える　名士学究の声」月報『安曇川』一九五八年六月一日号、一頁

多田等観『チベット滞在記』白水社、一九八四年

立川武蔵編『講座仏教の受容と変容』三、チベット・ネパール編、佼成出版社、一九九一年

橘瑞超『中亜探検』中公文庫、一九八九年

タリン『チベットの娘』三浦順子訳、中公文庫、一九九一年

陳舜臣編集解説『大谷探検隊西域旅行日記』白水社、一九八七年

槻木瑞生「「中外日報」紙のアジア関係記事目録」『同朋大学仏教文化研究所紀要』第一七号、一九九七年、一～三七五頁

土屋詮教『大正仏教史』三省堂、一九三九年

翟新『東亜同文会と中国』慶應義塾大学出版会、二〇〇一年

デシデリ『チベットの報告』一、平凡社、一九九一年

寺本婉雅『蔵蒙旅日記』横地祥原編、芙蓉書房、一九七四年

東亜同文会編『支那省別全誌』第一～一八巻、東亜同文会、一九一七～一九二〇年

東亜同文書院大学学生調査大旅行指導室『東亜同文書院大学東亜調査報告書』東亜同文書院大学学生調査大旅行指導室、

一九四〇～四二年
戸部良一『日本陸軍と中国』講談社、一九九九年
富山県［立山博物館］編『石崎光瑤幻灯用彩色硝子板作品（印度行記）』富山県［立山博物館］、二〇〇〇年
鳥居美和子『明治以降教科書総合目録』第一小学校篇、教育文献総合目録第三集、小宮山書店、一九六七年
仲新『近代教科書の成立』日本図書センター、一九八一年
仲新他編『近代日本教科書教授法資料集成』東京書籍、第一一巻、一九八二年、第七巻、一九八三年
中江彰「青木文教師の休暇日記」『藤井克己氏追悼論文集』藤井克己氏追悼論文集刊行会、一九九七年、一三〇～一四〇頁
中江彰「山口瑞鳳先生に聞く」インタビュー録音（テープ）、一九九三年
長沢和俊編『シルクロード探検』白水社、一九七八年
中田篤郎移録・解説『大谷探検隊資料』龍谷大学西域研究叢書三、龍谷大学仏教文化研究　所西域研究会、一九九五年
中根千枝「青木文教先生の御逝去を悼む」『西蔵学会会報』第四号、一九五七年、三～四頁
中根千枝「郷土の学者　青木文教先生」月報『安曇川』一九五八年八月一日号、一頁
長野泰彦編『国立民族学博物館蔵・青木文教師将来チベット民族資料目録』国立民族学博物館研究報告別冊一号、一九八三年
長野泰彦、高本康子編『国立民族学博物館青木文教師アーカイブ　チベット資料目録』国立民族学博物館、二〇〇八年
中村紀久二『教科書の社会史』岩波新書、一九九二年
成田安輝「成田安輝氏拉薩旅行写真集」『地学雑誌』一八三～一八六、一九一、一九二号、一九〇四年、頁番号なし
成田安輝「進藏日誌」上・下『山岳』六五号（一～五六頁）、一九七〇年、六六号（一～三七頁）、一九七一年
能海寛『能海寛遺稿』寺本婉雅編、京都能海寛追憶会、一九一七年
初瀬龍平『伝統的右翼内田良平の研究』北九州大学法政叢書、北九州大学法学会法政叢書刊行委員会編、九州大学出版会、一九八〇年
早島鏡正、板東性純編『浄土真宗』日本仏教基礎講座第五巻、雄山閣出版、一九七九年
藤田佳久『東亜同文書院中国大調査旅行の研究』大明堂、二〇〇〇年
ベル『西蔵　過去と現在』田中一呂訳、生活社、一九四〇年
ホップカーク『チベットの潜入者たち』白水社、二〇〇四年
ポマレ『チベット』今枝由郎監修、後藤淳一訳、創元社、二〇〇三年
本願寺室内部編『印度撮影帖』本願寺室内部、一九〇四年
本願寺資料研究所編『本願寺史』第三巻、浄土真宗本願寺派宗務所、一九六九年
本多隆成『大谷探検隊と本多恵隆』平凡社、一九九四年
升味準之輔『日本政党史論』第三巻、東京大学出版会、一九六七年

三谷真澄「龍谷大学所蔵青木文教師収集資料について」『仏教学研究』第六〇・六一合併号、二〇〇六年、一〜二六頁
森龍吉編『真宗教団の近代化』真宗史料集成第一二巻、同朋舎、一九七五年
文部省『小学地理』巻三・四、三省堂、一九〇三年
文部省『尋常小学地理』巻一・二、日本書籍、一九〇七年、一九一〇年
文部省『小学地理附図』三省堂、一九〇八年
文部省『尋常小学地理附図』文部省、一九一三年
文部省『尋常小学地理書』巻一・二、東京書籍、一九一八年、一九一九年
文部省『尋常小学地理書附図』大阪書籍、一九二四年
矢島保治郎『入蔵日誌』金井晃編、チベット文化研究所、一九八三年
山口瑞鳳『チベット』上巻、東京大学出版会、一九八七年
山田信夫「解題」『新西域記』別冊、井草出版、一九八四年、三〜五七頁
吉田久一「日露戦争と仏教」笠原一男博士還暦記念会編『日本宗教史論集』吉川弘文館、一九七六年、三八三〜四一五頁
芳村修基「上海時代の鏡如上人」『鏡如上人芳躅』本願寺、一九六四年、二七〜三七頁
読売新聞社編『支那辺境物語』成文堂新光社、一九四〇年
渡辺海旭『渡辺海旭論文集』壺月全集刊行会、第二版、一九三六年
Das, S.C. *Journey to Lhasa and Central Tibet*. London: J. Murray, 1902.
Landon, P. *Lhasa: An Account of the Country and People of Central Tibet and of the Progress of the Mission Sent There by the English Government in the Year 1903-04*. 2nd ed, London: Hurst and Blackett, 1905.
Rockhill, W.W. *Diary of a Journey through Mongoria and Tibet in 1891 and 1892*. Washington: Smithsonian Institution, 1894.
Younghusband, F.E. *India and Tibet: A History of the Relations Which Has Subsisted between the Two Coutries from the Time of Warren Hasting to 1910*. London: John Murray, 1910.
Waddell, L. Austine. *Lhasa and Its Mysteries*. London: Methuen, 1906.
——. *The Buddhism of Tibet*, London: W.H.Allen, 1895.
『地学雑誌』第一八三〜一八六号、一九一一、一九一二号（一九〇四年）、第二五八号（一九一〇年）
『冒険世界』第五巻第一〇号、一九一二年八月
『朝日新聞』二〇〇四年一二月二四日付
『大阪毎日新聞』一九一七年六月九日〜一〇月一九日付
『東京朝日新聞』一九一五年九月八日、一〇月二日付
『中外日報』一九一七年五月二日、三日、六月二九日、三〇日、七月一五日、一九日、八月一日、七日、一二日、二二日、九月一四〜一六日、一九一九年一〇月一九日、一九二二年一一月九日、三〇日、一二月一日、二日、三日、九日付

『読売新聞』一九一八年七月二七日、一九一九年一〇月一九日付

■第四章

青木富太郎「喇嘛教問題私見」『蒙古』一九四〇年一月号、善隣協会、一三三〜一四五頁
赤松智城、秋葉隆共『満蒙の民族と宗教』大空社、一九九六年
浅田晃彦『世界無銭旅行者　矢島保治郎』筑摩書房、一九八六年
池田浩士『大衆小説の世界と反世界』現代書館、一九八三年
石田英一郎「蒙古高原で考えたこと」「西域探検紀行全集　月報」・一五、白水社、一九六八年九月二〇日、一〜三頁
石田幹之助『欧米に於ける支那研究』創元社、一九四二年
内田良平『黒龍澗人歌集』内田良平大人五十年祭実行委員会、一九八七年
梅棹忠夫監修『世界の民族』第九巻、インド亜大陸、平凡社、一九八〇年
江口圭一「満州事変と大新聞」『思想』五八三号、一九七三年、九八〜一一三頁
江口圭一「満州事変と民衆動員―名古屋市を中心として―」『日中戦争史研究』古屋哲夫編、吉川弘文館、一九八四年、一二一〜一七八頁
江口圭一『十五年戦争研究史論』校倉書房、二〇〇一年
江木嘉伸『西蔵漂泊』下巻、山と渓谷社、一九九四年
小栗虫太郎「天母峰」『人外魔境』桃源社、一九七九年、八二〜一〇二頁
小栗虫太郎「成吉思汗の後宮」『モダン日本』第九巻第五号、一九三八年四月、三五四〜三八六頁
尾崎秀樹『夢いまだ成らず―評伝　山中峯太郎―』中央公論社、一九八三年
オッセンドウスキー『動物と人と神々』神近市子訳、生活社、一九四〇年
オッセンドウスキー『アジアの人と神秘』大久保忠利訳、生活社、一九四一年
海後宗臣編『日本教科書大系　近代編』第一七巻、地理（三）、講談社、一九六六年
金久保通雄『支那の奥地』興亜書房、一九四二年
金子民雄『ヘディン著書目録』日本山書の会、一九八一年
金子民雄『ヘディン伝』中公文庫、一九八九年
金子民雄『東ヒマラヤ探検史』連合出版、一九九三年
金子光晴「どくろ杯」『金子光晴全集』第七巻、一九七五年、五〜一五二頁
鹿子木員信『ヒマラヤ行』政教社、一九二〇年
神島祐光編『喇嘛教を語る』真言宗喇嘛教研究所、一九四三年
上笙一郎「日本児童文学におけるナショナリズムの系譜―『浮城物語』から山中峯太郎へ―」日本文学協会編『日本文学』第一〇巻第九号、一九六一年、一三〜二七頁
唐沢富太郎『教科書の歴史』ぎょうせい、一九八九年
川喜田二郎監修『今西錦司　その人と思想』ぺりかん社、一九八九年

キングドン＝ウォード『ツアンポー峡谷の謎』金子民雄訳、岩波文庫、二〇〇〇年
久野健、長谷川伝次郎『法隆寺の彫刻』中央公論美術出版、一九五八年
クレーン『支那の幌子と風習』大陸叢書第三巻、井上胤信訳、朝日新聞社、一九四〇年
桑原三郎『少年倶楽部の頃―昭和前期の児童文学―』慶応通信、一九八七年
格桑澤仁「仏教国西蔵」『満蒙』第一〇年第六号、満蒙文化協会、一九二九年、八八～九七頁
黒龍会出版部編『最新亜細亜大観』黒龍会出版部、一九三一年
ゴドウィン『北極の神秘主義―極地の神話・科学・象徴性、ナチズムをめぐって』松田和也訳、工作舎、一九九五年
後藤富男「支那西北辺彊紀行解題」『東亜研究講座』第八一輯、東亜研究会、一九三八年、一～五六頁
西所正道『「上海東亜同文書院」風雲録』角川書店、二〇〇一年
酒井俊明「ヒマラヤを越えた日本人」一～三『帝塚山大学論集』第五一号（二七～五二頁）、第五二号（二七～四四頁）、第五三号（二七～五四頁）、一九八六年
佐藤忠男「少年の理想主義について」二上洋一編『少年小説の世界』沖積舎、一九九一年、三四～五一頁
史学会編『東西交渉史論』下巻、アジア学叢書三一、大空社、一九九七年
品田毅「わが国における明治以降の地理教科書および地理教育に関する研究」（その一～二）『筑波大学学校教育部紀要』第一一巻（一四三～一五五頁）、第一二巻（二〇三～二一六頁）、筑波大学学校教育部、一九八九～一九九〇年
島貫兵太夫原著、相沢源七改稿『力行会とは何ぞや』宝文堂、一九八〇年
杉本誠『山の写真と写真家たち』講談社、一九八五年
スレーリ『修辞の政治学―植民地インドの表象をめぐって』川端康雄他訳、平凡社、二〇〇〇年
諏訪田栄蔵「西域逸書」「西域探検紀行全集　月報」九、白水社、一九六七年九月五日、四～六頁
副島次郎『アジアを跨ぐ』大阪毎日新聞社、一九二七年
ソコロフスキー『西蔵探検秘史』内田寛一訳、中興館、一九三〇年
田口二郎『東西登山史考』岩波書店、一九九五年
多田等観『チベット』岩波新書、一九四二年
長江『中国の西北角』松枝茂夫訳、改造社、一九三八年
張穆『蒙古遊牧記』須佐嘉橘訳、東亞実進社、一九一七年
続橋利雄「『少年倶楽部』の小説における物語性の功罪―山中峯太郎の少年小説を軸として―」『児童文芸』第四三巻第五号、一九九七年、一六～二一頁
寺本婉雅「喇嘛教の改革について」『蒙古』一九三九年一一月号、三三～三五頁
東亜同文会『蒙古及蒙古人』東亜同文会編纂局、一九一一年
東亜同文会『昭和十年版　最新支那年鑑』一九三五年
東亜同文会支那省別全誌刊行会編『新修支那省別全誌』第一～九巻、東亜同文会支那省別全誌刊行会、一九四一～四六年

東亜同文書院『西蔵問題』東亜同文書院研究部、一九二三年
鳥居美和子『明治以降教科書総合目録』第一小学校篇、教育文献総合目録第三集、小宮山書店、一九六七年
仲新『近代教科書の成立』日本図書センター、一九八一年
仲新他編『近代日本教科書教授法資料集成』第一一巻、東京書籍、一九八二年
仲新他編『近代日本教科書教授法資料集成』第七巻、東京書籍、一九八三年
長尾雅人『蒙古ラマ廟記』中公文庫、一九八七年
長野泰彦、立川武蔵編『チベットの言語と文化』冬樹社、一九八八年
永嶺重敏『雑誌と読者の近代』日本エディタースクール出版部、一九九七年
中村紀久二『教科書の社会史』岩波新書、一九九二年
南陽外史「魔法医者」尾崎秀樹他監修『明治少年小説集』少年小説大系第一巻、三一書房、一九八九年、三六三〜四二六頁
根津一編『清国通商綜覧』日清貿易研究所、一八九二年
ハイシッヒ『モンゴルの歴史と文化』岩波文庫、二〇〇〇年
長谷川潮「ナショナリズムと児童文学」日本児童文学学会編『児童文学の思想史・社会史』東京書籍、一九九七年、七三〜九九頁
長谷川伝次郎『ヒマラヤの旅』中央公論社、一九三二年
長谷川伝次郎『印度』目黒書店、一九三九年
長谷川伝次郎『満洲紀行』目黒書店、一九四一年
長谷川伝次郎編『佛蹟』目黒書店、一九四一年
長谷川伝次郎『コナラクの彫刻』圭文館、一九六四年
長谷川伝次郎『満洲幻想』東京経済株式会社、一九八八年
ハミルトン『韃靼通信』川上芳信訳、生活社、一九四〇年
ヒルトン『失はれた地平線』渡辺久子訳、酣灯社、一九五〇年
ヒルトン『失われた地平線』増野正衛訳、新潮文庫、一九五九年
フィルヒナー『科学者の韃靼行』大陸叢書第四巻、指田文三郎訳、朝日新聞社、一九四〇年
深田久弥『山岳遍歴』主婦と生活社、一九六七年
深田久弥『ヒマラヤ登攀史』岩波書店、一九六九年
福田隆繁『モンゴルを駈ける青春』ミリオン書房、一九八九年
藤田佳久『東亜同文書院中国大調査旅行の研究』大明堂、二〇〇〇年
二上洋一編『少年小説の系譜』幻影城、一九七八年
二上洋一編『少年小説の世界』沖積舎、一九九一年
ヘディン『独逸従軍記』宮家寿男訳、大倉書店、一九一五年
ヘディン『北極と赤道』守田有秋訳、平凡社、一九二六年
ヘディン『馬仲英の逃亡』小野忍訳、改造社、一九三八年
ヘディン『中央亜細亜探検記』岩村忍訳、冨山房、一九三九年
ヘディン『赤色ルート踏破記』高山洋吉訳、育生社、一九三九年
ヘディン『北京より莫斯古へ』高山洋吉訳、生活社、一九三九年
ヘディン『西蔵探検記』高山洋吉訳、改造社、一九三九年

ヘディン『ゴビの謎』福迫勇雄訳、生活社、一九四〇年
ヘディン『独逸への回想』道本清一郎訳、青年書房、一九四一年
ヘディン『リヒトホーフェン伝』高山洋吉訳、慶応書房、一九四一年
ヘディン『ゴビ沙漠横断記』隅田久尾訳、鎌倉書房、一九四二年
ヘディン『探検家としての余の生涯』小野六郎訳、橘書店、一九四二年
ヘディン『西蔵征旅記』吉田一次訳、教育図書出版、一九四二年
ヘディン『熱河』黒川武敏訳、地平社、一九四三年
ヘディン『彷徨える湖』岩村忍、矢崎秀雄訳、筑摩書房、一九四三年
ヘディン『禁断秘密の国』田中隆泰訳、青葉書房、一九四三年
ヘディン『絹の道』橋田憲輝訳、高山書院、一九四四年
ホルツェル他『エヴェレスト初登頂の謎』田中昌太郎訳、中央公論社、一九八八年
本田和子「戦時下の少女雑誌」『少女雑誌論』東京書籍、一九九一年、七~四三頁
マクガヴァン『ちべっと紀行』妹尾韶夫訳、西東社、一九四三年
満鉄・弘報課編『亜細亜横断記』満州日日新聞社東京支社出版部、一九四二年
望月達夫「ある思い出」「西域探検紀行全集　月報」一一、白水社、一九六八年一一月五日、四~六頁
森下雨村「西蔵に咲く花」『少女の友』第一〇巻第一一号（五二~六〇頁）、同巻第一三号（五八~六六頁）、同巻第一四号（五二~六〇頁）以上、一九一七年、第一一巻第一号（一八~二四頁）、同巻第三号（四八~五五頁）、同巻第四号（四八~五五頁）、同巻第六号（六四~七一頁）、同巻第七号（二六~三三頁）以上、一九一八年
文部省編『初等科地理』上下、文部省、一九四三年
文部省編『初等科地図』文部省、一九四三年
文部省編『初等科地理　教師用』上下、文部省、一九四三年
薬師義実『雲の中のチベット』小学館、一九八九年
矢島保治郎『入蔵日誌』金井晃編、チベット文化研究所、一九八三年
矢野仁一他『東洋史講座』第一四巻、雄山閣出版、一九三〇年
山口瑞鳳『チベット』上巻、東京大学出版会、一九八七年
山下恒生「中国第二革命からの帰還—山中峯太郎断章」『現代詩手帖』第一九巻第一〇号、一九七六年、一三三~一三七頁
山崎安治『新稿　日本登山史』白水社、一九八六年
山中恒、山本明「一五年戦争下の少年軍事愛国小説」山中恒、山本明編『勝ち抜く僕ら少国民—少年軍事愛国小説の世界—』世界思想社、一九八五年、三~九〇頁
山中峯太郎「万国の王城」『少女倶楽部』第九巻第一〇号（一~二一頁）、第九巻第一一号（九一~一〇九頁）、第九巻第一二号（一八一~一九九頁）以上、一九三一年、第一〇巻第一号（一三一~一五一頁）、第一〇巻第二号（二六五~二

八五頁）、第一〇巻第三号（二四四〜二七三頁）、第一〇巻第四号（二〇五〜二二四頁）、第一〇巻第五号（一六一〜一七七頁）、第一〇巻第七号（一五五〜一七一頁）、第一〇巻第七号《ママ》（昭和七年七月号）（一六三〜一八一頁）、第一〇巻第八号（一二七〜一四五頁）、第一〇巻第九号（一六四〜一八三頁）、第一〇巻第一〇号（一九五〜二一三頁）、第一〇巻第一一号（一九一〜二〇四頁）、第一〇巻第一二号（一八七〜二〇七頁）以上、一九三二年
山中峯太郎「第九の王冠」『少女倶楽部』第一一巻第一号（一七四〜一九一頁）、第一一巻第二号（一五八〜一七五頁）、第一一巻第三号（一六六〜一八三頁）、第一一巻第四号（一九六〜二一三頁）、第一一巻第五号（二七〇〜二八七頁）、第一一巻第六号（二〇四〜二二一頁）、第一一巻第七号（一五六〜一七二頁）、第一一巻第八号（一六八〜一八五頁）、第一一巻第九号（五八〜七五頁）、第一一巻第一〇号（一一七〜一三三頁）、第一一巻第一一号（二六〇〜二七七頁）、第一一巻第一二号（一八二〜一九九頁）、一九三三年
山中峯太郎『第九の王冠』実業之日本社、一九三五年
山中峯太郎『万国の王城』大日本雄弁会講談社、一九三六年
山中峯太郎『山中峯太郎集』少年小説大系第三巻、三一書房、一九九一年
山田久太郎『満蒙都邑全誌』東京日刊支那事情社、一九二六年
ヤングハズバンド『エヴェレスト登山記』田辺主計訳、第一書房、一九三〇年
ヤングハズバンド『ゴビよりヒマラヤへ』大陸叢書第一巻、寛太郎訳、朝日新聞社、一九三九年
読売新聞社編『支那辺境物語』誠文堂新光社、一九四〇年
レーリヒ『シャンバラへの道』沢西康史訳、中央アート出版社、一九九六年
ロバート・リスキン編『失はれた地平線』飯田信光訳、映画評論社、一九三七年
Bishop, P. "Not Only a Shangri-La". Dodin,T. & Rather, H., ed. *Imagining Tibet : Perceptions, Projections, and Fantasies.* Boston: Wisdom Publications, 2001.
Hedin, S. *A Conquest of Tibet.* New York: E. P. Dutton & Co., INC, 1934.
『大阪朝日新聞』一九〇八年一一月一五日付
『辺疆支那』九月号、辺疆問題研究所、一九三四年
『蒙古時報』第二号、蒙政部総務司調査科、一九三六年四月
『読売新聞』一九一二年三月二〇日、一九一四年一二月二七日、一九一五年四月二七、二八、二九日、一九一五年六月一五日、一九一八年六月一六日、一九三二年三月一、五、六日、一九三三年一〇月二八日、一九三八年九月二〇日、一九四〇年六月二六日〜七月二八日、一九四一年一〇月一〇日付
『読売新聞』群馬版一九四二年八月一九日付、二二日付

■終　章

イ・ポポフ『西蔵蒙古秘密喇嘛教大観』石川喜三郎訳、森江書店、一九一七年

後藤富男「支那西北辺疆紀行解題」『東亜研究講座』第八一輯、東亜研究会、一九三八年、一～五六頁

能海寛『世界に於ける佛教徒』哲学書院、一八九三年

福田隆繁『モンゴルを駈ける青春』ミリオン書房、一九八九年

プルジェヴァリスキー『蒙古と青海』上・下、田村秀文、高橋勝之訳、生活社、一九三九年

ユック『韃靼・西蔵・支那旅行記』上・下、後藤富男、川上芳信訳、ユーラシア叢書三二巻、原書房、一九八〇年

Bishop, P. "Not Only a Shangri-La". *Imagining Tibet.* Dodin, T. & Rather, H., ed. Boston: Wisdom Publications, 2001.

Schell, Orville. *Virtual Tibet: Searching for Shangri-La from the Himalayas to Hollywood.* New York: Owl Publishing Company, 2001.

『反省会雑誌』(『反省雑誌』) 一八九〇年七月一〇日付、五月一〇日付、一八九二年二月付、一八九三年三月二七日付

あとがき

本書は、東北大学大学院国際文化研究科博士学位論文「日本人のチベット観—明治以降を中心に—」（二〇〇六年三月）を補訂したものである。

執筆にあたり、数え切れない方々のお力添えをいただいた。以下記して、心からの感謝を申し上げたい。

まず、何よりも、博士論文を指導して下さった、藤田みどり先生はじめ、同研究科比較文化論講座の先生方と、修士論文を指導して下さった山下博司先生、有益な助言を数多くして下さった同講座の先輩、秋田看護福祉大学の北原かな子先生に。

更に、東北大学文学部インド学仏教史の桜井宗信先生と、後藤敏文先生に。

同じく、東北大学東北アジア研究センターの岡洋樹先生に。

青木文教に関しては、文教の生家滋賀県高島市正福寺の青木範幸師とご家族に。

そして青木の教え子でいらした中根千枝先生と故佐藤長先生に。また、多田等観の教え子でいらした故北村甫先生に。

更に、貴重な体験を話して下さった昭和期の入蔵者野元甚蔵さんと、そのご家族に。

能海寛に関しては、能海寛研究会事務局長の隅田正三先生と、同会の皆さんに。

ヒマラヤ登山史については、登山家であり写真家である中村保先生と、中村先生に引き合わせてくださった永井剛先生に。

明治日本仏教と河口慧海については高山龍三先生と、高野山大学の奥山直司先生に。

近代仏教史と寺本婉雅については大谷大学の木場明志先生と、三宅伸一郎先生に。

ヘディンと中央アジア探検史、そして、いかにたくましく人生を生きるかに関しては、金子民雄先生に。

執筆中の袋小路で挫折しかかった時に、有益な示唆を下さった生田滋先生と、同志として励まして下さった奥様の澄江さんに。

変わり種を暖かく迎えて下さった群馬大学の大澤研二先生と、奇妙な注文にもこころよく尽力して下さった群馬大学図書館工学部分館の皆さんに。

本を出版するということについて一から教えて下さった芙蓉書房出版の平澤公裕社長に。

そして、大学を出たばかりの新米研究者を、絶えず励まし、手を引くようにして今も導いて下さる、広島大学の白須浄真先生に。

最後に、修士課程一年次から十年近く、公私ともに暖かく見守って下さった国立民族学博物館の長野泰彦先生に、心からお礼を申し上げたい。

本当にありがとうございました。

初出一覧

第一章　第二節　「明治期の日本仏教における「喇嘛教」情報受容に関する一考察」
『印度学仏教学研究』第五七巻、日本印度学仏教学会、二〇〇八年

第三節　「能海寛『世界に於ける仏教徒』に見るチベット観」
『石峰』第九号、能海寛研究会、二〇〇三年

第二章　第一節　「阿嘉呼図克図来日報道に見るチベット観」
『歴史』第一〇八輯、東北史学会、二〇〇七年

第二節　「河口慧海口述チベット旅行記事と日本人のチベット・イメージ」
『黄檗文華』一二六号、黄檗山万福寺文華殿黄檗文化研究所、二〇〇七年

第三節　(一　能海寛横死報道に見られるチベット)
「能海寛横死報道と日本人のチベット観」
『石峰』第一〇号、能海寛研究会、二〇〇五年

同　節　(二　ヘディン来日報道に見られるチベット)
「ヘディン来日報道に見るチベット・イメージ」
『国際文化研究』第一三号、東北大学国際文化学会、二〇〇七年

第三章　第三節　「青木文教『西蔵遊記』から見た明治大正期日本人のチベット・イメージ」
『国際文化研究』第八号、東北大学国際文化学会、二〇〇一年

■ら行

■わ行

■ま行

■や行

索　引

著者略歴

高本 康子（こうもと やすこ）

1967年、横浜市生まれ。2006年3月東北大学国際文化研究科博士課程後期修了、博士（国際文化）。東北大学大学院国際文化研究科専門研究員、アメリカ・カナダ大学連合日本研究センター非常勤講師を経て、現在、群馬大学「アジア人財資金構想」高度専門留学生事業担当講師。専門は比較文化論、日本近代史。論文「阿嘉呼図克図来日報道に見るチベット観」（『歴史』第108輯、東北史学会、2007年）、「明治期の日本仏教における「喇嘛教」情報受容に関する一考察」（『印度学仏教学研究』第57巻、日本印度学仏教学会、2008年）他、長野泰彦・高本康子編『国立民族学博物館青木文教師アーカイブ『チベット資料』目録』（国立民族学博物館図書委員会アーカイブズ部会、2008年）等がある。

近代日本《きんだいにほん》におけるチベット像《ぞう》の形成《けいせい》と展開《てんかい》

2010年2月26日　第1刷発行

著者

高本《こうもと》 康子《やすこ》

発行所

㈱芙蓉書房出版

（代表 平澤公裕）

〒113-0033東京都文京区本郷3-3-13

TEL 03-3813-4466　FAX 03-3813-4615

http://www.fuyoshobo.co.jp

印刷・製本／モリモト印刷

ISBN978-4-8295-0477-2